Fast Track Visual C++® 6.0 Programming

STEVE HOLZNER

WILEY COMPUTER PUBLISHING

John Wiley & Sons, Inc.
New York • Chichester • Weinheim • Brisbane • Singapore • Toronto

To my sweetie, Nancy!

Publisher: Robert Ipsen
Editor: Cary Sullivan
Managing Editor: Marnie Wielage
Electonic Products, Associate Editor: Mike Sosa
Text Design & Composition: Benchmark Productions, Inc.

This book is printed on acid-free paper. ♾

Published by John Wiley & Sons, Inc.

Published simultaneously in Canada.

Library of Congress Cataloging-in-Publication Data:

Holzner, Steven.
Fast track visual C++ 6.0 programming / Steven Holzner.
p. cm.
"Wiley computer publishing."
Includes index.
ISBN 0–471–31290–8 (pbk.)
1. C++ (Computer program language) 2. Microsoft Visual C++.
I. Title.
QA76.73.C153H653 1998
005.13'3--dc21 98–19424
CIP

Printed in the United States of America.
10 9 8 7 6 5 4 3 2 1

CONTENTS

Introduction

Welcome to our book on Visual C++. This is the book you read after you've read the introductory books on Visual C++ and want to know where to go next.

The chief aim of this book is to show you how to write professional programs with Visual C++.

Introductory books are fine, but of course they only take you so far. With an immense programming package such as Visual C++, it's really a shame not to go farther, because to get to 90 percent of what's interesting in Visual C++, it takes some digging. In this book, we go on a guided tour of what's in Visual C++ and use it the way it was meant to be used.

We cover topics all the way from intermediate to the truly advanced: from working with the Windows registry to registering your program's file types with Windows; from doing the right thing when your program loses the focus to determining whether your application is already running. It's all in this book.

That doesn't mean that our trip through Visual C++ is a difficult or arduous one—at least, no more than it needs to be. We do everything we can to make things clear and understandable, and you can reuse what we do immediately and practically in your own code. This is a book for programmers.

What's in This Book

We begin our guided tour of Visual C++ with a quick review to get us up to speed. Our Visual C++ review provides the foundation for the rest of the book, and we take care to provide the required tools and resources.

Then we launch into Visual C++ and put it to work. Here are some of the Visual C++ topics we cover in this book as we work progressively to more polished programs:

- Writing dialog-based programs
- Making an MDI program smart
- Coordinating MDI views
- Implementing scrolling of documents

- Using multiple views types in the same MDI program
- Creating HTML views, Tree views, Rich Edit views, and Form views
- Making splitter windows
- Installing full-power menus
- Using toolbars and status bars
- Changing menu items on the fly
- Creating bitmapped menu items
- Installing a combo box in a toolbar
- Using popup menus and tooltips
- Serializing your own objects
- Changing the default cursor in a view
- Registering files types and extensions
- Using the clipboard for cut, copy, and paste
- Printing, printing page headers, and printing numbered pages
- Using advanced screen graphics and screen capture
- Writing bitmaps to the clipboard
- Drawing anywhere on the screen
- Using metafiles for easy window refreshes
- Capturing the mouse
- Understanding memory
- Allocating and using virtual memory
- Sharing memory between running processes
- Scanning memory to see what programs are where
- Creating Visual C++ Internet sessions
- Using the HTTP, FTP, and Gopher protocols on the Internet
- Writing a complete Web browser
- Using multitasking threads
- Executing tasks in the background
- Coordinating multiple threads in a program
- Building Dynamic Link Libraries
- Sharing memory between DLLs
- Using Windows hooks to intercept Windows events
- Writing a “hotkey” program that pops up the Windows calculator
- Using journal hooks to record and play back keystrokes
- Understanding COM

- Creating an OLE container
- Creating an OLE server
- Writing ActiveX controls
- Subclassing ActiveX control on existing Windows controls
- Implementing professionalism in Windows programming
- Writing to and reading from the Windows Registry
- Using a program's version resource

In addition to all the above topics (and more—there's not room here to list all the details), we cram this book full of helpful tips.

This Is a Tip

In the tips, we give you insider information behind the scenes, including undocumented Visual C++ information.

You should also know about the code arrows we use throughout this book. As we develop our example programs, we add more and more code cumulatively until the program is finished. When we add a new line of code, we indicate that new line with an arrow to make it easy to know what's going on. Notice also the vertical dots, indicating there's more code to follow but that the following code was omitted for brevity. The following is an example of a code sample with an arrow:

```
#ifndef __AFXWIN_H__
    #error include 'stdafx.h' before including this file for PCH
#endif

#include "resource.h"          // main symbols

#define DLLexport     __declspec( dllexport )                              ⇐
    .
    .
    .
```

This book is the culmination of years of working with Visual C++. In it, we've placed the most powerful parts of that package. Without question, Visual C++ is the premier Windows programming package today. If you want to do it in Windows, you can do it in Visual C++. We believe we've done Visual C++ justice in our selection of topics for this book.

Who Should Read This Book

If you've read an introductory book on Visual C++ or have worked with Visual C++ and want to go farther, this book is for you. It can be very hard to know what's available in Visual C++ simply because it's such a huge package. This book will show us what's available and how to use it.

If you've read an introductory book on Visual C++, you're standing on the threshold. The rest of the package—and that's a huge programming vista—is spread out before you. But unless you have about a year to ferret out all the details, you will benefit from our guided tour in this book.

You do need some familiarity with Visual C++ before working with this book. If you have trouble with the first chapter—our review of Visual C++—you might want to check out an introductory book before pressing ahead.

What You Will Need

To use this book, you need only Visual C++ 98. Although we occasionally use other programs, such as Microsoft Word, Microsoft Excel, the Windows notepad, or the Microsoft Windows Registry Editor, we use those programs for demonstration purposes only. The real action takes place in Visual C++. Visual C++ includes all the Wizards, tools, and editors we need.

Some of the tools and Wizards we see include the AppWizard, the ActiveX ControlWizard, the DLL AppWizard, the OLE Test Container tool, the Menu Editor, the Version Resource Editor, the Dialog Editor, the Controls and Components Gallery,and much more. All these items are part of Visual C++—a package so large that everything we need in this book is included in it.

The companion Web site includes the code from the programs in the book—nearly 40 complete Visual C++ projects, ready to run. Just load them in, build them, and you're set. You'll find the companion Web site at www.wiley.com/compbooks/holzner.

Another resource you should know about is the Microsoft Visual C++ page. The URL for this page is www.microsoft.com/visualc, and you can often find a great deal of news there, covering what's going on with Visual C++ and featuring many links. You might also want to check out Usenet groups like microsoft.public .vc.language and microsoft.public.vc.mfc.

Ready to Go

We're ready to start our guided tour of Visual C++ beyond the basics and into the real meat. To begin our exploration of Visual C++, we need a good foundation. Chapter 1, "Up to Speed in Visual C++," reviews the fundamentals. If you already feel confident about your abilities in the basics of Visual C++, you can move directly to Chapter 2, "Multiple Documents, Multiple Views."

1 Up to Speed in Visual C++

Welcome to our book on Visual C++. This book begins where introductory books on Visual C++ stop. In this book, we get into Visual C++ and push it as far as it will go. We work from intermediate Visual C++ all the way through truly advanced topics, putting this powerful package to work for us.

There's little doubt that Visual C++ is the premiere programming package for serious Windows programmers today. There's simply no other widely distributed package that can compare in terms of programming depth, strength, and extent. If you can do it in Windows programming, you can do it in Visual C++.

The sheer scope of Visual C++ frequently means that programmers remain ignorant of what's available to them, and it's no wonder, given the difficulty of finding and becoming familiar with the various aspects of Visual C++ programming. That's where this book comes into play. We're going on a guided tour of Visual C++, from the intermediate level up through the advanced level.

We start with intermediate topics such as the ins and outs of MDI and menus, as well as how to use different kinds of windows from the Microsoft Foundation Classes (MFC) arsenal: splitter windows, HTML windows, edit windows, and more. Then we put all those aspects of Visual C++ programming together in real-world applications.

From there, we increase our Visual C++ power with graphics work such as screen capture and working with metafiles, 32-bit memory handling such as process-to-process communication, connecting to the Internet and building a full Web browser, working with multithreaded programs, using Windows hooks, creating DLLs, working with OLE and COM, working with the Windows Registry, creating ActiveX controls, and much more.

We start our Visual C++ guided tour in this chapter, where we review the basics of Visual C++, laying the foundation for the rest of the book. This review makes sure we're up to speed. The review begins with an overview of Visual C++ and its place in the programming pantheon.

Why Visual C++?

When Windows first appeared on the scene, only Microsoft produced Windows programs. All such programs were created using the proprietary Microsoft Windows libraries, which were not accessible to outside programmers. Pressure from programmers made Microsoft assemble the *Windows Software Development Kit* (SDK) and release that collection of libraries to the public.

Many programmers were appalled by the Windows SDK in those early days. It turned out that creating Windows programs meant creating long, involved programs in C using weak programming practices, such as the notorious multipage *switch* statement, which formed the backbone of the entire program, and learning about a thousand new library routines. The learning curve was steep, and many programmers failed to make the ascent.

Windows programming was first done in C, and Windows programs were long. As it turns out, C++ was developed expressly to handle longer programming tasks, so C++ was a natural for Windows programming.

C++ and Windows

C++ allows programmers to divide longer programming tasks through the process of *encapsulation*, which means breaking programming tasks into logical and functional units that are easily thought of and easily handled.

Through encapsulation, you combine program code and data into programming objects, and the program is broken up into these semi-independent objects that interact with each other in specifically defined ways. This process of encapsulation is much the same way one handles any complex task. For example, when driving somewhere, you don't want to be bothered with all the details of gasoline flow, ignition timing, differential power drive, and so on; you just want to get in you car and go. Because all the details are handled for you, you end up with an easily thought of object—a car—that has a specific purpose and handles all the details itself internally. In the same way, C++ allows the programmer to break a programming task into functions and data to divide the programming task into logical units that best solve the problem. For example, an object named screen may contain all the functions that handle the screen: Some of these functions are public to the rest of the program, and some are private to the object, handling the object's internal data in a way that hides the details and makes the entire program easier to handle.

Because of C++'s ability to work with the large Windows programs, several vendors appeared with C++ Windows programming packages, and in time Microsoft produced Visual C++. Visual C++ was much more than just C++ for Windows, however, because it also included the Microsoft Foundation Class library. In addition to encapsulation, C++ also supports *inheritance*, allowing programmers to derive one class from another, and the MFC takes advantage of inheritance to give programmers literally hundreds of foundation classes on which to build their own classes. Microsoft has provided us with thousands of lines of prewritten code that we can use through inheritance. For example, if we want to create a splitter window (a window you can split into two independently scrollable *panes*), you just use the CSplitterWnd class as the base class of your own window class, and you've inherited all the functionality of that class. All you need to do is to tailor your new class the way you want it, and you're set. Microsoft has done the hard work for us, which is fortunate, because there's a lot of hard work to do in Windows programming.

With Visual C++, Windows programming had really begun, because programmers now had a viable programming tool. In time, Visual C++ has grown into an extensive programming environment, rich in tools and capabilities. This book explores what Visual C++ has to offer.

We will continue our guided tour of Visual C++ now with our review of Visual C++ programming to make sure we have a firm foundation for the rest of our book.

To get started, we'll create two sample programs in this chapter: one based on dialog windows, and one based on the Single Document Interface (SDI). In the next chapter, we'll expand our horizons by digging into the Multiple Document Interface (MDI). Let's start now with our first example program, HelloDlg.

Our First Example: HelloDlg

Our first Visual C++ program will be "dialog based," which means it will use a dialog box as its main window. This is the simplest general-purpose type of Visual C++ program, and because it's so easy to work with, we'll look at it first.

Our first program, HelloDlg, presents the user with a text box (also called an *edit box* or an *edit control*) and a button that displays the caption "Click Me":

When the user clicks the button, the program displays a simple message of greeting, "Hello from Visual C++" in the text box:

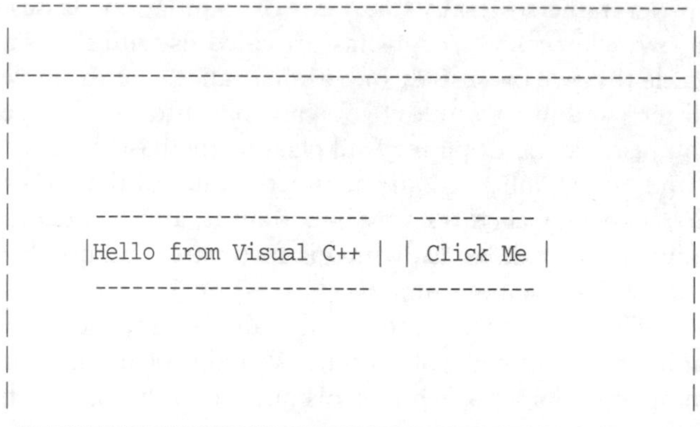

By writing this program, we'll create our first Visual C++ example, and we'll also review the Visual C++ Integrated Development Environment (IDE) and the ClassWizard tool.

Creating HelloDlg

We'll begin the creation of HelloDlg with Visual C++ now. Open Visual C++, as shown in Figure 1.1; select the New item in the File menu to open the New dialog box, as shown in Figure 1.2.

Visual C++ programs are handled as *projects*. To create our first project, HelloDlg, select the MFC AppWizard(exe) item in the Projects tab, as shown in

Figure 1.1 The Visual C++ environment.

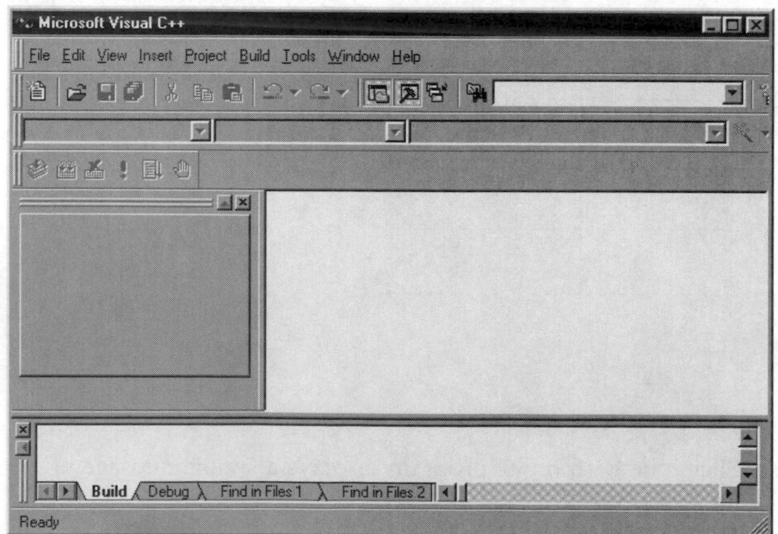

Figure 1.2 Creating a new Visual C++ project.

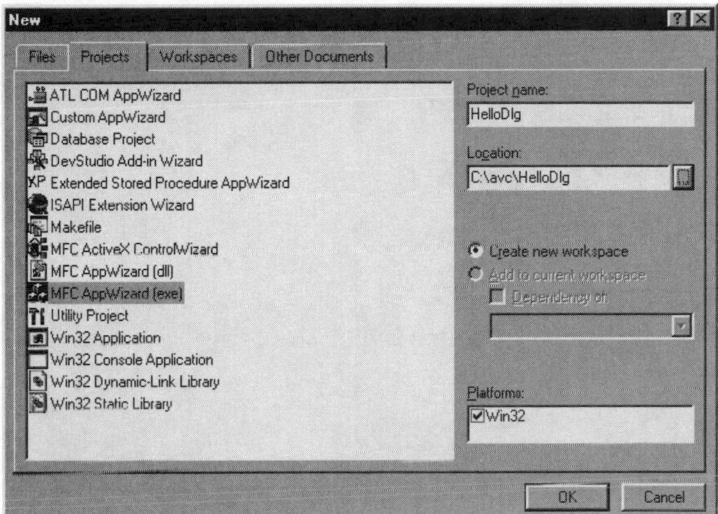

Figure 1.2, and enter HelloDlg as the projects name in the Project name box. Also enter the location where you want to store this project (in this book, we'll store our projects as folders in the c:\avc folder), and click the OK button to close the New dialog box.

Clicking the OK button opens the MFC AppWizard, as shown in Figure 1.3. The AppWizard is another valuable Visual C++ tool. It writes the skeleton framework of our projects for us, usually saving a great deal of time.

Click the option button marked Dialog based in the AppWizard, as shown in Figure 1.3, and click the Finish button to make the HelloDlg project dialog based. Finally, click OK in the New Project Information box that appears, and Visual C++ creates the HelloDlg project for us.

At this point, Visual C++ opens the HelloDlg project, as shown in Figure 1.4. You can see the dialog window on which our project is based in the middle of the project.

As you can see in Figure 1.4, Visual C++ has placed the message "TODO: Place dialog controls here." in a label on the dialog box, and the first order of business is to remove that label. By clicking that label to select it, a dotted border appears around the label, and sizing handles (the small boxes in the border) appear to allow you to position or stretch the label as you like. Delete the label now by pressing the Del key.

Now we're ready to add the two new controls we'll need to this dialog window: a text box and a command button. We add controls using the control toolbox, which appears at right in Figure 1.4.

Figure 1.3 The Visual C++ AppWizard.

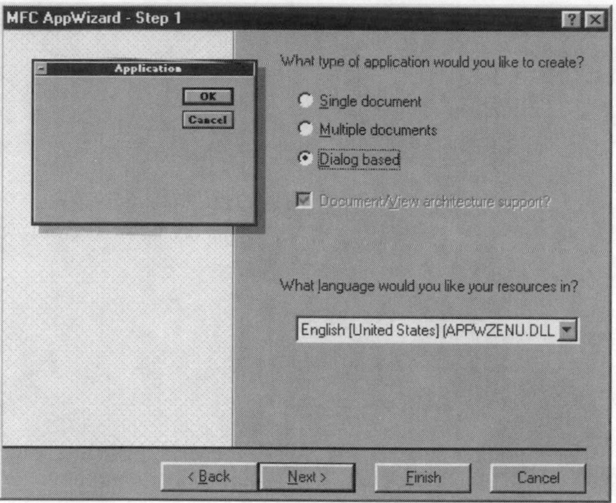

> **If the Control Toolbox Does Not Appear in Visual C++**
> Select Customize in the Tools menu, then click Controls in the Toolbars tab.

Click the text box tool (the second tool down on the right in Figure 1.4) in the toolbox now and draw a text box as shown in Figure 1.5. Then add a command button, using the button tool (the third tool down on the right), also shown in Figure 1.5.

Now that we've added a text box to our program, we need to make it accessible to our code, which we do with the Visual C++ ClassWizard. Right-click the text box now and select the ClassWizard option, as shown in Figure 1.6.

To make the text box accessible to the rest of the program, we use ClassWizard to connect the text in that text box to a variable in our program. Select the text box entry, IDC_EDIT1, in the ClassWizard now, as shown in Figure 1.6, and click the Add Variable button. This opens the Add Member Variable dialog box; type m_text in the Member variable name box, leaving the variable type as CString (the Visual C++ string class, which handles text strings), and click OK. This associates a new variable in our program, m_text, with the text in the text box. Click OK to close the ClassWizard.

Next, we will connect the button to our code so we can display our greeting message when the user clicks that button. Right-click the button to open the Push Button Properties window and, selecting the General tab, set the button's caption

Figure 1.4 The HelloDlg project.

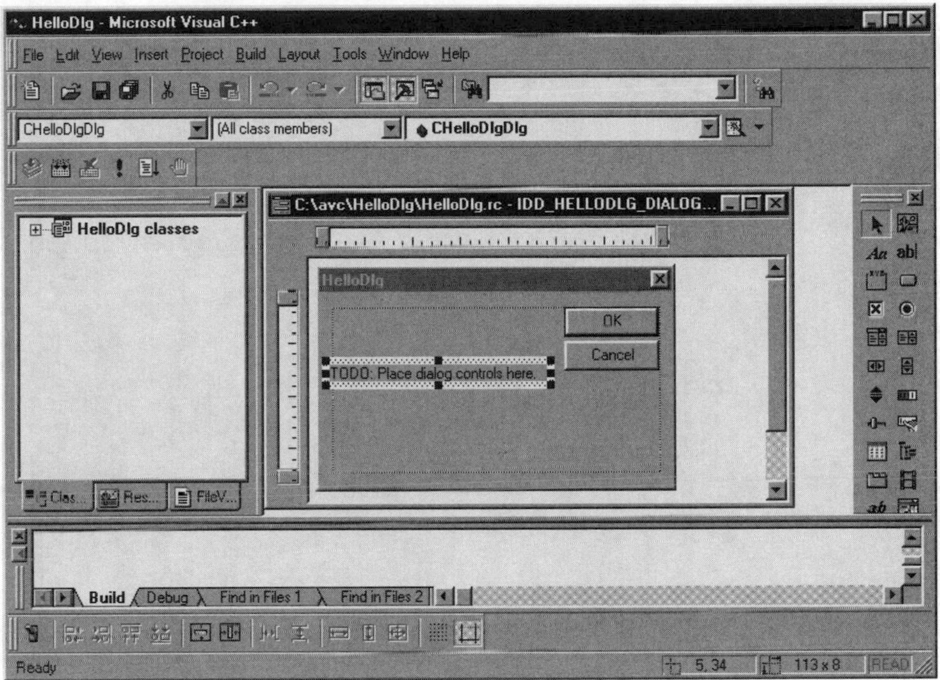

to "Click Me." Then close the Push Button Properties window and double-click the button to open the Add Member Function box. Click OK in that box to accept the default function for button clicks, OnButton1. This opens the code for the program to the new function, OnButton1(), in a new window.

```
void CHelloDlgDlg::OnButton1()
{
    // TODO: Add your control notification handler code here

}
```

Here, Visual C++ has given us a prompt in the form of a C++ one-line comment; we will replace that comment with the code for our program. Select the TODO line above in the open code window and replace that line with these two lines of code:

```
void CHelloDlgDlg::OnButton1()
{
    m_text = "Hello from Visual C++";                              ⇐
    UpdateData(false);                                             ⇐
}
```

Figure 1.5 Adding controls to the HelloDlg project.

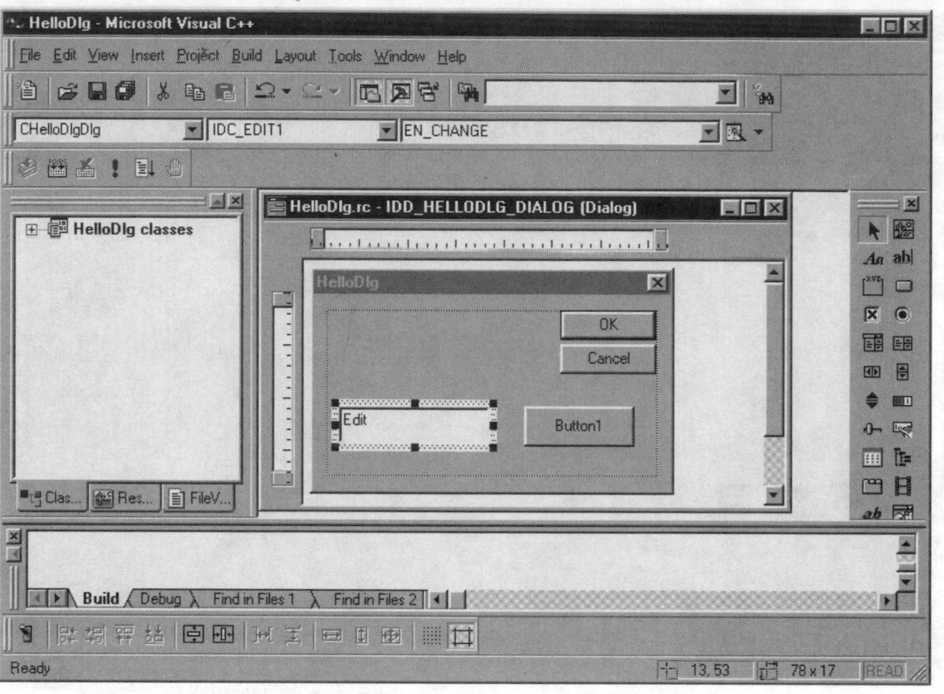

Figure 1.6 The Visual C++ ClassWizard.

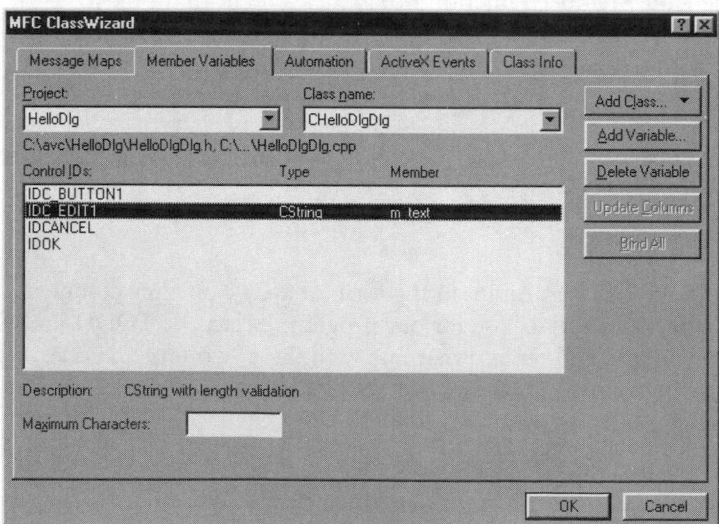

In this case, we set the m_text variable to the string "Hello from Visual C++," but that does not, by itself, display that text in the text box. Instead, we must call the UpdateData() function with a value of FALSE to update the text box with the text now in m_text, and we do that as just shown.

Using UpdateData()

Call UpdateData() with a value of FALSE to display the value now in m_text in the text box, and call UpdateData() with a value of TRUE to load m_text with the value now displayed in the text box. When you show a dialog box (not a dialog-based program like HelloDlg, however) on the screen, you don't need to use UpdateData(), because that function is called automatically.

Our program is ready to go. To run the program, select the Build HelloDlg.exe item in the Visual C++ Build menu to create HelloDlg.exe. Run that program by selecting the Execute HelloDlg.exe item in the Build menu, as shown in Figure 1.7.

When the user clicks the Click Me button in the HelloDlg program, that program displays the "Hello from Visual C++" message in the text box, as shown in Figure 1.7. Our first program is a success, and we've reviewed working with dialog-based applications. The code for this first program appears in Listing 1.1.

Figure 1.7 Running the HelloDlg program.

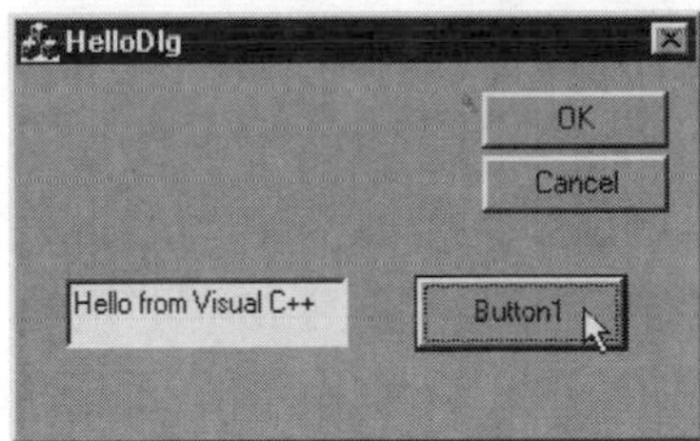

Listing 1.1 HelloDlgDlg.h and HelloDlgDlg.cpp

```
// HelloDlgDlg.h : header file
//

#if !defined(AFX_HELLODLGDLG_H__701B1AC9_9BB7_11D1_887F_D42B07C10710__INCLUDED_)
#define AFX_HELLODLGDLG_H__701B1AC9_9BB7_11D1_887F_D42B07C10710__INCLUDED_

#if _MSC_VER > 1000
```

Continued

Listing 1.1 HelloDlgDlg.h and HelloDlgDlg.cpp *(Continued)*

```
#pragma once
#endif // _MSC_VER > 1000

/////////////////////////////////////////////////////////////////////////////
// CHelloDlgDlg dialog

class CHelloDlgDlg : public CDialog
{
// Construction
public:
    CHelloDlgDlg(CWnd* pParent = NULL);     // standard constructor

// Dialog Data
    //{{AFX_DATA(CHelloDlgDlg)
    enum { IDD = IDD_HELLODLG_DIALOG };
    CString    m_text;
    //}}AFX_DATA

    // ClassWizard generated virtual function overrides
    //{{AFX_VIRTUAL(CHelloDlgDlg)
    protected:
    virtual void DoDataExchange(CDataExchange* pDX);     // DDX/DDV support
    //}}AFX_VIRTUAL

// Implementation
protected:
    HICON m_hIcon;

    // Generated message map functions
    //{{AFX_MSG(CHelloDlgDlg)
    virtual BOOL OnInitDialog();
    afx_msg void OnSysCommand(UINT nID, LPARAM lParam);
    afx_msg void OnPaint();
    afx_msg HCURSOR OnQueryDragIcon();
    afx_msg void OnButton1();
    //}}AFX_MSG
    DECLARE_MESSAGE_MAP()
};

//{{AFX_INSERT_LOCATION}}
```

Listing 1.1 ***Continued***

```
// Microsoft Visual C++ will insert additional declarations immediately before the
previous line.

#endif //
!defined(AFX_HELLODLGDLG_H__701B1AC9_9BB7_11D1_887F_D42B07C10710__INCLUDED_)


// HelloDlgDlg.cpp : implementation file
//

#include "stdafx.h"
#include "HelloDlg.h"
#include "HelloDlgDlg.h"

#ifdef _DEBUG
#define new DEBUG_NEW
#undef THIS_FILE
static char THIS_FILE[] = __FILE__;
#endif

/////////////////////////////////////////////////////////////////////////////
// CAboutDlg dialog used for App About

class CAboutDlg : public CDialog
{
public:
    CAboutDlg();

// Dialog Data
    //{{AFX_DATA(CAboutDlg)
    enum { IDD = IDD_ABOUTBOX };
    //}}AFX_DATA

    // ClassWizard generated virtual function overrides
    //{{AFX_VIRTUAL(CAboutDlg)
    protected:
    virtual void DoDataExchange(CDataExchange* pDX);    // DDX/DDV support
    //}}AFX_VIRTUAL

// Implementation
```

Continued

Listing 1.1 HelloDlgDlg.h and HelloDlgDlg.cpp *(Continued)*

```
protected:
    //{{AFX_MSG(CAboutDlg)
    //}}AFX_MSG
    DECLARE_MESSAGE_MAP()
};

CAboutDlg::CAboutDlg() : CDialog(CAboutDlg::IDD)
{
    //{{AFX_DATA_INIT(CAboutDlg)
    //}}AFX_DATA_INIT
}

void CAboutDlg::DoDataExchange(CDataExchange* pDX)
{
    CDialog::DoDataExchange(pDX);
    //{{AFX_DATA_MAP(CAboutDlg)
    //}}AFX_DATA_MAP
}

BEGIN_MESSAGE_MAP(CAboutDlg, CDialog)
    //{{AFX_MSG_MAP(CAboutDlg)
        // No message handlers
    //}}AFX_MSG_MAP
END_MESSAGE_MAP()

/////////////////////////////////////////////////////////////////////////////
// CHelloDlgDlg dialog

CHelloDlgDlg::CHelloDlgDlg(CWnd* pParent /*=NULL*/)
    : CDialog(CHelloDlgDlg::IDD, pParent)
{
    //{{AFX_DATA_INIT(CHelloDlgDlg)
    m_text = _T("");
    //}}AFX_DATA_INIT
    // Note that LoadIcon does not require a subsequent DestroyIcon in Win32
    m_hIcon = AfxGetApp()->LoadIcon(IDR_MAINFRAME);
}

void CHelloDlgDlg::DoDataExchange(CDataExchange* pDX)
{
```

Listing 1.1 *Continued*

```
    CDialog::DoDataExchange(pDX);
    //{{AFX_DATA_MAP(CHelloDlgDlg)
    DDX_Text(pDX, IDC_EDIT1, m_text);
    //}}AFX_DATA_MAP
}

BEGIN_MESSAGE_MAP(CHelloDlgDlg, CDialog)
    //{{AFX_MSG_MAP(CHelloDlgDlg)
    ON_WM_SYSCOMMAND()
    ON_WM_PAINT()
    ON_WM_QUERYDRAGICON()
    ON_BN_CLICKED(IDC_BUTTON1, OnButton1)
    //}}AFX_MSG_MAP
END_MESSAGE_MAP()

/////////////////////////////////////////////////////////////////////////////
// CHelloDlgDlg message handlers

BOOL CHelloDlgDlg::OnInitDialog()
{
    CDialog::OnInitDialog();

    // Add "About..." menu item to system menu.

    // IDM_ABOUTBOX must be in the system command range.
    ASSERT((IDM_ABOUTBOX & 0xFFF0) == IDM_ABOUTBOX);
    ASSERT(IDM_ABOUTBOX < 0xF000);

    CMenu* pSysMenu = GetSystemMenu(FALSE);
    if (pSysMenu != NULL)
    {
        CString strAboutMenu;
        strAboutMenu.LoadString(IDS_ABOUTBOX);
        if (!strAboutMenu.IsEmpty())
        {
            pSysMenu->AppendMenu(MF_SEPARATOR);
            pSysMenu->AppendMenu(MF_STRING, IDM_ABOUTBOX, strAboutMenu);
        }
    }
```

Continued

Listing 1.1 HelloDlgDlg.h and HelloDlgDlg.cpp *(Continued)*

```
    // Set the icon for this dialog.  The framework does this automatically
    //  when the application's main window is not a dialog
    SetIcon(m_hIcon, TRUE);             // Set big icon
    SetIcon(m_hIcon, FALSE);        // Set small icon

    // TODO: Add extra initialization here

    return TRUE;  // return TRUE  unless you set the focus to a control
}

void CHelloDlgDlg::OnSysCommand(UINT nID, LPARAM lParam)
{
    if ((nID & 0xFFF0) == IDM_ABOUTBOX)
    {
        CAboutDlg dlgAbout;
        dlgAbout.DoModal();
    }
    else
    {
        CDialog::OnSysCommand(nID, lParam);
    }
}

// If you add a minimize button to your dialog, you will need the code below
//  to draw the icon.  For MFC applications using the document/view model,
//  this is automatically done for you by the framework.

void CHelloDlgDlg::OnPaint()
{
    if (IsIconic())
    {
        CPaintDC dc(this); // device context for painting

        SendMessage(WM_ICONERASEBKGND, (WPARAM) dc.GetSafeHdc(), 0);

        // Center icon in client rectangle
        int cxIcon = GetSystemMetrics(SM_CXICON);
        int cyIcon = GetSystemMetrics(SM_CYICON);
        CRect rect;
        GetClientRect(&rect);
```

Listing 1.1 *Continued*

```
        int x = (rect.Width() - cxIcon + 1) / 2;
        int y = (rect.Height() - cyIcon + 1) / 2;

        // Draw the icon
        dc.DrawIcon(x, y, m_hIcon);
    }
    else
    {
        CDialog::OnPaint();
    }
}

// The system calls this to obtain the cursor to display while the user drags
//  the minimized window.
HCURSOR CHelloDlgDlg::OnQueryDragIcon()
{
    return (HCURSOR) m_hIcon;
}

void CIIelloDlgDlg::OnDutton1()
{
    m_text = "Hello from Visual C++";
    UpdateData(false);
}
```

That completes our first program. It outlines the normal program development process in Visual C++. Use the Visual C++ AppWizard tool to build a backbone or skeletal program for you, then customize the code in that program using tools such as the ClassWizard and the Dialog Editor. We'll become very familiar with this process throughout the book.

Next, we'll create a Single Document Interface (SDI) program, KeysSDI, which will display the keys the user types on the keyboard. This program is more powerful than our HelloDlg program. In KeysSDI, we'll see the four major parts of a standard Visual C++ program, how to accept keyboard input, where to store data in a Visual C++ program, and how to display it without a text box control.

Creating the KeysSDI Project

The KeysSDI program will be a little more real-world than the HelloDlg program. In this program, we'll read the keys typed by the user, store them, and display them in the program's single window. Use the Visual C++ AppWizard to create a new EXE project named KeysSDI, selecting the Single Document option in the AppWizard's first screen and then clicking Finish.

This creates a new single-window program named KeysSDI. Visual C++ has also created a ReadMe.txt file outlining the parts of the project. Here's what's in ReadMe.txt:

```
========================================================================
       MICROSOFT FOUNDATION CLASS LIBRARY : KeysSDI
========================================================================


AppWizard has created this KeysSDI application for you.  This application
not only demonstrates the basics of using the Microsoft Foundation Classes
but is also a starting point for writing your application.

This file contains a summary of what you will find in each of the files that
make up your KeysSDI application.

KeysSDI.dsp
    This file (the project file) contains information at the project level and
    is used to build a single project or subproject. Other users can share the
    project (.dsp) file, but they should export the makefiles locally.

KeysSDI.h
    This is the main header file for the application.  It includes other
    project specific headers (including Resource.h) and declares the
    CKeysSDIApp application class.

KeysSDI.cpp
    This is the main application source file that contains the application
    class CKeysSDIApp.

KeysSDI.rc
    This is a listing of all of the Microsoft Windows resources that the
    program uses.  It includes the icons, bitmaps, and cursors that are stored
    in the RES subdirectory.  This file can be directly edited in Microsoft
    Visual C++.

res\KeysSDI.ico
    This is an icon file, which is used as the application's icon.  This
    icon is included by the main resource file KeysSDI.rc.
```

```
res\KeysSDI.rc2
    This file contains resources that are not edited by Microsoft
    Visual C++.  You should place all resources not editable by
    the resource editor in this file.

KeysSDI.clw
    This file contains information used by ClassWizard to edit existing
    classes or add new classes.  ClassWizard also uses this file to store
    information needed to create and edit message maps and dialog data
    maps and to create prototype member functions.

/////////////////////////////////////////////////////////////////////////////

For the main frame window:

MainFrm.h, MainFrm.cpp
    These files contain the frame class CMainFrame, which is derived from
    CFrameWnd and controls all SDI frame features.

res\Toolbar.bmp
    This bitmap file is used to create tiled images for the toolbar.
    The initial toolbar and status bar are constructed in the CMainFrame
    class. Edit this toolbar bitmap using the resource editor and
    update the IDR_MAINFRAME TOOLBAR array in KeysSDI.rc to add
    toolbar buttons.

/////////////////////////////////////////////////////////////////////////////

AppWizard creates one document type and one view:

KeysSDIDoc.h, KeysSDIDoc.cpp - the document
    These files contain your CKeysSDIDoc class.  Edit these files to
    add your special document data and to implement file saving and loading
    (via CKeysSDIDoc::Serialize).

KeysSDIView.h, KeysSDIView.cpp - the view of the document
    These files contain your CKeysSDIView class.
    CKeysSDIView objects are used to view CKeysSDIDoc objects.



/////////////////////////////////////////////////////////////////////////////
```

```
Other standard files:

StdAfx.h, StdAfx.cpp
    These files are used to build a precompiled header (PCH) file
    named KeysSDI.pch and a precompiled types file named StdAfx.obj.

Resource.h
    This is the standard header file, which defines new resource IDs.
    Microsoft Visual C++ reads and updates this file.

/////////////////////////////////////////////////////////////////////////////
Other notes:

AppWizard uses "TODO:" to indicate parts of the source code you
should add to or customize.

If your application uses MFC in a shared DLL, and your application is
in a language other than the operating system's current language, you
will need to copy the corresponding localized resources MFC40XXX.DLL
from the Microsoft Visual C++ CD-ROM onto the system or system32 directory,
and rename it to be MFCLOC.DLL.  ("XXX" stands for the language abbreviation.
For example, MFC40DEU.DLL contains resources translated to German.)  If you
don't do this, some of the UI elements of your application will remain in the
language of the operating system.

/////////////////////////////////////////////////////////////////////////////
```

The actual programming is easy to do, so let's do that now. After we get the program working, we'll dissect it section by section to review the parts of a Visual C++ program.

Storing Keys in KeysSDI

To start, we'll set up space in memory for the string of characters that the user types. Click the FileView tab in Visual C++ to display an overview of the project in the Project window (the window on the left in the Visual C++ IDE) file by file and open the folder marked Header Files, double-clicking the entry KeysSDIDoc.h to open that file. This file is the header file for the program's *document* object (we'll review this and other objects later in this chapter). We set aside an MFC CString object named text for the string data we'll store in this program by adding the following line of code to KeysSDIDoc.h:

```
// KeysSDIDoc.h : interface of the CKeysSDIDoc class
//
```

```
//////////////////////////////////////////////////////////////////////////////

#if !defined(AFX_KEYSSDIDOC_H__701B1ADB_9BB7_11D1_887F_D42B07C10710__INCLUDED_)
#define AFX_KEYSSDIDOC_H__701B1ADB_9BB7_11D1_887F_D42B07C10710__INCLUDED_

#if _MSC_VER > 1000
#pragma once
#endif // _MSC_VER > 1000


class CKeysSDIDoc : public CDocument
{
protected: // create from serialization only
    CKeysSDIDoc();
    DECLARE_DYNCREATE(CKeysSDIDoc)

// Attributes
public:
    CString text;                                                    ⇐
// Operations
public:
    .
    .
    .
```

We will also initialize this new object to an empty string, "", in the constructor CKeysSDIDoc(), which is in the file KeysSDIDoc.cpp. Open the Source Files folder now and open KeysSDIDoc.cpp, adding this line of code:

```
// KeysSDIDoc.cpp : implementation of the CKeysSDIDoc class
//

#include "stdafx.h"
#include "KeysSDI.h"

#include "KeysSDIDoc.h"

#ifdef _DEBUG
#define new DEBUG_NEW
#undef THIS_FILE
static char THIS_FILE[] = __FILE__;
#endif

/////////////////////////////////////////////////////////////////////////////
```

```
// CKeysSDIDoc

IMPLEMENT_DYNCREATE(CKeysSDIDoc, CDocument)

BEGIN_MESSAGE_MAP(CKeysSDIDoc, CDocument)
    //{{AFX_MSG_MAP(CKeysSDIDoc)
        // NOTE - the ClassWizard will add and remove mapping macros here.
        //    DO NOT EDIT what you see in these blocks of generated code!
    //}}AFX_MSG_MAP
END_MESSAGE_MAP()

/////////////////////////////////////////////////////////////////////////////
// CKeysSDIDoc construction/destruction

CKeysSDIDoc::CKeysSDIDoc()
{
    text = "";                                                    ⇐
}
    .
    .
    .
```

Initializing CStrings

It's not technically necessary to initialize a CString object to an empty string, because it's automatically initialized that way unless you specify otherwise. You can also use the CString Empty() member function to set a CString object to the empty string.

We've set up our data storage at this point. The next step is to get some data to store. We do that by connecting a new member function to our program—OnChar()—using ClassWizard. This function will be called every time the user presses a key on the keyboard, and in OnChar() we'll add the struck key to our string of stored text.

Reading Keys in KeysSDI

Start ClassWizard now using the ClassWizard item in the View menu, as shown in Figure 1.8. We want to add the new function, OnChar(), to the CKeysSDIView class, so make sure that class appears in the ClassWizard Class name list box. This class is the program's *view* class (which we'll review later in this chapter).

Figure 1.8 Creating the OnChar() function with ClassWizard.

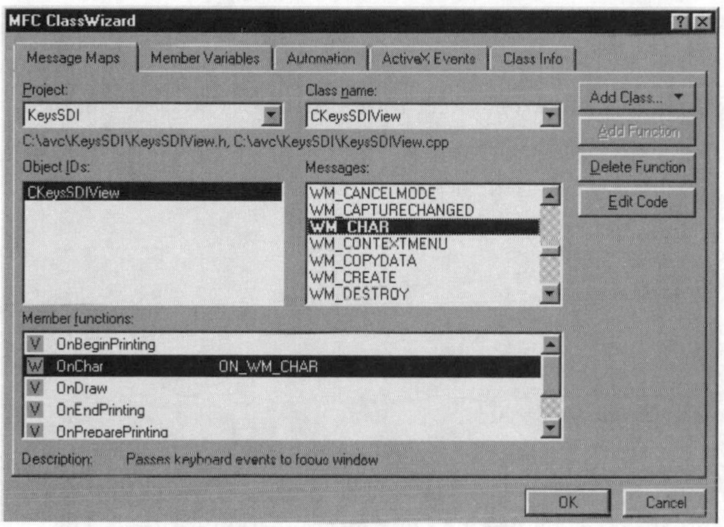

Now find and double-click the WM_CHAR entry in the Messages box, creating a new function named OnChar() attached to the WM_CHAR Windows message. When the user types a key, Windows generates WM_CHAR message, and that, in turn, means our OnChar() function will be called.

To open the new OnChar() function, double-click the OnChar() entry in the ClassWizard Member Functions box.

```
void CKeysSDIView::OnChar(UINT nChar, UINT nRepCnt, UINT nFlags)
{
    // TODO: Add your message handler code here and/or call default

    CView::OnChar(nChar, nRepCnt, nFlags);
}
```

Visual C++ has provided us with a prompt indicating that we should provide our own message-handling code here, and we will. In this case, we want to take the key the user has struck—the code for this key is passed to us in the nChar parameter—and add it to the text string we've stored in the program's document object.

We begin by getting a pointer, pDoc, to the document object.

```
void CKeysSDIView::OnChar(UINT nChar, UINT nRepCnt, UINT nFlags)
{
    CKeysSDIDoc* pDoc = GetDocument();                              ⇐
```

```
    ASSERT_VALID(pDoc);                                    ⇐

    CView::OnChar(nChar, nRepCnt, nFlags);
}
```

Now we're ready to add the new character to the string of text we've named text in the document.

```
void CKeysSDIView::OnChar(UINT nChar, UINT nRepCnt, UINT nFlags)
{
    CKeysSDIDoc* pDoc = GetDocument();
    ASSERT_VALID(pDoc);

    pDoc->text += nChar;                                   ⇐

    CView::OnChar(nChar, nRepCnt, nFlags);
}
```

Now that we have stored the new key, we need to display it. As with most standard Visual C++ programs, we'll use the OnDraw() function for that. This function takes care of displaying the data we want displayed. To make sure OnDraw() is called, we invalidate the program display with a call to Invalidate().

```
void CKeysSDIView::OnChar(UINT nChar, UINT nRepCnt, UINT nFlags)
{
    CKeysSDIDoc* pDoc = GetDocument();
    ASSERT_VALID(pDoc);

    pDoc->text += nChar;
    CView::OnChar(nChar, nRepCnt, nFlags);

    Invalidate();                                          ⇐
}
```

All that remains, then, is to display the keys we've stored in the text member of the document object, and we'll do that with the OnDraw() function.

Displaying Keys in KeysSDI

To display the string of typed keys in our program's window, we will use the TextOut() function in OnDraw(). Visual C++ has already given our program an OnDraw() function in KeysSDIView.cpp.

```
void CKeysSDIView::OnDraw(CDC* pDC)
{
    CKeysSDIDoc* pDoc = GetDocument();
```

```
    ASSERT_VALID(pDoc);

    // TODO: add draw code for native data here
}
```

All we have to do is replace the TODO prompt line with a line like this to display the text, starting at (0, 0) (that is, the upper-left corner) of the program's window:

```
void CKeysSDIView::OnDraw(CDC* pDC)
{
    CKeysSDIDoc* pDoc = GetDocument();
    ASSERT_VALID(pDoc);

    pDC->TextOut(0, 0, pDoc->text);                                    ⇐
}
```

That completes KeysSDI. Run the program now, as shown in Figure 1.9. You can type messages into the program—in Figure 1.9, the program displays the "Hello from Visual C++" message—simply by typing on the keyboard. Our KeysSDI program is a success.

Now that we've gotten KeysSDI working, it's time to dissect it and see what makes this program tick.

Dissecting a Visual C++ Program

We'll continue our Visual C++ review by dissecting KeysSDI. There are four main parts to this and all standard Visual C++ programs: the application object, the main window object, the document object, and the view object.

```
 -----------------------        -----------------------
| Application Object     |      | Main Window Object     |
|                        |      |                        |
| Handles the interface  |      | Handles the main       |
| to Windows             |------| window itself          |
|                        |      |                        |
 -----------------------        -----------------------
            |                               |
 -----------------------        -----------------------
| Document Object        |      | View Object            |
|                        |      |                        |
| Handles storing of     |------| Handles displaying     |
| the program data       |      | the program data       |
|                        |      |                        |
 -----------------------        -----------------------
```

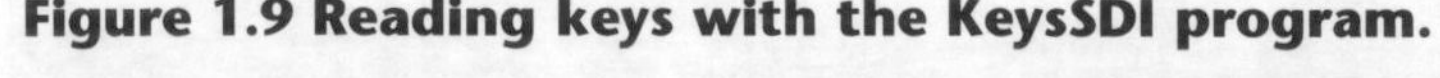

Figure 1.9 Reading keys with the KeysSDI program.

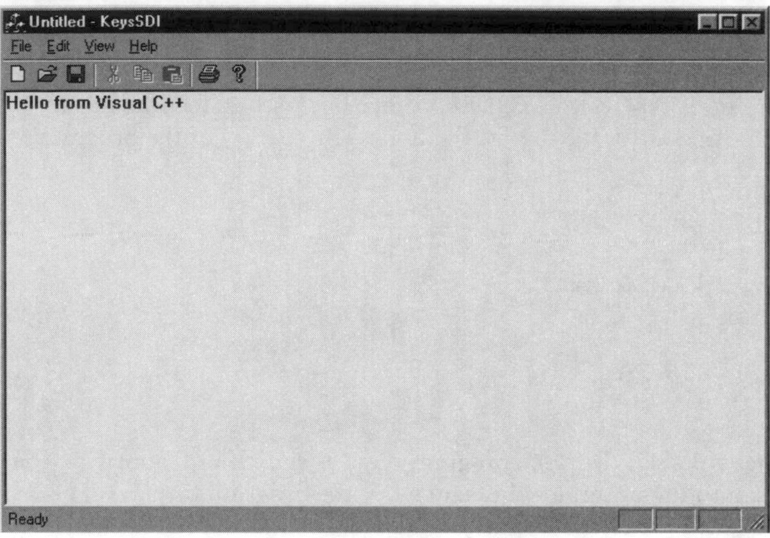

What do these parts do? The application object is the object that's loaded first, and it interacts with Windows to get things started. Next, this object loads in the main window and displays it. The program's data is stored in the document object, and displaying that data is the view object's job.

A different program file exists for each of the main objects in this program. These files are KeysSDI.cpp, MainFrm.cpp, KeysSDIDoc.cpp, and KeysSDIView .cpp. We'll see all of these files in the remainder of this chapter. Each of these files supports a class corresponding to the application, main window, document, or view. Here's an overview of how those classes interact and what functions you can use to reach one object from another.

```
                              KeysSDI.exe
 ----------------------------------------------------------------------
| Application                Mainframe Window                View      |
| ---------------------    ---------------------       --------------- |
||     CKeysSDIApp       | |      CMainFrame     |      | CKeysSDIView  ||
||                       | |                     |      |               ||
||                       | |       GetActiveView |----->|               ||
||                       | |                     |      |               ||
||                       | |                     |----->|OnActivateView ||
||                       | |                     |----->|OnDraw         ||
||Run() contains the     | |                     |<-----|GetParent      ||
```

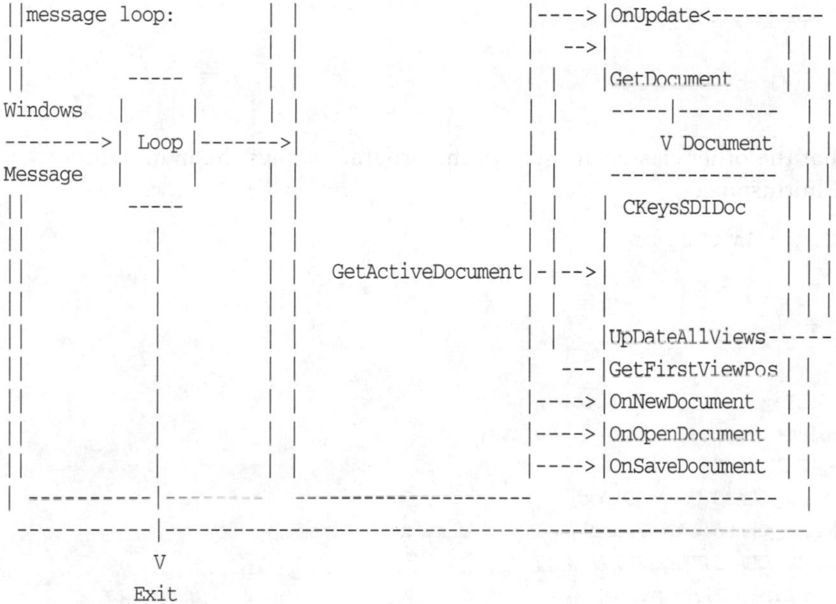

Let's take a look at the four major parts of the KeysSDI program now, starting with the application object, KeysSDI.

The Application Object

The application object's job is to start and initialize the program and then show the main window. This object's class is CKeysSDIAapp, and in that class's InitInstance() function, we see how the program connects the other three classes—the document, main frame window, and view classes—to the program using a *document template* (we'll make use of document templates throughout the book).

```
BOOL CKeysSDIApp::InitInstance()
{
    .
    .
    .
    CSingleDocTemplate* pDocTemplate;
    pDocTemplate = new CSingleDocTemplate(
        IDR_MAINFRAME,
        RUNTIME_CLASS(CKeysSDIDoc),                              ⇐
        RUNTIME_CLASS(CMainFrame),       // main SDI frame window ⇐
        RUNTIME_CLASS(CKeysSDIView));                            ⇐
```

```
    AddDocTemplate(pDocTemplate);
    .
    .
    .
```

Now that the other classes are set up, the program shows the main window this way in InitInstance():

```
BOOL CKeysSDIApp::InitInstance()
{
    .
    .
    .
    CSingleDocTemplate* pDocTemplate;
    pDocTemplate = new CSingleDocTemplate(
        IDR_MAINFRAME,
        RUNTIME_CLASS(CKeysSDIDoc),
        RUNTIME_CLASS(CMainFrame),        // main SDI frame window
        RUNTIME_CLASS(CKeysSDIView));
    AddDocTemplate(pDocTemplate);
    .
    .
    .
    // The one and only window has been initialized, so show and update it.
    m_pMainWnd->ShowWindow(SW_SHOW);                                        ⇐
    m_pMainWnd->UpdateWindow();
                                                                            ⇐

    return TRUE;
}
```

The program has been set up and the main frame window displayed. We'll take a look at the main frame window class next. The code for KeysSDI.h and KeysSDI.cpp appears in Listing 1.2.

Listing 1.2 KeysSDI.h and KeysSDI.cpp

```
// KeysSDI.h : main header file for the KEYSSDI application
//

#if !defined(AFX_KEYSSDI_H__701B1AD5_9BB7_11D1_887F_D42B07C10710__INCLUDED_)
#define AFX_KEYSSDI_H__701B1AD5_9BB7_11D1_887F_D42B07C10710__INCLUDED_

#if _MSC_VER > 1000
```

Listing 1.2 *Continued*

```
#pragma once
#endif // _MSC_VER > 1000

#ifndef __AFXWIN_H__
    #error include 'stdafx.h' before including this file for PCH
#endif

#include "resource.h"       // main symbols

/////////////////////////////////////////////////////////////////////////////
// CKeysSDIApp:
// See KeysSDI.cpp for the implementation of this class
//

class CKeysSDIApp : public CWinApp
{
public:
    CKeysSDIApp();

// Overrides
    // ClassWizard generated virtual function overrides
    //{{AFX_VIRTUAL(CKeysSDIApp)
    public:
    virtual BOOL InitInstance();
    //}}AFX_VIRTUAL

// Implementation

    //{{AFX_MSG(CKeysSDIApp)
    afx_msg void OnAppAbout();
        // NOTE - the ClassWizard will add and remove member functions here.
        //    DO NOT EDIT what you see in these blocks of generated code !
    //}}AFX_MSG
    DECLARE_MESSAGE_MAP()
};


/////////////////////////////////////////////////////////////////////////////

//{{AFX_INSERT_LOCATION}}
```

Continued

Listing 1.2 KeysSDI.h and KeysSDI.cpp *(Continued)*

```
// Microsoft Visual C++ will insert additional declarations immediately before the
previous line.

#endif // !defined(AFX_KEYSSDI_H__701B1AD5_9BB7_11D1_887F_D42B07C10710__INCLUDED_)


// KeysSDI.cpp : Defines the class behaviors for the application.
//

#include "stdafx.h"
#include "KeysSDI.h"

#include "MainFrm.h"
#include "KeysSDIDoc.h"
#include "KeysSDIView.h"

#ifdef _DEBUG
#define new DEBUG_NEW
#undef THIS_FILE
static char THIS_FILE[] = __FILE__;
#endif

/////////////////////////////////////////////////////////////////////////////
// CKeysSDIApp

BEGIN_MESSAGE_MAP(CKeysSDIApp, CWinApp)
    //{{AFX_MSG_MAP(CKeysSDIApp)
    ON_COMMAND(ID_APP_ABOUT, OnAppAbout)
        // NOTE - the ClassWizard will add and remove mapping macros here.
        //    DO NOT EDIT what you see in these blocks of generated code!
    //}}AFX_MSG_MAP
    // Standard file based document commands
    ON_COMMAND(ID_FILE_NEW, CWinApp::OnFileNew)
    ON_COMMAND(ID_FILE_OPEN, CWinApp::OnFileOpen)
    // Standard print setup command
    ON_COMMAND(ID_FILE_PRINT_SETUP, CWinApp::OnFilePrintSetup)
END_MESSAGE_MAP()

/////////////////////////////////////////////////////////////////////////////
// CKeysSDIApp construction
```

Listing 1.2 *Continued*

```
CKeysSDIApp::CKeysSDIApp()
{
    // TODO: add construction code here,
    // Place all significant initialization in InitInstance
}

/////////////////////////////////////////////////////////////////////////////
// The one and only CKeysSDIApp object

CKeysSDIApp theApp;

/////////////////////////////////////////////////////////////////////////////
// CKeysSDIApp initialization

BOOL CKeysSDIApp::InitInstance()
{
    AfxEnableControlContainer();

    // Standard initialization
    // If you are not using these features and wish to reduce the size
    //  of your final executable, you should remove from the following
    //  the specific initialization routines you do not need.

#ifdef _AFXDLL
    Enable3dControls();            // Call this when using MFC in a shared DLL
#else
    Enable3dControlsStatic();    // Call this when linking to MFC statically
#endif

    // Change the registry key under which our settings are stored.
    // You should modify this string to be something appropriate
    // such as the name of your company or organization.
    SetRegistryKey(_T("Local AppWizard-Generated Applications"));

    LoadStdProfileSettings();  // Load standard INI file options (including MRU)

    // Register the application's document templates.  Document templates
    //  serve as the connection between documents, frame windows and views.

    CSingleDocTemplate* pDocTemplate;
```

Continued

Listing 1.2 KeysSDI.h and KeysSDI.cpp *(Continued)*

```
    pDocTemplate = new CSingleDocTemplate(
        IDR_MAINFRAME,
        RUNTIME_CLASS(CKeysSDIDoc),
        RUNTIME_CLASS(CMainFrame),       // main SDI frame window
        RUNTIME_CLASS(CKeysSDIView));
    AddDocTemplate(pDocTemplate);

    // Parse command line for standard shell commands, DDE, file open
    CCommandLineInfo cmdInfo;
    ParseCommandLine(cmdInfo);

    // Dispatch commands specified on the command line
    if (!ProcessShellCommand(cmdInfo))
        return FALSE;

    // The one and only window has been initialized, so show and update it.
    m_pMainWnd->ShowWindow(SW_SHOW);
    m_pMainWnd->UpdateWindow();

    return TRUE;
}


/////////////////////////////////////////////////////////////////////////////
// CAboutDlg dialog used for App About

class CAboutDlg : public CDialog
{
public:
    CAboutDlg();

// Dialog Data
    //{{AFX_DATA(CAboutDlg)
    enum { IDD = IDD_ABOUTBOX };
    //}}AFX_DATA

    // ClassWizard generated virtual function overrides
    //{{AFX_VIRTUAL(CAboutDlg)
    protected:
    virtual void DoDataExchange(CDataExchange* pDX);    // DDX/DDV support
```

Listing 1.2 *Continued*

```
    //}}AFX_VIRTUAL

// Implementation
protected:
    //{{AFX_MSG(CAboutDlg)
        // No message handlers
    //}}AFX_MSG
    DECLARE_MESSAGE_MAP()
};

CAboutDlg::CAboutDlg() : CDialog(CAboutDlg::IDD)
{
    //{{AFX_DATA_INIT(CAboutDlg)
    //}}AFX_DATA_INIT
}

void CAboutDlg::DoDataExchange(CDataExchange* pDX)
{
    CDialog::DoDataExchange(pDX);
    //{{AFX_DATA_MAP(CAboutDlg)
    //}}AFX_DATA_MAP
}

BEGIN_MESSAGE_MAP(CAboutDlg, CDialog)
    //{{AFX_MSG_MAP(CAboutDlg)
        // No message handlers
    //}}AFX_MSG_MAP
END_MESSAGE_MAP()

// App command to run the dialog
void CKeysSDIApp::OnAppAbout()
{
    CAboutDlg aboutDlg;
    aboutDlg.DoModal();
}


/////////////////////////////////////////////////////////////////////////////
// CKeysSDIApp commands
```

The main window has been displayed on the screen, and we'll take a look at that window next.

The Main Window Object

The main window class is CMainFrame, and the support files for this class are MainFrm.h and MainFrm.cpp. You can see how the main window is built in the CMainFrame::OnCreate() function. Here, the window's toolbar and status bars are created and added to the window.

```
int CMainFrame::OnCreate(LPCREATESTRUCT lpCreateStruct)
{
    if (CFrameWnd::OnCreate(lpCreateStruct) == -1)
        return -1;

    if (!m_wndToolBar.CreateEx(this, TBSTYLE_FLAT, WS_CHILD | WS_VISIBLE | CBRS_TOP
        | CBRS_GRIPPER | CBRS_TOOLTIPS | CBRS_FLYBY | CBRS_SIZE_DYNAMIC) ||
        !m_wndToolBar.LoadToolBar(IDR_MAINFRAME))
    {
        TRACE0("Failed to create toolbar\n");
        return -1;      // fail to create
    }

    if (!m_wndStatusBar.Create(this) ||
        !m_wndStatusBar.SetIndicators(indicators,
          sizeof(indicators)/sizeof(UINT)))
    {
        TRACE0("Failed to create status bar\n");
        return -1;      // fail to create
    }

    // TODO: Delete these three lines if you don't want the toolbar to
    //  be dockable
    m_wndToolBar.EnableDocking(CBRS_ALIGN_ANY);
    EnableDocking(CBRS_ALIGN_ANY);
    DockControlBar(&m_wndToolBar);

    return 0;
}
```

Another useful function is CMainFrame::PreCreateWindow(), because you can change the window's class before it is first displayed.

```
BOOL CMainFrame::PreCreateWindow(CREATESTRUCT& cs)
{
    if( !CFrameWnd::PreCreateWindow(cs) )
        return FALSE;
    // TODO: Modify the Window class or styles here by modifying
    //  the CREATESTRUCT cs

    return TRUE;
}
```

We'll see how to change the cursor our window uses later in this book by modifying this function.

The MainFrame class is a good one to know, but the real meat of the program comes in the document and view classes, which we'll turn to now. The listing for MainFrm.h and MainFrm.cpp appear in Listing 1.3.

Listing 1.3 MainFrm.h and MainFrm.cpp

```
// MainFrm.h : interface of the CMainFrame class
//
////////////////////////////////////////////////////////////////////////////

#if !defined(AFX_MAINFRM_H__701B1AD9_9BB7_11D1_887F_D42B07C10710__INCLUDED_)
#define AFX_MAINFRM_H__701B1AD9_9BB7_11D1_887F_D42B07C10710__INCLUDED_

#if _MSC_VER > 1000
#pragma once
#endif // _MSC_VER > 1000

class CMainFrame : public CFrameWnd
{
protected: // create from serialization only
    CMainFrame();
    DECLARE_DYNCREATE(CMainFrame)

// Attributes
public:

// Operations
public:

// Overrides
    // ClassWizard generated virtual function overrides
```

Continued

Listing 1.3 MainFrm.h and MainFrm.cpp *(Continued)*

```
    //{{AFX_VIRTUAL(CMainFrame)
    virtual BOOL PreCreateWindow(CREATESTRUCT& cs);
    //}}AFX_VIRTUAL

// Implementation
public:
    virtual ~CMainFrame();
#ifdef _DEBUG
    virtual void AssertValid() const;
    virtual void Dump(CDumpContext& dc) const;
#endif

protected:  // control bar embedded members
    CStatusBar  m_wndStatusBar;
    CToolBar    m_wndToolBar;

// Generated message map functions
protected:
    //{{AFX_MSG(CMainFrame)
    afx_msg int OnCreate(LPCREATESTRUCT lpCreateStruct);
        // NOTE - the ClassWizard will add and remove member functions here.
        //    DO NOT EDIT what you see in these blocks of generated code!
    //}}AFX_MSG
    DECLARE_MESSAGE_MAP()
};

/////////////////////////////////////////////////////////////////////////////

//{{AFX_INSERT_LOCATION}}
// Microsoft Visual C++ will insert additional declarations immediately before the
previous line.

#endif // !defined(AFX_MAINFRM_H__701B1AD9_9BB7_11D1_887F_D42B07C10710__INCLUDED_)


// MainFrm.cpp : implementation of the CMainFrame class
//

#include "stdafx.h"
#include "KeysSDI.h"
```

Listing 1.3 *Continued*

```
#include "MainFrm.h"

#ifdef _DEBUG
#define new DEBUG_NEW
#undef THIS_FILE
static char THIS_FILE[] = __FILE__;
#endif

/////////////////////////////////////////////////////////////////////////////
// CMainFrame

IMPLEMENT_DYNCREATE(CMainFrame, CFrameWnd)

BEGIN_MESSAGE_MAP(CMainFrame, CFrameWnd)
    //{{AFX_MSG_MAP(CMainFrame)
        // NOTE - the ClassWizard will add and remove mapping macros here.
        //    DO NOT EDIT what you see in these blocks of generated code !
    ON_WM_CREATE()
    //}}AFX_MSG_MAP
END_MESSAGE_MAP()

static UINT indicators[] =
{
    ID_SEPARATOR,           // status line indicator
    ID_INDICATOR_CAPS,
    ID_INDICATOR_NUM,
    ID_INDICATOR_SCRL,
};

/////////////////////////////////////////////////////////////////////////////
// CMainFrame construction/destruction

CMainFrame::CMainFrame()
{
    // TODO: add member initialization code here

}

CMainFrame::~CMainFrame()
{
```

Continued

Listing 1.3 MainFrm.h and MainFrm.cpp *(Continued)*

```
}

int CMainFrame::OnCreate(LPCREATESTRUCT lpCreateStruct)
{
    if (CFrameWnd::OnCreate(lpCreateStruct) == -1)
        return -1;

    if (!m_wndToolBar.CreateEx(this, TBSTYLE_FLAT, WS_CHILD | WS_VISIBLE | CBRS_TOP
        | CBRS_GRIPPER | CBRS_TOOLTIPS | CBRS_FLYBY | CBRS_SIZE_DYNAMIC) ||
        !m_wndToolBar.LoadToolBar(IDR_MAINFRAME))
    {
        TRACE0("Failed to create toolbar\n");
        return -1;      // fail to create
    }

    if (!m_wndStatusBar.Create(this) ||
        !m_wndStatusBar.SetIndicators(indicators,
          sizeof(indicators)/sizeof(UINT)))
    {
        TRACE0("Failed to create status bar\n");
        return -1;      // fail to create
    }

    // TODO: Delete these three lines if you don't want the toolbar to
    //  be dockable
    m_wndToolBar.EnableDocking(CBRS_ALIGN_ANY);
    EnableDocking(CBRS_ALIGN_ANY);
    DockControlBar(&m_wndToolBar);

    return 0;
}

BOOL CMainFrame::PreCreateWindow(CREATESTRUCT& cs)
{
    if( !CFrameWnd::PreCreateWindow(cs) )
        return FALSE;
    // TODO: Modify the Window class or styles here by modifying
    //  the CREATESTRUCT cs

    return TRUE;
}
```

Listing 1.3 *Continued*

```
//////////////////////////////////////////////////////////////////////////////
// CMainFrame diagnostics

#ifdef _DEBUG
void CMainFrame::AssertValid() const
{
    CFrameWnd::AssertValid();
}

void CMainFrame::Dump(CDumpContext& dc) const
{
    CFrameWnd::Dump(dc);
}

#endif //_DEBUG

//////////////////////////////////////////////////////////////////////////////
// CMainFrame message handlers
```

When you work with a Visual C++ program, you mainly work with the document and view objects, as we have already done in our KeysSDI program. Let's turn to these objects now, beginning with the document object.

The Document Object

The document and view objects in a Visual C++ program have a special relationship. The document object stores the program's data, and the view object displays it. The original idea was to make it easy to store and retrieve the data to and from disk (we'll cover file handling in Chapter 5, "Real-World Programming: The Editor Application"), but this separation of data storage and display has come to seem natural to Visual C++ programmers.

In our KeysSDI program, we've placed the string that the user has typed in an MFC CString object named text.

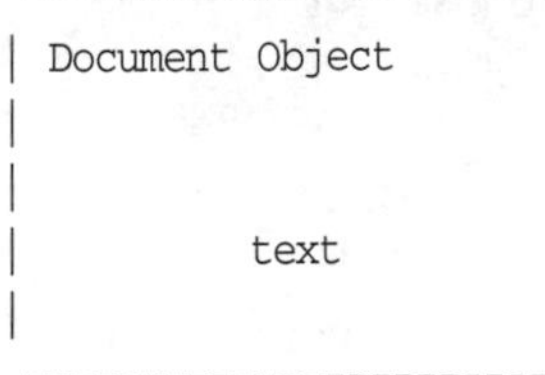

We use the view object to display that text; specifically, we use TextOut() in the OnDraw() function.

```
 ----------------------          ----------------------
| Document Object      |        | View Object          |
|                      |        |                      |
|                      |--------|                      |
|         text         |        |     TextOut()        |
|                      |        |                      |
 ----------------------          ----------------------
```

The document is for storing data, as we've done in KeysSDI.

Storing Data in the Document

We set up storage for the text CString in the document's header file, KeysSDIDoc.h.

```
class CKeysSDIDoc : public CDocument
{
protected: // create from serialization only
    CKeysSDIDoc();
    DECLARE_DYNCREATE(CKeysSDIDoc)

// Attributes
public:
    CString text;                                        ⇐
    .
    .
    .
```

Public versus Private Data

Note that although we've made the text object public here so we can reach it from the view object, we could have declared it private or protected and let other objects reach it only through the use of get and set functions, such as GetText() and SetText(). The benefit of restricting access this way is that it prevents unintentional changes to the text object, which is why the MFC classes often insist you use get and set functions instead of giving you direct access to internal data.

In addition to storing the data in the document, we initialize it in the document's constructor, CKeysSDIDoc(), which appears in KeysSDIDoc.cpp, this way:

```
CKeysSDIDoc::CKeysSDIDoc()
{
    text = "";                                              ⇐
}
```

The preceding example shows the standard way of doing things in documents: You set up space for the data you want to store and then initialize that data as required in the document's constructor.

In addition to storing data in memory, the document also provides a mechanism for storing it on disk, and that method is *serialization.*

Serializing Data

One of the document's member functions is the Serialize() function.

```
void CKeysSDIDoc::Serialize(CArchive& ar)
{
    if (ar.IsStoring())
    {
        // TODO: add storing code here
    }
    else
    {
        // TODO: add loading code here
    }
}
```

As we'll see in more detail later, this function is used to store data to disk and read it back again. In this case, our data is a simple CString object, so we can store it to the archive object passed to us and read it back from disk this way:

```
void CKeysSDIDoc::Serialize(CArchive& ar)
{
    if (ar.IsStoring())
    {
        text >> ar;                                         ⇐
    }
    else
    {
        ar >> text;                                         ⇐
    }
}
```

We'll investigate this process further in Chapter 5. In the meantime, we have finished our overview of the document for the moment. The listing for KeysSDIDoc.h and KeysSDIDoc.cpp appears in Listing 1.4.

Listing 1.4 KeysSDIDoc.h and KeysSDIDoc.cpp

```
// KeysSDIDoc.h : interface of the CKeysSDIDoc class
//
/////////////////////////////////////////////////////////////////////////////

#if !defined(AFX_KEYSSDIDOC_H__701B1ADB_9BB7_11D1_887F_D42B07C10710__INCLUDED_)
#define AFX_KEYSSDIDOC_H__701B1ADB_9BB7_11D1_887F_D42B07C10710__INCLUDED_

#if _MSC_VER > 1000
#pragma once
#endif // _MSC_VER > 1000


class CKeysSDIDoc : public CDocument
{
protected: // create from serialization only
    CKeysSDIDoc();
    DECLARE_DYNCREATE(CKeysSDIDoc)

// Attributes
public:
    CString text;
// Operations
public:

// Overrides
    // ClassWizard generated virtual function overrides
    //{{AFX_VIRTUAL(CKeysSDIDoc)
    public:
    virtual BOOL OnNewDocument();
    virtual void Serialize(CArchive& ar);
    //}}AFX_VIRTUAL

// Implementation
public:
    virtual ~CKeysSDIDoc();
#ifdef _DEBUG
    virtual void AssertValid() const;
    virtual void Dump(CDumpContext& dc) const;
#endif

protected:
```

Listing 1.4 *Continued*

```
// Generated message map functions
protected:
    //{{AFX_MSG(CKeysSDIDoc)
        // NOTE - the ClassWizard will add and remove member functions here.
        //    DO NOT EDIT what you see in these blocks of generated code !
    //}}AFX_MSG
    DECLARE_MESSAGE_MAP()
};

/////////////////////////////////////////////////////////////////////////////

//{{AFX_INSERT_LOCATION}}
// Microsoft Visual C++ will insert additional declarations immediately before the
previous line.

#endif //
!defined(AFX_KEYSSDIDOC_H__701B1ADB_9BB7_11D1_887F_D42B07C10710__INCLUDED_)


// KeysSDIDoc.cpp : implementation of the CKeysSDIDoc class
//

#include "stdafx.h"
#include "KeysSDI.h"

#include "KeysSDIDoc.h"

#ifdef _DEBUG
#define new DEBUG_NEW
#undef THIS_FILE
static char THIS_FILE[] = __FILE__;
#endif

/////////////////////////////////////////////////////////////////////////////
// CKeysSDIDoc

IMPLEMENT_DYNCREATE(CKeysSDIDoc, CDocument)

BEGIN_MESSAGE_MAP(CKeysSDIDoc, CDocument)
    //{{AFX_MSG_MAP(CKeysSDIDoc)
        // NOTE - the ClassWizard will add and remove mapping macros here.
```

Continued

Listing 1.4 KeysSDIDoc.h and KeysSDIDoc.cpp *(Continued)*

```
        //    DO NOT EDIT what you see in these blocks of generated code!
    //}}AFX_MSG_MAP
END_MESSAGE_MAP()

/////////////////////////////////////////////////////////////////////////////
// CKeysSDIDoc construction/destruction

CKeysSDIDoc::CKeysSDIDoc()
{
    text = "";
}

CKeysSDIDoc::~CKeysSDIDoc()
{
}

BOOL CKeysSDIDoc::OnNewDocument()
{
    if (!CDocument::OnNewDocument())
        return FALSE;

    // TODO: add reinitialization code here
    // (SDI documents will reuse this document)

    return TRUE;
}



/////////////////////////////////////////////////////////////////////////////
// CKeysSDIDoc serialization

void CKeysSDIDoc::Serialize(CArchive& ar)
{
    if (ar.IsStoring())
    {
        // TODO: add storing code here
    }
    else
    {
```

Listing 1.4 *Continued*

```
        // TODO: add loading code here
    }
}

/////////////////////////////////////////////////////////////////////////////
// CKeysSDIDoc diagnostics

#ifdef _DEBUG
void CKeysSDIDoc::AssertValid() const
{
    CDocument::AssertValid();
}

void CKeysSDIDoc::Dump(CDumpContext& dc) const
{
    CDocument::Dump(dc);
}
#endif //_DEBUG

/////////////////////////////////////////////////////////////////////////////
// CKeysSDIDoc commands
```

The document object is only half the data-handling story, of course. The other half is the view object, which we'll take a look at now.

The View Object

Judging from its name, you'd think the view object has only one purpose: to display the program's data to the user. In fact, you usually use the view object for almost all user interactions—not only displaying data, but also getting that data from the user in the form of user input. For example, we added a character-reading function, OnChar(), to the view:

```
void CKeysSDIView::OnChar(UINT nChar, UINT nRepCnt, UINT nFlags)
{
    CKeysSDIDoc* pDoc = GetDocument();
    ASSERT_VALID(pDoc);

    pDoc->text += nChar;

    CView::OnChar(nChar, nRepCnt, nFlags);
```

```
    Invalidate();
}
```

Here, we accept new keys from the user and store those keys in the document. In particular, we get a pointer to the document object using the GetDocument() function, and then add the current character to the text string with the following line:

```
void CKeysSDIView::OnChar(UINT nChar, UINT nRepCnt, UINT nFlags)
{
    CKeysSDIDoc* pDoc = GetDocument();
    ASSERT_VALID(pDoc);

    pDoc->text += nChar;                                          ⇐

    CView::OnChar(nChar, nRepCnt, nFlags);

    Invalidate();
}
```

At the end of OnChar(), we call Invalidate() to invalidate the view, which means the program will call our OnDraw() function. In that function, we've placed code to display the text in the text object, starting at (0, 0) in the view (in an SDI program, the view covers the main window's client area, which is the area of the window excluding borders, toolbars, menus, and title bar).

```
void CKeysSDIView::OnDraw(CDC* pDC)
{
    CKeysSDIDoc* pDoc = GetDocument();
    ASSERT_VALID(pDoc);

    pDC->TextOut(0, 0, pDoc->text);                               ⇐
}
```

In this way, the view object handles two tasks: interacting with the user and displaying data. As we'll see throughout the book, that's just what the view usually does.

The view object's support files, KeysSDIView.h and KeysSDIView.cpp, appear in Listing 1.5.

Listing 1.5 KeysSDIView.h and KeysSDIView.cpp

```
// KeysSDIView.h : interface of the CKeysSDIView class
//
/////////////////////////////////////////////////////////////////////////////

#if !defined(AFX_KEYSSDIVIEW_H__701B1ADD_9BB7_11D1_887F_D42B07C10710__INCLUDED_)
```

Listing 1.5 *Continued*

```
#define AFX_KEYSSDIVIEW_H__701B1ADD_9BB7_11D1_887F_D42B07C10710__INCLUDED_

#if _MSC_VER > 1000
#pragma once
#endif // _MSC_VER > 1000

class CKeysSDIView : public CView
{
protected: // create from serialization only
    CKeysSDIView();
    DECLARE_DYNCREATE(CKeysSDIView)

// Attributes
public:
    CKeysSDIDoc* GetDocument();

// Operations
public:

// Overrides
    // ClassWizard generated virtual function overrides
    //{{AFX_VIRTUAL(CKeysSDIView)
    public:
    virtual void OnDraw(CDC* pDC);  // overridden to draw this view
    virtual BOOL PreCreateWindow(CREATESTRUCT& cs);
    protected:
    virtual BOOL OnPreparePrinting(CPrintInfo* pInfo);
    virtual void OnBeginPrinting(CDC* pDC, CPrintInfo* pInfo);
    virtual void OnEndPrinting(CDC* pDC, CPrintInfo* pInfo);
    //}}AFX_VIRTUAL

// Implementation
public:
    virtual ~CKeysSDIView();
#ifdef _DEBUG
    virtual void AssertValid() const;
    virtual void Dump(CDumpContext& dc) const;
#endif

protected:
```

Continued

Listing 1.5 KeysSDIView.h and KeysSDIView.cpp *(Continued)*

```
// Generated message map functions
protected:
    //{{AFX_MSG(CKeysSDIView)
    afx_msg void OnChar(UINT nChar, UINT nRepCnt, UINT nFlags);
    //}}AFX_MSG
    DECLARE_MESSAGE_MAP()
};

#ifndef _DEBUG  // debug version in KeysSDIView.cpp
inline CKeysSDIDoc* CKeysSDIView::GetDocument()
   { return (CKeysSDIDoc*)m_pDocument; }
#endif

/////////////////////////////////////////////////////////////////////////////

//{{AFX_INSERT_LOCATION}}
// Microsoft Visual C++ will insert additional declarations immediately before the
previous line.

#endif //
!defined(AFX_KEYSSDIVIEW_H__701B1ADD_9BB7_11D1_887F_D42B07C10710__INCLUDED_)


// KeysSDIView.cpp : implementation of the CKeysSDIView class
//

#include "stdafx.h"
#include "KeysSDI.h"

#include "KeysSDIDoc.h"
#include "KeysSDIView.h"

#ifdef _DEBUG
#define new DEBUG_NEW
#undef THIS_FILE
static char THIS_FILE[] = __FILE__;
#endif


/////////////////////////////////////////////////////////////////////////////
```

Listing 1.5 *Continued*

```
// CKeysSDIView

IMPLEMENT_DYNCREATE(CKeysSDIView, CView)

BEGIN_MESSAGE_MAP(CKeysSDIView, CView)
    //{{AFX_MSG_MAP(CKeysSDIView)
    ON_WM_CHAR()
    //}}AFX_MSG_MAP
    // Standard printing commands
    ON_COMMAND(ID_FILE_PRINT, CView::OnFilePrint)
    ON_COMMAND(ID_FILE_PRINT_DIRECT, CView::OnFilePrint)
    ON_COMMAND(ID_FILE_PRINT_PREVIEW, CView::OnFilePrintPreview)
END_MESSAGE_MAP()

/////////////////////////////////////////////////////////////////////////////
// CKeysSDIView construction/destruction

CKeysSDIView::CKeysSDIView()
{
    // TODO: add construction code here

}

CKeysSDIView::~CKeysSDIView()
{
}

BOOL CKeysSDIView::PreCreateWindow(CREATESTRUCT& cs)
{
    // TODO: Modify the Window class or styles here by modifying
    //  the CREATESTRUCT cs

    return CView::PreCreateWindow(cs);
}

/////////////////////////////////////////////////////////////////////////////
// CKeysSDIView drawing

void CKeysSDIView::OnDraw(CDC* pDC)
{
```

Continued

Listing 1.5 KeysSDIView.h and KeysSDIView.cpp *(Continued)*

```
    CKeysSDIDoc* pDoc = GetDocument();
    ASSERT_VALID(pDoc);

    pDC->TextOut(0, 0, pDoc->text);
}

/////////////////////////////////////////////////////////////////////////////
// CKeysSDIView printing

BOOL CKeysSDIView::OnPreparePrinting(CPrintInfo* pInfo)
{
    // default preparation
    return DoPreparePrinting(pInfo);
}

void CKeysSDIView::OnBeginPrinting(CDC* /*pDC*/, CPrintInfo* /*pInfo*/)
{
    // TODO: add extra initialization before printing
}

void CKeysSDIView::OnEndPrinting(CDC* /*pDC*/, CPrintInfo* /*pInfo*/)
{
    // TODO: add cleanup after printing
}

/////////////////////////////////////////////////////////////////////////////
// CKeysSDIView diagnostics

#ifdef _DEBUG
void CKeysSDIView::AssertValid() const
{
    CView::AssertValid();
}

void CKeysSDIView::Dump(CDumpContext& dc) const
{
    CView::Dump(dc);
}

CKeysSDIDoc* CKeysSDIView::GetDocument() // non-debug version is inline
```

Listing 1.5 *Continued*

```
{
    ASSERT(m_pDocument->IsKindOf(RUNTIME_CLASS(CKeysSDIDoc)));
    return (CKeysSDIDoc*)m_pDocument;
}
#endif //_DEBUG

/////////////////////////////////////////////////////////////////////////////
// CKeysSDIView message handlers

void CKeysSDIView::OnChar(UINT nChar, UINT nRepCnt, UINT nFlags)
{
    CKeysSDIDoc* pDoc = GetDocument();
    ASSERT_VALID(pDoc);
    pDoc->text += nChar;
    CView::OnChar(nChar, nRepCnt, nFlags);
    Invalidate();
}
```

What's Ahead

In the next chapter, we'll start digging into fresh material. We've worked with two of the three kinds of EXE projects in this chapter: dialog-based and SDI programs. In the next chapter, we'll start working with MDI programs and supporting multiple windows and documents.

Multiple Documents, Multiple Views

2

In this chapter, we explore the ins and outs of Multiple Document Interface (MDI) thoroughly. MDI programming is a relatively unique feature of the MFC, and it gives us a lot of power. MDI programming is our first step as we move progressively toward more advanced topics in this book.

In this chapter, we begin by creating an MDI program that can accept multiline text input from the user and lets the user open not only multiple documents, but multiple views into those documents. We learn to coordinate a document's views so when the user types in one view, the others are updated as well. We also use *view hints* to update views in a smart way and we learn how to set a document's *modified flag* (also called a *dirty* flag) so that if the user tries to close a modified file, the program will prompt him or her to save it.

Once we're able to support multiple views in a document, we can learn how to implement *scrolling*. By implementing scrolling, the user will be able to open different views in the same document and move around in that document at will. There's no reason multiple views should show the same part of the document; in fact, that would defeat the whole idea behind multiple views.

We then continue by working with menus in MDI programs. We work with two sets of menus; which one is active depends on whether MDI child windows are open. We also look at how to access all the views connected to a document, how to use new document functions that we haven't yet seen, and even how to write MDI programs that support different *types* of views in the same program; that is, we learn to support multiple view classes in the same program.

Let's get started at once by creating our first MDI program.

Creating an MDI Program

Our first MDI program, which we call MDI, lets the user type multiline text into documents.

```
 ------------------------------------------------------
|                                                      |
|------------------------------------------------------|
|               ---------------------                  |
|              |MDI1                 |                 |
|              |---------------------|                 |
|              |This                 |                 |
|              |is                   |                 |
|              |the                  |                 |
|              |text                 |                 |
|              |                     |                 |
|               ---------------------                  |
|                                                      |
|                                                      |
|                                                      |
 ------------------------------------------------------
```

The main window is called the MDI *frame* window, and the small document window inside is called an MDI *child* window.

In addition to creating multiple documents, this program supports multiple views into each document. If you use the Window menu's New Window item, the program opens a new view into the document currently active. Note that the program has given the name MDI1 to this document, so the first view becomes MDI1:1 and the second view MDI1:2:

```
 ------------------------------------------------------
|                                                      |
|------------------------------------------------------|
|               ---------------------                  |
|              |MDI1:1               |                 |
|              |-------------------------------------  |
|              |This          |MDI1:2                | |
|              |is            |----------------------| |
|              |the           |This                  | |
|              |text          |is                    | |
|              |              |the                   | |
|               -------------|text                  | |
|                             |                      | |
|                               ---------------------  |
|                                                      |
 ------------------------------------------------------
```

> **Naming Documents**
>
> We learn to change the default name MDI programs give to documents later in this chapter. Changing the default file extension is covered in Chapter 5, "Real World Programming: The Editor Application."

Now, however, if we type into one of the views, the text appears only in that view, even if we update the document itself.

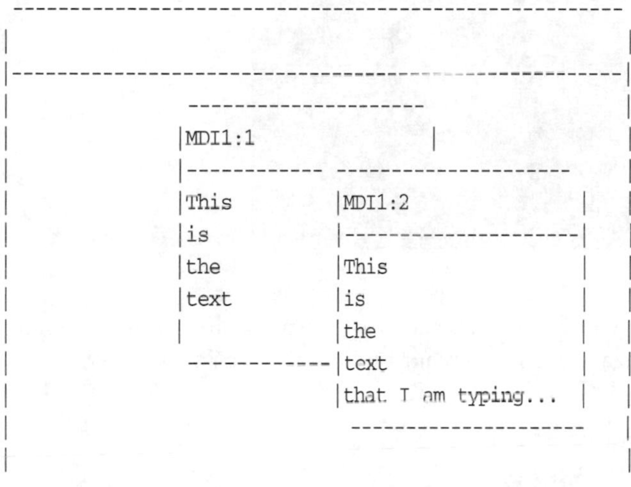

```
 ----------------------------------------------------
|                                                    |
|----------------------------------------------------|
|                  --------------------              |
|                 |MDI1:1              |            |
|                 |------------ --------------------- |
|                 |This         |MDI1:2             | |
|                 |is           |-------------------| |
|                 |the          |This               | |
|                 |text         |is                 | |
|                 |             |the                | |
|                  ------------ |text               | |
|                               |that I am typing...| |
|                                -------------------  |
|                                                    |
 ----------------------------------------------------
```

It is possible to coordinate multiple views in this program so that as you type in one view, what you type appears in the other view at the same time.

```
 ----------------------------------------------------
|                                                    |
|----------------------------------------------------|
|                  --------------------              |
|                 |MDI1:1              |            |
|                 |------------ --------------------- |
|                 |This         |MDI1:2             | |
|                 |is           |-------------------| |
|                 |the          |This               | |
|                 |text         |is                 | |
|                 |that I am ty |the                | |
|                  ------------ |text               | |
|                               |that I am typing...| |
|                                -------------------  |
|                                                    |
 ----------------------------------------------------
```

Figure 2.1 Creating an MDI project.

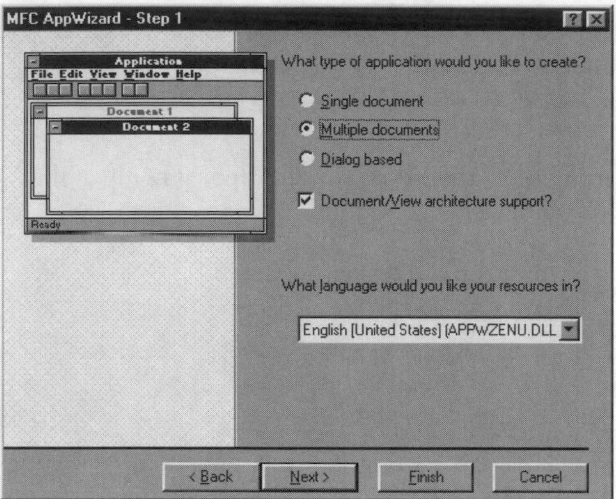

Start Visual C++ now and create a new AppWizard(exe) project, naming it MDI. When AppWizard asks you what type of application you would like to create, leave the Multiple Document option button clicked, as shown in Figure 2.1, and click the Finish button to create the project. Let's look at what AppWizard has written for us.

How MDI Programs Work

In the last chapter, the KeysSDI program supported the SDI interface and used the CSingleDocTemplate class to set up its *document template.*

```
BOOL CKeysSDIApp::InitInstance()
{
        .
        .
        .
    CSingleDocTemplate* pDocTemplate;
    pDocTemplate = new CSingleDocTemplate(
        IDR_MAINFRAME,
        RUNTIME_CLASS(CKeysSDIDoc),                                    ⇐
        RUNTIME_CLASS(CMainFrame),       // main SDI frame window      ⇐
        RUNTIME_CLASS(CKeysSDIView));                                  ⇐
    AddDocTemplate(pDocTemplate);
```

```
        .
        .
        .
```

Each time you open the program, a new window, document, and view are created. If you select New in the File menu, the document is erased and reused—you can only have one document.

It's different in our MDI program. Here, the document template is based on the CMultiDocTemplate class. In addition, the main window class is not the CMainFrame class that we used in SDI programming. In the MDI program, we use the MDI child window class, CChildFrame, as the document's window class.

```
BOOL CMDIApp::InitInstance()
{
        .
        .
        .
    CMultiDocTemplate* pDocTemplate;
    pDocTemplate = new CMultiDocTemplate(
        IDR_MDITYPE,
        RUNTIME_CLASS(CMDIDoc),                                     ⇐
        RUNTIME_CLASS(CChildFrame), // custom MDI child frame       ⇐
        RUNTIME_CLASS(CMDIView));                                   ⇐
    AddDocTemplate(pDocTemplate);
        .
        .
        .
```

In this program, every time we open a new document, a new document and view are created that are connected to an MDI child window, which then appears in the MDI main frame window. If you want to use a different view class, this is the place to do it. In fact, we do just that later in this chapter when we learn how to support multiple view classes in the same program.

The rest of the InitInstance() function creates a new MDI frame window and displays it as shown in the following example (a default document already appears in its own child window in the new MDI frame window; later in this book, we open our own documents when the program first loads instead of default documents):

```
BOOL CMDIApp::InitInstance()
{
        .
        .
        .
```

```
    CMultiDocTemplate* pDocTemplate;
    pDocTemplate = new CMultiDocTemplate(
        IDR_MDITYPE,
        RUNTIME_CLASS(CMDIDoc),
        RUNTIME_CLASS(CChildFrame), // custom MDI child frame
        RUNTIME_CLASS(CMDIView));
    AddDocTemplate(pDocTemplate);

    // create main MDI Frame window
    CMainFrame* pMainFrame = new CMainFrame;
    if (!pMainFrame->LoadFrame(IDR_MAINFRAME))
        return FALSE;
    m_pMainWnd = pMainFrame;

    // Parse command line for standard shell commands, DDE, file open
    CCommandLineInfo cmdInfo;
    ParseCommandLine(cmdInfo);

    // Dispatch commands specified on the command line
    if (!ProcessShellCommand(cmdInfo))
        return FALSE;

    // The main window has been initialized, so show and update it.
    pMainFrame->ShowWindow(m_nCmdShow);
    pMainFrame->UpdateWindow();

    return TRUE;
}
```

Multiple MDI Window Programs

Nothing is stopping you from creating and registering a second document template in MDI programs. You can follow the same initialization steps in InitInstance() to display two different types of MDI frame windows, each with its own child windows, in your program. This is useful if your program is extensive and you want to organize documents not only in child windows in the same MDI frame window, but in different MDI frame windows altogether.

Now that we've caught a glimpse behind the scenes in MDI programming, let's continue with our own MDI program.

Handling Data in the MDI Program

This program, MDI, will let the user type into a document and enter multiple lines of text, so we need to write the code to support that process first. In this example, we make things easy for ourselves by storing each line of text in its own CString object, and we set aside those strings in an array of CString objects named text[]. In addition, we need to keep track of the current number of lines in the document so we know where to enter new text as the user types it; we can create an integer variable named number_lines for that. Here, we allow for a maximum of 1000 lines of text:

```
const MAX_LINES = 1000;                                                   ⇐

class CMDIDoc : public CDocument
{
protected: // create from serialization only
    CMDIDoc();
    DECLARE_DYNCREATE(CMDIDoc)
// Attributes
public:
    int number_lines;                                                     ⇐
    CString text[MAX_LINES];                                              ⇐
```

In addition, we can initialize number_lines to 0 in the document's constructor. CString objects are initialized to the empty string, so we don't initialize the CString array in this case.

```
CMDIDoc::CMDIDoc()
{
    // TODO: add one-time construction code here
    number_lines = 0;                                                     ⇐
}
```

Next, we read keys as they're typed by the user.

Reading Keys in MDI

We read keys by adding an OnChar() message handler with ClassWizard.

```
void CMDIView::OnChar(UINT nChar, UINT nRepCnt, UINT nFlags)
{
    // TODO: Add your message handler code here and/or call default

    CView::OnChar(nChar, nRepCnt, nFlags);
}
```

We can add keys to the current string of text as we did in our KeysSDI program in the last chapter, but there's a difference because here we're handling multiline text, which means we have to watch for the Enter key. If the user types the Enter key, we have to skip to the next line of text. We start by storing simple characters; we first make sure the typed character is not the Enter key.

```
void CMDIView::OnChar(UINT nChar, UINT nRepCnt, UINT nFlags)
{
    if(nChar != '\r'){                                              ⇐
         .
         .
         .
    }                                                               ⇐

    CView::OnChar(nChar, nRepCnt, nFlags);
}
```

Next, we store the character the user has typed in the current line of text and invalidate the view to redisplay it.

```
void CMDIView::OnChar(UINT nChar, UINT nRepCnt, UINT nFlags)
{
    CMDIDoc* pDoc = GetDocument();                                  ⇐
    ASSERT_VALID(pDoc);                                             ⇐

    if(nChar != '\r'){
        pDoc->text[pDoc->number_lines] += nChar;                    ⇐
        Invalidate();                                               ⇐
    }

    CView::OnChar(nChar, nRepCnt, nFlags);
}
```

If, on the other hand, the user did press the Enter key, we skip to the next line of text by incrementing number_lines.

```
void CMDIView::OnChar(UINT nChar, UINT nRepCnt, UINT nFlags)
{
    CMDIDoc* pDoc = GetDocument();
    ASSERT_VALID(pDoc);

    if(nChar != '\r'){
        pDoc->text[pDoc->number_lines] += nChar;
        Invalidate();
    }
    else{
```

```
            pDoc->number_lines++;                                      ⇐
        }

        CView::OnChar(nChar, nRepCnt, nFlags);
}
```

Now we've stored the characters the user has typed. The next step is to display them in OnDraw().

Displaying Text in MDI

In the OnDraw() function, we display the text in the text[] array. First, we set up a loop over all the lines in the text[] array.

```
void CMDIView::OnDraw(CDC* pDC)
{
        CMDIDoc* pDoc = GetDocument();
        ASSERT_VALID(pDoc);

        for(int loop_index = 0; loop_index <= pDoc->number_lines; loop_index++){
                                                                       ⇐
                .
                .
                .
        }                                                              ⇐
}
```

To display multiline text, we need to determine how high each line is on the screen, and we do that with a TEXTMETRIC structure. The tmHeight member of that structure indicates how high each line of text is in the current font. We set up the TEXTMETRIC structure for the current device context as follows:

```
void CMDIView::OnDraw(CDC* pDC)
{
        CMDIDoc* pDoc = GetDocument();
        ASSERT_VALID(pDoc);

        TEXTMETRIC tm;                                                 ⇐

        pDC->GetTextMetrics(&tm);                                      ⇐

        for(int loop_index = 0; loop_index <= pDoc->number_lines; loop_index++){
                .
                .
                .
        }
}
```

We can loop over the text lines, displaying each line in its correct screen position, as shown in the following example:

```
void CMDIView::OnDraw(CDC* pDC)
{
    CMDIDoc* pDoc = GetDocument();
    ASSERT_VALID(pDoc);

    TEXTMETRIC tm;

    pDC->GetTextMetrics(&tm);

    for(int loop_index = 0; loop_index <= pDoc->number_lines; loop_index++){
        pDC->TextOut(0, loop_index * tm.tmHeight, pDoc->text[loop_index]);
                                                                            ⇐
    }
}
```

Run the program now, as shown in Figure 2.2. As you type text, such as "This is the text," one word per line, that text appears in the document's MDI child window. Open a new view into the document now using the New Window item in the Window menu. Our text, "This is the text," appears in the second view as well as the first.

However, if you type additional text into the second view, that text appears in the second view *only*. Although the text is being stored in the document, the first view is not updated as we type, which is a problem.

It's time to fix this problem, which we do by coordinating the views.

Coordinating MDI Views

You can coordinate views by updating them with the UpdateAllViews() function. This function takes three arguments: a pointer to the view doing the updating (so it is not updated); a long value, which is called a *hint*; and a pointer to an object, which is also part of that hint. We see how to use hints in a moment, but for now, set these last two parameters to 0. Here's how we use UpdateAllViews():

```
void CMDIView::OnChar(UINT nChar, UINT nRepCnt, UINT nFlags)
{
    CMDIDoc* pDoc = GetDocument();
    ASSERT_VALID(pDoc);

    if(nChar != '\r'){
        pDoc->text[pDoc->number_lines] += nChar;
        Invalidate();
```

Figure 2.2 The MDI project, first try.

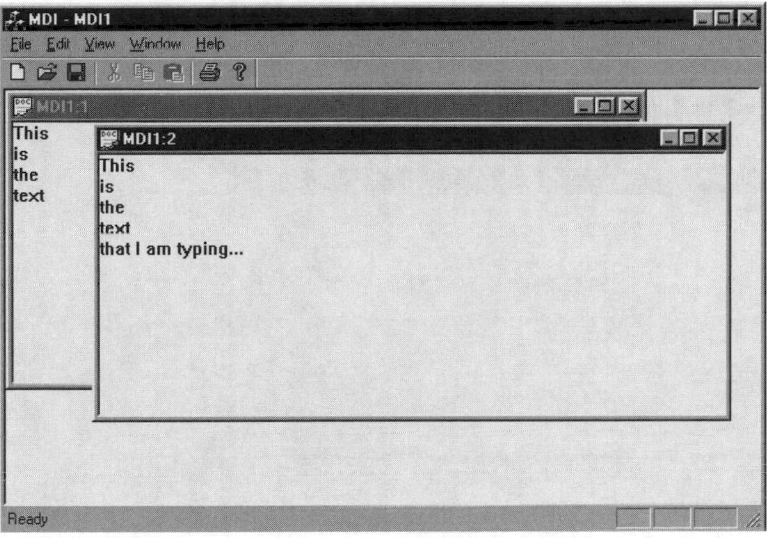


```
    }
    else{
        pDoc->number_lines++;
    }

    pDoc->UpdateAllViews(this, 0L, NULL);                              ⇐

    CView::OnChar(nChar, nRepCnt, nFlags);
}
```

With the preceding code, all the views connected to this document are *updated* when the user types anything. To update all the views, the document calls each view's OnUpdate() function, and by default, that function simply calls the view's OnDraw() function. This means that we can type into either view and the other one will be automatically updated, as shown in Figure 2.3.

Each time a view is updated this way, however, the entire view is redrawn. There's a more efficient way of doing things: making use of *hints*.

Using View Hints

You may recall that the UpdateAllViews() function takes two hint parameters: a long integer and a pointer. Using hints, you can indicate to the other views exactly what part of the view needs to be updated. For example, the pointer can point to a data object that holds the new data.

Figure 2.3 Coordinating MDI views.

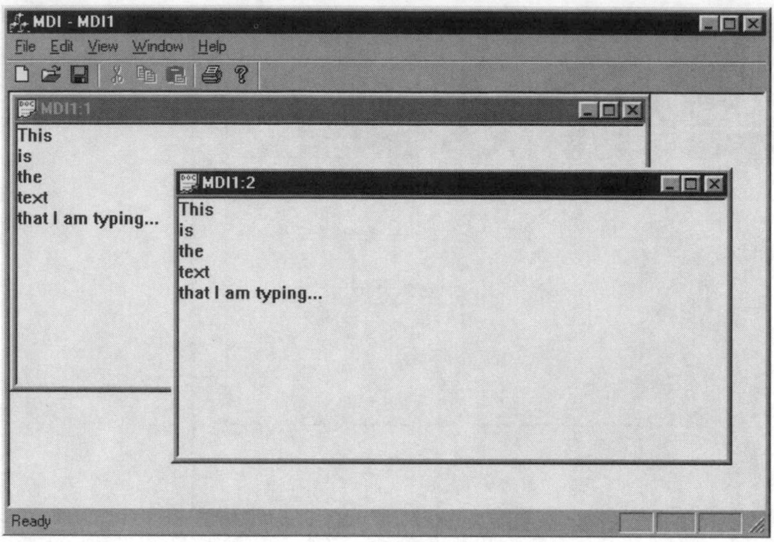

By using hints in our MDI program, we can pass the line number that's been modified to the other views, and they can redisplay only that line. This is of minimal importance if you're only displaying a few lines of text, but if you have a 1000-line document, you shouldn't redraw the whole document each time the user types a new key.

To pass the number of the modified line to other views, then, we convert that number to a long integer and pass it to UpdateAllViews().

```
void CMDIView::OnChar(UINT nChar, UINT nRepCnt, UINT nFlags)
{
    CMDIDoc* pDoc = GetDocument();
    ASSERT_VALID(pDoc);

    if(nChar != '\r'){
        pDoc->text[pDoc->number_lines] += nChar;
        Invalidate();
    }
    else{
        pDoc->number_lines++;
    }

    pDoc->UpdateAllViews(this, (long) pDoc->number_lines, NULL);      ⇐
```

```
    CView::OnChar(nChar, nRepCnt, nFlags);
}
```

Now we can make use of that hint in other views, and we do that in the OnUpdate() function.

Using OnUpdate() in MDI Programs

To decipher the hint we're passing to other views, we use ClassWizard to override the OnUpdate() function.

```
void CMDIView::OnUpdate(CView* pSender, LPARAM lHint, CObject* pHint)
{

    // TODO: Add your specialized code here and/or call the base class

}
```

In this case, we want to redraw the line whose number is passed to us in the lHint parameter. To do that, we first need a device context for this view, and we get that with the CClientDC class.

```
void CMDIView::OnUpdate(CView* pSender, LPARAM lHint, CObject* pHint)
{
    CClientDC dc(this);                                              ⇐
        .
        .
        .
}
```

To accurately place the line on the screen, we need to know the line's height, and we get that with a TEXTMETRIC structure. We set up a pointer to the document so we can read the line's new text as follows:

```
void CMDIView::OnUpdate(CView* pSender, LPARAM lHint, CObject* pHint)
{
    CClientDC dc(this);
    TEXTMETRIC tm;                                                   ⇐

    CMDIDoc* pDoc = GetDocument();                                   ⇐
    ASSERT_VALID(pDoc);                                              ⇐

    dc.GetTextMetrics(&tm);                                          ⇐
        .
        .
        .
}
```

Now we simply redisplay the line referred to by the hint—and only that line—this way:

```
void CMDIView::OnUpdate(CView* pSender, LPARAM lHint, CObject* pHint)
{
    CClientDC dc(this);
    TEXTMETRIC tm;

    CMDIDoc* pDoc = GetDocument();
    ASSERT_VALID(pDoc);

    dc.GetTextMetrics(&tm);

    dc.TextOut(0, (int) lHint * tm.tmHeight, pDoc->text[lHint]);            ⇐
}
```

We've used view hints to redraw only the changed line. In this way, we're able to coordinate views in a smart way.

Let's look at one last topic: using the document's *modified flag*. This is the flag you set when the user modifies the document so the program prompts the user if he or she exits without saving the document.

Setting the Document's Modified Flag

Setting the document's modified flag is easy: We use the document's SetModifiedFlag() function as shown in the following example:

```
void CMDIView::OnChar(UINT nChar, UINT nRepCnt, UINT nFlags)
{
    CMDIDoc* pDoc = GetDocument();
    ASSERT_VALID(pDoc);

    if(nChar != '\r'){
        pDoc->text[pDoc->number_lines] += nChar;
        Invalidate();
    }
    else{
        pDoc->number_lines++;
    }

    pDoc->UpdateAllViews(this, (long) pDoc->number_lines, NULL);
    pDoc->SetModifiedFlag();                                                 ⇐

    CView::OnChar(nChar, nRepCnt, nFlags);
}
```

Figure 2.4 Using the modified flag.

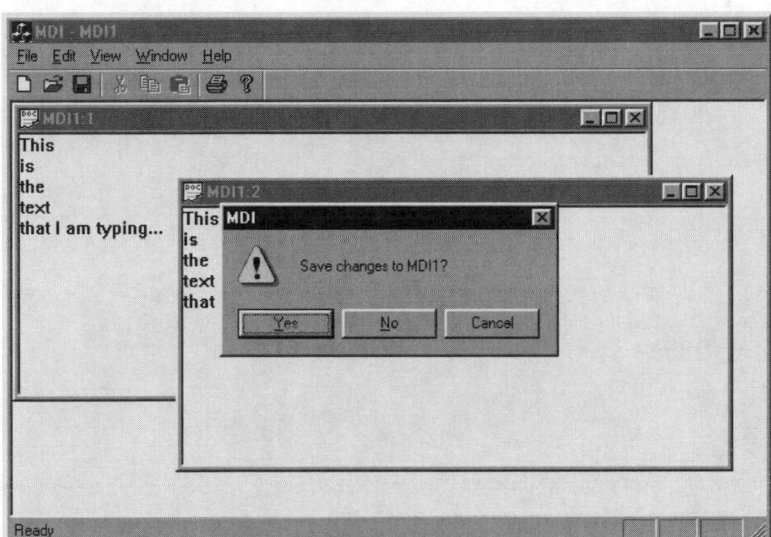

If users quit without saving a modified document, the program prompts them to save the document (we add file handling to our program soon), as shown in Figure 2.4.

That completes our first MDI program. Here, we've set up an MDI program, supported multiple documents and views, coordinated multiple views, used view hints, and made use of the document's modified flag. Our program is a success.

MDIDoc.h and MDIDoc.cpp appear in Listing 2.1, and MDIView.h and MDIView.cpp appear in Listing 2.2.

Listing 2.1 MDIDoc.h and MDIDoc.cpp

```
// MDIDoc.h : interface of the CMDIDoc class
//
/////////////////////////////////////////////////////////////////////////////

#if !defined(AFX_MDIDOC_H__81CAFB2D_9C82_11D1_887F_D42B07C10710__INCLUDED_)
#define AFX_MDIDOC_H__81CAFB2D_9C82_11D1_887F_D42B07C10710__INCLUDED_

#if _MSC_VER > 1000
#pragma once
#endif // _MSC_VER > 1000
```

Continued

Listing 2.1 MDIDoc.h and MDIDoc.cpp *(Continued)*

```
const MAX_LINES = 1000;

class CMDIDoc : public CDocument
{
protected: // create from serialization only
    CMDIDoc();
    DECLARE_DYNCREATE(CMDIDoc)
// Attributes
public:
    int number_lines;
    CString text[MAX_LINES];
// Operations
public:

// Overrides
    // ClassWizard generated virtual function overrides
    //{{AFX_VIRTUAL(CMDIDoc)
    public:
    virtual BOOL OnNewDocument();
    virtual void Serialize(CArchive& ar);
    //}}AFX_VIRTUAL

// Implementation
public:
    virtual ~CMDIDoc();
#ifdef _DEBUG
    virtual void AssertValid() const;
    virtual void Dump(CDumpContext& dc) const;
#endif

protected:

// Generated message map functions
protected:
    //{{AFX_MSG(CMDIDoc)
        // NOTE - the ClassWizard will add and remove member functions here.
        //    DO NOT EDIT what you see in these blocks of generated code !
    //}}AFX_MSG
    DECLARE_MESSAGE_MAP()
};
```

Listing 2.1 ***Continued***

```
/////////////////////////////////////////////////////////////////////////////

//{{AFX_INSERT_LOCATION}}
// Microsoft Visual C++ will insert additional declarations immediately before the
previous line.

#endif // !defined(AFX_MDIDOC_H__81CAFB2D_9C82_11D1_887F_D42B07C10710__INCLUDED_)


// MDIDoc.cpp : implementation of the CMDIDoc class
//

#include "stdafx.h"
#include "MDI.h"

#include "MDIDoc.h"

#ifdef _DEBUG
#define new DEBUG_NEW
#undef THIS_FILE
static char THIS_FILE[] = __FILE__;
#endif

/////////////////////////////////////////////////////////////////////////////
// CMDIDoc

IMPLEMENT_DYNCREATE(CMDIDoc, CDocument)

BEGIN_MESSAGE_MAP(CMDIDoc, CDocument)
    //{{AFX_MSG_MAP(CMDIDoc)
        // NOTE - the ClassWizard will add and remove mapping macros here.
        //    DO NOT EDIT what you see in these blocks of generated code!
    //}}AFX_MSG_MAP
END_MESSAGE_MAP()

/////////////////////////////////////////////////////////////////////////////
// CMDIDoc construction/destruction

CMDIDoc::CMDIDoc()
{
    // TODO: add one-time construction code here
```

Continued

Listing 2.1 MDIDoc.h and MDIDoc.cpp *(Continued)*

```
    number_lines = 0;
}

CMDIDoc::~CMDIDoc()
{
}

BOOL CMDIDoc::OnNewDocument()
{
    if (!CDocument::OnNewDocument())
        return FALSE;

    // TODO: add reinitialization code here
    // (SDI documents will reuse this document)

    return TRUE;
}



/////////////////////////////////////////////////////////////////////////////
// CMDIDoc serialization

void CMDIDoc::Serialize(CArchive& ar)
{
    if (ar.IsStoring())
    {
        // TODO: add storing code here
    }
    else
    {
        // TODO: add loading code here
    }
}

/////////////////////////////////////////////////////////////////////////////
// CMDIDoc diagnostics

#ifdef _DEBUG
void CMDIDoc::AssertValid() const
{
```

Listing 2.1 *Continued*

```
    CDocument::AssertValid();
}

void CMDIDoc::Dump(CDumpContext& dc) const
{
    CDocument::Dump(dc);
}
#endif //_DEBUG

/////////////////////////////////////////////////////////////////////////////
// CMDIDoc commands
```

Listing 2.2 MDIView.h and MDIView.cpp

```
// MDIView.h : interface of the CMDIView class
//
/////////////////////////////////////////////////////////////////////////////

#if !defined(AFX_MDIVIEW_H__81CAFB2F_9C82_11D1_887F_D42B07C10710__INCLUDED_)
#define AFX_MDIVIEW_H__81CAFB2F_9C82_11D1_887F_D42B07C10710__INCLUDED_

#if _MSC_VER > 1000
#pragma once
#endif // _MSC_VER > 1000

class CMDIView : public CView
{
protected: // create from serialization only
    CMDIView();
    DECLARE_DYNCREATE(CMDIView)

// Attributes
public:
    CMDIDoc* GetDocument();

// Operations
public:

// Overrides
    // ClassWizard generated virtual function overrides
```

Continued

Listing 2.2 MDIView.h and MDIView.cpp *(Continued)*

```
    //{{AFX_VIRTUAL(CMDIView)
    public:
    virtual void OnDraw(CDC* pDC);  // overridden to draw this view
    virtual BOOL PreCreateWindow(CREATESTRUCT& cs);
    protected:
    virtual BOOL OnPreparePrinting(CPrintInfo* pInfo);
    virtual void OnBeginPrinting(CDC* pDC, CPrintInfo* pInfo);
    virtual void OnEndPrinting(CDC* pDC, CPrintInfo* pInfo);
    virtual void OnUpdate(CView* pSender, LPARAM lHint, CObject* pHint);
    //}}AFX_VIRTUAL

// Implementation
public:
    virtual ~CMDIView();
#ifdef _DEBUG
    virtual void AssertValid() const;
    virtual void Dump(CDumpContext& dc) const;
#endif

protected:

// Generated message map functions
protected:
    //{{AFX_MSG(CMDIView)
    afx_msg void OnChar(UINT nChar, UINT nRepCnt, UINT nFlags);
    //}}AFX_MSG
    DECLARE_MESSAGE_MAP()
};

#ifndef _DEBUG  // debug version in MDIView.cpp
inline CMDIDoc* CMDIView::GetDocument()
   { return (CMDIDoc*)m_pDocument; }
#endif

/////////////////////////////////////////////////////////////////////////////

//{{AFX_INSERT_LOCATION}}
// Microsoft Visual C++ will insert additional declarations immediately before the
previous line.
```

Listing 2.2 *Continued*

```
#endif // !defined(AFX_MDIVIEW_H__81CAFB2F_9C82_11D1_887F_D42B07C10710__INCLUDED_)



// MDIView.cpp : implementation of the CMDIView class
//

#include "stdafx.h"
#include "MDI.h"

#include "MDIDoc.h"
#include "MDIView.h"

#ifdef _DEBUG
#define new DEBUG_NEW
#undef THIS_FILE
static char THIS_FILE[] = __FILE__;
#endif


/////////////////////////////////////////////////////////////////////////////
// CMDIView

IMPLEMENT_DYNCREATE(CMDIView, CView)

BEGIN_MESSAGE_MAP(CMDIView, CView)
    //{{AFX_MSG_MAP(CMDIView)
    ON_WM_CHAR()
    //}}AFX_MSG_MAP
    // Standard printing commands
    ON_COMMAND(ID_FILE_PRINT, CView::OnFilePrint)
    ON_COMMAND(ID_FILE_PRINT_DIRECT, CView::OnFilePrint)
    ON_COMMAND(ID_FILE_PRINT_PREVIEW, CView::OnFilePrintPreview)
END_MESSAGE_MAP()

/////////////////////////////////////////////////////////////////////////////
// CMDIView construction/destruction

CMDIView::CMDIView()
{
```

Continued

Listing 2.2 MDIView.h and MDIView.cpp *(Continued)*

```
    // TODO: add construction code here

}

CMDIView::~CMDIView()
{
}

BOOL CMDIView::PreCreateWindow(CREATESTRUCT& cs)
{
    // TODO: Modify the Window class or styles here by modifying
    //  the CREATESTRUCT cs

    return CView::PreCreateWindow(cs);
}

/////////////////////////////////////////////////////////////////////////////
// CMDIView drawing

void CMDIView::OnDraw(CDC* pDC)
{
    CMDIDoc* pDoc = GetDocument();
    ASSERT_VALID(pDoc);

    TEXTMETRIC tm;

    pDC->GetTextMetrics(&tm);

    for(int loop_index = 0; loop_index <= pDoc->number_lines; loop_index++){
        pDC->TextOut(0, loop_index * tm.tmHeight, pDoc->text[loop_index]);
    }
    // TODO: add draw code for native data here
}

/////////////////////////////////////////////////////////////////////////////
// CMDIView printing

BOOL CMDIView::OnPreparePrinting(CPrintInfo* pInfo)
{
    // default preparation
```

Listing 2.2 *Continued*

```
    return DoPreparePrinting(pInfo);
}

void CMDIView::OnBeginPrinting(CDC* /*pDC*/, CPrintInfo* /*pInfo*/)
{
    // TODO: add extra initialization before printing
}

void CMDIView::OnEndPrinting(CDC* /*pDC*/, CPrintInfo* /*pInfo*/)
{
    // TODO: add cleanup after printing
}

/////////////////////////////////////////////////////////////////////////////
// CMDIView diagnostics

#ifdef _DEBUG
void CMDIView::AssertValid() const
{
    CView::AssertValid();
}

void CMDIView::Dump(CDumpContext& dc) const
{
    CView::Dump(dc);
}

CMDIDoc* CMDIView::GetDocument() // non-debug version is inline
{
    ASSERT(m_pDocument->IsKindOf(RUNTIME_CLASS(CMDIDoc)));
    return (CMDIDoc*)m_pDocument;
}
#endif //_DEBUG

/////////////////////////////////////////////////////////////////////////////
// CMDIView message handlers

void CMDIView::OnChar(UINT nChar, UINT nRepCnt, UINT nFlags)
{
    CMDIDoc* pDoc = GetDocument();
```

Continued

Listing 2.2 MDIView.h and MDIView.cpp *(Continued)*

```
    ASSERT_VALID(pDoc);

    if(nChar != '\r'){
        pDoc->text[pDoc->number_lines] += nChar;
        Invalidate();
    }
    else{
        pDoc->number_lines++;
    }
    // TODO: Add your message handler code here and/or call default

    pDoc->UpdateAllViews(this, (long) pDoc->number_lines, NULL);
    pDoc->SetModifiedFlag();

    CView::OnChar(nChar, nRepCnt, nFlags);
}

void CMDIView::OnUpdate(CView* pSender, LPARAM lHint, CObject* pHint)
{
    CClientDC dc(this);
    TEXTMETRIC tm;

    CMDIDoc* pDoc = GetDocument();
    ASSERT_VALID(pDoc);

    dc.GetTextMetrics(&tm);

    dc.TextOut(0, (int) lHint * tm.tmHeight, pDoc->text[lHint]);
    // TODO: Add your specialized code here and/or call the base class


}
```

When working with multiple views, there's no reason any two views should show the same part of the same document, so let's allow the user to move around in MDI documents with *scrolling* views.

Scrolling MDI Views

The MFC library provides the CScrollView class, which is a view class that supports scrolling. We put this class to work in a new example, ScrollMDI. In this example, the user is able to scroll each view independently.

Create a new MDI project now named ScrollMDI. To install the CScrollView class as our view class, stop in Step 6 of the AppWizard and make sure CMDIScrollView is selected in the Class name box, as shown in Figure 2.5. Select CScrollView in the Base class box, as also shown in Figure 2.5. After you've selected CScrollView, click Finish to create the new project.

The CScrollMDIView is derived from the CScrollView class, as shown in ScrollMDIView.h.

```
class CScrollMDIView : public CScrollView                    ⇐
{
protected: // create from serialization only
    CScrollMDIView();
    DECLARE_DYNCREATE(CScrollMDIView)
        .
        .
        .
```

This means we have the CScrollView functions available to us for our own use.

To make sure we have something to scroll, we set up ScrollMDI to accept multiline text input as we did with our previous program, MDI. To do that, we add OnChar() to the view class using ClassWizard.

```
void CScrollMDIView::OnChar(UINT nChar, UINT nRepCnt, UINT nFlags)
{
```

Figure 2.5 Installing the CScrollView class.

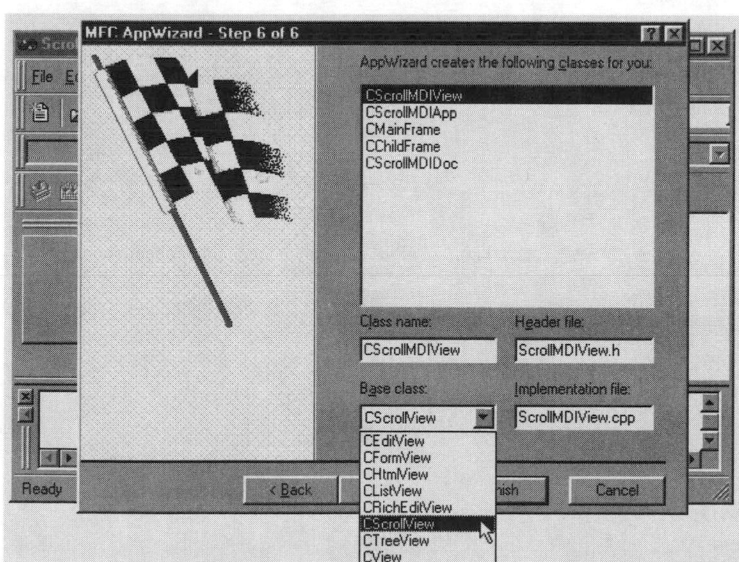

```
    CScrollMDIDoc* pDoc = GetDocument();
    ASSERT_VALID(pDoc);

    if(nChar != '\r'){
        pDoc->text[pDoc->number_lines] += nChar;
        Invalidate();
    }
    else{
        pDoc->number_lines++;
    }

    pDoc->UpdateAllViews(this, pDoc->number_lines, NULL);
    pDoc->SetModifiedFlag();

    CScrollView::OnChar(nChar, nRepCnt, nFlags);
}
```

And we also set up OnDraw():

```
void CScrollMDIView::OnDraw(CDC* pDC)
{
    CScrollMDIDoc* pDoc = GetDocument();
    ASSERT_VALID(pDoc);

    TEXTMETRIC tm;

    pDC->GetTextMetrics(&tm);

    for(int loop_index = 0; loop_index <= pDoc->number_lines; loop_index++){
        pDC->TextOut(0, loop_index * tm.tmHeight, pDoc->text[loop_index]);
    }
}
```

As well as OnUpdate():

```
void CScrollMDIView::OnUpdate(CView* pSender, LPARAM lHint, CObject* pHint)
{
    CScrollView::OnUpdate(pSender, lHint, pHint);

    CClientDC dc(this);
    TEXTMETRIC tm;

    CScrollMDIDoc* pDoc = GetDocument();
    ASSERT_VALID(pDoc);
```

```
    dc.GetTextMetrics(&tm);

    dc.TextOut(0, (int) lHint * tm.tmHeight, pDoc->text[lHint]);
}
```

With this complete, we're ready to implement scrolling.

Implementing Scrolling

To be able to scroll through a document, we need to know its *size* on the screen. To store the document's size (in pixels), we add a new member to the document in ScrollMDIDoc.h called m_size.

```
class CScrollMDIDoc : public CDocument
{
protected: // create from serialization only
    CScrollMDIDoc();
    DECLARE_DYNCREATE(CScrollMDIDoc)
        .
        .
        .
protected:
    CSize m_size;                                              ⇐
        .
        .
        .
```

This object is of the CSize class and has two members, cx and cy, to store the two dimensions of the document. We initialize this size to 800 × 800 pixels in the document's constructor as follows:

```
CScrollMDIDoc::CScrollMDIDoc()
{
    number_lines = 0;
    m_size = CSize(800, 800);                                  ⇐
}
```

Making the Document's Size Publicly Accessible

We're using 800 × 800 pixels only as an example here. By using the TEXTMETRIC structure and the GetTextExtent() function, you can determine the exact size of your document, and it's preferable to do so, since the scrollbar thumbs (the knobs you move in the scroll bar) are automatically sized to indicate the document size.

You may have noticed that we made m_size a protected member of the CScrollMDIDoc class. We did so because m_size is internal data that no other part of the program should be able to change. However, other parts of the program will need to know the document's size, so we add an access function, GetDocumentSize(), that returns that size but does not allow any other part of the program to change m_size directly.

```
class CScrollMDIDoc : public CDocument
{
protected: // create from serialization only
    CScrollMDIDoc();
    DECLARE_DYNCREATE(CScrollMDIDoc)

// Attributes
public:
    int number_lines;
    CString text[1000];

// Operations
public:
    CSize GetDocumentSize() {return m_size;}                    ⇐
```

Once we've given the document a size, we pass that size on to the CScrollView class.

Setting the Document's Size

We install the document's size in the view class's OnInitialUpdate() function, which AppWizard has already written for us:

```
void CScrollMDIView::OnInitialUpdate()
{
    CScrollView::OnInitialUpdate();

    CSize sizeTotal;
    //TODO: calculate the total size of this view
    sizeTotal.cx = sizeTotal.cy = 100;

    SetScrollSizes(MM_TEXT, sizeTotal);
}
```

Here, the program sets the size of the document to 100 × 100 pixels as a default and then passes that size to CScrollView with the SetScrollSizes() so the scrollbars can be maintained appropriately. However, we can use the new GetDocumentSize() function to set the true size of the document this way:

```
void CScrollMDIView::OnInitialUpdate()
{
    CScrollView::OnInitialUpdate();

    CSize sizeTotal;

    CScrollMDIDoc* pDoc = GetDocument();                          ⇐
    ASSERT_VALID(pDoc);                                           ⇐
    CSize DocumentSize = pDoc->GetDocumentSize();                 ⇐

    sizeTotal.cx = DocumentSize.cx;                               ⇐
    sizeTotal.cy = DocumentSize.cy;                               ⇐
    SetScrollSizes(MM_TEXT, sizeTotal);
}
```

The first argument in our call to SetScrollSizes() is MM_TEXT, a mapping mode, which indicates that we want to use pixels as our document measurement. The possible mapping modes appear in Table 2.1.

Resetting the Document's Size

If your document changes size in the course of the editing cycle, just call SetScrollSizes() again to update the size stored in the CScrollView class.

Now we've set the document size and let CScrollView know what that scroll size is. Run the program, as shown in Figure 2.6, and enter text in a new document with several views open, as also shown in Figure 2.6.

After you've entered text, you can scroll the views independently, as also shown in Figure 2.6. We've not only let the user open several views into a document,

Table 2.1 Scroll Size Mapping Modes

Mapping Mode	Logical Unit	Positive y-axis Extends
MM_TEXT	1 pixel	Downward
MM_HIMETRIC	0.01 mm	Upward
MM_TWIPS	1/1440 in	Upward
MM_HIENGLISH	0.001 in	Upward
MM_LOMETRIC	0.1 mm	Upward
MM_LOENGLISH	0.01 in	Upward

Figure 2.6 Scrolling document views.

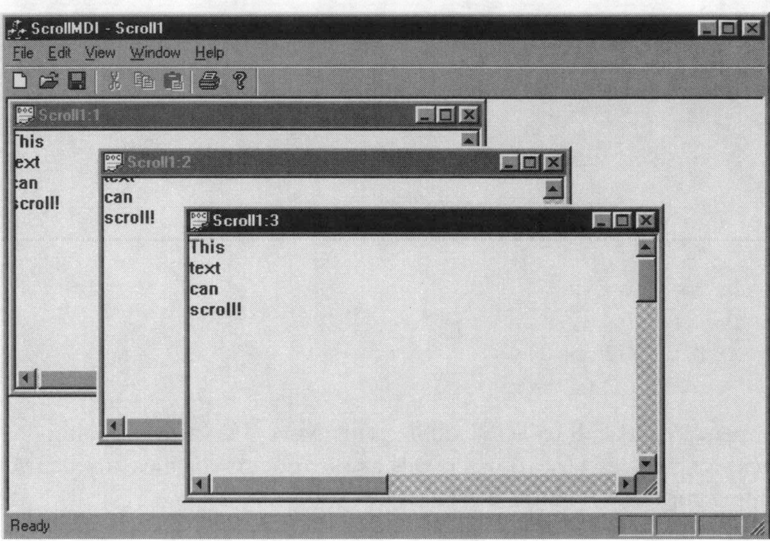

we've let him or her move around in the document using those views. ScrollMDI is a success.

ScrollMDIDoc.h and ScrollMDIDoc.cpp appear in Listing 2.3; ScrollMDIView.h and ScrollMDIView.cpp appear in Listing 2.4.

Listing 2.3 ScrollMDIDoc.h and ScrollMDIDoc.cpp

```
// ScrollMDIDoc.h : interface of the CScrollMDIDoc class
//
/////////////////////////////////////////////////////////////////////////////

#if !defined(AFX_SCROLLMDIDOC_H__81CAFB5E_9C82_11D1_887F_D42B07C10710__INCLUDED_)
#define AFX_SCROLLMDIDOC_H__81CAFB5E_9C82_11D1_887F_D42B07C10710__INCLUDED_

#if _MSC_VER > 1000
#pragma once
#endif // _MSC_VER > 1000

const MAX_LINES = 1000;

class CScrollMDIDoc : public CDocument
{
protected: // create from serialization only
```

Listing 2.3 ***Continued***

```
    CScrollMDIDoc();
    DECLARE_DYNCREATE(CScrollMDIDoc)

// Attributes
public:
    int number_lines;
    CString text[1000];

// Operations
public:
    CSize GetDocumentSize() {return m_size;}

// Overrides
    // ClassWizard generated virtual function overrides
    //{{AFX_VIRTUAL(CScrollMDIDoc)
    public:
    virtual BOOL OnNewDocument();
    virtual void Serialize(CArchive& ar);
    //}}AFX_VIRTUAL

// Implementation
public:
    virtual ~CScrollMDIDoc();
#ifdef _DEBUG
    virtual void AssertValid() const;
    virtual void Dump(CDumpContext& dc) const;
#endif

protected:
    CSize m_size;

// Generated message map functions
protected:
    //{{AFX_MSG(CScrollMDIDoc)
        // NOTE - the ClassWizard will add and remove member functions here.
        //    DO NOT EDIT what you see in these blocks of generated code !
    //}}AFX_MSG
    DECLARE_MESSAGE_MAP()
};
```

Continued

Listing 2.3 ScrollMDIDoc.h and ScrollMDIDoc.cpp *(Continued)*

```
/////////////////////////////////////////////////////////////////////////////

//{{AFX_INSERT_LOCATION}}
// Microsoft Visual C++ will insert additional declarations immediately before the
previous line.

#endif //
!defined(AFX_SCROLLMDIDOC_H__81CAFB5E_9C82_11D1_887F_D42B07C10710__INCLUDED_)


// ScrollMDIDoc.cpp : implementation of the CScrollMDIDoc class
//

#include "stdafx.h"
#include "ScrollMDI.h"

#include "ScrollMDIDoc.h"

#ifdef _DEBUG
#define new DEBUG_NEW
#undef THIS_FILE
static char THIS_FILE[] = __FILE__;
#endif

/////////////////////////////////////////////////////////////////////////////
// CScrollMDIDoc

IMPLEMENT_DYNCREATE(CScrollMDIDoc, CDocument)

BEGIN_MESSAGE_MAP(CScrollMDIDoc, CDocument)
    //{{AFX_MSG_MAP(CScrollMDIDoc)
        // NOTE - the ClassWizard will add and remove mapping macros here.
        //    DO NOT EDIT what you see in these blocks of generated code!
    //}}AFX_MSG_MAP
END_MESSAGE_MAP()

/////////////////////////////////////////////////////////////////////////////
// CScrollMDIDoc construction/destruction

CScrollMDIDoc::CScrollMDIDoc()
{
```

Listing 2.3 ***Continued***

```
    // TODO: add one-time construction code here
    number_lines = 0;
    m_size = CSize(800, 800);
}

CScrollMDIDoc::~CScrollMDIDoc()
{
}

BOOL CScrollMDIDoc::OnNewDocument()
{
    if (!CDocument::OnNewDocument())
        return FALSE;

    // TODO: add reinitialization code here
    // (SDI documents will reuse this document)

    return TRUE;
}



//////////////////////////////////////////////////////////////////////////////
// CScrollMDIDoc serialization

void CScrollMDIDoc::Serialize(CArchive& ar)
{
    if (ar.IsStoring())
    {
        // TODO: add storing code here
    }
    else
    {
        // TODO: add loading code here
    }
}

//////////////////////////////////////////////////////////////////////////////
// CScrollMDIDoc diagnostics
```

Continued

Listing 2.3 ScrollMDIDoc.h and ScrollMDIDoc.cpp *(Continued)*

```
#ifdef _DEBUG
void CScrollMDIDoc::AssertValid() const
{
    CDocument::AssertValid();
}

void CScrollMDIDoc::Dump(CDumpContext& dc) const
{
    CDocument::Dump(dc);
}
#endif //_DEBUG

/////////////////////////////////////////////////////////////////////////////
// CScrollMDIDoc commands
```

Listing 2.4 ScrollMDIView.h and ScrollMDIView.cpp

```
// ScrollMDIView.h : interface of the CScrollMDIView class
//
/////////////////////////////////////////////////////////////////////////////

#if !defined(AFX_SCROLLMDIVIEW_H__81CAFB60_9C82_11D1_887F_D42B07C10710__INCLUDED_)
#define AFX_SCROLLMDIVIEW_H__81CAFB60_9C82_11D1_887F_D42B07C10710__INCLUDED_

#if _MSC_VER > 1000
#pragma once
#endif // _MSC_VER > 1000

class CScrollMDIView : public CScrollView
{
protected: // create from serialization only
    CScrollMDIView();
    DECLARE_DYNCREATE(CScrollMDIView)

// Attributes
public:
    CScrollMDIDoc* GetDocument();

// Operations
public:
```

Listing 2.4 *Continued*

```
// Overrides
    // ClassWizard generated virtual function overrides
    //{{AFX_VIRTUAL(CScrollMDIView)
    public:
    virtual void OnDraw(CDC* pDC);  // overridden to draw this view
    virtual BOOL PreCreateWindow(CREATESTRUCT& cs);
    protected:
    virtual void OnInitialUpdate(); // called first time after construct
    virtual BOOL OnPreparePrinting(CPrintInfo* pInfo);
    virtual void OnBeginPrinting(CDC* pDC, CPrintInfo* pInfo);
    virtual void OnEndPrinting(CDC* pDC, CPrintInfo* pInfo);
    virtual void OnUpdate(CView* pSender, LPARAM lHint, CObject* pHint);
    //}}AFX_VIRTUAL

// Implementation
public:
    virtual ~CScrollMDIView();
#ifdef _DEBUG
    virtual void AssertValid() const;
    virtual void Dump(CDumpContext& dc) const;
#endif

protected:

// Generated message map functions
protected:
    //{{AFX_MSG(CScrollMDIView)
    afx_msg void OnChar(UINT nChar, UINT nRepCnt, UINT nFlags);
    //}}AFX_MSG
    DECLARE_MESSAGE_MAP()
};

#ifndef _DEBUG  // debug version in ScrollMDIView.cpp
inline CScrollMDIDoc* CScrollMDIView::GetDocument()
   { return (CScrollMDIDoc*)m_pDocument; }
#endif

/////////////////////////////////////////////////////////////////////////////

//{{AFX_INSERT_LOCATION}}
```

Continued

Listing 2.4 ScrollMDIView.h and ScrollMDIView.cpp *(Continued)*

```
// Microsoft Visual C++ will insert additional declarations immediately before the
previous line.

#endif //
!defined(AFX_SCROLLMDIVIEW_H__81CAFB60_9C82_11D1_887F_D42B07C10710__INCLUDED_)


// ScrollMDIView.cpp : implementation of the CScrollMDIView class
//

#include "stdafx.h"
#include "ScrollMDI.h"

#include "ScrollMDIDoc.h"
#include "ScrollMDIView.h"

#ifdef _DEBUG
#define new DEBUG_NEW
#undef THIS_FILE
static char THIS_FILE[] = __FILE__;
#endif


/////////////////////////////////////////////////////////////////////////////
// CScrollMDIView

IMPLEMENT_DYNCREATE(CScrollMDIView, CScrollView)

BEGIN_MESSAGE_MAP(CScrollMDIView, CScrollView)
    //{{AFX_MSG_MAP(CScrollMDIView)
    ON_WM_CHAR()
    //}}AFX_MSG_MAP
    // Standard printing commands
    ON_COMMAND(ID_FILE_PRINT, CScrollView::OnFilePrint)
    ON_COMMAND(ID_FILE_PRINT_DIRECT, CScrollView::OnFilePrint)
    ON_COMMAND(ID_FILE_PRINT_PREVIEW, CScrollView::OnFilePrintPreview)
END_MESSAGE_MAP()

/////////////////////////////////////////////////////////////////////////////
// CScrollMDIView construction/destruction
```

Listing 2.4 *Continued*

```
CScrollMDIView::CScrollMDIView()
{
    // TODO: add construction code here

}

CScrollMDIView::~CScrollMDIView()
{
}

BOOL CScrollMDIView::PreCreateWindow(CREATESTRUCT& cs)
{
    // TODO: Modify the Window class or styles here by modifying
    //  the CREATESTRUCT cs

    return CScrollView::PreCreateWindow(cs);
}

/////////////////////////////////////////////////////////////////////////////
// CScrollMDIView drawing

void CScrollMDIView::OnDraw(CDC* pDC)
{
    CScrollMDIDoc* pDoc = GetDocument();
    ASSERT_VALID(pDoc);

    TEXTMETRIC tm;

    pDC->GetTextMetrics(&tm);

    for(int loop_index = 0; loop_index <= pDoc->number_lines; loop_index++){
        pDC->TextOut(0, loop_index * tm.tmHeight, pDoc->text[loop_index]);
    }
    // TODO: add draw code for native data here
}

void CScrollMDIView::OnInitialUpdate()
{
    CScrollView::OnInitialUpdate();

    CSize sizeTotal;
```

Continued

Listing 2.4 ScrollMDIView.h and ScrollMDIView.cpp *(Continued)*

```
    // TODO: calculate the total size of this view
    //sizeTotal.cx = sizeTotal.cy = 100;

    CScrollMDIDoc* pDoc = GetDocument();
    ASSERT_VALID(pDoc);
    CSize DocumentSize = pDoc->GetDocumentSize();

    sizeTotal.cx = DocumentSize.cx;
    sizeTotal.cy = DocumentSize.cy;
    SetScrollSizes(MM_TEXT, sizeTotal);
}

/////////////////////////////////////////////////////////////////////////////
// CScrollMDIView printing

BOOL CScrollMDIView::OnPreparePrinting(CPrintInfo* pInfo)
{
    // default preparation
    return DoPreparePrinting(pInfo);
}

void CScrollMDIView::OnBeginPrinting(CDC* /*pDC*/, CPrintInfo* /*pInfo*/)
{
    // TODO: add extra initialization before printing
}

void CScrollMDIView::OnEndPrinting(CDC* /*pDC*/, CPrintInfo* /*pInfo*/)
{
    // TODO: add cleanup after printing
}

/////////////////////////////////////////////////////////////////////////////
// CScrollMDIView diagnostics

#ifdef _DEBUG
void CScrollMDIView::AssertValid() const
{
    CScrollView::AssertValid();
}

void CScrollMDIView::Dump(CDumpContext& dc) const
```

Listing 2.4 *Continued*

```
{
    CScrollView::Dump(dc);
}

CScrollMDIDoc* CScrollMDIView::GetDocument() // non-debug version is inline
{
    ASSERT(m_pDocument->IsKindOf(RUNTIME_CLASS(CScrollMDIDoc)));
    return (CScrollMDIDoc*)m_pDocument;
}
#endif //_DEBUG

//////////////////////////////////////////////////////////////////////////////
// CScrollMDIView message handlers

void CScrollMDIView::OnChar(UINT nChar, UINT nRepCnt, UINT nFlags)
{
    CScrollMDIDoc* pDoc = GetDocument();
    ASSERT_VALID(pDoc);

    if(nChar != '\r'){
        pDoc->text[pDoc->number_lines] += nChar;
        Invalidate();
    }
    else{
        pDoc->number_lines++;
    }
    // TODO: Add your message handler code here and/or call default

    pDoc->UpdateAllViews(this, pDoc->number_lines, NULL);
    pDoc->SetModifiedFlag();

    CScrollView::OnChar(nChar, nRepCnt, nFlags);
}

void CScrollMDIView::OnUpdate(CView* pSender, LPARAM lHint, CObject* pHint)
{
    CScrollView::OnUpdate(pSender, lHint, pHint);

    CClientDC dc(this);
    TEXTMETRIC tm;
```

Continued

Listing 2.4 ScrollMDIView.h and ScrollMDIView.cpp *(Continued)*

```
    CScrollMDIDoc* pDoc = GetDocument();
    ASSERT_VALID(pDoc);

    dc.GetTextMetrics(&tm);

    dc.TextOut(0, (int) lHint * tm.tmHeight, pDoc->text[lHint]);
// TODO: Add your specialized code here and/or call the base class

}
```

Now that view scrolling works, we move on to our next topic: working with MDI menus and multiple menus.

Working with Multiple Menus and View Types

There are two usual types of menus in MDI programs: one default menu system displayed by the MDI main window if no child windows are open, and a menu system used when child windows are visible. In this next example, we deal with the two different menu systems, how to work with all the views connected to a document, and how to support multiple view types in the same MDI program. We start by working with MDI menus.

Working with MDI Menus

We start our MDI menu work by creating a new MDI project named MDIMenus. AppWizard has given us two menu systems in this project: IDR_MAINFRAME, which has File, View, and Help menus, and IDR_MENUSMTYPE, which has File, Edit, View, Window, and Help menus.

The first menu system, IDR_MAINFRAME, is the default menu system for the MDI main window. If there are no child windows, that menu system is active.

If there are child windows, the program uses the IDR_MENUSMTYPE menu system (the name comes from the name of the project: MDIMenus).

Let's use the menu system in our program now. In this case, we're adding a new menu item that allows us to loop over all a document's views. For example, to minimize MDI child windows, we add a new menu item, "Restore Views," to the Window menu that will loop over all the views connected with the currently active document and open them if they are minimized. In this way, we are able to work with all the views connected to a document.

To add the new menu item, "Restore Views," double-click the IDR_MENUS-MTYPE menu in the Visual C++ ResourceView tab. This opens the Menu Editor, as shown in Figure 2.7.

Open the Window menu in the Menu Editor now. In it is a blank menu item outlined with a dotted border, as shown in Figure 2.7. Type "Restore Views" into that menu item.

When you type the menu item's new caption, the Menu Item Properties box opens, as shown in Figure 2.8. As shown in Chapter 3, "Edit Views, HTML Views, Tree Views, Splitter Windows, and More," you can set various menu item options here, such as displaying the menu item as disabled, checked, and so on. When you're done typing the menu item's caption, close the Menu Item Properties box.

To connect the new menu item to our code, right-click it with the mouse in the Menu Editor and open the ClassWizard from the popup menu that appears, as shown in Figure 2.9.

To connect a handler function for our new menu item, make sure CMDIMenusView is selected in the ClassWizard Class name box and double-click the ID for our new menu item, ID_WINDOWS_RESTOREVIEWS, in the object IDs box. This creates and opens the message-handling function OnWindowRestoreviews().

Figure 2.7 Adding a menu item.

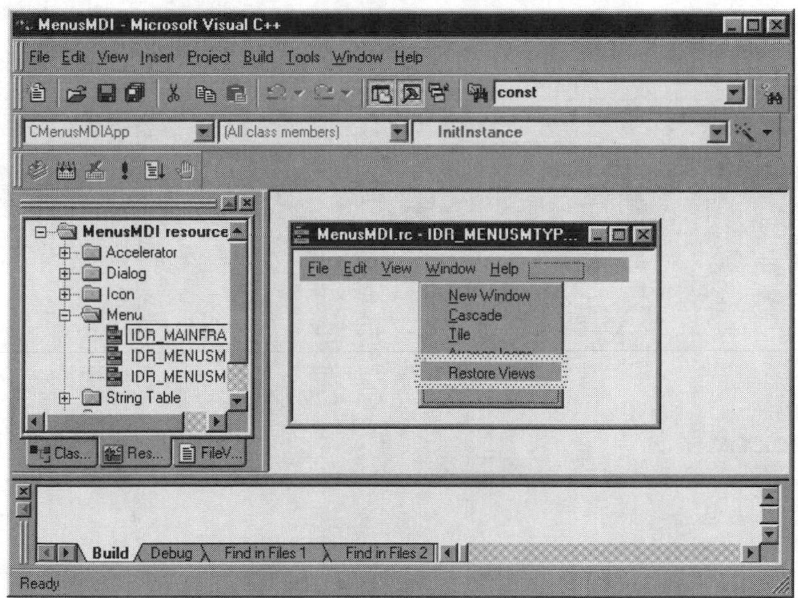

Figure 2.8 Setting a menu item's properties.

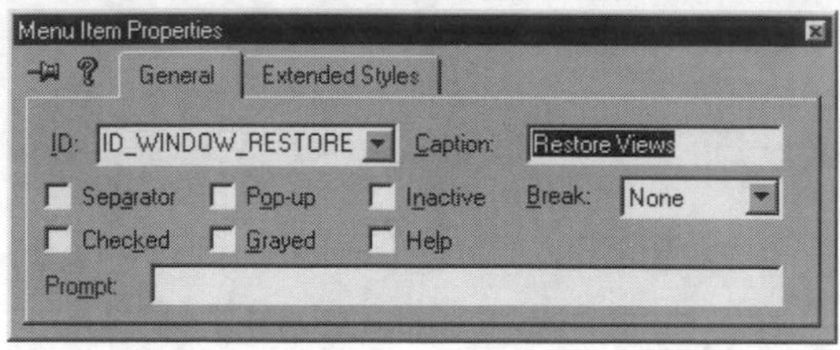


```
void CMenusMDIView::OnWindowRestoreviews()
{
    // TODO: Add your command handler code here
}
```

In this function, we want to loop over all child windows and restore them if they've been minimized.

Accessing All of a Document's Views

We want to loop over all the views connected to the current document and restore them if they've been minimized. We begin by getting a pointer to the current document.

```
void CMenusMDIView::OnWindowRestoreviews()
{
```

Figure 2.9 Connecting a menu item to code.

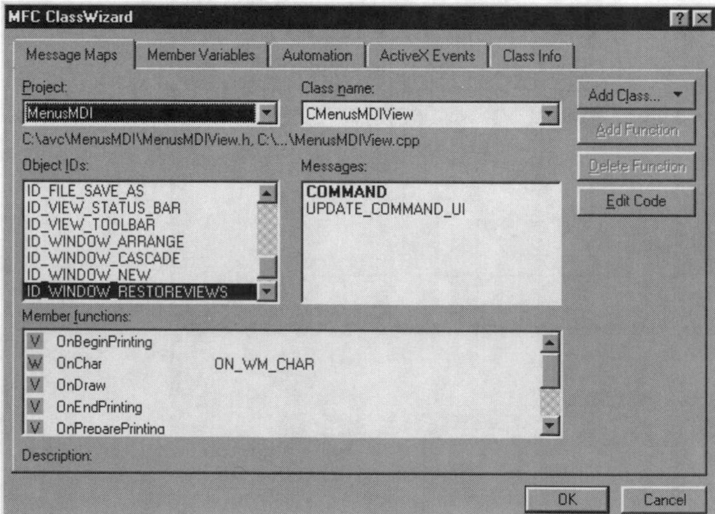

```
    CMenusMDIDoc* pDoc = GetDocument();                              ⇐
    ASSERT_VALID(pDoc);                                              ⇐
        .
        .
        .
```

Next, we use the CDocument function GetFirstPosition() to get a POSITION object referring to the first view connected to this document.

```
void CMenusMDIView::OnWindowRestoreviews()
{
    CMenusMDIDoc* pDoc = GetDocument();
    ASSERT_VALID(pDoc);

    POSITION pos = pDoc->GetFirstViewPosition();                     ⇐
        .
        .
        .
```

Now we can loop over all views using the CDocument GetNextView() function, getting a pointer to successive views.

```
void CMenusMDIView::OnWindowRestoreviews()
{
    CMenusMDIDoc* pDoc = GetDocument();
    ASSERT_VALID(pDoc);

    POSITION pos = pDoc->GetFirstViewPosition();

    while(pos != NULL)                                               ⇐
    {                                                                ⇐
       CMenusMDIView* pMDIView = (CMenusMDIView*)pDoc->GetNextView(pos);  ⇐
        .
        .
        .
```

Now that we have successive pointers to the various views connected to this document, we want to restore each view to its original size. We do that with the MDIRestore() function. However, don't use this function on the view object directly, use MDIRestore() on MDI child windows. The view is the *child* of these child windows (the view window covers the MDI child window's client area), so we need a pointer to the current view's parent—the MDI child window we want to restore—before restoring those windows. We do that with GetParent().

```
void CMenusMDIView::OnWindowRestoreviews()
{
```

```
    CMenusMDIDoc* pDoc = GetDocument();
    ASSERT_VALID(pDoc);

    POSITION pos = pDoc->GetFirstViewPosition();

    while(pos != NULL)
    {
        CMenusMDIView* pMDIView = (CMenusMDIView*) pDoc->GetNextView(pos);
        CMDIChildWnd* parent = (CMDIChildWnd*) pMDIView->GetParent();          ⇐
            .
            .
            .
    }
}
```

All that's left is to restore the MDI child window, which looks like this:

```
void CMenusMDIView::OnWindowRestoreviews()
{
    CMenusMDIDoc* pDoc = GetDocument();
    ASSERT_VALID(pDoc);

    POSITION pos = pDoc->GetFirstViewPosition();

    while(pos != NULL)
    {
        CMenusMDIView* pMDIView = (CMenusMDIView*) pDoc->GetNextView(pos);
        CMDIChildWnd* parent = (CMDIChildWnd*) pMDIView->GetParent();
        parent->MDIRestore();                                                   ⇐
    }
}
```

Now the user can restore any views into the current document that have been minimized simply by selecting our Restore Views menu item. We have just seen how to work with the multiple menu systems of an MDI program and how to work with all the views connected to a document.

Next, we will turn to a new topic: how to support multiple view types in the same MDI program.

Supporting Multiple View Types

So far, all our MDI programs have only supported one type of view, but we can also support other types of views in the same program. We can modify the MenusMDI program to support a new type of view based on the CEditView class, which, in turn, is based on the text box class, CEdit. This view covers the MDI child window with a multiline text box that the user can type into directly.

To support a new type of view, we need a new document template. So far, our document template looks like this in MenusMDI.cpp:

```
BOOL CMenusMDIApp::InitInstance()
{
        .
        .
        .
    CMultiDocTemplate* pDocTemplate;
    pDocTemplate = new CMultiDocTemplate(
        IDR_MENUSMTYPE,
        RUNTIME_CLASS(CMenusMDIDoc),
        RUNTIME_CLASS(CChildFrame), // custom MDI child frame
        RUNTIME_CLASS(CMenusMDIView));
    AddDocTemplate(pDocTemplate);
        .
        .
        .
```

We add a second document template that uses the CEditView class as its view class.

As we've seen, a menu system is connected with each view in an MDI program, so we need a new menu system for our new view. We can create that new menu system easily: Just select the menu system IDR_MENUSMTYPE in the Visual C++ ResourceView, as shown in Figure 2.10, select Copy from the Edit menu, then select Paste. This creates a new menu system, IDR_MENUSMTYPE1, and we use this new menu system for our new view.

New Menu Systems for New Views

You can use the same menu system for our new view type as for the default view type in an MDI program, but it's usually better to set up a new menu system so that you can support different menu options for the different types of views.

There is also a resource string named IDR_MENUSMTYPE in the project's string table: "\nMenusM\nMenusM\n\n\nMenusMDI.Document\nMenusM Document" (the string table holds text string resources in a project). Here, AppWizard has set various options for us, separated by newline ("\n") characters, including the default name of the documents created by this program (that is, these

Figure 2.10 Creating a new menu system.

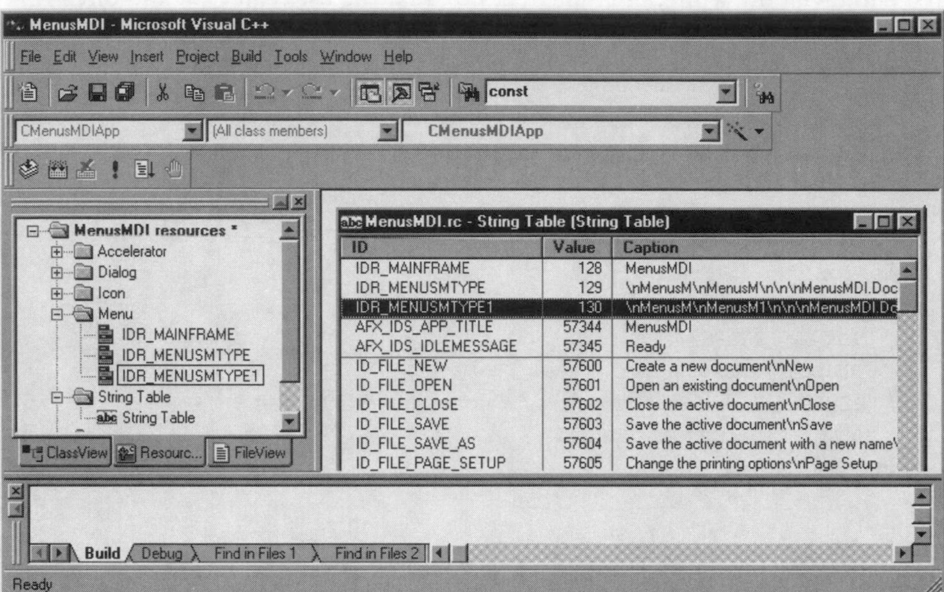

documents are created when you select the File menu's New item). We can change the name of the documents created by our new document template from MenuM, the default setting, to MenuM1 by creating a new string, IDR_MENUSMTYPE1, in the String Editor and giving it the caption: "\nMenusM1\nMenusM1\n\n\n MenusMDI.Document\nMenusM1 Document".

> **Using the String Editor**
>
> To open the String Editor, you simply double-click the String Table entry in the ResourceView. Press the Insert key to create a new string, name it IDR_MENUSMTYPE1, and give it the caption "\nMenusM1\nMenusM1 \n\n\nMenusMDI.Document\nMenus1M Document".

We're ready to create our new document template using the IDR_MENUSMTYPE1 resource as shown in the following example. Note that we use CEditView for the new document template's view class.

```
BOOL CMenusMDIApp::InitInstance()
{
        .
        .
        .
```

```
CMultiDocTemplate* pDocTemplate;
pDocTemplate = new CMultiDocTemplate(
    IDR_MENUSMTYPE,
    RUNTIME_CLASS(CMenusMDIDoc),
    RUNTIME_CLASS(CChildFrame), // custom MDI child frame
    RUNTIME_CLASS(CMenusMDIView));
AddDocTemplate(pDocTemplate);

CMultiDocTemplate* pDocTemplate1;                                          ⇐
pDocTemplate1 = new CMultiDocTemplate(                                     ⇐
    IDR_MENUSMTYPE1,                                                       ⇐
    RUNTIME_CLASS(CMenusMDIDoc),                                           ⇐
    RUNTIME_CLASS(CChildFrame), // custom MDI child frame                  ⇐
    RUNTIME_CLASS(CEditView));      //Using CEditView, not usual view      ⇐
AddDocTemplate(pDocTemplate1);                                             ⇐
```

We have now created a new document type. When you start this program —or when you create a new document—the program automatically asks you what kind of document you want to create: a MenusM document (the standard kind) or a MenusM1 document (based on CEditView), with the New dialog box, as shown in Figure 2.11.

Using the New dialog box, which appears each time you create a new document, you can open both regular views and edit views in the same program, as shown in Figure 2.12. Our MenusMDI program is a success. Now we're supporting multiple view types in the same MDI program.

MenusMDIDoc.h and MenusMDIDoc.cpp appear in Listing 2.5, and MenusMDIView.h and MenusMDIView.cpp appear in Listing 2.6.

Figure 2.11 Creating a new view.

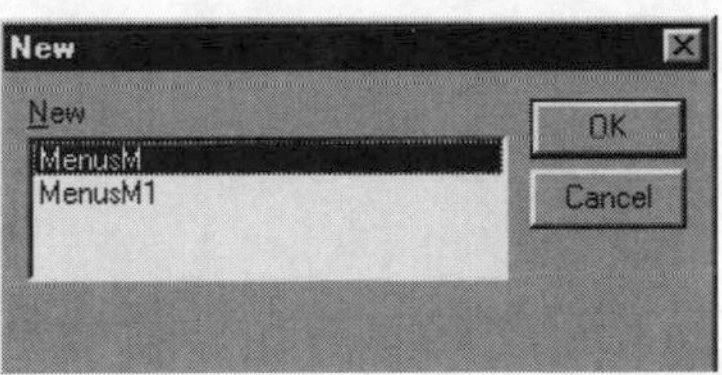

Listing 2.5 MenusMDIDoc.h and MenusMDIDoc.cpp

```
// MenusMDIDoc.h : interface of the CMenusMDIDoc class
//
/////////////////////////////////////////////////////////////////////////////
```

Continued

Figure 2.12 Handling multiple views.

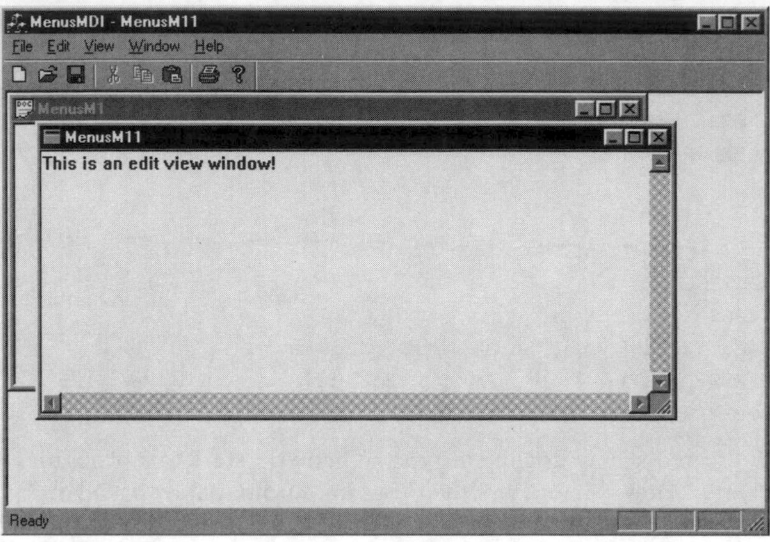

Listing 2.5 MenusMDIDoc.h and MenusMDIDoc.cpp *(Continued)*

```
#if !defined(AFX_MENUSMDIDOC_H__81CAFB74_9C82_11D1_887F_D42B07C10710__INCLUDED_)
#define AFX_MENUSMDIDOC_H__81CAFB74_9C82_11D1_887F_D42B07C10710__INCLUDED_

#if _MSC_VER > 1000
#pragma once
#endif // _MSC_VER > 1000

const MAX_LINES = 1000;

class CMenusMDIDoc : public CDocument
{
protected: // create from serialization only
    CMenusMDIDoc();
    DECLARE_DYNCREATE(CMenusMDIDoc)

// Attributes
public:
    int number_lines;
    CString text[MAX_LINES];

// Operations
```

Listing 2.5 *Continued*

```
public:

// Overrides
    // ClassWizard generated virtual function overrides
    //{{AFX_VIRTUAL(CMenusMDIDoc)
    public:
    virtual BOOL OnNewDocument();
    virtual void Serialize(CArchive& ar);
    virtual void DeleteContents();
    //}}AFX_VIRTUAL

// Implementation
public:
    virtual ~CMenusMDIDoc();
#ifdef _DEBUG
    virtual void AssertValid() const;
    virtual void Dump(CDumpContext& dc) const;
#endif

protected:

// Generated message map functions
protected:
    //{{AFX_MSG(CMenusMDIDoc)
    afx_msg void OnFileClear();
    //}}AFX_MSG
    DECLARE_MESSAGE_MAP()
};

/////////////////////////////////////////////////////////////////////////////

//{{AFX_INSERT_LOCATION}}
// Microsoft Visual C++ will insert additional declarations immediately before the
previous line.

#endif //
!defined(AFX_MENUSMDIDOC_H__81CAFB74_9C82_11D1_887F_D42B07C10710__INCLUDED_)


// MenusMDIDoc.cpp : implementation of the CMenusMDIDoc class
//
```

Continued

Listing 2.5 MenusMDIDoc.h and MenusMDIDoc.cpp *(Continued)*

```
#include "stdafx.h"
#include "MenusMDI.h"

#include "MenusMDIDoc.h"

#ifdef _DEBUG
#define new DEBUG_NEW
#undef THIS_FILE
static char THIS_FILE[] = __FILE__;
#endif

/////////////////////////////////////////////////////////////////////////////
// CMenusMDIDoc

IMPLEMENT_DYNCREATE(CMenusMDIDoc, CDocument)

BEGIN_MESSAGE_MAP(CMenusMDIDoc, CDocument)
    //{{AFX_MSG_MAP(CMenusMDIDoc)
    ON_COMMAND(ID_FILE_CLEAR, OnFileClear)
    //}}AFX_MSG_MAP
END_MESSAGE_MAP()

/////////////////////////////////////////////////////////////////////////////
// CMenusMDIDoc construction/destruction

CMenusMDIDoc::CMenusMDIDoc()
{
    // TODO: add one-time construction code here
    number_lines = 0;
}

CMenusMDIDoc::~CMenusMDIDoc()
{
}

BOOL CMenusMDIDoc::OnNewDocument()
{
    if (!CDocument::OnNewDocument())
        return FALSE;

    // TODO: add reinitialization code here
```

Listing 2.5 *Continued*

```
    // (SDI documents will reuse this document)

    return TRUE;
}



/////////////////////////////////////////////////////////////////////////////
// CMenusMDIDoc serialization

void CMenusMDIDoc::Serialize(CArchive& ar)
{
    if (ar.IsStoring())
    {
        // TODO: add storing code here
    }
    else
    {
        // TODO: add loading code here
    }
}

/////////////////////////////////////////////////////////////////////////////
// CMenusMDIDoc diagnostics

#ifdef _DEBUG
void CMenusMDIDoc::AssertValid() const
{
    CDocument::AssertValid();
}

void CMenusMDIDoc::Dump(CDumpContext& dc) const
{
    CDocument::Dump(dc);
}
#endif //_DEBUG

/////////////////////////////////////////////////////////////////////////////
// CMenusMDIDoc commands

void CMenusMDIDoc::OnFileClear()
```

Continued

Listing 2.5 MenusMDIDoc.h and MenusMDIDoc.cpp *(Continued)*

```
{
    // TODO: Add your command handler code here
    DeleteContents();
    UpdateAllViews(NULL);
}

void CMenusMDIDoc::DeleteContents()
{
    // TODO: Add your specialized code here and/or call the base class
    for(int loop_index = 0; loop_index < MAX_LINES; loop_index++)
    {
        text[loop_index] = "";
    }

    CDocument::DeleteContents();
}
```

Listing 2.6 MenusMDIView.h and MenusMDIView.cpp

```
// MenusMDIView.h : interface of the CMenusMDIView class
//
/////////////////////////////////////////////////////////////////////////////

#if !defined(AFX_MENUSMDIVIEW_H__81CAFB76_9C82_11D1_887F_D42B07C10710__INCLUDED_)
#define AFX_MENUSMDIVIEW_H__81CAFB76_9C82_11D1_887F_D42B07C10710__INCLUDED_

#if _MSC_VER > 1000
#pragma once
#endif // _MSC_VER > 1000

class CMenusMDIView : public CView
{
protected: // create from serialization only
    CMenusMDIView();
    DECLARE_DYNCREATE(CMenusMDIView)

// Attributes
public:
    CMenusMDIDoc* GetDocument();

// Operations
```

Listing 2.6 *Continued*

```
public:

// Overrides
    // ClassWizard generated virtual function overrides
    //{{AFX_VIRTUAL(CMenusMDIView)
    public:
    virtual void OnDraw(CDC* pDC);  // overridden to draw this view
    virtual BOOL PreCreateWindow(CREATESTRUCT& cs);
    protected:
    virtual BOOL OnPreparePrinting(CPrintInfo* pInfo);
    virtual void OnBeginPrinting(CDC* pDC, CPrintInfo* pInfo);
    virtual void OnEndPrinting(CDC* pDC, CPrintInfo* pInfo);
    //}}AFX_VIRTUAL

// Implementation
public:
    virtual ~CMenusMDIView();
#ifdef _DEBUG
    virtual void AssertValid() const;
    virtual void Dump(CDumpContext& dc) const;
#endif

protected:

// Generated message map functions
protected:
    //{{AFX_MSG(CMenusMDIView)
    afx_msg void OnWindowRestoreviews();
    afx_msg void OnChar(UINT nChar, UINT nRepCnt, UINT nFlags);
    //}}AFX_MSG
    DECLARE_MESSAGE_MAP()
};

#ifndef _DEBUG  // debug version in MenusMDIView.cpp
inline CMenusMDIDoc* CMenusMDIView::GetDocument()
   { return (CMenusMDIDoc*)m_pDocument; }
#endif

/////////////////////////////////////////////////////////////////////////////

//{{AFX_INSERT_LOCATION}}
```

Continued

Listing 2.6 MenusMDIView.h and MenusMDIView.cpp *(Continued)*

```
// Microsoft Visual C++ will insert additional declarations immediately before the
previous line.

#endif //
!defined(AFX_MENUSMDIVIEW_H__81CAFB76_9C82_11D1_887F_D42B07C10710__INCLUDED_)


void CMenusMDIView::OnWindowRestoreviews()
{
    CMenusMDIDoc* pDoc = GetDocument();
    ASSERT_VALID(pDoc);

    POSITION pos = pDoc->GetFirstViewPosition();

    while(pos != NULL)
    {
        CMenusMDIView* pMDIView = (CMenusMDIView*) pDoc->GetNextView(pos);
        CMDIChildWnd* parent = (CMDIChildWnd*) pMDIView->GetParent();
        parent->MDIRestore();
    }

    // TODO: Add your command handler code here

}
```

What's Ahead

In the next chapter, we begin working with some of the different view classes offered by Visual C++: rich edit views, HTML views, Tree views, Splitter windows, and much more. Now that we've had an introduction to multiple views in this chapter, it's time to see what kinds of view classes are available.

Edit Views, HTML Views, Tree Views, Splitter Windows, and More

3

In the last chapter, we looked at MDI programming and started supporting multiple views in documents. In this chapter, we look at the different kinds of views that the MFC library already supports—and there's a lot of rich programming here. We see how to use rich edit views that display and edit rich (formattable) text, HTML views that connect to the Internet, tree views that display trees of nodes that can open or close like the folders in the Windows Explorer, form views that let you place controls directly on them just like a dialog box, and splitter windows (note that splitters are actually windows, not views).

Being able to select prewritten view types is one of the most powerful aspects of Visual C++. Imagine, for example, having to write all the code to support rich text—different fonts, text and paragraph formatting, different font sizes, italics, bold face fonts, and much more. All this and more—such as being able to read files from disk and to write them out again—is already done for you when you use the rich edit view, which we look at first.

Rich Text Views

There are two edit views in the MFC: edit views and rich edit views. Simple edit views are pretty basic, and we've already seen how to put them to use in Chapter 2, "Multiple Documents, Multiple Views," where we mixed edit views with standard MDI views in a program. We need to look at the more powerful rich edit views here to be able to do all that standard edit views do and more: format our text.

Rich text format (RTF), is a special text format that supports all kinds of formatting options. It was first created to allow documents to be passed between incompatible word processors. You can write RTF documents in word processors like Microsoft Word and save them in RTF format, which supports many of the text options available in word processors such as Word.

Let's put rich edit views to work in a new project, RichEditView. Create the project as an MDI project and work through AppWizard all the way to Step 6, as

Figure 3.1 Creating a rich edit view.

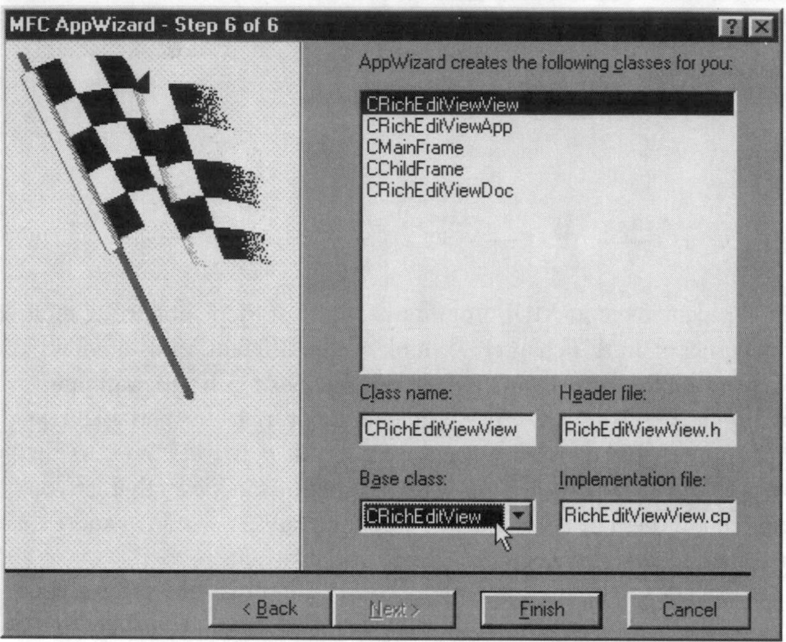

shown in Figure 3.1. To install the rich edit view, make sure the view class is selected in the Class name box of AppWizard (in this case, the view class is the somewhat awkwardly named CRichEditViewView) and select CRichEditView as the base class, as shown in Figure 3.1. Click Finish to create the new project.

The New Document Template

We've created a new document template in RichEditView.cpp, which uses the rich edit view class, CRichEditView, as its view.

```
CMultiDocTemplate* pDocTemplate;
pDocTemplate = new CMultiDocTemplate(
    IDR_RICHEDTYPE,
    RUNTIME_CLASS(CRichEditViewDoc),
    RUNTIME_CLASS(CChildFrame), // custom MDI child frame
    RUNTIME_CLASS(CRichEditViewView));                      ⇐
pDocTemplate->SetContainerInfo(IDR_RICHEDTYPE_CNTR_IP);
AddDocTemplate(pDocTemplate);
```

The CRichEditView class's member functions appear in Table 3.1.

Table 3.1 CRichEditView Class's Functions

Function	Does this
AdjustDialogPosition	Moves a dialog box so that it doesn't obscure the current selection.
CanPaste	Tells whether the Clipboard contains data that can be pasted into the rich edit view.
CRichEditView	Constructs a CRichEditView object.
DoPaste	Pastes an OLE item into this rich edit view.
FindText	Finds the specified text, invoking the wait cursor.
FindTextSimple	Finds the specified text.
GetCharFormatSelection	Retrieves the character formatting attributes for the current selection.
GetClipboardData	Retrieves a Clipboard object for a range in this rich edit view.
GetContextMenu	Retrieves a context menu to use on a right mouse-button down.
GetDocument	Retrieves a pointer to the related CRichEditDoc.
GetInPlaceActiveItem	Retrieves the OLE item that is currently in place and active in the rich edit view.
GetMargins	Retrieves the margins for this rich edit view.
GetPageRect	Retrieves the page rectangle for this rich edit view.
GetPaperSize	Retrieves the paper size for this rich edit view.
GetParaFormatSelection	Retrieves the paragraph formatting attributes for the current selection.
GetPrintRect	Retrieves the print rectangle for this rich edit view.
GetPrintWidth	Retrieves the print width for this rich edit view.
GetRichEditCtrl	Retrieves the rich edit control.
GetSelectedItem	Retrieves the selected item from the rich edit view.
GetTextLength	Retrieves the length of the text in the rich edit view.
InsertFileAsObject	Inserts a file as an OLE item.
InsertItem	Inserts a new item as an OLE item.
IsRichEditFormat	Tells whether the clipboard contains data in a rich edit or text format.

Continued

Table 3.1 CRichEditView Class's Functions *(Continued)*

Function	Does this
IsSelected	Indicates whether the given OLE item is selected.
OnCharEffect	Changes the character formatting for the current selection.
OnFindNext	Finds the next occurrence of a substring.
OnInitialUpdate	Refreshes a view when it is first attached to a document.
OnParaAlign	Changes the alignment of paragraphs.
OnPasteNativeObject	Retrieves native data from an OLE item.
OnPrinterChanged	Sets the print characteristics to the given device.
OnReplaceAll	Replaces all occurrences of a given string with a new string.
OnReplaceSel	Replaces the current selection.
OnTextNotFound	Handles user notification that the requested text was not found.
OnUpdateCharEffect	Updates the Command UI for character public member functions.
OnUpdateParaAlign	Updates the Command UI for paragraph public member functions.
PrintInsideRect	Formats the specified text within the given rectangle.
PrintPage	Formats the specified text within the given page.
QueryAcceptData	Queries to see about the data on the IDataObject.
SetCharFormat	Sets the character formatting attributes for the current selection.
SetMargins	Sets the margins for this rich edit view.
SetPaperSize	Sets the paper size for this rich edit view.
SetParaFormat	Sets the paragraph formatting attributes for the current selection.
WrapChanged	Adjusts the target output device for this rich edit view based on the value of m_nWordWrap.

You can use the functions in Table 3.1 to format your documents as you want them—SetCharFormat() sets the format of selected characters, and SetParaFormat()

sets the format of paragraphs. In fact, you can already read and save RTF files, because the document's Serialize() function is already set up.

Working with RTF Documents

The Serialize() function looks like this:

```
void CRichEditViewDoc::Serialize(CArchive& ar)
{
    if (ar.IsStoring())
    {
        // TODO: add storing code here
    }
    else
    {
        // TODO: add loading code here
    }

    // Calling the base class CRichEditDoc enables serialization
    //  of the container document's COleClientItem objects.
    // TODO: set CRichEditDoc::m_bRTF = FALSE if you are serializing as text
    CRichEditDoc::Serialize(ar);
}
```

Note the comment at the bottom of Serialize(); you can already handle rich text files with our program, because the CRichEditDoc base class's Serialize() function handles the details.

> **Handling Straight Text Documents**
>
> If you want to work with straight text (that is, .txt files) instead of rich format text, set the m_bRTF data member to FALSE in Serialize().

To get a look at this first hand, run the program now, as shown in Figure 3.2. We can use the File menu's Open item to read in a rich text document. As you can see in that figure, all the aspects of rich text in the document are supported, and our rich text example is a success.

> **Drag and Drop**
>
> The rich edit view supports drag and drop, so you can drag a file to the rich edit view and drop it to open it in that view.

Figure 3.2 Supporting rich text.

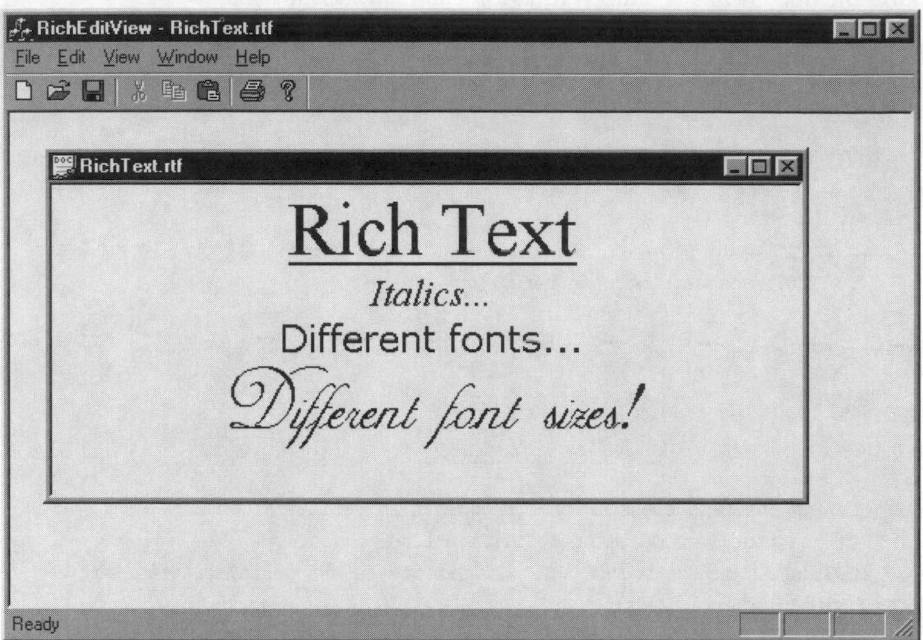

As you can see, installing a new MFC view type is easy. We continue now with form views.

Form Views

Form views provide us with all the functionality of dialog-based applications, except that form views are views and can appear in MDI child windows. As shown in Chapter 1, "Up to Speed in Visual C++," we can use the Dialog Editor to design our form view.

Let's put this into action now. We can create a small calculator view based on a form view; this calculator appears as a view (possibly one of many) in an MDI program so the user can add numbers.

Create a new MDI project named FormView. In Step 6 of the AppWizard, select the view class in the Class name box and select CFormView (this class has only two functions: constructor and destructor) as the base class for that view, then click the Finish button. This creates the FormView project. The next step is to design the form as we want it to appear.

Figure 3.3 Our original form view.

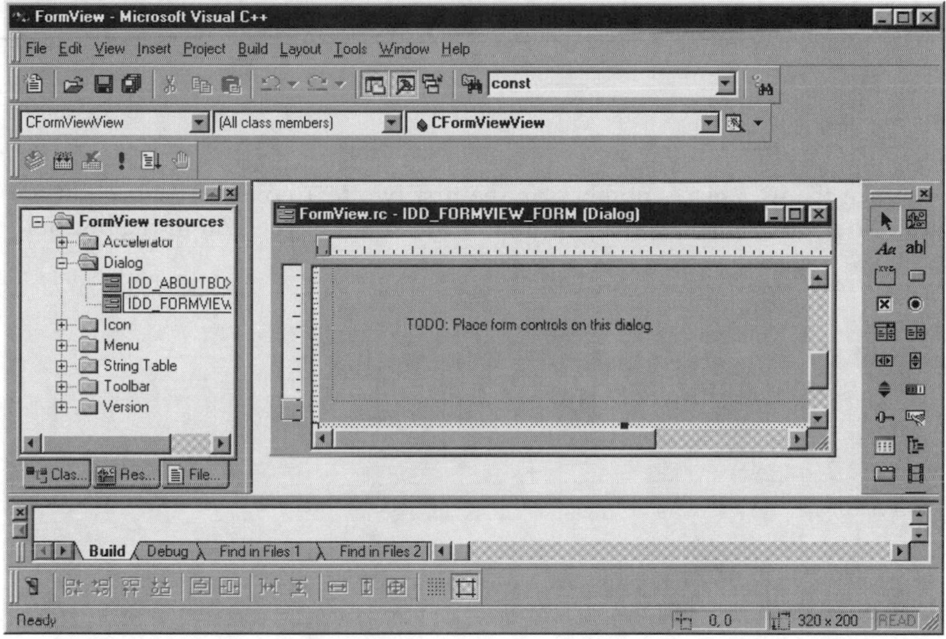

Designing the Form

To design the form, simply open it by double-clicking the IDD_FORMVIEW _FORM entry in the Dialog folder of the ResourceView now, as shown in Figure 3.3.

This is the form on which we design our calculator. Using the tools in the toolbox, add two edit views, a command button with the caption "=", and a label with the caption "+":

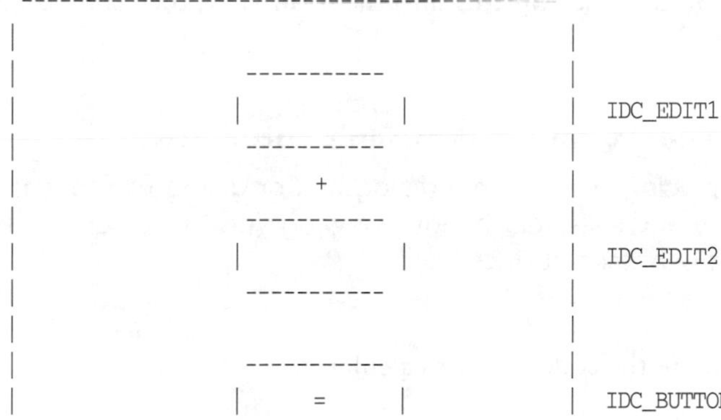

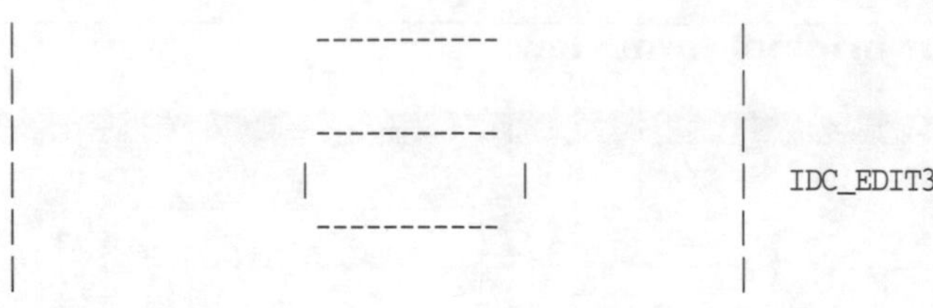

When the user places numbers in the first two text boxes and clicks the = button, our program adds the two numbers and places the sum in the bottom text box.

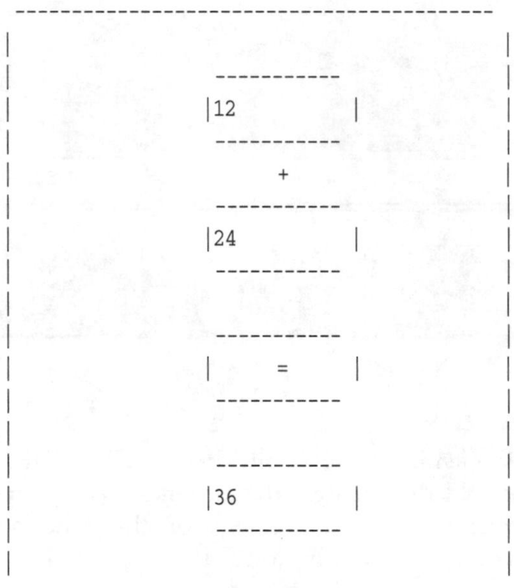

When you place those controls into the form view, they should appear as shown in Figure 3.4.

Aligning and Spacing Controls in a Form View

Similar to placing controls in a dialog box or dialog window, the Layout menu in Visual C++ is very handy, allowing you to size, space, and align a number of controls at once.

Now let's write the code for our calculator.

Figure 3.4 The calculator form view.

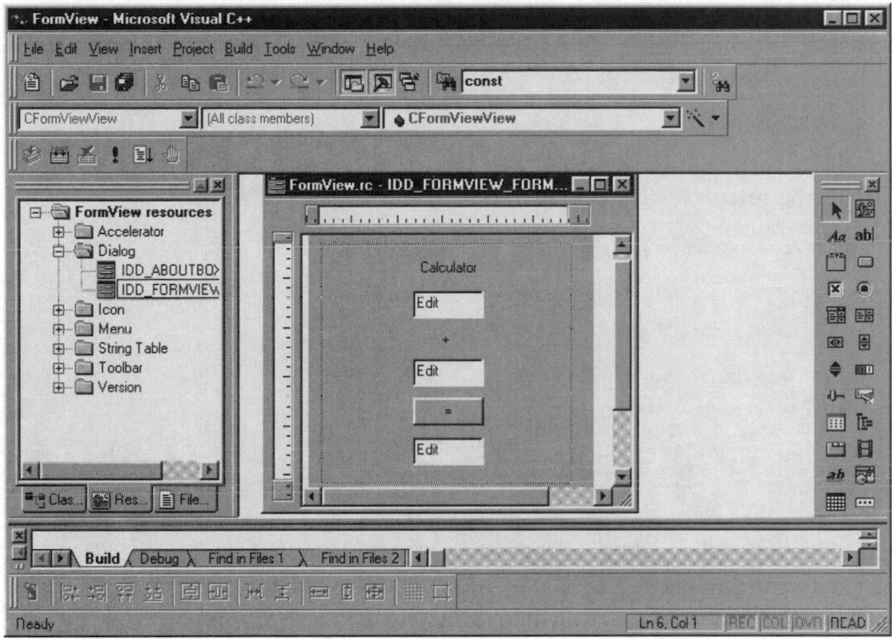

Programming the MDI Calculator

To write the code for the controls in our calculator, open ClassWizard now and connect a member variable (using ClassWizard's Member Variables tab) to IDC_EDIT1 named m_value1, IDC_EDIT2 named m_value2, and IDC_EDIT3 named m_sum.

Then use ClassWizard to connect a member function, OnButton1(), to the command button with the equals caption This is the function that the program calls when the user clicks the = button; it calculates the sum of the two numbers in the top two text boxes, and the result is shown in the bottom text box.

```
void CFormViewView::OnButton1()
{
    // TODO: Add your control notification handler code here
}
```

All that remains is to take the numbers from m_value1 and m_value2, add them, and place the sum in m_sum. We start that process with the UpdateData() function, passing a value of true to update the member variables from the form view.

```
void CFormViewView::OnButton1()
{
    UpdateData(true);
        .
        .
        .
```

Next, we use the atoi() function to convert the strings in m_value1 and m_value2 to the integers value and value2.

```
void CFormViewView::OnButton1()
{
    UpdateData(true);

    int value1 = atoi(m_value1);                                ⇐
    int value2 = atoi(m_value2);                                ⇐
        .
        .
        .
```

Finally, we write the code to add these values and display the result. We create the sum and use wsprintf() to place the sum in a character string that we move to m_sum.

```
void CFormViewView::OnButton1()
{
    UpdateData(true);

    int value1 = atoi(m_value1);
    int value2 = atoi(m_value2);

    char OutputString[20];                                      ⇐

    wsprintf(OutputString, "%ld", value1 + value2);             ⇐

    m_sum = OutputString;                                       ⇐
        .
        .
        .
}
```

The last step is to display the new value in m_sum, and we do that with another call to UpdateData(), this time passing a value of false to update the display.

```
void CFormViewView::OnButton1()
{
```

```
    UpdateData(true);

    int value1 = atoi(m_value1);
    int value2 = atoi(m_value2);

    char OutputString[20];

    wsprintf(OutputString, "%ld", value1 + value2);

    m_sum = OutputString;

    UpdateData(false);                                          ⇐
}
```

That's all it takes. Run the program now: A new calculator form appears in an MDI child window, as shown in Figure 3.5. The controls in that calculator are active as well because we're supporting MDI calculators, thanks to form views.

So far, we've seen rich edit views and form views, and there are more powerful views to come. We see the first of those now as we turn to HTML views.

Figure 3.5 MDI calculators.

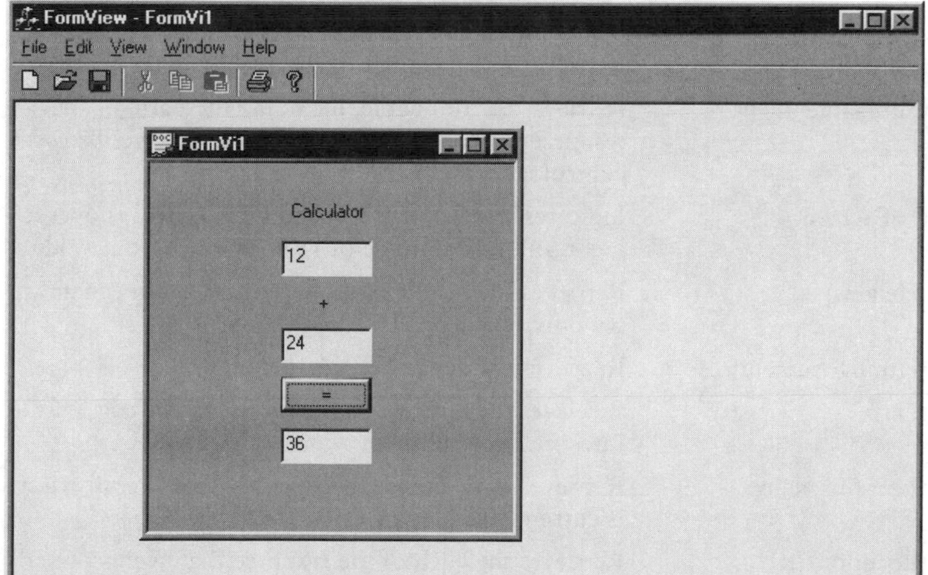

HTML Views

An HTML view is built on the Web browser control, which is already installed in your computer if you have Internet Explorer. This view is extraordinary. With it, you can navigate to any URL. Let's put this view to use in a new project, HTMLView.

Create a new MDI project, HTMLView. In Step 6 of AppWizard, select CHtmlView as the base class for our view and click Finish to create the project. The CHtmlView class functions appear in Table 3.2.

Table 3.2 CHtmlView Class's Functions

Function	Does this
Create	Creates the WebBrowser control.
ExecWB	Executes a command.
GetAddressBar	Determines whether the Internet Explorer object's address bar is visible. (WebBrowser control ignores; Internet Explorer only.)
GetApplication	Retrieves an application object representing the application that contains the current instance of the Internet Explorer application.
GetBusy	Retrieves a value indicating whether a download or other activity is still in progress.
GetContainer	Retrieves the container of the WebBrowser control.
GetFullName	Retrieves the full name, including the path, of the resource displayed in the Web browser. (WebBrowser control ignores; Internet Explorer only.)
GetFullScreen	Indicates whether the WebBrowser control is operating in full-screen mode or in normal window mode.
GetHeight	Retrieves the height of the Internet Explorer main window.
GetHtmlDocument	Retrieves the active HTML document.
GetLeft	Retrieves the screen coordinate of the left edge of the Internet Explorer main window.
GetLocationName	Retrieves the name of the resource that WebBrowser is currently displaying.
GetLocationURL	Retrieves the URL of the resource that WebBrowser is currently displaying.

Table 3.2 ***Continued***

Function	Does this
GetMenuBar	Retrieves a value that determines whether the menu bar is visible.
GetOffline	Retrieves a value that determines whether the control is offline.
GetParentBrowser	Retrieves a pointer to the IDispatch interface of the object that is the container of the WebBrowser control.
GetProperty	Retrieves the current value of a property associated with the given object.
GetReadyState	Retrieves the ready state of the WebBrowser object.
GetRegisterAsBrowser	Indicates whether the WebBrowser control is registered as a top-level browser for target name resolution.
GetRegisterAsDropTarget	Indicates whether the WebBrowser control is registered as a drop target for navigation.
GetSilent	Indicates whether any dialog boxes can be shown.
GetStatusBar	Indicates whether the Internet Explorer's status bar is visible. (WebBrowser control ignores; Internet Explorer only.)
GetTheaterMode	Indicates whether the WebBrowser control is in theater mode.
GetToolBar	Retrieves a value that determines whether the toolbar is visible.
GetTop	Retrieves the screen coordinate of the top edge of the Internet Explorer main window.
GetTopLevelContainer	Retrieves a value indicating whether the current object is the top-level container of the WebBrowser control.
GetType	Retrieves the type name of the document object.
GetVisible	Retrieves a value indicating whether the object is visible or hidden.
GoBack	Navigates to the previous item in the history list.
GoForward	Navigates to the next item in the history list.
GoHome	Navigates to the current home or start page.

Continued

Table 3.2 CHtmlView Class's Functions *(Continued)*

Function	Does this
GoSearch	Navigates to the current search page.
LoadFromResource	Loads a resource in the WebBrowser control.
Navigate	Navigates to the resource identified by a URL.
Navigate2	Navigates to the resource identified by a URL or to the file identified by a full path.
OnBeforeNavigate2	Called before a navigation occurs in the given WebBrowser (on either a window or frameset element).
OnCommandStateChange	Called to notify an application that the enabled state of a Web browser command has changed.
OnDocumentComplete	Called to notify an application that a document has reached the READYSTATE_COMPLETE state.
OnDownloadBegin	Called to notify an application that a navigation operation is beginning.
OnDownloadComplete	Called when a navigation operation finished, was halted, or failed.
OnDraw	Called to render an image of the document for screen display, printing, or print preview.
OnFullScreen	Called when the FullScreen property has changed.
OnMenuBar	Called when the MenuBar property has changed.
OnNavigateComplete2	Called after a navigation to a hyperlink completes (on either a window or frameset element).
OnNewWindow2	Called when a new window is to be created for displaying a resource.
OnProgressChange	Called to notify an application that the progress of a download operation has been updated.
OnPropertyChange	Called to notify an application that the PutProperty method has changed the value of a property.
OnQuit	Called to notify an application that the Internet Explorer application is ready to quit. (Applies to Internet Explorer only.)
OnStatusBar	Called when the StatusBar property has changed.

Table 3.2 *Continued*

Function	Does this
OnStatusTextChange	Called to notify an application that the text of the status bar associated with the WebBrowser control has changed.
OnTheaterMode	Called when the TheaterMode property has changed.
OnTitleChange	Called to notify an application when the title of a document in the WebBrowser control becomes available or changes.
OnToolBar	Called when the ToolBar property has changed.
OnVisible	Called when the window for the WebBrowser control should be shown/hidden.
PutProperty	Sets the value of a property associated with the given object.
QueryStatusWB	Queries the status of a command being processed by the WebBrowser control.
Refresh	Reloads the current file.
Refresh2	Reloads the current file and optionally prevents the "pragma:nocache" header from being sent.
SetAddressBar	Shows or hides the Internet Explorer object's address bar. (WebBrowser control ignores; Internet Explorer only.)
SetFullScreen	Sets a value to determine whether the control is operating in full-screen mode or in normal window mode. (WebBrowser control ignores; Internet Explorer only.)
SetHeight	Sets the height of the Internet Explorer main window.
SetLeft	Sets the horizontal position of the Internet Explorer main window.
SetMenuBar	Sets a value to determine whether the control's menu bar is visible. (WebBrowser control ignores; Internet Explorer only.)
SetOffline	Sets a value to determine whether the control is offline.
SetRegisterAsBrowser	Sets a value indicating whether the WebBrowser control is registered as a top-level browser for target name resolution.

Continued

Table 3.2 CHtmlView Class's Functions *(Continued)*

Function	Does this
SetRegisterAsDropTarget	Sets a value indicating whether the WebBrowser control is registered as a drop target for navigation.
SetSilent	Sets a value to determine whether the control will display dialog boxes.
SetStatusBar	Sets a value to determine whether the Internet Explorer's status bar is visible. (WebBrowser control ignores; Internet Explorer only.)
SetTheaterMode	Sets a value indicating whether the WebBrowser control is in theater mode.
SetToolBar	Sets a value to determine whether the control's toolbar is visible. (WebBrowser control ignores; Internet Explorer only.)
SetTop	Sets the vertical position of the Internet Explorer main window.
SetVisible	Sets a value indicating whether the object is visible or hidden.
Stop	Stops opening a file.

As you can see, quite a number of functions are in the CHtmlView class. Navigate() is particularly useful, because it lets us navigate to a new URL and display the corresponding document in our HTML view. Let's use that function to put together a Web-browsing MDI program now.

Create a new MDI project named HTMLView. In Step 6 of the AppWizard, use CHtmlView as the base class for our view class, then create the project.

Our first step is to create a URL dialog box that lets the user type in the new URL to navigate to.

Designing the URL Dialog Box

To add a new dialog box to our project, select the Insert menu's Resource item to open the Insert Resource box; select Dialog as the new type of resource to create, and click New. This creates the new dialog box with an ID IDD_DIALOG1. Click that ID in the ResourceView's Dialog folder to open the Dialog Editor as shown in Figure 3.6.

Add a new label to that dialog box, New URL:, and a text box, as shown in Figure 3.6. The design of the dialog box is complete. Now we have to add it to our code, which means creating a new class wrapper for it.

Figure 3.6 Designing a URL dialog box.

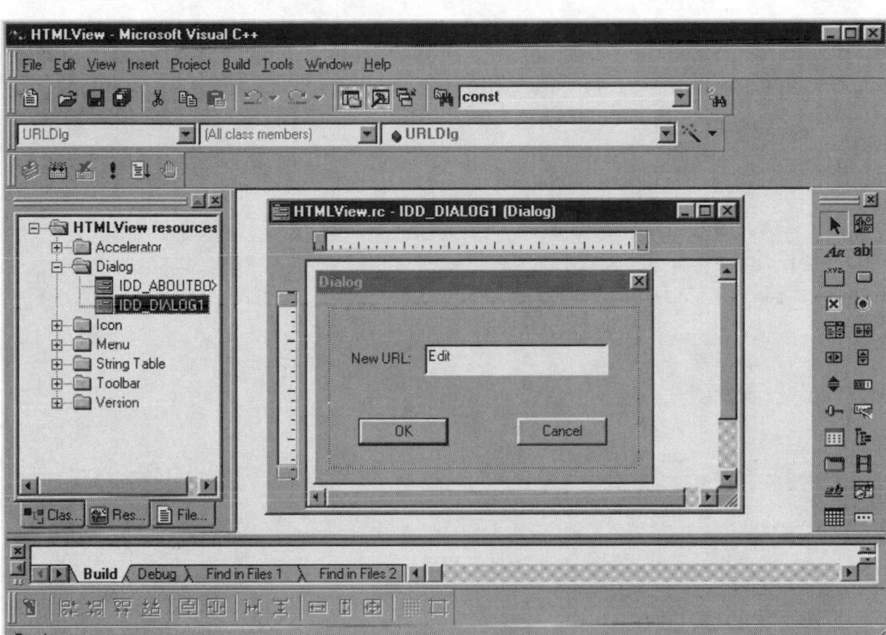

Adding the Dialog Box to Code

Right-click the dialog box and open ClassWizard. ClassWizard displays a message saying that you have just created a new dialog box and asks whether you want to create new class for that dialog box. Click OK, opening ClassWizard. Give the new class the name URLDlg, make sure its base class is CDialog, then create this new class.

We need a way to retrieve data from the text box in the dialog box to read the new URL. In ClassWizard, open the URLDlg class, click the Member Variables tab, then connect a new CString variable named m_URL to the text box, IDC_EDIT1.

Our dialog box is set. Now we need a way of putting it on the screen. We do that by adding a new menu item to the File menu: Navigate... . When we type a new URL into the URL dialog box and click OK, we navigate to that new document.

Connect a view class function to the new Navigate menu item using ClassWizard.

```
void CHTMLViewView::OnFileNavigate()
{
```

```
    // TODO: Add your command handler code here
}
```

This is where we use the new dialog box. Before we use the dialog box class, however, we have to include its header file in the view class code to make sure Visual C++ has access to all the dialog box declarations.

```
// HTMLViewView.cpp : implementation of the CHTMLViewView class
//

#include "stdafx.h"
#include "HTMLView.h"

#include "HTMLViewDoc.h"
#include "HTMLViewView.h"
#include "URLDlg.h"                                              ⇐
    .
    .
    .
```

Now, create a dialog box of the URLDlg class.

```
void CHTMLViewView::OnFileNavigate()
{
    URLDlg urldlg;                                               ⇐
        .
        .
        .
}
```

To display the dialog box, use its DoModal() function.

```
void CHTMLViewView::OnFileNavigate()
{
    URLDlg urldlg;

    int dlgvalue = urldlg.DoModal();                             ⇐
        .
        .
        .
}
```

After the user closes the dialog box, examine the dialog box's return value. If it's IDOK, the user clicked the OK button; if it's IDCANCEL, the user pressed the Cancel button. We want to navigate to the new URL as follows:

```
void CHTMLViewView::OnFileNavigate()
{
    URLDlg urldlg;

    int dlgvalue = urldlg.DoModal();

    if(dlgvalue == IDOK){                          ⇐
        Navigate(urldlg.m_URL);                    ⇐
    }                                              ⇐
}
```

Using UpdateData() with Dialog Boxes

You might note that we didn't use UpdateData() before retrieving data from the dialog box's m_URL data member. That's because the dialog box automatically calls UpdateData() when the user clicks the OK button.

Now we are able to run the program, as shown in Figure 3.7. In that figure, the Navigate menu item is used to navigate to Microsoft's Web page (the default

Figure 3.7 Navigating to a URL in an HTMLView.

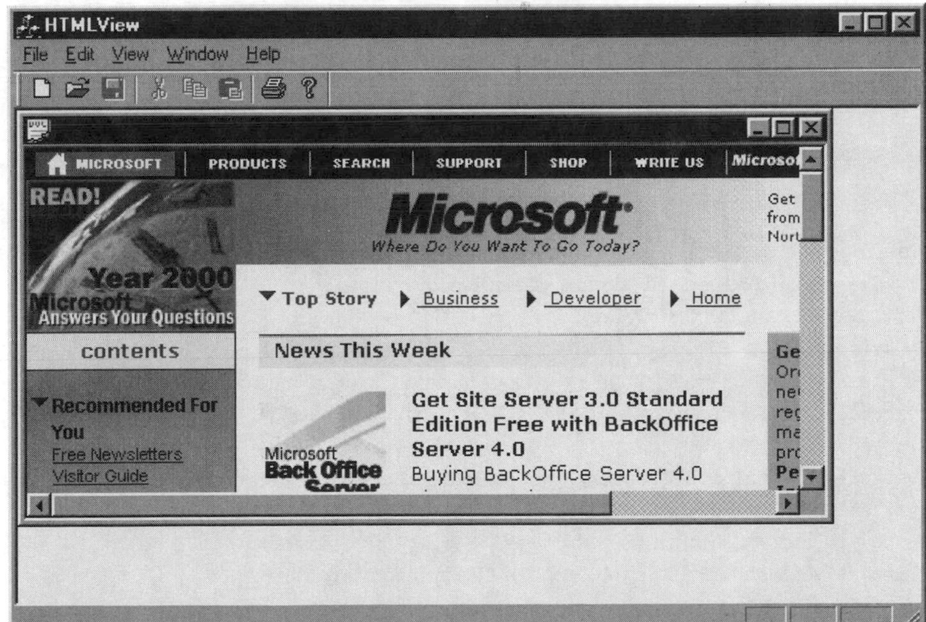

Web page for HTML views is the Microsoft Visual C++ Web page). Now we're on the Web with Visual C++.

The code for this program, HTMLViewView.h and HTMLViewView.cpp, appears in Listing 3.1.

Listing 3.1 HTMLViewView.h and HTMLViewView.cpp

```
// HTMLViewView.h : interface of the CHTMLViewView class
//
/////////////////////////////////////////////////////////////////////////////

#if !defined(AFX_HTMLVIEWVIEW_H__093DDFC9_9FB2_11D1_887F_D42B07C10710__INCLUDED_)
#define AFX_HTMLVIEWVIEW_H__093DDFC9_9FB2_11D1_887F_D42B07C10710__INCLUDED_

#if _MSC_VER > 1000
#pragma once
#endif // _MSC_VER > 1000

class CHTMLViewView : public CHtmlView
{
protected: // create from serialization only
    CHTMLViewView();
    DECLARE_DYNCREATE(CHTMLViewView)

// Attributes
public:
    CHTMLViewDoc* GetDocument();

// Operations
public:

// Overrides
    // ClassWizard generated virtual function overrides
    //{{AFX_VIRTUAL(CHTMLViewView)
    public:
    virtual void OnDraw(CDC* pDC);  // overridden to draw this view
    virtual BOOL PreCreateWindow(CREATESTRUCT& cs);
    protected:
    virtual void OnInitialUpdate(); // called first time after construct
    virtual BOOL OnPreparePrinting(CPrintInfo* pInfo);
    virtual void OnBeginPrinting(CDC* pDC, CPrintInfo* pInfo);
    virtual void OnEndPrinting(CDC* pDC, CPrintInfo* pInfo);
```

Listing 3.1 ***Continued***

```
    //}}AFX_VIRTUAL

// Implementation
public:
    virtual ~CHTMLViewView();
#ifdef _DEBUG
    virtual void AssertValid() const;
    virtual void Dump(CDumpContext& dc) const;
#endif

protected:

// Generated message map functions
protected:
    //{{AFX_MSG(CHTMLViewView)
    afx_msg void OnFileNavigate();
    //}}AFX_MSG
    DECLARE_MESSAGE_MAP()
};

#ifndef _DEBUG  // debug version in HTMLViewView.cpp
inline CHTMLViewDoc* CHTMLViewView::GetDocument()
   { return (CHTMLViewDoc*)m_pDocument; }
#endif

/////////////////////////////////////////////////////////////////////////////

//{{AFX_INSERT_LOCATION}}
// Microsoft Visual C++ will insert additional declarations immediately before the
previous line.

#endif //
!defined(AFX_HTMLVIEWVIEW_H__093DDFC9_9FB2_11D1_887F_D42B07C10710__INCLUDED_)


// HTMLViewView.cpp : implementation of the CHTMLViewView class
//

#include "stdafx.h"
#include "HTMLView.h"
```

Continued

Listing 3.1 HTMLViewView.h and HTMLViewView.cpp *(Continued)*

```
#include "HTMLViewDoc.h"
#include "HTMLViewView.h"
#include "URLDlg.h"

#ifdef _DEBUG
#define new DEBUG_NEW
#undef THIS_FILE
static char THIS_FILE[] = __FILE__;
#endif


/////////////////////////////////////////////////////////////////////////////
// CHTMLViewView

IMPLEMENT_DYNCREATE(CHTMLViewView, CHtmlView)

BEGIN_MESSAGE_MAP(CHTMLViewView, CHtmlView)
    //{{AFX_MSG_MAP(CHTMLViewView)
    ON_COMMAND(ID_FILE_NAVIGATE, OnFileNavigate)
    //}}AFX_MSG_MAP
    // Standard printing commands
    ON_COMMAND(ID_FILE_PRINT, CHtmlView::OnFilePrint)
    ON_COMMAND(ID_FILE_PRINT_DIRECT, CHtmlView::OnFilePrint)
    ON_COMMAND(ID_FILE_PRINT_PREVIEW, CHtmlView::OnFilePrintPreview)
END_MESSAGE_MAP()

/////////////////////////////////////////////////////////////////////////////
// CHTMLViewView construction/destruction

CHTMLViewView::CHTMLViewView()
{
    // TODO: add construction code here

}

CHTMLViewView::~CHTMLViewView()
{
}

BOOL CHTMLViewView::PreCreateWindow(CREATESTRUCT& cs)
{
```

Listing 3.1 *Continued*

```
	// TODO: Modify the Window class or styles here by modifying
	//  the CREATESTRUCT cs

	return CHtmlView::PreCreateWindow(cs);
}

/////////////////////////////////////////////////////////////////////////////
// CHTMLViewView drawing

void CHTMLViewView::OnDraw(CDC* pDC)
{
	CHTMLViewDoc* pDoc = GetDocument();
	ASSERT_VALID(pDoc);

	// TODO: add draw code for native data here
}

void CHTMLViewView::OnInitialUpdate()
{
	CHtmlView::OnInitialUpdate();

	// TODO: This code navigates to a popular spot on the Web.
	//  change the code to go where you'd like.
	Navigate2(_T("http://www.microsoft.com/visualc/"),NULL,NULL);
}

/////////////////////////////////////////////////////////////////////////////
// CHTMLViewView printing

BOOL CHTMLViewView::OnPreparePrinting(CPrintInfo* pInfo)
{
	// default preparation
	return DoPreparePrinting(pInfo);
}

void CHTMLViewView::OnBeginPrinting(CDC* /*pDC*/, CPrintInfo* /*pInfo*/)
{
	// TODO: add extra initialization before printing
}

void CHTMLViewView::OnEndPrinting(CDC* /*pDC*/, CPrintInfo* /*pInfo*/)
```

Continued

Listing 3.1 HTMLViewView.h and HTMLViewView.cpp *(Continued)*

```
{
    // TODO: add cleanup after printing
}

/////////////////////////////////////////////////////////////////////////////
// CHTMLViewView diagnostics

#ifdef _DEBUG
void CHTMLViewView::AssertValid() const
{
    CHtmlView::AssertValid();
}

void CHTMLViewView::Dump(CDumpContext& dc) const
{
    CHtmlView::Dump(dc);
}

CHTMLViewDoc* CHTMLViewView::GetDocument() // non-debug version is inline
{
    ASSERT(m_pDocument->IsKindOf(RUNTIME_CLASS(CHTMLViewDoc)));
    return (CHTMLViewDoc*)m_pDocument;
}
#endif //_DEBUG

/////////////////////////////////////////////////////////////////////////////
// CHTMLViewView message handlers

void CHTMLViewView::OnFileNavigate()
{
    URLDlg urldlg;

    int dlgvalue = urldlg.DoModal();

    if(dlgvalue == IDOK){
        Navigate(urldlg.m_URL);
    }

    // TODO: Add your command handler code here

}
```

That completes our work with HTML views. Let's move on to tree views.

Tree Views

Tree views are based on tree controls, which let you list items in trees consisting of expandable nodes. If you've used the Windows Explorer, you're familiar with trees, because the Explorer uses trees to present the directory structure of a disk: as folders that contain other folders and files. You can collapse or expand folders with a click of the mouse.

We can put tree views to use by creating a new program that supports them. Our program will support expandable nodes, bitmapped items, and will tell you what item in the tree you've clicked.

Create a new MDI program named TreeView. In Step 6 of the AppWizard, select CTreeView as the base class for our view class. We add items to the tree view—a process called *populating*—in the OnInitialUpdate() function. Add that function to the view class now. Note the comment from the Visual C++ framework providing us with a tip here:

```
void CTreeViewView::OnInitialUpdate()
{
    CTreeView::OnInitialUpdate();

    // TODO: You may populate your TreeView with items by directly accessing
    //  its tree control through a call to GetTreeCtrl().
}
```

The CTreeCtrl class functions appear in Table 3.3.

Populating a Tree View

To populate the tree control with items, we first call GetTreeCtrl(), then use the InsertItem() function to add items to the tree.

Table 3.3 CTreeCtrl Class's Functions

Function	Does this
Create	Creates a tree view control and attaches it to a CTreeCtrl object.
CreateDragImage	Creates a dragging bitmap for the specified tree view item.
CTreeCtrl	Constructs a CTreeCtrl object.
DeleteAllItems	Deletes all items in a tree view control.

Continued

Table 3.3 CTreeCtrl Class's Functions *(Continued)*

Function	Does this
DeleteItem	Deletes a new item in a tree view control.
EditLabel	Edits a specified tree view item in place.
EnsureVisible	Ensures that a tree view item is visible in its tree view control.
Expand	Expands or collapses the child items of the specified tree view item.
GetBkColor	Retrieves the current background color of the control.
GetCheck	Retrieves the check state of a tree control item.
GetChildItem	Retrieves the child of a specified tree view item.
GetCount	Retrieves the number of tree items associated with a tree view control.
GetDropHilightItem	Retrieves the target of a drag-and-drop operation.
GetEditControl	Retrieves the handle of the edit control used to edit the specified tree view item.
GetFirstVisibleItem	Retrieves the first visible item of the specified tree view item.
GetImageList	Retrieves the handle of the image list associated with a tree view control.
GetIndent	Retrieves the offset (in pixels) of a tree view item from its parent.
GetInsertMarkColor	Retrieves the color used to draw the insertion mark for the tree view.
GetItem	Retrieves the attributes of a specified tree view item.
GetItemData	Returns the 32-bit application-specific value associated with an item.
GetItemHeight	Retrieves the current height of the tree view items.
GetItemImage	Retrieves the images associated with an item.
GetItemRect	Retrieves the bounding rectangle of a tree view item.
GetItemState	Returns the state of an item.
GetItemText	Returns the text of an item.
GetNextItem	Retrieves the next tree view item that matches a specified relationship.

Table 3.3 ***Continued***

Function	**Does this**
GetNextSiblingItem	Retrieves the next sibling of the specified tree view item.
GetNextVisibleItem	Retrieves the next visible item of the specified tree view item.
GetParentItem	Retrieves the parent of the specified tree view item.
GetPrevSiblingItem	Retrieves the previous sibling of the specified tree view item.
GetPrevVisibleItem	Retrieves the previous visible item of the specified tree view item.
GetRootItem	Retrieves the root of the specified tree view item.
GetSelectedItem	Retrieves the currently selected tree view item.
GetTextColor	Retrieves the current text color of the control.
GetToolTips	Retrieves the handle to the child ToolTip control used by a tree view control.
GetVisibleCount	Retrieves the number of visible tree items associated with a tree view control.
HitTest	Returns the current position of the cursor related to the CTreeCtrl object.
InsertItem	Inserts a new item in a tree view control.
ItemHasChildren	Returns nonzero if the specified item has child items.
Select	Selects, scrolls into view, or redraws a specified tree view item.
SelectDropTarget	Redraws the tree item as the target of a drag-and-drop operation.
SelectItem	Selects a specified tree view item.
SelectSetFirstVisible	Selects a specified tree view item as the first visible item.
SetBkColor	Sets the background color of the control.
SetCheck	Sets the check state of a tree control item.
SetImageList	Sets the handle of the image list associated with a tree view control.
SetIndent	Sets the offset (in pixels) of a tree view item from its parent.
SetInsertMark	Sets the insertion mark in a tree view control.

Continued

Table 3.3 CTreeCtrl Class's Functions *(Continued)*

Function	Does this
SetInsertMarkColor	Sets the color used to draw the insertion mark for the tree view.
SetItem	Sets the attributes of a specified tree view item.
SetItemData	Sets the 32-bit application-specific value associated with an item.
SetItemHeight	Sets the height of the tree view items.
SetItemImage	Associates images with an item.
SetItemState	Sets the state of an item.
SetItemText	Sets the text of an item.
SetTextColor	Sets the text color of the control.
SetToolTips	Sets a tree view control's child ToolTip control.
SortChildren	Sorts the children of a given parent item.
SortChildrenCB	Sorts the children of a given parent item using an application-defined sort function.

The following example shows how we insert the first item, to which we give the caption "Click Me." Note that this function returns a handle to an item of type HTREEITEM and that we save that item as the *root* item.

```
void CTreeViewView::OnInitialUpdate()
{
    CTreeView::OnInitialUpdate();

    HTREEITEM root = GetTreeCtrl().InsertItem(CString("Click Me"));        ⇐
        .
        .
        .
```

Now we can add three more items, making them subitems of the root item by passing that item to InsertItem():

```
void CTreeViewView::OnInitialUpdate()
{
    CTreeView::OnInitialUpdate();

    HTREEITEM root = GetTreeCtrl().InsertItem(CString("Click Me"));
    GetTreeCtrl().InsertItem(CString("Hello"), root);                      ⇐
```

```
    GetTreeCtrl().InsertItem(CString("from"), root);          ⇐
    GetTreeCtrl().InsertItem(CString("tree views!"), root);   ⇐
        .
        .
        .
```

We've added our three items, yet we can do more here, such as associate a bitmap with each item.

Adding Bitmaps to Tree Views

To add bitmaps, we need a bitmap resource, so create one now with the Insert menu's Resource item by selecting Bitmap in the Insert Resource box. This creates a new bitmap, IDB_BITMAP1, which we edit to show a star, as displayed in Figure 3.8.

We can add the new bitmap to our tree control by first creating an *image list*.

```
void CTreeViewView::OnInitialUpdate()
{
    CTreeView::OnInitialUpdate();
```

Figure 3.8 Creating a bitmap.

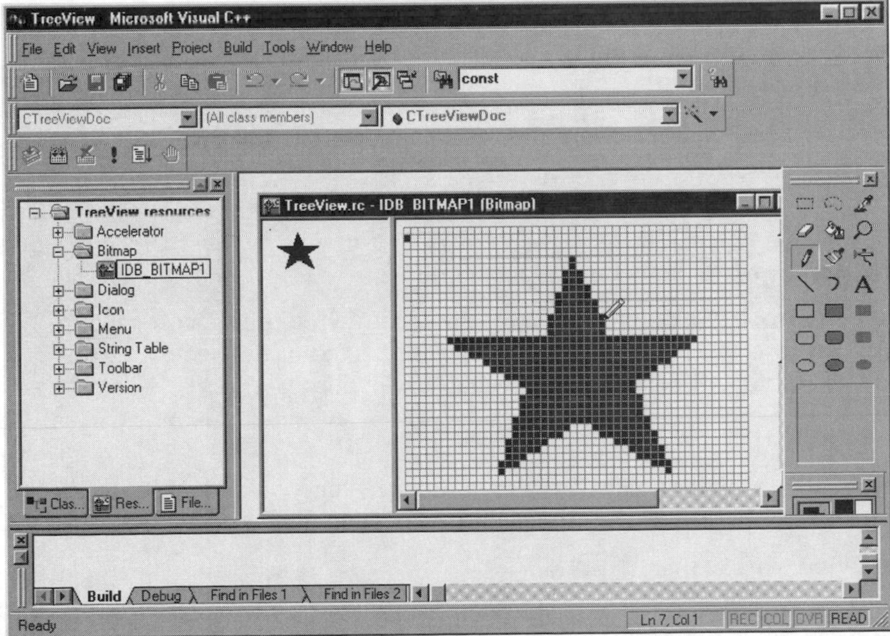

```
    HTREEITEM root = GetTreeCtrl().InsertItem(CString("Click Me"));
    GetTreeCtrl().InsertItem(CString("Hello"), root);
    GetTreeCtrl().InsertItem(CString("from"), root);
    GetTreeCtrl().InsertItem(CString("tree views!"), root);
    CImageList* pImageList = new CImageList();                  ⇐
    .
    .
    .
```

This new image list holds the bitmaps we use in the tree view. We use only IDB_BITMAP1 here, passing its ID, size, "growable" size (the number of pixels you can "grow" the bitmap, which we set to 0 here), and a *mask* with which to display the bitmap (we use a white mask, which means the bitmap appears as we've designed it).

```
void CTreeViewView::OnInitialUpdate()
{
    CTreeView::OnInitialUpdate();

    HTREEITEM root = GetTreeCtrl().InsertItem(CString("Click Me"));
    GetTreeCtrl().InsertItem(CString("Hello"), root);
    GetTreeCtrl().InsertItem(CString("from"), root);
    GetTreeCtrl().InsertItem(CString("tree views!"), root);
    CImageList* pImageList = new CImageList();
    pImageList->Create(IDB_BITMAP1, 40, 0, RGB(255, 255, 255));  ⇐
        .
        .
        .
}
```

Using Images in Tree Controls

You can associate a different image with each item in a tree control and even use different images when the item is selected or deselected. In this short example, we use the same bitmap for all purposes.

Finally, we create the image list with its Create() function and add it to the tree control with that control's SetImageList() function.

```
void CTreeViewView::OnInitialUpdate()
{
    CTreeView::OnInitialUpdate();
```

```
    HTREEITEM root = GetTreeCtrl().InsertItem(CString("Click Me"));
    GetTreeCtrl().InsertItem(CString("Hello"), root);
    GetTreeCtrl().InsertItem(CString("from"), root);
    GetTreeCtrl().InsertItem(CString("tree views!"), root);
    CImageList* pImageList = new CImageList();
    pImageList->Create(IDB_BITMAP1, 40, 0, RGB(255, 255, 255));          ⇐
    GetTreeCtrl().SetImageList(pImageList, TVSIL_NORMAL);                 ⇐
}
```

We've set up our tree view now, but what happens when the user double-clicks an item in the list, which usually means we should take some action like opening a file? How will we know?

Determining a Double-Clicked Item

We can make the first subitem in our tree view "clickable" by displaying a message box when the user double-clicks that item. To determine if that item was double-clicked, we first make sure we store that item when it is created by setting aside space for it in TreeViewView.h.

```
class CTreeViewView : public CTreeView
{
protected: // create from serialization only
    CTreeViewView();
    DECLARE_DYNCREATE(CTreeViewView)
    HTREEITEM item1;                                                      ⇐
```

When the item is created, we store it like this:

```
void CTreeViewView::OnInitialUpdate()
{
    CTreeView::OnInitialUpdate();

    HTREEITEM root = GetTreeCtrl().InsertItem(CString("Click Me"));
    item1 = GetTreeCtrl().InsertItem(CString("Hello"), root);            ⇐
    GetTreeCtrl().InsertItem(CString("from"), root);
    GetTreeCtrl().InsertItem(CString("tree views!"), root);
    CImageList* pImageList = new CImageList();
    pImageList->Create(IDB_BITMAP1, 40, 0, RGB(255, 255, 255));
}
```

Use ClassWizard to connect the NM_DBLCLICK message to a new view function, OnDblClick(). Note that NM_DBLCLICK is a Windows notify message, and it's passed on to us through a mechanism called *message reflection*.

```
void CTreeViewView::OnDblclk(NMHDR* pNMHDR, LRESULT* pResult)
{
```

```
    // TODO: Add your control notification handler code here

    *pResult = 0;
}
```

Setting *pResult to 0 here indicates that we've handled the message correctly. In this case, we want to display a message only if item1 was clicked.

```
void CTreeViewView::OnDblclk(NMHDR* pNMHDR, LRESULT* pResult)
{
    if(GetTreeCtrl().GetSelectedItem() == item1){              ⇐
        MessageBox("You clicked the first subitem.");          ⇐
    };                                                         ⇐

    *pResult = 0;
}
```

Run the program, and double-click the root node (marked "Click Me") to open the tree, as also shown in Figure 3.9. When you click the "Hello" item, the message box appears on the screen indicating that you've clicked the first subitem. Now we're working with tree views in Visual C++.

Figure 3.9 Using a tree view.

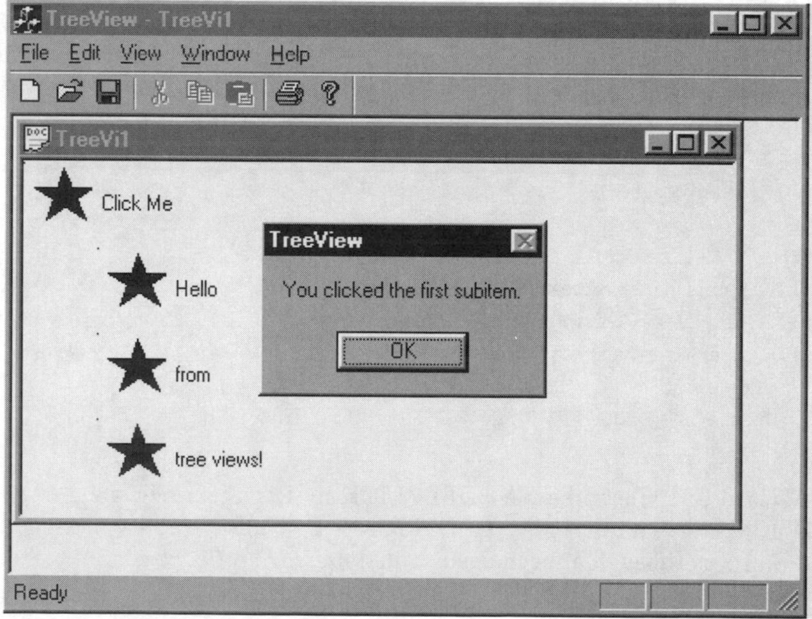

The listing for this program, TreeViewView.h and TreeViewView.cpp, appears in Listing 3.2.

Listing 3.2 TreeViewView.h and TreeViewView.cpp

```
// TreeViewView.h : interface of the CTreeViewView class
//
/////////////////////////////////////////////////////////////////////////////

#if !defined(AFX_TREEVIEWVIEW_H__093DDFF6_9FB2_11D1_887F_D42B07C10710__INCLUDED_)
#define AFX_TREEVIEWVIEW_H__093DDFF6_9FB2_11D1_887F_D42B07C10710__INCLUDED_

#if _MSC_VER > 1000
#pragma once
#endif // _MSC_VER > 1000

class CTreeViewView : public CTreeView
{
protected: // create from serialization only
    CTreeViewView();
    DECLARE_DYNCREATE(CTreeViewView)
    HTREEITEM item1;

// Attributes
public:
    CTreeViewDoc* GetDocument();

// Operations
public:

// Overrides
    // ClassWizard generated virtual function overrides
    //{{AFX_VIRTUAL(CTreeViewView)
    public:
    virtual void OnDraw(CDC* pDC);  // overridden to draw this view
    virtual BOOL PreCreateWindow(CREATESTRUCT& cs);
    protected:
    virtual void OnInitialUpdate(); // called first time after construct
    virtual BOOL OnPreparePrinting(CPrintInfo* pInfo);
    virtual void OnBeginPrinting(CDC* pDC, CPrintInfo* pInfo);
    virtual void OnEndPrinting(CDC* pDC, CPrintInfo* pInfo);
    //}}AFX_VIRTUAL
```

Continued

Listing 3.2 TreeViewView.h and TreeViewView.cpp *(Continued)*

```
// Implementation
public:
    virtual ~CTreeViewView();
#ifdef _DEBUG
    virtual void AssertValid() const;
    virtual void Dump(CDumpContext& dc) const;
#endif

protected:

// Generated message map functions
protected:
    //{{AFX_MSG(CTreeViewView)
    afx_msg void OnDblclk(NMHDR* pNMHDR, LRESULT* pResult);
    //}}AFX_MSG
    DECLARE_MESSAGE_MAP()
};

#ifndef _DEBUG  // debug version in TreeViewView.cpp
inline CTreeViewDoc* CTreeViewView::GetDocument()
   { return (CTreeViewDoc*)m_pDocument; }
#endif

/////////////////////////////////////////////////////////////////////////////

//{{AFX_INSERT_LOCATION}}
// Microsoft Visual C++ will insert additional declarations immediately before the
previous line.

#endif //
!defined(AFX_TREEVIEWVIEW_H__093DDFF6_9FB2_11D1_887F_D42B07C10710__INCLUDED_)



// TreeViewView.cpp : implementation of the CTreeViewView class
//

#include "stdafx.h"
#include "TreeView.h"

#include "TreeViewDoc.h"
```

Listing 3.2 *Continued*

```
#include "TreeViewView.h"

#ifdef _DEBUG
#define new DEBUG_NEW
#undef THIS_FILE
static char THIS_FILE[] = __FILE__;
#endif


/////////////////////////////////////////////////////////////////////////////
// CTreeViewView

IMPLEMENT_DYNCREATE(CTreeViewView, CTreeView)

BEGIN_MESSAGE_MAP(CTreeViewView, CTreeView)
    //{{AFX_MSG_MAP(CTreeViewView)
    ON_NOTIFY_REFLECT(NM_DBLCLK, OnDblclk)
    //}}AFX_MSG_MAP
    // Standard printing commands
    ON_COMMAND(ID_FILE_PRINT, CTreeView::OnFilePrint)
    ON_COMMAND(ID_FILE_PRINT_DIRECT, CTreeView::OnFilePrint)
    ON_COMMAND(ID_FILE_PRINT_PREVIEW, CTreeView::OnFilePrintPreview)
END_MESSAGE_MAP()

/////////////////////////////////////////////////////////////////////////////
// CTreeViewView construction/destruction

CTreeViewView::CTreeViewView()
{
    // TODO: add construction code here

}

CTreeViewView::~CTreeViewView()
{
}

BOOL CTreeViewView::PreCreateWindow(CREATESTRUCT& cs)
{
    // TODO: Modify the Window class or styles here by modifying
    //  the CREATESTRUCT cs
```

Continued

Listing 3.2 TreeViewView.h and TreeViewView.cpp *(Continued)*

```
    return CTreeView::PreCreateWindow(cs);
}

/////////////////////////////////////////////////////////////////////////////
// CTreeViewView drawing

void CTreeViewView::OnDraw(CDC* pDC)
{
    CTreeViewDoc* pDoc = GetDocument();
    ASSERT_VALID(pDoc);

    // TODO: add draw code for native data here
}

void CTreeViewView::OnInitialUpdate()
{
    CTreeView::OnInitialUpdate();


    // TODO: You may populate your TreeView with items by directly accessing
    //  its tree control through a call to GetTreeCtrl().
    HTREEITEM root = GetTreeCtrl().InsertItem(CString("Click Me"));
    item1 = GetTreeCtrl().InsertItem(CString("Hello"), root);
    GetTreeCtrl().InsertItem(CString("from"), root);
    GetTreeCtrl().InsertItem(CString("tree views!"), root);
    CImageList* pImageList = new CImageList();
    pImageList->Create(IDB_BITMAP1, 40, 0, RGB(255, 255, 255));
    GetTreeCtrl().SetImageList(pImageList, TVSIL_NORMAL);
}

/////////////////////////////////////////////////////////////////////////////
// CTreeViewView printing

BOOL CTreeViewView::OnPreparePrinting(CPrintInfo* pInfo)
{
    // default preparation
    return DoPreparePrinting(pInfo);
}

void CTreeViewView::OnBeginPrinting(CDC* /*pDC*/, CPrintInfo* /*pInfo*/)
{
```

Listing 3.2 ***Continued***

```
    // TODO: add extra initialization before printing
}

void CTreeViewView::OnEndPrinting(CDC* /*pDC*/, CPrintInfo* /*pInfo*/)
{
    // TODO: add cleanup after printing
}

/////////////////////////////////////////////////////////////////////////////
// CTreeViewView diagnostics

#ifdef _DEBUG
void CTreeViewView::AssertValid() const
{
    CTreeView::AssertValid();
}

void CTreeViewView::Dump(CDumpContext& dc) const
{
    CTreeView::Dump(dc);
}

CTreeViewDoc* CTreeViewView::GetDocument() // non-debug version is inline
{
    ASSERT(m_pDocument->IsKindOf(RUNTIME_CLASS(CTreeViewDoc)));
    return (CTreeViewDoc*)m_pDocument;
}
#endif //_DEBUG

/////////////////////////////////////////////////////////////////////////////
// CTreeViewView message handlers

void CTreeViewView::OnDblclk(NMHDR* pNMHDR, LRESULT* pResult)
{
    // TODO: Add your control notification handler code here
    if(GetTreeCtrl().GetSelectedItem() == item1){
            MessageBox("You clicked the first subitem.");
    };

    *pResult = 0;
}
```

Now that we've examined some of our view options, let's look at splitter windows.

Splitter Windows

Splitter windows let you divide your view both horizontally and vertically by grasping splitter handles that appear at the top or to the left of the scrollbars and dragging them as you desire. We examine how to put splitters to work next.

Although we call this next example SplitterView, and everyone thinks of splitters as a view class, they are really a window class. This means that splitters aren't installed through the AppWizard, but by creating a new class with ClassWizard. Create SplitterView now. To make it easy to type something into our view, select CEditView as the view class's base class in AppWizard.

Creating a Splitter Window Class

Open ClassWizard and click the Add Class button, followed by the New option to open the New Class box, as shown in Figure 3.10. This is where we create our new splitter window class. Give that class the name CSplit and make sure that "splitter" is selected in the Base class box. Then click OK to create the new class.

The next step is to install the new class in our program.

Figure 3.10 Creating a splitter window class.

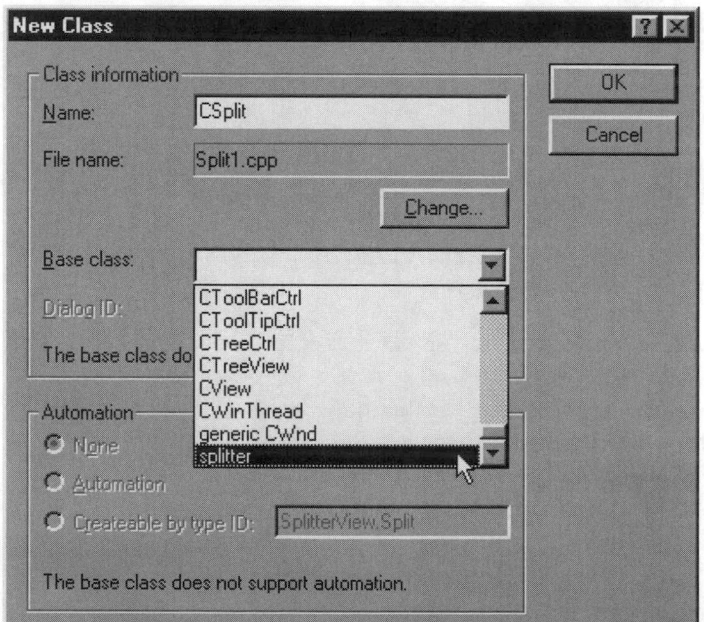

Adding Splitter Windows to a Program

Our new splitter windows are going to take the place of the standard MDI child windows in our document template, so we edit the main application object class's file, SplitterView.cpp. First, we include the Split.h header in that file.

```
// SplitterView.cpp : Defines the class behaviors for the application.
//

#include "stdafx.h"
#include "SplitterView.h"

#include "MainFrm.h"
#include "ChildFrm.h"
#include "SplitterViewDoc.h"
#include "SplitterViewView.h"
#include "Split.h"                                                    ⇐
    .
    .
    .
```

Next, we replace the standard MDI child windows in the document template with our new splitter windows.

```
BOOL CSplitterViewApp::InitInstance()
{
    AfxEnableControlContainer();
        .
        .
        .
    // Register the application's document templates.  Document templates
    //  serve as the connection between documents, frame windows and views.

    CMultiDocTemplate* pDocTemplate;
    pDocTemplate = new CMultiDocTemplate(
        IDR_SPLITTTYPE,
        RUNTIME_CLASS(CSplitterViewDoc),
        //RUNTIME_CLASS(CChildFrame), // custom MDI child frame
        RUNTIME_CLASS(CSplit), // Splitter windows!                   ⇐
        RUNTIME_CLASS(CSplitterViewView));
    AddDocTemplate(pDocTemplate);
        .
        .
        .
```

Figure 3.11 Using splitter windows.

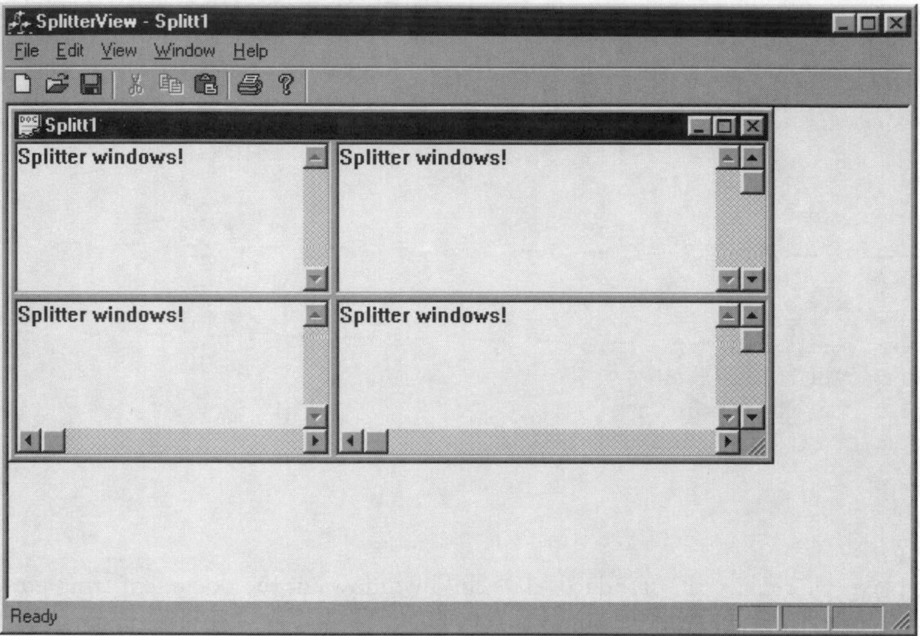

That's all it takes. Run the program now, then use the splitter handles to split the view window, as also shown in Figure 3.11, and type something into the view. As you can see, we're using splitter windows—our new example is a success.

The code for this example, SplitterView.h and SplitterView.cpp, appears in Listing 3.3.

Listing 3.3 SplitterView.h and SplitterView.cpp

```
// SplitterView.h : main header file for the SPLITTERVIEW application
//

#if !defined(AFX_SPLITTERVIEW_H__093DE002_9FB2_11D1_887F_D42B07C10710__INCLUDED_)
#define AFX_SPLITTERVIEW_H__093DE002_9FB2_11D1_887F_D42B07C10710__INCLUDED_

#if _MSC_VER > 1000
#pragma once
#endif // _MSC_VER > 1000

#ifndef __AFXWIN_H__
```

Listing 3.3 ***Continued***

```
    #error include 'stdafx.h' before including this file for PCH
#endif

#include "resource.h"        // main symbols

/////////////////////////////////////////////////////////////////////////////
// CSplitterViewApp:
// See SplitterView.cpp for the implementation of this class
//

class CSplitterViewApp : public CWinApp
{
public:
    CSplitterViewApp();

// Overrides
    // ClassWizard generated virtual function overrides
    //{{AFX_VIRTUAL(CSplitterViewApp)
    public:
    virtual BOOL InitInstance();
    //}}AFX_VIRTUAL

// Implementation

    //{{AFX_MSG(CSplitterViewApp)
    afx_msg void OnAppAbout();
        // NOTE - the ClassWizard will add and remove member functions here.
        //    DO NOT EDIT what you see in these blocks of generated code !
    //}}AFX_MSG
    DECLARE_MESSAGE_MAP()
};


/////////////////////////////////////////////////////////////////////////////

//{{AFX_INSERT_LOCATION}}
// Microsoft Visual C++ will insert additional declarations immediately before the
previous line.

#endif //
!defined(AFX_SPLITTERVIEW_H__093DE002_9FB2_11D1_887F_D42B07C10710__INCLUDED_)
```

Continued

Listing 3.3 SplitterView.h and SplitterView.cpp *(Continued)*

```
BOOL CSplitterViewApp::InitInstance()
{
    AfxEnableControlContainer();

    // Standard initialization
    // If you are not using these features and wish to reduce the size
    //  of your final executable, you should remove from the following
    //  the specific initialization routines you do not need.

#ifdef _AFXDLL
    Enable3dControls();            // Call this when using MFC in a shared DLL
#else
    Enable3dControlsStatic();    // Call this when linking to MFC statically
#endif

    // Change the registry key under which our settings are stored.
    // You should modify this string to be something appropriate
    // such as the name of your company or organization.
    SetRegistryKey(_T("Local AppWizard-Generated Applications"));

    LoadStdProfileSettings();  // Load standard INI file options (including MRU)

    // Register the application's document templates.  Document templates
    //  serve as the connection between documents, frame windows and views.

    CMultiDocTemplate* pDocTemplate;
    pDocTemplate = new CMultiDocTemplate(
        IDR_SPLITTTYPE,
        RUNTIME_CLASS(CSplitterViewDoc),
        //RUNTIME_CLASS(CChildFrame), // custom MDI child frame
        RUNTIME_CLASS(CSplit), // Splitter windows!
        RUNTIME_CLASS(CSplitterViewView));
    AddDocTemplate(pDocTemplate);
```

What's Ahead

In the next chapter, we begin working with Visual C++ menus, toolbars, and status bars. We cover a great deal in Chapter 4, from using all the standard approaches to menus—including disabling menu items, checking menu items, and working with submenus—to installing popup menus that can appear anywhere in a window, modifying menus at run time, and using bitmap menu items. We also see how to work with toolbars, adding new buttons to toolbars, adding a drop-down combo box to a toolbar (even though this is not supported by any of the standard Visual C++ design tools), supporting status bar prompts, and making—as well as adding—indicators to a status bar.

FULL POWER MENUS, TOOLBARS, AND STATUS BARS

4

In this chapter, we explore the power we can add to our programs with menus, toolbars, and status bars. Anyone familiar with Windows knows about these items, and in this chapter, we see how to make use of them.

We dig deeper than introductory books would. For example, we work through standard menu handling—such as menu accelerators, shortcut keys, checkable menu items, and more—but we also see how to change menus on the fly, how to support popup menus anywhere in a program's window, and how to support bitmap menu items. The last chapter gave us a start with menus, so we take it from there.

In the same way, we work through standard toolbar handling, such as adding new buttons, setting up status bar prompts, and more. However, we also see how to add new indicators to the status bar (the small indented boxes at lower right) and make them active, how to add a dropdown combo box to a toolbar (something no Visual C++ design tool lets you do), and other new toolbar topics.

There's a lot coming up in this chapter, so let's start at once by working with menus and adding them to our programs.

Checkable Menu Items

Our first menu example shows how to add or remove check marks from menus. We begin by setting up a new menu in our program, Choices, with an item in it captioned "Check Me."

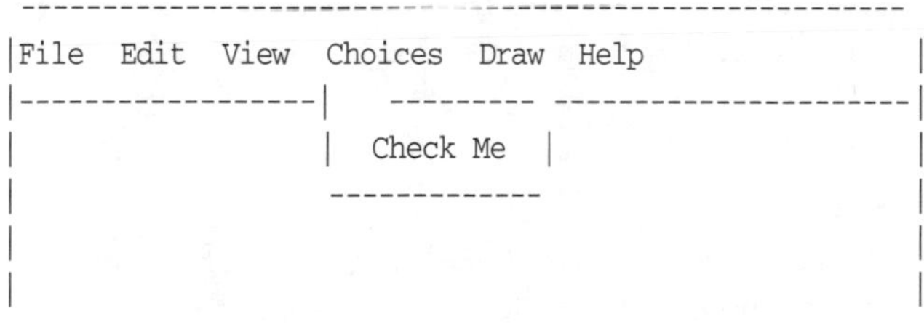

When the user selects that item, we place a check mark in front of the item in the menu that is visible when the menu is next opened.

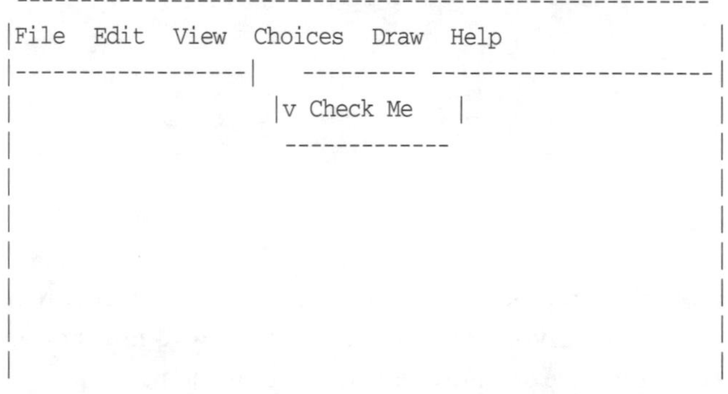

If the user selects the item again, we remove it, and so on, toggling the check mark under user control. This is a useful skill to have: You can list various options to users in a menu and let them toggle those options as they like. For example, a Toolbar menu item would, when checked, indicate that the toolbar is visible. In fact, AppWizard programs already support that item in the View menu.

We start by creating a new SDI program named Menus. Open the Visual C++ Menu Editor by double-clicking the menu resource ID IDR_MANIFRAME in ResourceView's Menu folder. The Menu Editor appears in Figure 4.1.

As we did in the last chapter, create a new menu, this time naming it Choices to indicate that we're examining the menu choices available to us. We can also add the menu Draw that we work with later in this chapter. This menu supports a bitmapped menu item, as shown in Figure 4.1. Now give the first menu item in the Choices menu the caption "Check Me" by typing the caption into the dotted border that appears around the first item in the menu.

> **Setting Default Check Marks**
>
> To make the Check Me item appear checked when it first appears, you can click the Checked box in the item's property page. To open its property page, just double-click the item in the Menu Editor.

Menu Shortcuts

We can make life a little easier for the user by adding menu *shortcuts* to our menus. Menu shortcuts are the underlined letters that appear in menus and menu items; the user can select those menus or items by pressing the Alt key and the

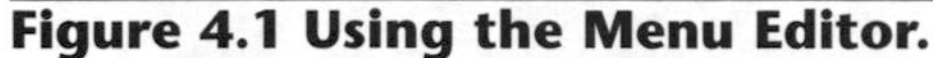

Figure 4.1 Using the Menu Editor.

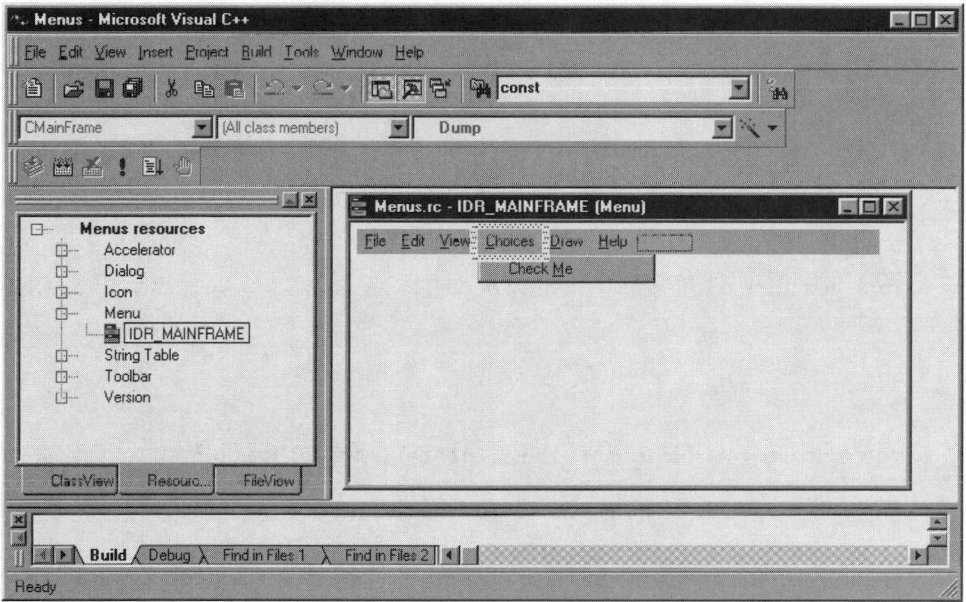

shortcut key. You install a shortcut key simply by placing an ampersand—&—in front of the letter in the caption you want to make into the shortcut. For example, changing the menu caption to &Choices makes the C the shortcut key for this menu; changing the menu item caption to Check &Me makes the M the shortcut key for that item.

To add the code that toggles this item's check mark, right-click the Check Me menu item and open ClassWizard, as shown in Figure 4.2.

Using ClassWizard, connect functions to both the COMMAND and UPDATE_COMMAND_UI messages in ClassWizard, making sure you add these functions to the CMenusView class. This creates two new functions, OnChoicesCheckMe() and OnUpdateChoicesCheckMe().

```
void CMenusView::OnChoicesCheckme()
{
    // TODO: Add your command handler code here

}
void CMenusView::OnUpdateChoicesCheckme(CCmdUI* pCmdUI)
{
```

```
    // TODO: Add your command update UI handler code here

}
```

To keep track of the checked or unchecked state of our check mark menu item, we set up a new variable, m_checked:

```
class CMenusView : public CView
{
protected: // create from serialization only
    CMenusView();
    DECLARE_DYNCREATE(CMenusView)
    int m_checked;                                          ⇐
        .
        .
        .
```

Now set that variable to FALSE in CMenusView's constructor.

```
CMenusView::CMenusView()
{
```

Figure 4.2 Using ClassWizard.

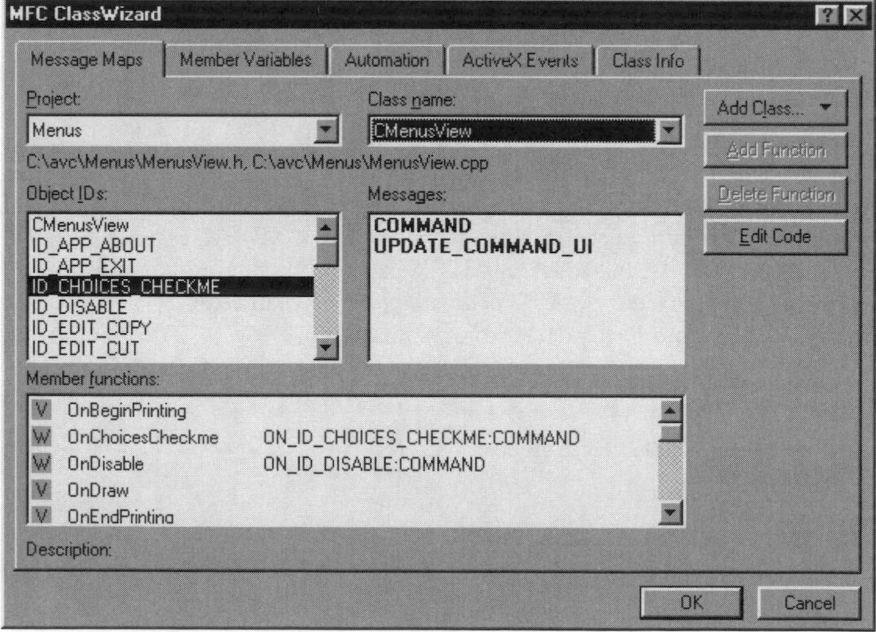

```
    m_checked = 0;                                               ⇐

}
```

The Menus program calls OnUpdateChoicesCheckme() before displaying the check mark item, so we set or remove the check mark in that function. We are passed a pointer to a CCmdUI object in that function; use that object's SetCheck() function to set or remove the check according to the m_checked variable.

```
void CMenusView::OnUpdateChoicesCheckme(CCmdUI* pCmdUI)
{
    pCmdUI->SetCheck(m_checked);                                 ⇐

}
```

When the user selects the Check Me menu item, we want to toggle the check mark, which really means toggling the state of m_checked.

```
void CMenusView::OnChoicesCheckme()
{
    m_checked = !m_checked;                                      ⇐

}
```

Now our program supports a checkable menu item, as shown in Figure 4.3. As you select the Check Me item in the Choices menu, the check mark appears and disappears in front of that item. Our first example is a success.

Let's work with submenus.

Using Submenus

In our next example, we support *submenus*. These menus are also called *popup menus* in Visual C++, but we call them submenus to differentiate them from the free-floating popup menus we develop later in this chapter.

In this case, we add a new menu item to the Choices menu in the Menus program: Submenus. When the user selects this item, a new submenu appears with three menu items in it.

```
 ----------------------------------------------------
|File  Edit  View  Choices  Draw  Help               |
|-------------------|    --------- ------------------|
|                   |  Check Me   |                  |
|                   |  Submenus  >|---------         |
|                      ------------ | Item 1 |       |
```

To implement submenus, add a new menu item to the Choices menu, Submenus, and double-click that item to open its properties page, as shown in Figure 4.4.

Click the box marked Popup, as shown in Figure 4.4, and close the property page. This adds a right-pointing arrow to the Submenus menu item in the Menu Editor. Select that item to open the new submenu in the Menu Editor, as shown in Figure 4.5.

Add three new items to the submenu—Item 1, Item 2, and Item 3—using the Menu Editor. Double-click each item and give them the IDs ID_SUBITEM1, ID_SUBITEM2, and ID_SUBITEM3. Next, right-click each new menu item and add a handler function to each with ClassWizard.

Figure 4.3 Toggling check marks next to menu items.

Figure 4.4 The Submenus property page.

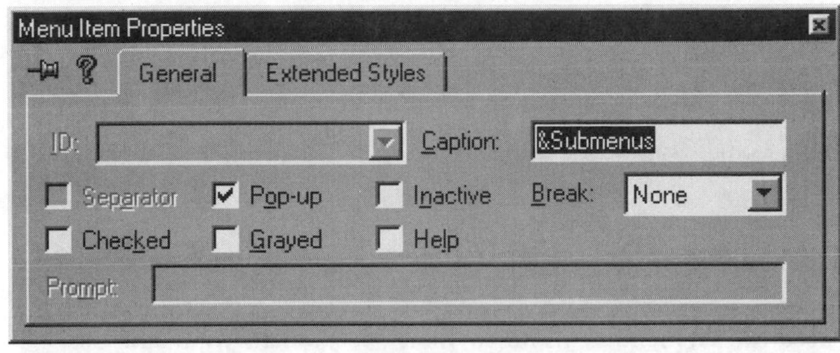


```
void CMenusView::OnSubitem1()
{
    // TODO: Add your command handler code here

}
```

Figure 4.5 Creating submenus.

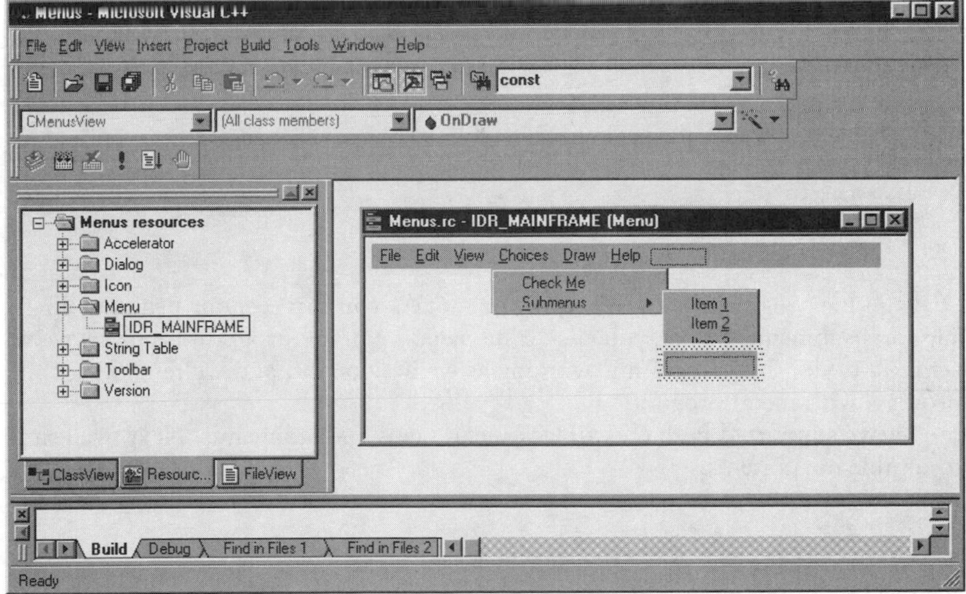

```
void CMenusView::OnSubitem2()
{
    // TODO: Add your command handler code here

}

void CMenusView::OnSubitem3()
{
    // TODO: Add your command handler code here

}
```

We don't need the submenu items do anything spectacular. We might just have them sound a beep, using MessageBeep().

```
void CMenusView::OnSubitem1()
{
    MessageBeep(-1);                                    ⇐

}

void CMenusView::OnSubitem2()
{
    MessageBeep(-1);                                    ⇐

}

void CMenusView::OnSubitem3()
{
    MessageBeep(-1);                                    ⇐

}
```

Run the program, as shown in Figure 4.6. As you can see, our program now supports submenus. When you click a submenu item, the program beeps, as we've set it up to do. Our program is working as we designed it, and we're making progress with menu programming.

We've supported both check mark menu items and submenus. Next, we learn to disable menu items.

Disabling Menu Items

We need to add one more item to the Choices menu: Disable Me.

Figure 4.6 Using submenus in a Visual C++ program.

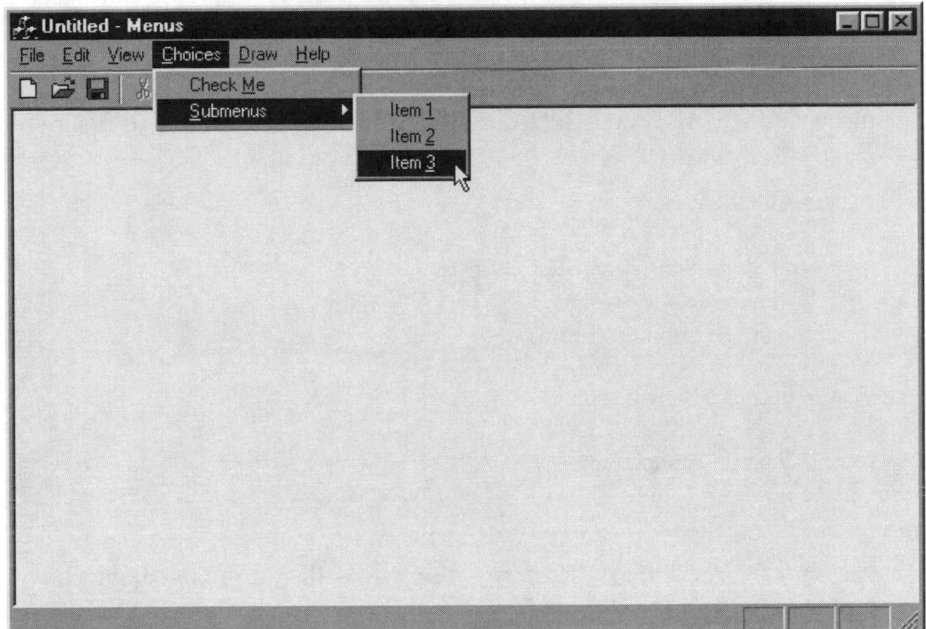

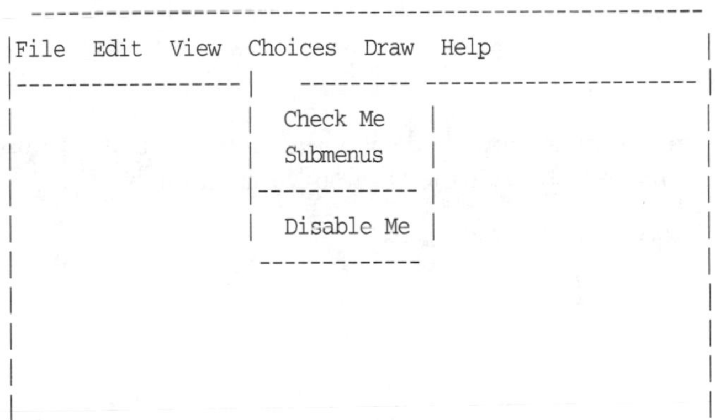

Once the user selects this item, we disable it, making it appear gray. When disabled, the user can no longer select this menu item.

Using Menu Separators

Before adding the Disable Me item, we might add a menu separator to separate this item from the other items in this menu. To do that, just add a new item to the bottom of the Choices menu, double-click it to open its property page, then click the box marked Separator in that page. This creates a menu separator. Such separators are used to group menu items together logically in a menu, and you see them in most menus.

Add the Disable Me menu item to the bottom of the Choices menu and connect both the COMMAND and UPDATE_COMMAND_UI messages to functions in the CMenusView class.

```
void CMenusView::OnDisable()
{
    // TODO: Add your command handler code here

}

void CMenusView::OnUpdateDisable(CCmdUI* pCmdUI)
{
    // TODO: Add your command update UI handler code here

}
```

Just as with the check mark item, we set up a new flag, m_enabled, which we set when the user selects the Disable Me item.

```
void CMenusView::OnDisable()
{
    m_enabled = !m_enabled;                                        ⇐

}
```

Then, when the program is about to display the Choices menu, we use the Enable() function to enable or disable the Disable Me menu item.

```
void CMenusView::OnUpdateDisable(CCmdUI* pCmdUI)
{
    pCmdUI->Enable(m_enabled);                                     ⇐

}
```

Open the program and select the Disable Me item. When you open the menu again, that item is disabled, as also shown in Figure 4.7. Now we're able to enable and disable menu items.

Before leaving conventional menu handling, we should note one last thing: how to use menu accelerators.

Figure 4.7 Disabling menu items.

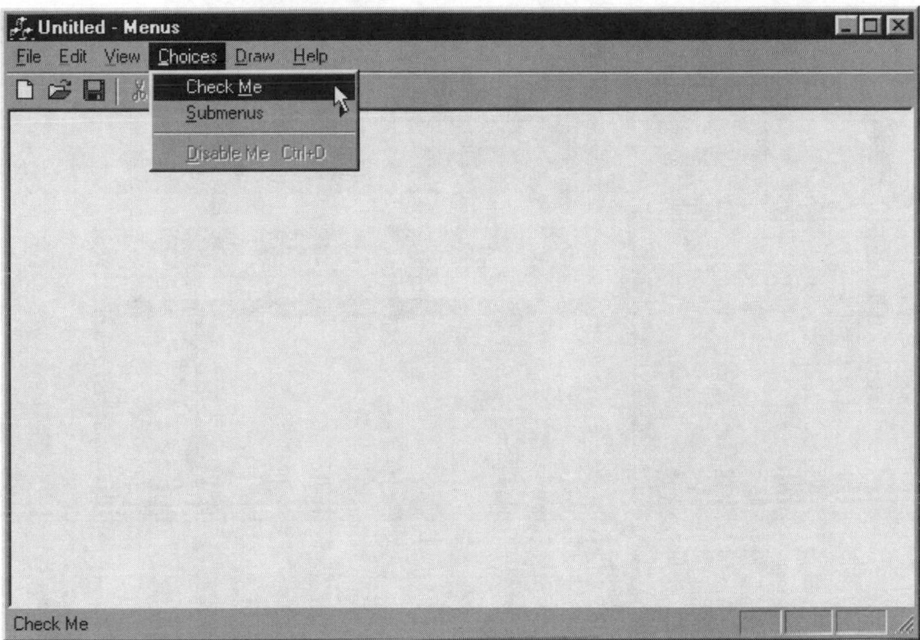

Using Menu Accelerators

Menu accelerators are special keys that the user can type at any time to select the corresponding menu item. They differ from shortcut keys, which can only be used when the target item is visible (that is, its menu is open). To see how this works, we can add a menu accelerator to the Disable Me item.

To add an accelerator key, open the Accelerator Editor, as shown in Figure 4.8, and press the Ins key to insert a new blank accelerator. Double-click the new accelerator to open its property page. We can make the accelerator for this item Ctrl+D; to do that, enter "D" in the Key box in the property page and click the box marked Ctrl. Finally, close the property page.

To indicate that this is the accelerator key for this menu item, we also change the Disable Me item's caption from "Disable Me" to "Disable Me\tCtrl+D" (the \t is a Tab character and spaces the accelerator key apart from the rest of the caption). This new caption appears in Figure 4.8.

We continue with more advanced material, including using bitmapped menu items and changing menus on the fly.

Figure 4.8 Creating menu accelerators.

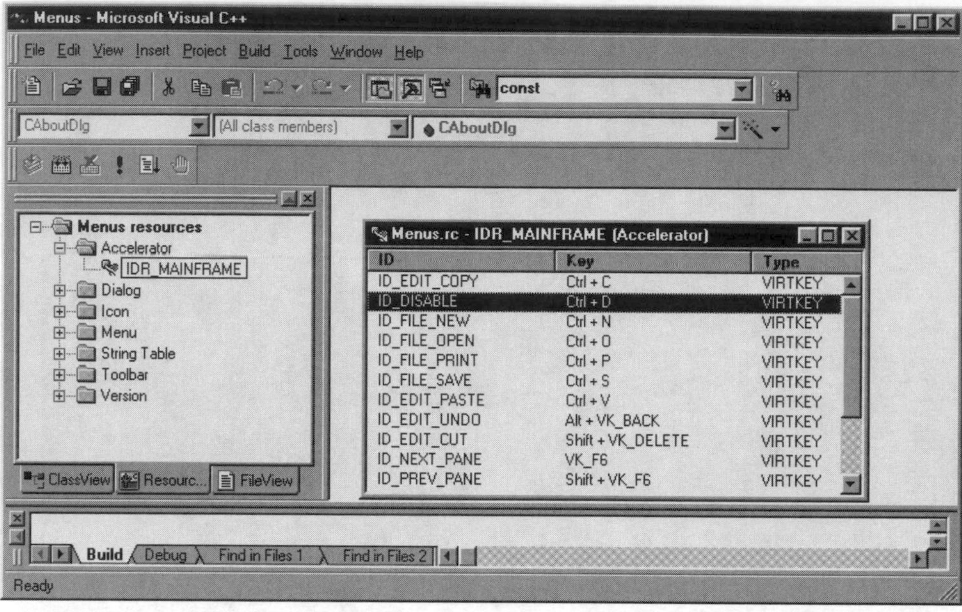

Bitmapped Menu Items

In this next example, we use a new menu, Draw, which has one item in it: Circle.

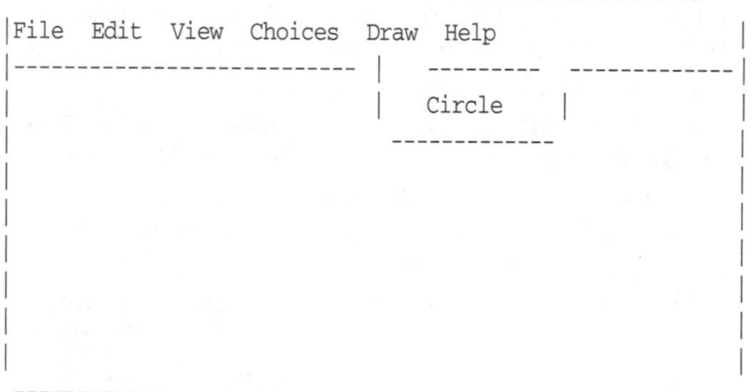

When the user selects that item, the program draws a circle. It then modifies the Circle item in the Draw menu, replacing it with a bitmap showing a small box. From then on, selecting that menu item displays a box, not a circle.

We start this new example by adding two new flags: m_box, which is true if we're supposed to draw a box, and m_circle, if we're supposed to draw a circle. We draw those figures in OnDraw() as follows (we check both flags, because there are times—for example, when the program first starts—when we're not supposed to draw any figure at all):

```
{
    CMenusDoc* pDoc = GetDocument();
    ASSERT_VALID(pDoc);

    if(m_circle){                                           ⇐
        pDC->Ellipse(100, 100, 200, 200);                   ⇐
    }                                                       ⇐
    else{                                                   ⇐
        if(m_box){                                          ⇐
            pDC->Rectangle(100, 100, 200, 200);             ⇐
        }                                                   ⇐
    }                                                       ⇐
}
```

Add the new item to the Draw menu in the program, giving it the ID ID_FIGURE and the caption Circle and connecting it with ClassWizard to a view class function named OnFigure().

```
void CMenusView::OnFigure()
{
    // TODO: Add your command handler code here
}
```

To begin, we set both m_box and m_circle to FALSE. When the user selects the new menu item for the first time, we want to set m_circle TRUE so the program draws a circle. In addition, we want to create the box bitmap for the menu item and install it if this is the first time the user has selected this item.

To draw the bitmap, we need a new device context set up in memory, and we name that device context memoryDC. This device context has to be compatible with the current screen settings, so we make this device context compatible with the screen by creating a client device context and using CreateCompatibleDC().

```
void CMenusView::OnFigure()
{

    m_circle = !m_box;                                      ⇐

    if(!m_box){                                             ⇐
```

```
        CClientDC DC(this);                                    ⇐
        CDC memoryDC;                                          ⇐
        memoryDC.CreateCompatibleDC(&DC);                      ⇐
            .
            .
            .
```

We then create a bitmap, making it compatible with the screen also with CreateCompatibleBitmap() and we install that bitmap in the memory device context. We're free to draw the box we want to use as our new menu item, and we do that with the Rectangle function.

```
void CMenusView::OnFigure()
{

    m_circle = !m_box;

    if(!m_box){
        CClientDC DC(this);
        CDC memoryDC;
        memoryDC.CreateCompatibleDC(&DC);

        CBitmap* bitmap = new CBitmap;                         ⇐
        bitmap->CreateCompatibleBitmap(&DC, 20, 15);           ⇐

        memoryDC.SelectObject(bitmap);                         ⇐
        memoryDC.Rectangle(0, 0, 20, 15);                      ⇐
            .
            .
            .
}
```

The bitmap we want to install in our menu is ready to use. All that remains is to install it.

Modifying Menu Items at Runtime

To modify the Draw menu, we use the MFC CMenu ModifyMenu() function. To be able to use that function, we first have to be able to reach the program's menu system. How do we do that from the view class? In an SDI program, the menu is attached to the main frame window, so we reach that window with the GetParent() function. We get the main window's menu system with a call to the main window's GetMenu() function.

Now we're ready to use ModifyMenu(). This function takes the ID of the item to modify (ID_FIGURE) or its position, then a parameter that can be either of MF_BYCOMMAND or MF_BYPOSITION to indicate whether we've referred to the menu item by command ID or by position, the new ID for the modified menu item, and a string for the new caption or a pointer to a bitmap. We install our new bitmap in the menu item as shown in the following example, then we set m_box to TRUE to indicate that we should draw boxes from now on, and invalidate the view to draw the current figure:

```
void CMenusView::OnFigure()
{

    m_circle = !m_box;

    if(!m_box){
        CClientDC DC(this);
        CDC memoryDC;
        memoryDC.CreateCompatibleDC(&DC);

        CBitmap* bitmap = new CBitmap;
        bitmap->CreateCompatibleBitmap(&DC, 20, 15);

        memoryDC.SelectObject(bitmap);
        memoryDC.Rectangle(0, 0, 20, 15);
        (GetParent()->GetMenu())->ModifyMenu(ID_FIGURE, MF_BYCOMMAND, ID_FIGURE,
bitmap);                                                                      ⇐
        m_box = true;                                                         ⇐
    }

    Invalidate();
}
```

We have successfully added our bitmapped menu item to the Draw menu. Run the program now, and select the Circle menu item. When you open the Draw menu again, that item has changed to a box. From then on, it only draws boxes, as shown in Figure 4.9.

We are now able to use bitmapped menu items and modify menu items on the fly, which adds a lot of menu power (and professionalism) to our programs.

Our next, and last, menu topic is an exciting one: popup menus.

Popup Menus

In this menu example, we create a popup menu. When the user right-clicks the client area of our program (that is, the view), we display a popup menu detached from the menu bar.

Figure 4.9 Creating bitmapped menu items.

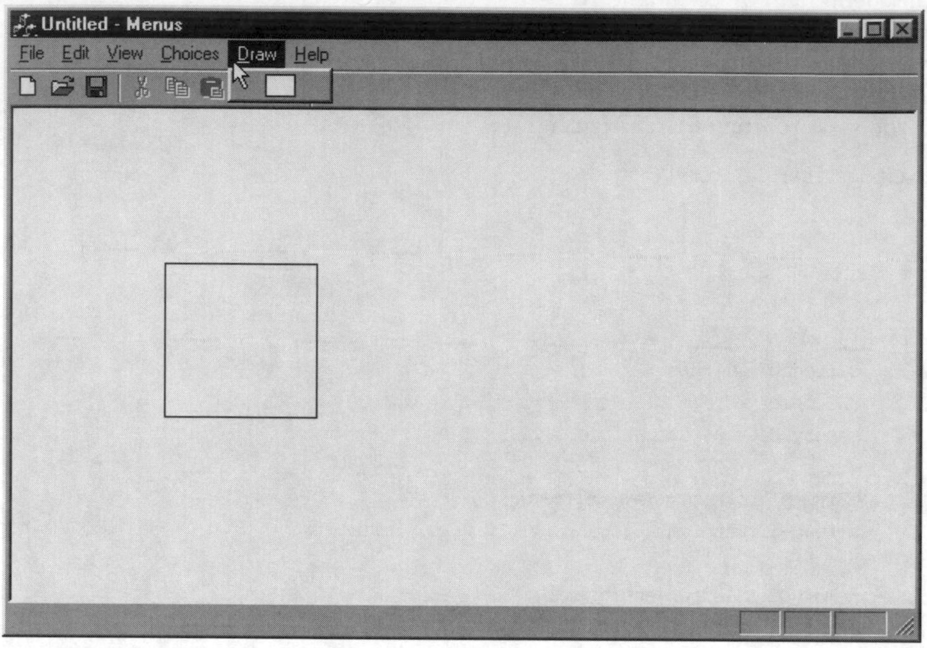

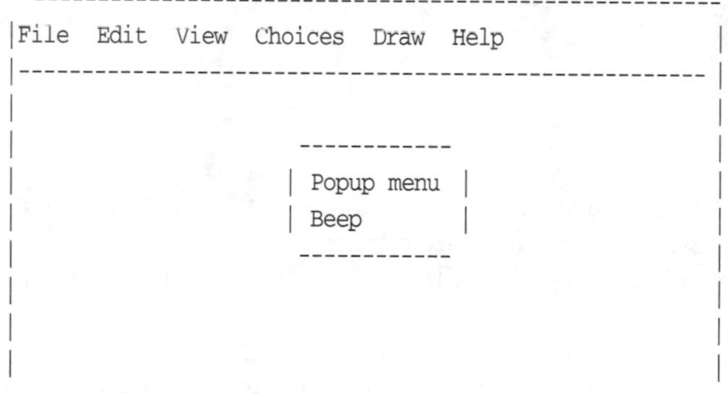

This menu functions like any other menu. The user can make selections from it or dismiss it by clicking the client area outside the menu. The Popup menu item functions as a menu title here, and the Beep item causes the computer to beep.

To see how this works, we start by creating a new popup menu. You might think we could do that in the view class's constructor, but in fact, the view hasn't been created yet in the constructor (many MFC objects need a two-step initialization process—creating the object and then calling its Create() function). It's safer to use OnInitialUpdate() for operations such as attaching new menus to views, so use ClassWizard to override the view class's OnInitialUpdate() function.

```
void CMenusView::OnInitialUpdate()
{
    CView::OnInitialUpdate();

    // TODO: Add your specialized code here and/or call the base class

}
```

Then, we create a new popup menu from the CMenu class. We do that by creating a new CMenu object and calling that object's CreatePopupMenu() function.

```
void CMenusView::OnInitialUpdate()
{
    CView::OnInitialUpdate();

    m_menu = new CMenu();                                    ⇐
    m_menu->CreatePopupMenu();                               ⇐
            .
            .
            .
```

Once the new popup menu has been created, we can add the items we want in that menu. We place two items in this menu: "Popup menu" and "Beep," which causes the computer to beep when the user selects the Beep item.

To make use of these items, we need an ID value for both of them. Use the String Editor to create two new IDs: ID_POPUP and ID_BEEP. After that is done, we can add the new menu items to the menu using AppendMenu(). This function takes a parameter set to one of the values in Table 4.1 (we use MF_STRING), the ID of the new item, and the new caption of the item.

Table 4.1 AppendMenu() Parameters

Parameter	Does this
MF_CHECKED	Acts as a toggle with MF_UNCHECKED to place the default check mark next to the item.
MF_UNCHECKED	Acts as a toggle with MF_CHECKED to remove a check mark next to the item.
MF_DISABLED	Disables the menu item so that it cannot be selected but does not dim it.

Continued

Table 4.1 AppendMenu() Parameters *(Continued)*

Parameter	**Does this**
MF_ENABLED	Enables the menu item so that it can be selected and restores it from its dimmed state.
MF_GRAYED	Disables the menu item so that it cannot be selected and dims it.
MF_MENUBARBREAK	Places the item on a new line in static menus or in a new column in popup menus.
MF_MENUBREAK	Places the item on a new line in static menus or in a new column in popup menus.
MF_OWNERDRAW	Specifies that the item is an owner-draw item.
MF_POPUP	Specifies that the menu item has a popup menu associated with it.
MF_SEPARATOR	Draws a horizontal dividing line.
MF_STRING	Specifies that the menu item is a character string.

Using AppendMenu(), then, we can append our two new menu items to the popup menu this way:

```
void CMenusView::OnInitialUpdate()
{
    CView::OnInitialUpdate();

    m_menu = new CMenu();
    m_menu->CreatePopupMenu();

    CString caption("Popu menu");                                    ⇐
    m_menu->AppendMenu(MF_STRING, ID_POPUP, caption);                ⇐

    CString item("Beep");                                            ⇐
    m_menu->AppendMenu(MF_STRING, ID_BEEP, item);                    ⇐

}
```

Now we've created our new popup menu and placed it into a class variable named m_menu. We can display this new menu when the user right-clicks the view.

Displaying a Popup Menu

To intercept right mouse clicks, we use ClassWizard to connect the OnRButtonDown() function to the WM_RBUTTONDOWN Windows message.

```
void CMenusView::OnRButtonDown(UINT nFlags, CPoint point)
{
    // TODO: Add your message handler code here and/or call default

    CView::OnRButtonDown(nFlags, point);
}
```

In this function, we display the popup menu using its TrackPopupMenu() function. That function takes a parameter you set to TPM_CENTERALIGN, TPM_LEFTALIGN, and TPM_RIGHTALIGN depending on how you want to align the menu vertically with the mouse position (we use TPM_LEFTALIGN), the position of the mouse, and a pointer to the window that owns the popup menu. In addition, this function uses *screen coordinates* (where the origin is at upper left of the whole screen) instead of *client coordinates* (where the origin is at upper left of the client area). However, we get the mouse coordinates in client coordinates in OnRButtonDown(), so we have to convert them to screen coordinates, which we do with the ClientToScreen() function.

```
void CMenusView::OnRButtonDown(UINT nFlags, CPoint point)
{
    ClientToScreen(&point);                                          ⇐

    m_menu->TrackPopupMenu(TPM_LEFTALIGN, point.x, point.y, this);   ⇐

    CView::OnRButtonDown(nFlags, point);
}
```

At this point, our popup menu appears on the screen. How do we connect our menu items to code? We've set up this menu in code, not with the Menu Editor. In fact, this menu doesn't even exist until the program runs, so we can't use the ClassWizard on it. How do we connect its items to code?

Connecting Popup Menu Items to Code

One simple way of getting ClassWizard to pay attention to our new popup menu items is simply to give them accelerator keys. Using the Accelerator Editor in the ResourceView, create a new accelerator with the ID ID_BEEP and give it the accelerator key Ctrl+B. Now when you open ClassWizard, you see ID_BEEP as one of the objects to which you can attach functions.

```
void CMenusView::OnBeep()
{
    // TODO: Add your command handler code here
}
```

We want this menu item to produce a beep with MessageBeep(), so add the following line now:

```
void CMenusView::OnBeep()
{
    MessageBeep(-1);                                         ⇐
}
```

This has allowed us to add support for our popup menu in code. Run the program, as shown in Figure 4.10, right-click the view to display the popup menu, and click the Beep item in that menu to hear the computer beep. Now we're using popup menus in Visual C++.

The code for this example, MenusView.h and MenusView.cpp, appears in Listing 4.1.

Listing 4.1 MenusView.h and MenusView.cpp

```
// MenusView.h : interface of the CMenusView class
//
/////////////////////////////////////////////////////////////////////////////

#if !defined(AFX_MENUSVIEW_H__A7A67F6D_9E1A_11D1_887F_D42B07C10710__INCLUDED_)
#define AFX_MENUSVIEW_H__A7A67F6D_9E1A_11D1_887F_D42B07C10710__INCLUDED_
#if _MSC_VER > 1000
#pragma once
#endif // _MSC_VER > 1000

class CMenusView : public CView
{
protected: // create from serialization only
    CMenusView();
    DECLARE_DYNCREATE(CMenusView)
    int m_checked;
    CMenu* m_menu;
    boolean m_box;
    boolean m_circle;

// Attributes
public:
    CMenusDoc* GetDocument();

// Operations
public:

// Overrides
    // ClassWizard generated virtual function overrides
```

Figure 4.10 Creating and using a popup menu.

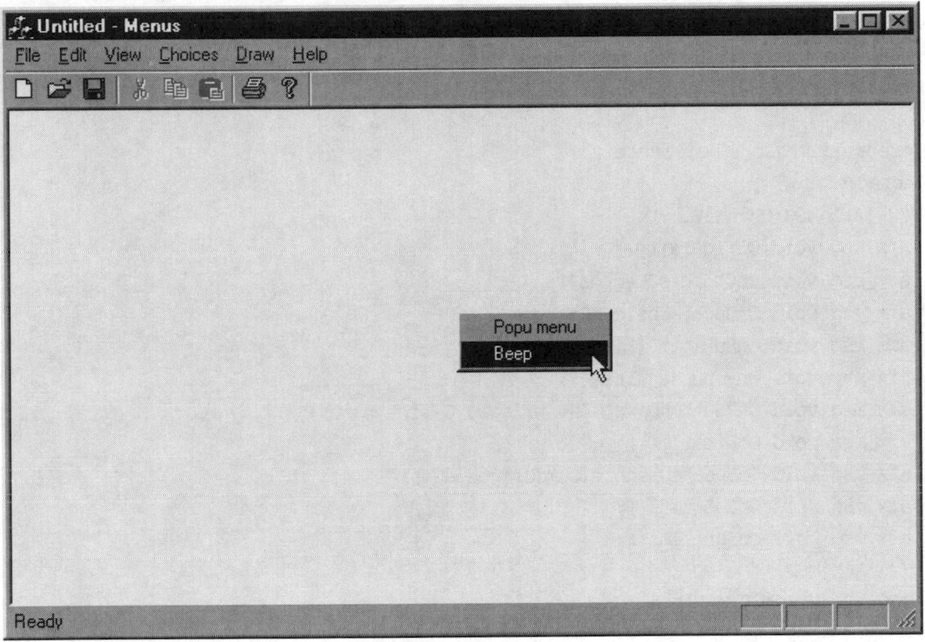

Listing 4.1 *Continued*

```
    //{{AFX_VIRTUAL(CMenusView)
    public:
    virtual void OnDraw(CDC* pDC);  // overridden to draw this view
    virtual BOOL PreCreateWindow(CREATESTRUCT& cs);
    virtual void OnInitialUpdate();
    protected:
    virtual BOOL OnPreparePrinting(CPrintInfo* pInfo);
    virtual void OnBeginPrinting(CDC* pDC, CPrintInfo* pInfo);
    virtual void OnEndPrinting(CDC* pDC, CPrintInfo* pInfo);
    //}}AFX_VIRTUAL

// Implementation
public:
    virtual ~CMenusView();
#ifdef _DEBUG
    virtual void AssertValid() const;
    virtual void Dump(CDumpContext& dc) const;
```

Continued

Listing 4.1 MenusView.h and MenusView.cpp *(Continued)*

```
#endif

protected:

// Generated message map functions
protected:
     //{{AFX_MSG(CMenusView)
     afx_msg void OnFigure();
     afx_msg void OnChoicesCheckme();
     afx_msg void OnUpdateChoicesCheckme(CCmdUI* pCmdUI);
     afx_msg void OnSubitem1();
     afx_msg void OnPopupMenuItem();
     afx_msg void OnRButtonDown(UINT nFlags, CPoint point);
     afx_msg void OnDisable();
     afx_msg void OnUpdateDisable(CCmdUI* pCmdUI);
     afx_msg void OnSubitem2();
     afx_msg void OnSubitem3();
     //}}AFX_MSG
     DECLARE_MESSAGE_MAP()
};

#ifndef _DEBUG  // debug version in MenusView.cpp
inline CMenusDoc* CMenusView::GetDocument()
   { return (CMenusDoc*)m_pDocument; }
#endif

/////////////////////////////////////////////////////////////////////////////

//{{AFX_INSERT_LOCATION}}
// Microsoft Visual C++ will insert additional declarations immediately before the
previous line.

#endif // !defined(AFX_MENUSVIEW_H__A7A67F6D_9E1A_11D1_887F_D42B07C10710__INCLUDED_)


// MenusView.cpp : implementation of the CMenusView class
//

#include "stdafx.h"
#include "Menus.h"
```

Listing 4.1 *Continued*

```
#include "MenusDoc.h"
#include "MenusView.h"

#ifdef _DEBUG
#define new DEBUG_NEW
#undef THIS_FILE
static char THIS_FILE[] = __FILE__;
#endif


/////////////////////////////////////////////////////////////////////////////
// CMenusView

IMPLEMENT_DYNCREATE(CMenusView, CView)

BEGIN_MESSAGE_MAP(CMenusView, CView)
    //{{AFX_MSG_MAP(CMenusView)
    ON_COMMAND(ID_FIGURE, OnFigure)
    ON_COMMAND(ID_CHOICES_CHECKME, OnChoicesCheckme)
    ON_UPDATE_COMMAND_UI(ID_CHOICES_CHECKME, OnUpdateChoicesCheckme)
    ON_COMMAND(ID_SUBITEM1, OnSubitem1)
    ON_COMMAND(ID_SUBITEM2, OnSubitem2)
    ON_COMMAND(ID_SUBITEM3, OnSubitem3)
    ON_WM_RBUTTONDOWN()
    ON_COMMAND(ID_DISABLE, OnDisable)
    ON_UPDATE_COMMAND_UI(ID_DISABLE, OnUpdateDisable)
    ON_COMMAND(ID_BEEP, OnBeep)
    //}}AFX_MSG_MAP
    // Standard printing commands
    ON_COMMAND(ID_FILE_PRINT, CView::OnFilePrint)
    ON_COMMAND(ID_FILE_PRINT_DIRECT, CView::OnFilePrint)
    ON_COMMAND(ID_FILE_PRINT_PREVIEW, CView::OnFilePrintPreview)
END_MESSAGE_MAP()

/////////////////////////////////////////////////////////////////////////////
// CMenusView construction/destruction

CMenusView::CMenusView()
{
    m_checked = 0;
```

Continued

Listing 4.1 MenusView.h and MenusView.cpp *(Continued)*

```
    m_box = false;
    m_circle = false;
    // TODO: add construction code here

}

CMenusView::~CMenusView()
{
}

BOOL CMenusView::PreCreateWindow(CREATESTRUCT& cs)
{
    // TODO: Modify the Window class or styles here by modifying
    //  the CREATESTRUCT cs

    return CView::PreCreateWindow(cs);
}

/////////////////////////////////////////////////////////////////////////////
// CMenusView drawing

void CMenusView::OnDraw(CDC* pDC)
{
    CMenusDoc* pDoc = GetDocument();
    ASSERT_VALID(pDoc);

    if(m_circle){
        pDC->Ellipse(100, 100, 200, 200);
    }
    else{
        if(m_box){
            pDC->Rectangle(100, 100, 200, 200);
        }
    }
    // TODO: add draw code for native data here
}

/////////////////////////////////////////////////////////////////////////////
// CMenusView printing
```

Listing 4.1 *Continued*

```
BOOL CMenusView::OnPreparePrinting(CPrintInfo* pInfo)
{
    // default preparation
    return DoPreparePrinting(pInfo);
}

void CMenusView::OnBeginPrinting(CDC* /*pDC*/, CPrintInfo* /*pInfo*/)
{
    // TODO: add extra initialization before printing
}

void CMenusView::OnEndPrinting(CDC* /*pDC*/, CPrintInfo* /*pInfo*/)
{
    // TODO: add cleanup after printing
}

/////////////////////////////////////////////////////////////////////////////
// CMenusView diagnostics

#ifdef _DEBUG
void CMenusView::AssertValid() const
{
    CView::AssertValid();
}

void CMenusView::Dump(CDumpContext& dc) const
{
    CView::Dump(dc);
}

CMenusDoc* CMenusView::GetDocument() // non-debug version is inline
{
    ASSERT(m_pDocument->IsKindOf(RUNTIME_CLASS(CMenusDoc)));
    return (CMenusDoc*)m_pDocument;
}
#endif //_DEBUG

/////////////////////////////////////////////////////////////////////////////
// CMenusView message handlers
```

Continued

Listing 4.1 MenusView.h and MenusView.cpp *(Continued)*

```
void CMenusView::OnFigure()
{

    m_circle = !m_box;

    if(!m_box){
        CClientDC DC(this);
        CDC memoryDC;
        memoryDC.CreateCompatibleDC(&DC);

        CBitmap* bitmap = new CBitmap;
        bitmap->CreateCompatibleBitmap(&DC, 20, 15);

        memoryDC.SelectObject(bitmap);
        memoryDC.Rectangle(0, 0, 20, 15);
        (GetParent()->GetMenu())->ModifyMenu(ID_FIGURE, MF_BYCOMMAND, ID_FIGURE,
bitmap);
        m_box = true;
    }

    Invalidate();
// TODO: Add your command handler code here

}

void CMenusView::OnChoicesCheckme()
{
    m_checked = !m_checked;
    //m_enabled = true;
    // TODO: Add your command handler code here

}

void CMenusView::OnUpdateChoicesCheckme(CCmdUI* pCmdUI)
{
    pCmdUI->SetCheck(m_checked);
    // TODO: Add your command update UI handler code here

}
```

Listing 4.1 *Continued*

```
void CMenusView::OnSubitem1()
{
    MessageBeep(-1);
    // TODO: Add your command handler code here

}

void CMenusView::OnInitialUpdate()
{
    CView::OnInitialUpdate();

    m_menu = new CMenu();
    m_menu->CreatePopupMenu();

    CString caption("Popu menu");
    m_menu->AppendMenu(MF_STRING, ID_POPUP, caption);

    CString item("Beep");
    m_menu->AppendMenu(MF_STRING, ID_BEEP, item);
    // TODO: Add your specialized code here and/or call the base class

}

void CMenusView::OnRButtonDown(UINT nFlags, CPoint point)
{
    ClientToScreen(&point);

    m_menu->TrackPopupMenu(TPM_LEFTALIGN, point.x, point.y, this);

    // TODO: Add your message handler code here and/or call default

    CView::OnRButtonDown(nFlags, point);
}

void CMenusView::OnDisable()
{
    m_enabled = !m_enabled;
    // TODO: Add your command handler code here

}
```

Continued

Listing 4.1 MenusView.h and MenusView.cpp *(Continued)*

```
void CMenusView::OnUpdateDisable(CCmdUI* pCmdUI)
{
    pCmdUI->Enable(m_enabled);
    // TODO: Add your command update UI handler code here

}

void CMenusView::OnSubitem2()
{
    MessageBeep(-1);
    // TODO: Add your command handler code here

}

void CMenusView::OnSubitem3()
{
    MessageBeep(-1);
    // TODO: Add your command handler code here

}

void CMenusView::OnBeep()
{
    MessageBeep(-1);
    // TODO: Add your command handler code here

}
```

That completes our work with menus for the moment. Next we turn to working with toolbars.

Using Dockable Toolbars

In this section, we learn to add buttons to toolbars, place images in those buttons, and connect those buttons to code. We also learn to embed other types of controls in addition to buttons into toolbars—we use a combo box, but you could as easily use a text box, list box, or other type of control. Inserting controls into toolbars is not something you can do with the design tools that come with Visual C++, so we do it ourselves.

In this example, we add a combo box with three items in it corresponding to three types of graphic figures: Circle, Rectangle, and Rounded Rectangle. The user can select one of these figures and then press a button in the toolbar to draw it this way:

```
 ------------------------------------------------------
|File   Edit   View   Choices   Draw   Help            |
|------------------------------------------------------|
| ----------------       --- --- --- ---               |
||Rectangle       |v|   |   |   |   |   |             |
| ----------------       --- --- --- ---               |
|------------------------------------------------------|
|                                                      |
|             --------------------------------         |
|            |                                |        |
|            |                                |        |
|            |                                |        |
|            |                                |        |
|            |                                |        |
|            |                                |        |
|             --------------------------------         |
|                                                      |
|                                                      |
 ------------------------------------------------------
```

Let's start by creating a new MDI Visual C++ project named Combo. Our first step is to modify the toolbar of our new project to include a combo box. Let's examine how that works now.

Creating a New Toolbar Class

Because there is no way to add a combo box to a toolbar with the Visual C++ Toolbar Editor, we need to create a new toolbar class in MainFrm.h, based on the Visual C++ CToolBar class. We do that by calling the new toolbar class CToolBar2 and including a member combo box, m_Combo, which is supported by the Visual C++ CComboBox class.

```
// MainFrm.h : interface of the CMainFrame class
//
/////////////////////////////////////////////////////////////////////////////

#if !defined(AFX_MAINFRM_H__D36DAA69_9E10_11D1_887F_D42B07C10710__INCLUDED_)
#define AFX_MAINFRM_H__D36DAA69_9E10_11D1_887F_D42B07C10710__INCLUDED_

#if _MSC_VER > 1000
#pragma once
#endif // _MSC_VER > 1000
```

```
class CToolBar2 : public CToolBar                               ⇐
{                                                                ⇐
public:                                                          ⇐
    CComboBox m_Combo;                                           ⇐
};                                                               ⇐
```

Visual C++ Control Classes

Visual C++ controls are supported by specific classes, like CCombo for combo boxes, CEdit for text boxes, and so on. You can declare objects of these classes, call a Create() function, and then show them in a window yourself.

Next, we change the declaration of the member toolbar in our program to use the CToolBar2 class instead of the default CToolBar class (in MainFrm.h).

```
class CMainFrame : public CFrameWnd
{
protected: // create from serialization only
    CMainFrame();
    DECLARE_DYNCREATE(CMainFrame)
    boolean m_OVR;
    CToolBar2    m_wndToolBar;                                   ⇐
```

Our toolbar has a combo box member object, but we still need to create and install that combo box.

We do one last thing before installing our combo box—provide the rest of the program with a way to find out which item is currently selected in the combo box.

Interacting with the Toolbar's Combo Box

We need to add a new member function to the main frame class—GetItemNumber()—in MainFrm.h. This function will return the number of the currently selected item in the combo box using the combo box's GetCurSel() function.

```
// Attributes
public:

// Operations
public:
    int GetItemNumber() {return m_wndToolBar.m_Combo.GetCurSel();}    ⇐
```

```
.
.
.
```

This gives the rest of the program a way of interacting with the combo box in the toolbar, so we should add that combo box to the toolbar.

Inserting the Combo Box into the Toolbar

We can create and add the combo box to the toolbar in the CMainFrame class's OnCreate() function with the following code, the toolbar itself:

```
int CMainFrame::OnCreate(LPCREATESTRUCT lpCreateStruct)
{
    if (CFrameWnd::OnCreate(lpCreateStruct) == -1)
        return -1;

    if (!m_wndToolBar.CreateEx(this, TBSTYLE_FLAT, WS_CHILD | WS_VISIBLE | CBRS_TOP
        | CBRS_GRIPPER | CBRS_TOOLTIPS | CBRS_FLYBY | CBRS_SIZE_DYNAMIC) ||
        !m_wndToolBar.LoadToolBar(IDR_MAINFRAME))
    {
        TRACE0("Failed to create toolbar\n");
        return -1;      // fail to create
    }
```

Next, we insert the combo box into the toolbar. To do this, we set aside space in the toolbar for the combo box using the little-known SetButtonInfo() function, which is how Visual C++ itself sets up the toolbar. We insert space for the combo box and a little additional space to separate the combo box from the first toolbar tool. To do that, we need two new ID numbers: one for the combo box and one for a toolbar separator, which simply represents space in the toolbar.

Create the two ID values—IDC_COMBO and ID_SEPARATOR—with the String Table Editor (the editor supplies numeric values for these IDs). Set aside space in the toolbar for item 0 and item 1; this way, we give the ID of the item we're inserting and its type (we use the TBBBS_SEPARATOR type here because we're just setting aside space for the combo box), as well as the width of the control in pixels.

```
    m_wndToolBar.SetButtonInfo(0, IDC_COMBO, TBBS_SEPARATOR, 150);          ⇐
    m_wndToolBar.SetButtonInfo(1, ID_SEPARATOR, TBBS_SEPARATOR, 20);        ⇐
        .
        .
        .
```

Next, we create the combo box itself. We need to determine the total size of the combo box, including the dropdown part of the combo box, when we create it. We do that with the CToolBar GetItemRect() function, which fills a CRect structure with the size of item 0, the combo box. Then, we add 100 pixels vertically to allow space for the combo box's dropdown list.

```
    m_wndToolBar.SetButtonInfo(0, IDC_COMBO, TBBS_SEPARATOR, 150);
    m_wndToolBar.SetButtonInfo(1, ID_SEPARATOR, TBBS_SEPARATOR, 20);

    CRect rCombo;                                                    ⇐
    m_wndToolBar.GetItemRect(0, &rCombo);                            ⇐
    rCombo.bottom += 100;                                            ⇐
        .
        .
        .
```

Now we create the combo box with its Create() function, making it a dropdown combo box that fits in the CRect object we've set up, pass a pointer to its parent window (which is the toolbar itself), and the combo box's ID (IDC_COMBO).

```
    m_wndToolBar.SetButtonInfo(0, IDC_COMBO, TBBS_SEPARATOR, 150);
    m_wndToolBar.SetButtonInfo(1, ID_SEPARATOR, TBBS_SEPARATOR, 20);

    CRect rCombo;
    m_wndToolBar.GetItemRect(0, &rCombo);
    rCombo.bottom += 100;

    m_wndToolBar.m_Combo.Create(CBS_DROPDOWNLIST | WS_VISIBLE, rCombo,
&m_wndToolBar, IDC_COMBO);                                           ⇐
        .
        .
        .
```

Our combo box is created and connected to the toolbar. At this point, then, we can fill it with the items we need—"Circle," "Rectangle," and "Rounded Rectangle"—using the CComboBox's AddString() function.

```
    m_wndToolBar.SetButtonInfo(0, IDC_COMBO, TBBS_SEPARATOR, 150);
    m_wndToolBar.SetButtonInfo(1, ID_SEPARATOR, TBBS_SEPARATOR, 20);

    CRect rCombo;
    m_wndToolBar.GetItemRect(0, &rCombo);
    rCombo.bottom += 100;

    m_wndToolBar.m_Combo.Create(CBS_DROPDOWNLIST | WS_VISIBLE, rCombo,
&m_wndToolBar, IDC_COMBO);
```

```
CString Item;                                          ⇐
Item = "Circle";                                       ⇐
m_wndToolBar.m_Combo.AddString(Item);                  ⇐
Item = "Rectangle";                                    ⇐
m_wndToolBar.m_Combo.AddString(Item);                  ⇐
Item = "Rounded Rectangle";                            ⇐
m_wndToolBar.m_Combo.AddString(Item);                  ⇐
    .
    .
    .
```

Now that we've added the combo box, we need to add the drawing tool that is used with the toolbar.

Adding Tools to the Toolbar

We add tools to the toolbar with the Toolbar Editor. To open that editor, double-click the IDR_MAINFRAME item in the Toolbar folder in the ResourceView. This opens the Toolbar Editor, as shown in Figure 4.11.

You can move the tools in the toolbar simply by dragging them with the mouse. Move the new, empty tool into position just before the Help button in the

Figure 4.11 The Toolbar Editor.

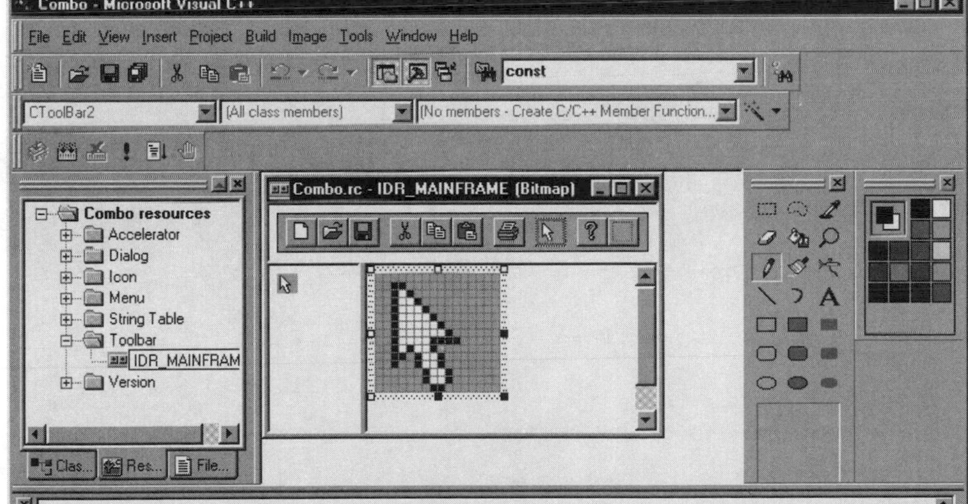

toolbar and click it to open. We simply draw an arrow cursor in that button now, as also shown in Figure 4.11.

Give this new tool the ID ID_DRAW by double-clicking it in the Toolbar Editor and entering ID_DRAW in its property page. Then, using ClassWizard, connect that ID to a new function, OnDrawFigure(). We can't use OnDraw()because it's already taken.

```
void CComboView::OnDrawFigure()
{
    // TODO: Add your command handler code here
}
```

The program calls this function when we're supposed to draw a figure. To determine which figure we're supposed to draw, we need to determine what item is selected in the combo box: Circle, Rectangle, or Rounded Rectangle. We can get that information from the main frame object's GetItemNumber() function that we've added to that object. We place the number of the currently selected item in the combo box into a new member variable, m_FigureType, then we invalidate the view to display the figure.

```
void CComboView::OnDrawFigure()
{
    m_FigureType = ((CMainFrame*) GetParent())->GetItemNumber();      ⇐
    Invalidate();                                                     ⇐
}
```

We complete the drawing process in OnDraw(), depending on the value in m_FigureType.

```
void CComboView::OnDraw(CDC* pDC)
{
    CComboDoc* pDoc = GetDocument();
    ASSERT_VALID(pDoc);

    switch(m_FigureType){                                             ⇐
    case 0:                                                           ⇐
        pDC->Ellipse(200, 50, 400, 250);                              ⇐
        break;                                                        ⇐
    case 1:                                                           ⇐
        pDC->Rectangle(200, 50, 400, 250);                            ⇐
        break;                                                        ⇐
    case 2:                                                           ⇐
        pDC->RoundRect(200, 50, 400, 250, 20, 20);                    ⇐
        break;                                                        ⇐
    }                                                                 ⇐
}
```

When you run the program, as shown in Figure 4.12, you can see that our combo box appears in the toolbar and we can select items in it. In fact, we can even detach the toolbar using the mouse and move it around. When you move the toolbar back to its original position, it *docks*—or repositions itself—there, rejoining the border of the window.

When the user selects a figure to draw and clicks the drawing tool, that figure appears in the window, as shown in Figure 4.12. Our combo program is a success so far—now we're using combo boxes in dockable toolbars.

Visual C++ also supports Internet Explorer-style rebars, which we look at next.

Using Rebars

Rebars toolbars typically contain other toolbars in *bands* that you can slide and adjust using gripper handles, just like the ones you see in Internet Explorer. You can specify that your program use rebars in Step 4 of the AppWizard; if you do, the rebar control will be m_wndReBar. After you've added your controls to the toolbar as we've just done, you insert that toolbar into the rebar, place that toolbar into a REBARBANDINFO structure, and call the rebar's InsertBand() function to insert the toolbar into a band in the rebar.

Figure 4.12 Using dockable toolbars with a combo box.

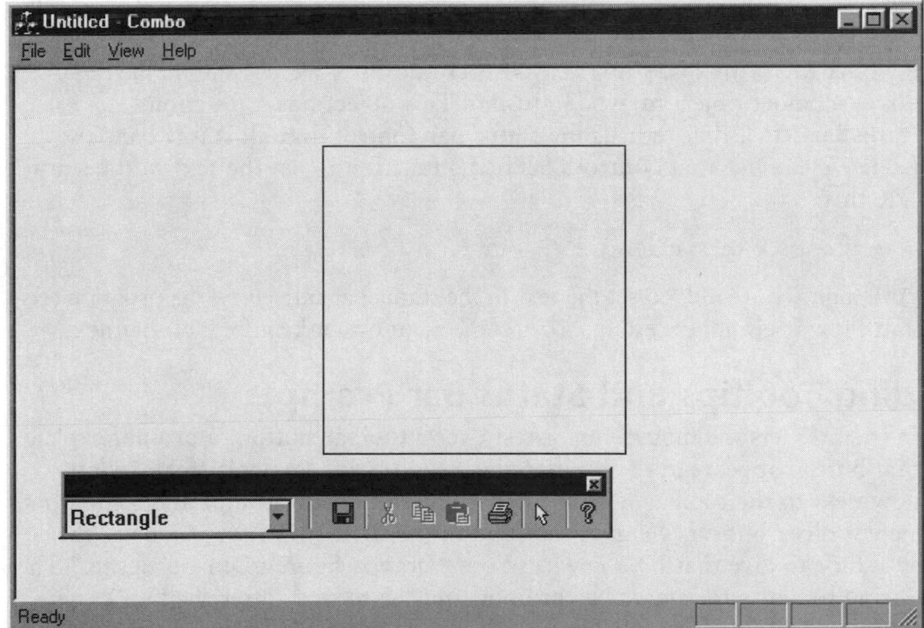

```
REBARBANDINFO rbi;
rbi.cbSize= sizeof(REBARBANDINFO);
rbi.fMask= RBBIM_BACKGROUND | RBBIM_CHILD | RBBIM_CHILDSIZE | RBBIM_STYLE |
RBBIM_TEXT;
rbi.fStyle= RBBS_GRIPPERALWAYS;
rbi.cxMinChild= 300;
rbi.cyMinChild= 30;
rbi.lpText= "Band #1";
rbi.cch= 7;
rbi.cx= 300;
rbi.hbmBack= (HBITMAP)m_bmap;
rbi.hwndChild= (HWND)m_wndToolBar;

m_wndReBar.InsertBand(-1, &rbi);
```

We continue by working with status bars.

Using Status Bars

The status bar is the bar that appears at the bottom of a windowed program, and it has several functions. One of the main functions of a status bar is to display the program's status.

Setting a Status Bar's Text

Here we set the status bar's text to "OK." To do that, we use the main frame window's member object m_wndStatusBar. This object has a function, GetStatusBarCtrl(), that returns the status bar control that all status bars are built on. We can use that control's SetText() function to set the text in the status bar like this:

```
m_wndStatusBar.GetStatusBarCtrl().SetText("OK", 0, 0);
```

Although we are able to set the text in the status bar ourselves, the program sets the status text itself under certain circumstances, and we take a look at that next.

Adding Tooltips and Status Bar Prompts

When the user lets the mouse cursor rest over a toolbar button, a prompt explaining that button appears in the toolbar and a tooltip appears as a small yellow window next to the toolbar button. Let's add a status bar prompt and a tooltip to our new toolbar button. We gave that button the ID ID_DRAW, so we use the String Editor to give that ID a new caption: "Draw a figure\nDraw a figure." The first string becomes the status bar prompt, and the second (after the "\n") string becomes the tooltip (these strings need not be the same). Now, we're supporting status bar prompts and tooltips, as shown in Figure 4.13.

Figure 4.13 Status bar prompts and tooltips.

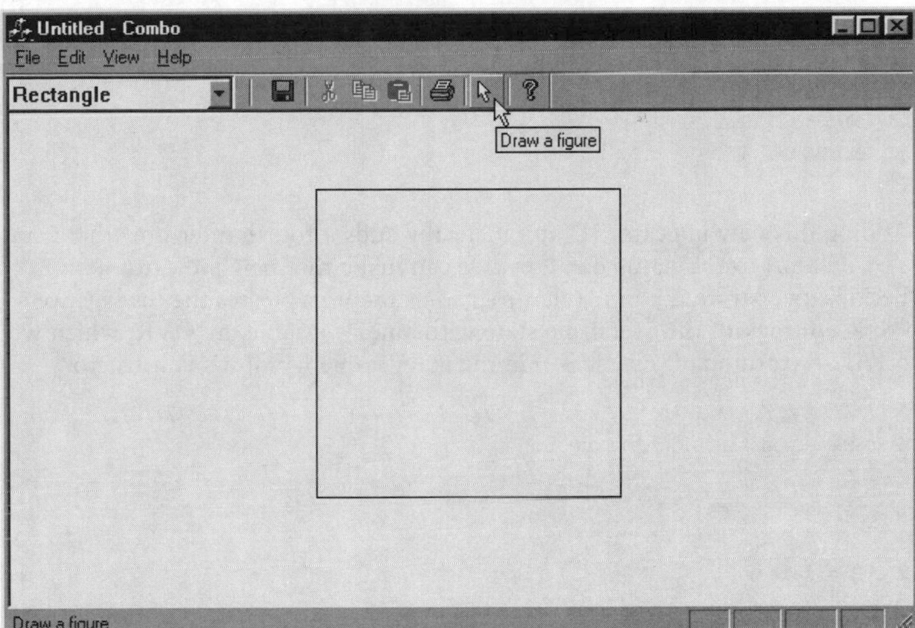

The last topic covered in this chapter is the use of status bar indicators. Status bar indicators are the small boxes you see at the right of the status bar that indicate such things as whether capslock or overstrike mode are on.

Activating Status Bar Indicators

The list of status bar indicators is located in MainFrame.cpp.

```
static UINT indicators[] =
{
    ID_SEPARATOR,           // status line indicator
    ID_INDICATOR_CAPS,
    ID_INDICATOR_NUM,
    ID_INDICATOR_SCRL,
};
```

To add a new indicator to the list, we simply add it to this list. We can add an overstrike (that is, Insert mode) indicator to our program now. It turns out that the program already has defined an (unused) indicator ID, ID_INDICATOR_OVR, for this purpose, so we simply add that to the list.

```
static UINT indicators[] =
{
    ID_SEPARATOR,           // status line indicator
    ID_INDICATOR_CAPS,
    ID_INDICATOR_NUM,
    ID_INDICATOR_SCRL,
    ID_INDICATOR_OVR,                                          ⇐
};
```

Adding this new indicator ID automatically adds a fourth indicator (there are three by default) to the status bar. Now we can make that new indicator active.

Because overstrike is a mode that toggles as the user presses the Ins key, we need to keep track of the overstrike state with a new variable, m_OVR, which we set to FALSE (turning off overstrike) in the main frame window's constructor.

```
/////////////////////////////////////////////////////////////////////////////
// CMainFrame construction/destruction

CMainFrame::CMainFrame()
{
    m_OVR = false;                                             ⇐
}
```

The caption associated with ID_INDICATOR_OVR is "OVR" in the string table, although you can set it to any caption you want and can even create your own indicators. Now we need some way of making that caption appear in its indicator box on the screen. We do that with an update function, OnUpdateOVR().

Unfortunately, we can't use ClassWizard to connect an update function to ID_INDICATOR_OVR. Furthermore, our previous trick of connecting an accelerator key to ID_INDICATOR_OVR so it shows up in ClassWizard won't work because indicator IDs, like ID_INDICATOR_OVR, can't take accelerator keys.

Instead, we have to make the changes ourselves, adding the code necessary to support the new OVR indicator's OnUpdateOVR() function. We do that by first declaring that function in MainFrm.h in a way that lets us use it in the message maps that ClassWizard creates.

```
protected:
    //{{AFX_MSG(CMainFrame)
    afx_msg int OnCreate(LPCREATESTRUCT lpCreateStruct);
    afx_msg void OnUpdateOVR(CCmdUI* pCmdUI);                 ⇐
        .
        .
        .
```

Next, we connect the indicator to the OnUpdateOVR() function so that function is called when the program displays the indicator.

```
BEGIN_MESSAGE_MAP(CMainFrame, CFrameWnd)
    //{{AFX_MSG_MAP(CMainFrame)
    ON_WM_CREATE()
    ON_UPDATE_COMMAND_UI(ID_INDICATOR_OVR, OnUpdateOVR)                    ⇐
    //}}AFX_MSG_MAP
END_MESSAGE_MAP()
```

Then, in OnUpdateOVR(), we set the indicator's state to match our m_OVR variable.

```
void CMainFrame::OnUpdateOVR(CCmdUI* pCmdUI)
{
    pCmdUI->Enable(m_OVR);                                                 ⇐
}
```

All that's left is to toggle the m_OVR variable as the user presses the Ins key, which we do now.

Using Accelerator Keys with Indicators

To toggle the m_OVR variable each time the user presses the Ins key, we add a new accelerator key to the accelerator table, ID_OVR, using the Accelerator Editor. Connect that accelerator to the Ins key (VK_Insert). Finally, use ClassWizard to connect ID_OVR to a function, OnOVR(); in that function, we can toggle m_OVR as follows:

```
void CMainFrame::OnOVR()
{
    m_OVR = !m_OVR;
}
```

Now when the user presses the Ins key, this function is called. It toggles m_OVR, which in turn toggles the OVR string in the overstrike indicator in the status bar, as shown in Figure 4.14.

MainFrm.h and MainFrm.cpp appear in Listing 4.2, and ComboView.h and ComboView.cpp appear in Listing 4.3.

Listing 4.2 MainFrm.h and MainFrm.cpp

```
// MainFrm.h : interface of the CMainFrame class
//
/////////////////////////////////////////////////////////////////////////////
```

Continued

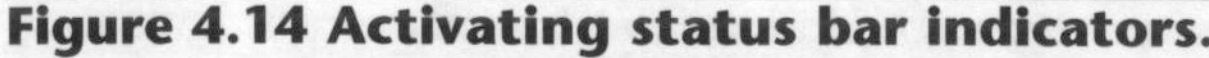

Figure 4.14 Activating status bar indicators.

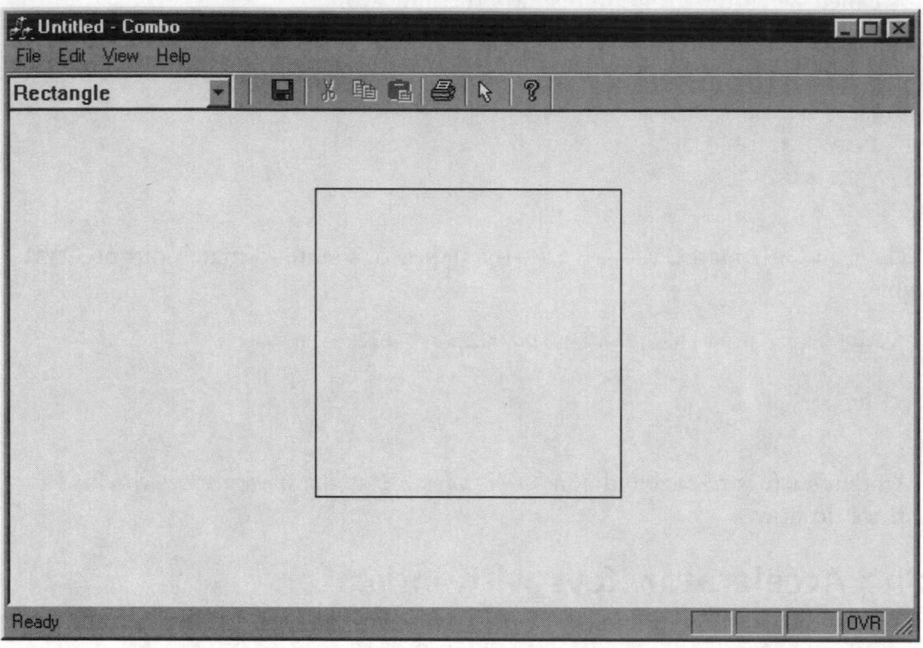

Listing 4.2 MainFrm.h and MainFrm.cpp *(Continued)*

```
#if !defined(AFX_MAINFRM_H__D36DAA69_9E10_11D1_887F_D42B07C10710__INCLUDED_)
#define AFX_MAINFRM_H__D36DAA69_9E10_11D1_887F_D42B07C10710__INCLUDED_

#if _MSC_VER > 1000
#pragma once
#endif // _MSC_VER > 1000

class CToolBar2 : public CToolBar
{
public:
    CComboBox m_Combo;
};

class CMainFrame : public CFrameWnd
{
protected: // create from serialization only
    CMainFrame();
```

Listing 4.2 *Continued*

```
    DECLARE_DYNCREATE(CMainFrame)
    boolean m_OVR;
    CToolBar2   m_wndToolBar;

// Attributes
public:

// Operations
public:
    int GetItemNumber() {return m_wndToolBar.m_Combo.GetCurSel();}

// Overrides
    // ClassWizard generated virtual function overrides
    //{{AFX_VIRTUAL(CMainFrame)
    virtual BOOL PreCreateWindow(CREATESTRUCT& cs);
    //}}AFX_VIRTUAL

// Implementation
public:
    virtual ~CMainFrame();
#ifdef _DEBUG
    virtual void AssertValid() const;
    virtual void Dump(CDumpContext& dc) const;
#endif

protected:  // control bar embedded members
    CStatusBar  m_wndStatusBar;

// Generated message map functions
protected:
    //{{AFX_MSG(CMainFrame)
    afx_msg int OnCreate(LPCREATESTRUCT lpCreateStruct);
    afx_msg void OnUpdateOVR(CCmdUI* pCmdUI);
    afx_msg void OnOVR();
        // NOTE - the ClassWizard will add and remove member functions here.
        //    DO NOT EDIT what you see in these blocks of generated code!
    //}}AFX_MSG
    DECLARE_MESSAGE_MAP()
};
```

Continued

Listing 4.2 MainFrm.h and MainFrm.cpp *(Continued)*

```
/////////////////////////////////////////////////////////////////////////////

//{{AFX_INSERT_LOCATION}}
// Microsoft Visual C++ will insert additional declarations immediately before the
previous line.

#endif // !defined(AFX_MAINFRM_H__D36DAA69_9E10_11D1_887F_D42B07C10710__INCLUDED_)


// MainFrm.cpp : implementation of the CMainFrame class
//

#include "stdafx.h"
#include "Combo.h"

#include "MainFrm.h"

#ifdef _DEBUG
#define new DEBUG_NEW
#undef THIS_FILE
static char THIS_FILE[] = __FILE__;
#endif

/////////////////////////////////////////////////////////////////////////////
// CMainFrame

IMPLEMENT_DYNCREATE(CMainFrame, CFrameWnd)

BEGIN_MESSAGE_MAP(CMainFrame, CFrameWnd)
    //{{AFX_MSG_MAP(CMainFrame)
        // NOTE - the ClassWizard will add and remove mapping macros here.
        //    DO NOT EDIT what you see in these blocks of generated code !
    ON_WM_CREATE()
    ON_UPDATE_COMMAND_UI(ID_INDICATOR_OVR, OnUpdateOVR)
    ON_COMMAND(ID_OVR, OnOVR)
    //}}AFX_MSG_MAP
END_MESSAGE_MAP()

static UINT indicators[] =
{
```

Listing 4.2 *Continued*

```
    ID_SEPARATOR,           // status line indicator
    ID_INDICATOR_CAPS,
    ID_INDICATOR_NUM,
    ID_INDICATOR_SCRL,
    ID_INDICATOR_OVR,
};

/////////////////////////////////////////////////////////////////////////////
// CMainFrame construction/destruction

CMainFrame::CMainFrame()
{
    m_OVR = false;
    // TODO: add member initialization code here

}

CMainFrame::~CMainFrame()
{
}

int CMainFrame::OnCreate(LPCREATESTRUCT lpCreateStruct)
{
    if (CFrameWnd::OnCreate(lpCreateStruct) == -1)
        return -1;

    if (!m_wndToolBar.CreateEx(this, TBSTYLE_FLAT, WS_CHILD | WS_VISIBLE | CBRS_TOP
        | CBRS_GRIPPER | CBRS_TOOLTIPS | CBRS_FLYBY | CBRS_SIZE_DYNAMIC) ||
        !m_wndToolBar.LoadToolBar(IDR_MAINFRAME))
    {
        TRACE0("Failed to create toolbar\n");
        return -1;      // fail to create
    }

    m_wndToolBar.SetButtonInfo(0, IDC_COMBO, TBBS_SEPARATOR, 150);
    m_wndToolBar.SetButtonInfo(1, ID_SEPARATOR, TBBS_SEPARATOR, 20);

    CRect rCombo;
    m_wndToolBar.GetItemRect(0, &rCombo);
    rCombo.bottom += 100;
```

Continued

Listing 4.2 MainFrm.h and MainFrm.cpp *(Continued)*

```
    m_wndToolBar.m_Combo.Create(CBS_DROPDOWNLIST | WS_VISIBLE, rCombo,
&m_wndToolBar, IDC_COMBO);

    CString Item;
    Item = "Circle";
    m_wndToolBar.m_Combo.AddString(Item);
    Item = "Rectangle";
    m_wndToolBar.m_Combo.AddString(Item);
    Item = "Rounded Rectangle";
    m_wndToolBar.m_Combo.AddString(Item);

    if (!m_wndStatusBar.Create(this) ||
        !m_wndStatusBar.SetIndicators(indicators,
          sizeof(indicators)/sizeof(UINT)))
    {
        TRACE0("Failed to create status bar\n");
        return -1;      // fail to create
    }

    // TODO: Delete these three lines if you don't want the toolbar to
    //  be dockable
    m_wndToolBar.EnableDocking(CBRS_ALIGN_ANY);
    EnableDocking(CBRS_ALIGN_ANY);
    DockControlBar(&m_wndToolBar);

    return 0;
}

BOOL CMainFrame::PreCreateWindow(CREATESTRUCT& cs)
{
    if( !CFrameWnd::PreCreateWindow(cs) )
        return FALSE;
    // TODO: Modify the Window class or styles here by modifying
    //  the CREATESTRUCT cs

    return TRUE;
}

/////////////////////////////////////////////////////////////////////////////
// CMainFrame diagnostics
```

Listing 4.2 *Continued*

```
#ifdef _DEBUG
void CMainFrame::AssertValid() const
{
    CFrameWnd::AssertValid();
}

void CMainFrame::Dump(CDumpContext& dc) const
{
    CFrameWnd::Dump(dc);
}

#endif //_DEBUG

//////////////////////////////////////////////////////////////////////////////
// CMainFrame message handlers

void CMainFrame::OnUpdateOVR(CCmdUI* pCmdUI)
{
    pCmdUI->Enable(m_OVR);
}

void CMainFrame::OnOVR()
{
    m_OVR = !m_OVR;
}
```

Listing 4.3 ComboView.h and ComboView.cpp

```
// ComboView.h : interface of the CComboView class
//
//////////////////////////////////////////////////////////////////////////////

#if !defined(AFX_COMBOVIEW_H__D36DAA6D_9E10_11D1_887F_D42B07C10710__INCLUDED_)
#define AFX_COMBOVIEW_H__D36DAA6D_9E10_11D1_887F_D42B07C10710__INCLUDED_

#if _MSC_VER > 1000
#pragma once
#endif // _MSC_VER > 1000

class CComboView : public CView
```

Continued

Listing 4.3 ComboView.h and ComboView.cpp *(Continued)*

```
{
protected: // create from serialization only
    CComboView();
    DECLARE_DYNCREATE(CComboView)
    int m_FigureType;

// Attributes
public:
    CComboDoc* GetDocument();

// Operations
public:

// Overrides
    // ClassWizard generated virtual function overrides
    //{{AFX_VIRTUAL(CComboView)
    public:
    virtual void OnDraw(CDC* pDC);  // overridden to draw this view
    virtual BOOL PreCreateWindow(CREATESTRUCT& cs);
    protected:
    virtual BOOL OnPreparePrinting(CPrintInfo* pInfo);
    virtual void OnBeginPrinting(CDC* pDC, CPrintInfo* pInfo);
    virtual void OnEndPrinting(CDC* pDC, CPrintInfo* pInfo);
    //}}AFX_VIRTUAL

// Implementation
public:
    virtual ~CComboView();
#ifdef _DEBUG
    virtual void AssertValid() const;
    virtual void Dump(CDumpContext& dc) const;
#endif

protected:

// Generated message map functions
protected:
    //{{AFX_MSG(CComboView)
    afx_msg void OnDrawFigure();
    //}}AFX_MSG
```

Listing 4.3 *Continued*

```
    DECLARE_MESSAGE_MAP()
};

#ifndef _DEBUG  // debug version in ComboView.cpp
inline CComboDoc* CComboView::GetDocument()
   { return (CComboDoc*)m_pDocument; }
#endif

/////////////////////////////////////////////////////////////////////////////

//{{AFX_INSERT_LOCATION}}
// Microsoft Visual C++ will insert additional declarations immediately before the
previous line.

#endif // !defined(AFX_COMBOVIEW_H__D36DAA6D_9E10_11D1_887F_D42B07C10710__INCLUDED_)

// ComboView.cpp : implementation of the CComboView class
//

#include "stdafx.h"
#include "Combo.h"
#include "MainFrm.h"

#include "ComboDoc.h"
#include "ComboView.h"

#ifdef _DEBUG
#define new DEBUG_NEW
#undef THIS_FILE
static char THIS_FILE[] = __FILE__;
#endif


/////////////////////////////////////////////////////////////////////////////
// CComboView

IMPLEMENT_DYNCREATE(CComboView, CView)

BEGIN_MESSAGE_MAP(CComboView, CView)
    //{{AFX_MSG_MAP(CComboView)
```

Continued

Listing 4.3 ComboView.h and ComboView.cpp *(Continued)*

```
    ON_COMMAND(ID_DRAW, OnDrawFigure)
    //}}AFX_MSG_MAP
    // Standard printing commands
    ON_COMMAND(ID_FILE_PRINT, CView::OnFilePrint)
    ON_COMMAND(ID_FILE_PRINT_DIRECT, CView::OnFilePrint)
    ON_COMMAND(ID_FILE_PRINT_PREVIEW, CView::OnFilePrintPreview)
END_MESSAGE_MAP()

/////////////////////////////////////////////////////////////////////////////
// CComboView construction/destruction

CComboView::CComboView()
{
    m_FigureType = 0;

    // TODO: add construction code here

}

CComboView::~CComboView()
{
}

BOOL CComboView::PreCreateWindow(CREATESTRUCT& cs)
{
    // TODO: Modify the Window class or styles here by modifying
    //  the CREATESTRUCT cs

    return CView::PreCreateWindow(cs);
}

/////////////////////////////////////////////////////////////////////////////
// CComboView drawing

void CComboView::OnDraw(CDC* pDC)
{
    CComboDoc* pDoc = GetDocument();
    ASSERT_VALID(pDoc);

    switch(m_FigureType){
```

Listing 4.3 *Continued*

```
    case 0:
        pDC->Ellipse(200, 50, 400, 250);
        break;
    case 1:
        pDC->Rectangle(200, 50, 400, 250);
        break;
    case 2:
        pDC->RoundRect(200, 50, 400, 250, 20, 20);
        break;
    }

    // TODO: add draw code for native data here
}

/////////////////////////////////////////////////////////////////////////////
// CComboView printing

BOOL CComboView::OnPreparePrinting(CPrintInfo* pInfo)
{
    // default preparation
    return DoPreparePrinting(pInfo);
}

void CComboView::OnBeginPrinting(CDC* /*pDC*/, CPrintInfo* /*pInfo*/)
{
    // TODO: add extra initialization before printing
}

void CComboView::OnEndPrinting(CDC* /*pDC*/, CPrintInfo* /*pInfo*/)
{
    // TODO: add cleanup after printing
}

/////////////////////////////////////////////////////////////////////////////
// CComboView diagnostics

#ifdef _DEBUG
void CComboView::AssertValid() const
{
    CView::AssertValid();
```

Continued

Listing 4.3 ComboView.h and ComboView.cpp *(Continued)*

```
}

void CComboView::Dump(CDumpContext& dc) const
{
    CView::Dump(dc);
}

CComboDoc* CComboView::GetDocument() // non-debug version is inline
{
    ASSERT(m_pDocument->IsKindOf(RUNTIME_CLASS(CComboDoc)));
    return (CComboDoc*)m_pDocument;
}
#endif //_DEBUG

/////////////////////////////////////////////////////////////////////////////
// CComboView message handlers

void CComboView::OnDrawFigure()
{
    m_FigureType = ((CMainFrame*) GetParent())->GetItemNumber();
    Invalidate();
    // TODO: Add your command handler code here

}
```

What's Ahead

In the next chapter, we forge ahead, bringing together what we've seen in the last few chapters as we build a real-world application. As we dig deeper into more advanced topics, many new topics, from file handling to working with the clipboard, will come up.

Real-World Programming: The Editor Application

5

In this chapter, we examine several issues in a real-world application: a text editor. We see a lot about Visual C++ programming here. We learn how to:

- Work with files through the process of serialization
- Serialize our own objects
- Set the default extension given to an application's data files
- Register that extension with Windows so the user can open our application just by clicking a data file
- Change the default cursor type used in a view
- Enable Cut, Copy, and Paste operations in a program
- Use the clipboard to send data to and receive data from other applications
- Draw selected text
- Enable character erasure
- Print data
- Add headers to printed pages

As you can see, there's a great deal coming up in this chapter, so let's get started by creating our Editor program and enabling the program to accept character input.

Creating the Editor Program

The Editor program will let the user type in text.

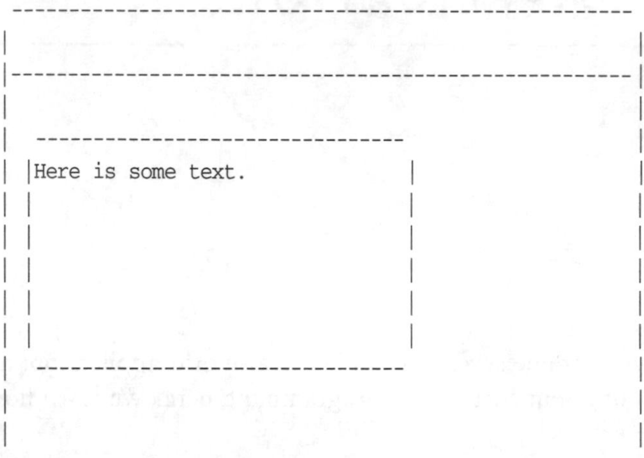

The user can also click the view in another location and type new text there.

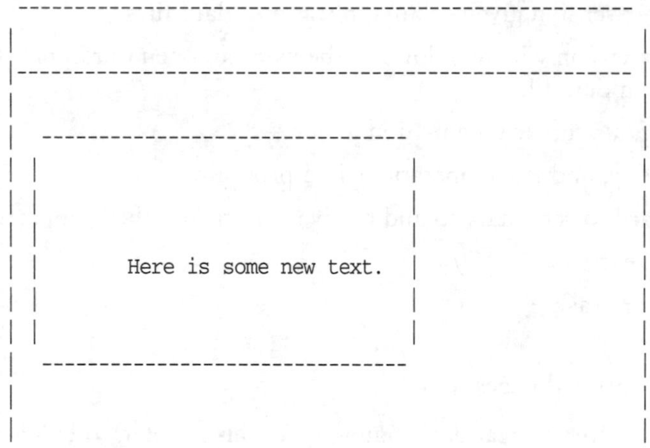

The program can also write the text out to disk, read it back, select, cut, copy, paste text, and more. We start by enabling character input. Create a new MDI program, Editor, with AppWizard now.

Reading Keys in Editor

Next, add OnChar() with ClassWizard.

```
void CEditorView::OnChar(UINT nChar, UINT nRepCnt, UINT nFlags)
{
    // TODO: Add your message handler code here and/or call default
```

```
    CView::OnChar(nChar, nRepCnt, nFlags);
}
```

We store the text in a member object of the document, which we call m_data. We place all our data in m_object—not just the string of text, but also its location in the view (which the user can specify with the mouse), so that when the user reads this object back in from a data file, the text can be restored at its correct location.

To keep our data private to the m_data object, we use access functions when working with m_object. This is standard practice in real-world programming. In particular, we use SetText() and GetText() to work with the text in m_data, so we can add the newly struck character to m_data.

```
void CEditorView::OnChar(UINT nChar, UINT nRepCnt, UINT nFlags)
{
    CEditorDoc* pDoc = GetDocument();                                   ⇐
    ASSERT_VALID(pDoc);                                                 ⇐

    pDoc->m_data.SetText(pDoc->m_data.GetText() += nChar);              ⇐

    CView::OnChar(nChar, nRepCnt, nFlags);
}
```

Then we invalidate the view, set the document's modified flag, and update all views.

```
void CEditorView::OnChar(UINT nChar, UINT nRepCnt, UINT nFlags)
{
    CEditorDoc* pDoc = GetDocument();
    ASSERT_VALID(pDoc);

    pDoc->m_data.SetText(pDoc->m_data.GetText() += nChar);

    Invalidate();                                                       ⇐

    pDoc->SetModifiedFlag(true);                                        ⇐
    pDoc->UpdateAllViews(this);                                         ⇐

    CView::OnChar(nChar, nRepCnt, nFlags);
}
```

We've seen all this before, so now we add a new compatibility: letting the user delete characters.

Deleting Characters

Deleting characters is easy: We only have to remove the last character in the text string. We do that with the CString Left() function in case the user has typed the backspace character (which is represented by '\b').

```
void CEditorView::OnChar(UINT nChar, UINT nRepCnt, UINT nFlags)
{
    CEditorDoc* pDoc = GetDocument();
    ASSERT_VALID(pDoc);

    if(nChar == '\b')                                                   ⇐
        pDoc->m_data.SetText(pDoc->m_data.GetText().Left
(pDoc->m_data.GetText().GetLength() - 1));                             ⇐
    else                                                                ⇐
        pDoc->m_data.SetText(pDoc->m_data.GetText() += nChar);

    Invalidate();

    pDoc->SetModifiedFlag(true);
    pDoc->UpdateAllViews(this);

    CView::OnChar(nChar, nRepCnt, nFlags);
}
```

Deleting a Character

Another way of deleting a character on the screen aside from redrawing the entire string is to get the background color of the drawing device context with GetBkColor(), make that the text-drawing color with SetTextColor(), then redraw the character in the background color.

Now that we've enabled character reading, we should set up the m_data object that will store our program's data.

Designing the Editor Program's Data Storage

We store the Editor program's data in the object named m_object; this is an object of a new class we need to design named CData.

```
class CData{

};
```

This class stores the actual text in the document m_text, as well as the text's position in the view, m_x and m_y, as private data members.

```
class CData{
private:
    CString m_text;
    int m_x, m_y;
};
```

We add a default constructor, initializing our data.

```
class CData{
private:
    CString m_text;
    int m_x, m_y;
public:
    CData() {m_text = CString(""); m_x = m_y = 0;}          ⇐
};
```

Finally, we add the required get and set functions: GetText(), SetText(), GetX(), SetX(), and so on.

```
class CData{
private:
    CString m_text;
    int m_x, m_y;
public:
    CData() {m_text = CString(""); m_x = m_y = 0;}
    CString GetText() {return m_text;}                        ⇐
    void SetText(CString new_text) {m_text = new_text;}      ⇐
    int GetX() {return m_x;}                                  ⇐
    void SetX(int new_x) {m_x = new_x;}                      ⇐
    int GetY() {return m_y;}                                  ⇐
    void SetY(int new_y) {m_y = new_y;}                      ⇐
};
```

Then we add the object of this class, m_data, that we use to store the data in the Editor program to the document's header.

```
class CEditorDoc : public CDocument
{
protected: // create from serialization only
    CEditorDoc();
    DECLARE_DYNCREATE(CEditorDoc)
```

```
// Attributes
public:
    CData m_data;                                          ⇐
        .
        .
        .
```

The storage for our data is set up in the document. We have yet to allow the user to save the data to disk, so we do that now.

Working with Files: Serialization

In MFC programs, files are saved and retrieved through serialization. Serialization is based on overloading the << and >> operators for the CArchive class. We are passed an object of that class in the document's Serialize() function. If the object we're serializing is based on the MFC CObject class, we can serialize it using the << and >> operators. For example, if our Editor program stored only the text in a CString object named m_text, we could add this code to the document's Serialize() function to serialize that object and so provide file handling.

```
void CEditorDoc::Serialize(CArchive& ar)
{
    if (ar.IsStoring())
    {
        ar << m_text;                                      ⇐
    }
    else
    {
        ar >> m_text;                                      ⇐
    }
}
```

All the file-handling menu items such as Open, Save, and Save As are already active. Now that we've enabled serialization, our program would handle files—if our program stored data in a simple CString object. However, in Editor, we use the CData class, which stores not only a CString object, but two integers representing the screen location of the string as well. We can serialize CData objects with a little work, and we do so now.

Serializing Our Data Object

We modify the CData class to enable serialization, and there are several simple steps to follow here. We start by making the MFC CObject class into CData's base class.

```
class CData : public CObject {                                    ⇐
    .
    .
    .
```

Next, we include the declarations needed for the serialization process with the MFC macro DECLARE_SERIAL.

```
class CData : public CObject {
private:
    CString m_text;
    int m_x, m_y;
    DECLARE_SERIAL(CData);                                        ⇐
        .
        .
        .
```

We also need a new function in the CData class: Serialize().

```
class CData : public CObject {
private:
    CString m_text;
    int m_x, m_y;
    DECLARE_SERIAL(CData);
public:
    CData() {m_text = CString(""); m_x = m_y = 0;}
    CString GetText() {return m_text;}
    void SetText(CString new_text) {m_text = new_text;}
    int GetX() {return m_x;}
    void SetX(int new_x) {m_x = new_x;}
    int GetY() {return m_y;}
    void SetY(int new_y) {m_y = new_y;}
    void Serialize(CArchive& archive);                            ⇐
};
```

The last step here is to write the Serialize() function. To do that, we add a new file to the project with the New item in the File menu — Cdata.cpp—which we start with the following code:

```
#include "stdafx.h"
#include "EditorDoc.h"

void CData::Serialize(CArchive &archive)
{

}
```

First, we call the CObject base class's Serialize function.

```
IMPLEMENT_SERIAL(CData, CObject, 0)
#include "stdafx.h"
#include "EditorDoc.h"

void CData::Serialize(CArchive &archive)
{
    CObject::Serialize(archive);                          ⇐
        .
        .
        .
}
```

Then, we add the code to serialize the three data members we want to work with here: m_x, m_y, and m_text.

```
#include "stdafx.h"
#include "EditorDoc.h"

void CData::Serialize(CArchive &archive)
{
    CObject::Serialize(archive);
    if(archive.IsStoring()){                              ⇐
        archive << m_x;                                   ⇐
        archive << m_y;                                   ⇐
        archive << m_text;                                ⇐
    }                                                     ⇐
    else{                                                 ⇐
        archive >> m_x;                                   ⇐
        archive >> m_y;                                   ⇐
        archive >> m_text;                                ⇐
    }                                                     ⇐
}
```

The final step is to add the code for the MFC serialization support, which we do with the IMPLEMENT_SERIAL macro.

```
#include "stdafx.h"
#include "EditorDoc.h"

void CData::Serialize(CArchive &archive)
{
    CObject::Serialize(archive);
```

```
    if(archive.IsStoring()){
        archive << m_x;
        archive << m_y;
        archive << m_text;
    }
    else{
        archive >> m_x;
        archive >> m_y;
        archive >> m_text;
    }
}

IMPLEMENT_SERIAL(CData, CObject, 0)                              ⇐
```

Version Numbering

The last parameter in the IMPLEMENT_SERIAL macro is a version number. Each time you update the version of your data object, you can increment this value if you wish.

All that remains is to add the correct code to the document's Serialize() function, and we do that as follows:

```
void CEditorDoc::Serialize(CArchive& ar)
{
    m_data.Serialize(ar);                                        ⇐
}
```

We've enabled file handling in our program; all the file-handling menu items are now active.

Setting the Editor Data File's Default Extension

We can set the default file extension associated with our data files by editing the IDR_EDITORTYPE resource string.

```
\nEditor\nEditor\n\n\nEditor.Document\nEditor Document
```

To make the default file extension for our files, say, .ed, we change that string this way:

```
\nEditor\nEditor\n\n.ed\nEditor.Document\nEditor Document        ⇐
```

Now the first document created by our program will be Editor1.ed, the second Editor2.ed, and so on.

We can do more here: We can register our file type with Windows so that when the user double-clicks a file with the .ed extension, it opens automatically in the Editor program.

Registering Editor's Files with Windows

Registering our file type with Windows is easy: We use EnableShellOpen() and RegisterShellFileTypes() in Editor.cpp's InitInstance() function after we've registered our document template.

```
CMultiDocTemplate* pDocTemplate;
pDocTemplate = new CMultiDocTemplate(
    IDR_EDITORTYPE,
    RUNTIME_CLASS(CEditorDoc),
    RUNTIME_CLASS(CChildFrame), // custom MDI child frame
    RUNTIME_CLASS(CEditorView));
AddDocTemplate(pDocTemplate);

EnableShellOpen();                                                    ⇐
RegisterShellFileTypes();                                             ⇐
```

Now, when the user clicks a file with the .ed extension, that file opens in the Editor application.

> **The Editor Icon**
>
> The icon used for .ed files will be IDR_MAINFRAME, and you can edit that icon by opening it in the Icon Editor by clicking it in the ResourceView's icon folder.

We've completed our data storage work in Editor for the moment, so let's now turn to the view. Our first step is to add a caret to a view.

Adding a Caret to a View

We're letting the user click the mouse in various locations in the view and then type text at the chosen location. That process is much easier if we place a caret—a flashing insertion point—into the view.

Some views, such as CEditView, come with a caret already supported, but the standard CView class does not. However, we can create our own cursor with the device context CreateSolidCaret() function, and we do that in OnDraw() because we are passed a pointer to the view's device context in that function. We start by creating a new flag in the view class, m_CaretFlag. If this flag is TRUE, the caret already has been created and installed; if FALSE, it has not. If the caret has not been created yet, we create it; when we do, we need to tailor it to the size of the characters in the view, so we fill a TEXTMETRIC structure.

```
void CEditorView::OnDraw(CDC* pDC)
{
    if(!m_CaretFlag){
        TEXTMETRIC textmetric;

        pDC->GetTextMetrics(&textmetric);
            .
            .
            .
    }
}
```

Next, we create the caret with CreateSolidCaret(), making it a quarter character wide and a full character tall.

```
void CEditorView::OnDraw(CDC* pDC)
{
    if(!m_CaretFlag){
        TEXTMETRIC textmetric;

        pDC->GetTextMetrics(&textmetric);

        CreateSolidCaret(textmetric.tmAveCharWidth/4, textmetric.tmHeight);
            .
            .
            .
    }
}
```

We keep track of the caret in a new CPoint object that we add to the view (a CPoint object has two data members, x and y), then use SetCaretPos() to set the caret position to (0, 0), and ShowCaret() to show the blinking caret.

```
void CEditorView::OnDraw(CDC* pDC)
{
    if(!m_CaretFlag){
        TEXTMETRIC textmetric;

        pDC->GetTextMetrics(&textmetric);
```

```
        CreateSolidCaret(textmetric.tmAveCharWidth/4, textmetric.tmHeight);
        caret.x = caret.y = 0;                                                  ⇐

        SetCaretPos(caret);                                                     ⇐

        ShowCaret();                                                            ⇐

        m_CaretFlag = true;                                                     ⇐
    }
}
```

Now our caret is installed. If characters need to be displayed, we do so using TextOut().

```
void CEditorView::OnDraw(CDC* pDC)
{
    if(!m_CaretFlag){
        TEXTMETRIC textmetric;

        pDC->GetTextMetrics(&textmetric);

        CreateSolidCaret(textmetric.tmAveCharWidth/4, textmetric.tmHeight);
        caret.x = caret.y = 0;

        SetCaretPos(caret);

        ShowCaret();

        m_CaretFlag = true;
    }

    CEditorDoc* pDoc = GetDocument();
    ASSERT_VALID(pDoc);

    CString out_string(pDoc->m_data.GetText());                                 ⇐

    pDC->TextOut(pDoc->m_data.GetX(), pDoc->m_data.GetY(), out_string);         ⇐
        .
        .
        .

}
```

Finally, we have to make sure the blinking caret appears at the end of the string of text in the view.

Updating the Caret's Position

To move the caret to the end of the text string on the screen, we can use the device context function GetTextExtent() to determine how long our string is. Before moving the caret, we first hide it, then find its new position, set the caret to that position, and show the caret again.

```
void CEditorView::OnDraw(CDC* pDC)
{
    if(!m_CaretFlag){
        .
        .
        .
    }

    CEditorDoc* pDoc = GetDocument();
    ASSERT_VALID(pDoc);

    CString out_string(pDoc->m_data.GetText());

    pDC->TextOut(pDoc->m_data.GetX(), pDoc->m_data.GetY(), out_string);

    HideCaret();                                                          ⇐

    caret.x = pDoc->m_data.GetX() + (pDC->GetTextExtent(pDoc-
>m_data.GetText())).cx;                                                   ⇐
    caret.y = pDoc->m_data.GetY();                                        ⇐

    SetCaretPos(caret);                                                   ⇐

    ShowCaret();                                                          ⇐
}
```

Our process is now complete and our program now supports a caret insertion point, as shown in Figure 5.1. Our next step is to add mouse support.

> **Moving the Caret**
>
> If you don't hide the caret before moving it, you often leave behind its image on the screen.

Figure 5.1 Supporting a caret.

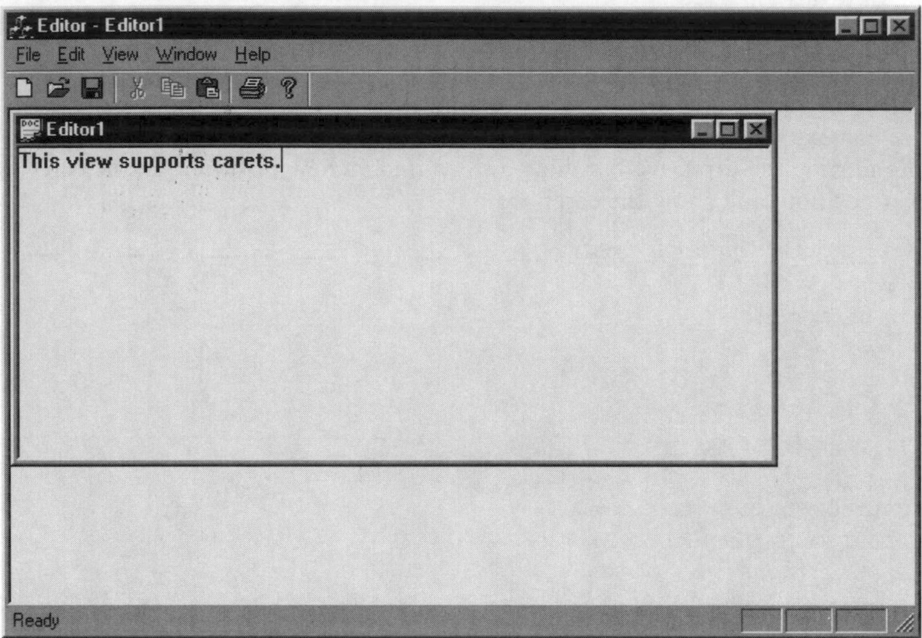

Adding Mouse Support

When the user clicks the view, we want to move the insertion point to the mouse location to allow the user to enter text there, so we need to add OnLButtonDown() to the view class.

```
void CEditorView::OnLButtonDown(UINT nFlags, CPoint point)
{
    // TODO: Add your message handler code here and/or call default
}
```

We start OnLButtonDown() by hiding the caret and updating its position.

```
void CEditorView::OnLButtonDown(UINT nFlags, CPoint point)
{
    HideCaret();

    CEditorDoc* pDoc = GetDocument();
    ASSERT_VALID(pDoc);

    pDoc->m_data.SetX(point.x);                                    ⇐
```

```
        caret.x = point.x;                                          ⇐
        pDoc->m_data.SetY(point.y);                                 ⇐
        caret.y = point.y;                                          ⇐
    }
```

Next, we show the caret again, clear the text, invalidate the screen, and set the modified flag.

```
void CEditorView::OnLButtonDown(UINT nFlags, CPoint point)
{
    HideCaret();

    CEditorDoc* pDoc = GetDocument();
    ASSERT_VALID(pDoc);

    pDoc->m_data.SetX(point.x);
    caret.x = point.x;
    pDoc->m_data.SetY(point.y);
    caret.y = point.y;

    ShowCaret();                                                    ⇐

    pDoc->m_data.SetText("");                                       ⇐

    Invalidate();                                                   ⇐

    pDoc->SetModifiedFlag(true);                                    ⇐
    pDoc->UpdateAllViews(this);                                     ⇐

    CView::OnLButtonDown(nFlags, point);
}
```

Now the Editor program lets the user click the mouse in the view and move the insertion point, as we see in Figure 5.2.

To indicate that the view accepts text input, we can change its default cursor (the caret indicates text input, and the cursor indicates mouse input) from the default arrow cursor to an I-beam cursor, which is a more standard cursor with text entry.

Changing the View's Default Cursor

To change the default cursor in the view to an I-beam cursor, we simply add the following line, customizing the window class style of the view as it's being created and loading in a new cursor:

Figure 5.2 Supporting the mouse.

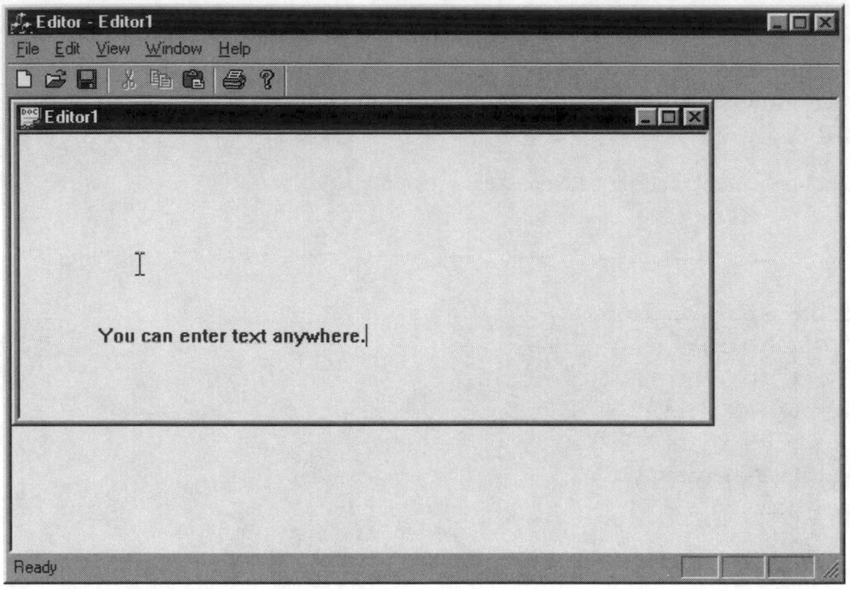


```
BOOL CEditorView::PreCreateWindow(CREATESTRUCT& cs)
{
    // TODO: Modify the Window class or styles here by modifying
    //  the CREATESTRUCT cs

    cs.lpszClass = AfxRegisterWndClass(CS_DBLCLKS,
AfxGetApp()->LoadStandardCursor(IDC_IBEAM), (HBRUSH)(COLOR_WINDOW + 1),
AfxGetApp()->LoadIcon(IDR_MAINFRAME));                                  ⇐

    return CView::PreCreateWindow(cs);
}
```

Now the default mouse cursor in our view is an I-beam, as shown in Figure 5.2.

Now that we've added a caret to our view, there's one more point to handle. When our program loses the input focus (that is, another window is clicked), we should hide the caret and show it again when our program regains the focus.

Gaining and Losing the Focus

The OnSetFocus() and OnKillFocus() functions let us handle gaining and losing the focus, so add them to Editor with ClassWizard.

```
void CEditorView::OnKillFocus(CWnd* pNewWnd)
{
    CView::OnKillFocus(pNewWnd);

    // TODO: Add your message handler code here
}

void CEditorView::OnSetFocus(CWnd* pOldWnd)
{
    CView::OnSetFocus(pOldWnd);

    // TODO: Add your message handler code here
}
```

All we do here is hide the caret when we lose the focus and show it again when we regain the focus.

```
void CEditorView::OnKillFocus(CWnd* pNewWnd)
{
    HideCaret();                                          ⇐

    CView::OnKillFocus(pNewWnd);

}
void CEditorView::OnSetFocus(CWnd* pOldWnd)
{

    ShowCaret();                                          ⇐

    CView::OnSetFocus(pOldWnd);

}
```

Now we're ready to start working with the clipboard.

Using the Clipboard

Using the clipboard in a text-oriented program usually requires enabling four operations:

- Selecting text
- Cutting text
- Copying text
- Pasting text

We see all those operations here, starting with selecting text.

Selecting Text

For brevity, we enable only one way of selecting text in Editor—selecting all the text at once. (It's fairly easy, if tedious, to enable character-by-character text selection with the mouse if you want to add that feature to the program.) Following the Windows convention, we allow the user to select all the text in the document by pressing Ctrl+A, and we also add a new item to the Edit menu: Select All.

Add the Select All item to the Edit menu now and connect an accelerator key to that item: Ctrl+A. In addition, we set up a new flag in the view class, m_SelectFlag, which we toggle when the user presses Ctrl+A or chooses Select All in the Edit menu in a handler function connected to that menu item.

```
void CEditorView::OnEditSelectall()
{
    m_SelectFlag = !m_SelectFlag;                                    ⇐
    Invalidate();                                                    ⇐
}
```

Now we can draw the text in classic selected style—that is, as white text on a black background—in OnDraw() if it's selected. We do that by setting the background color with the divide context function SetBkColor() and setting the text color with SetTextColor().

```
void CEditorView::OnDraw(CDC* pDC)
{
    if(!m_CaretFlag){
        TEXTMETRIC textmetric;

        pDC->GetTextMetrics(&textmetric);

        CreateSolidCaret(textmetric.tmAveCharWidth/4, textmetric.tmHeight);
        caret.x = caret.y = 0;

        SetCaretPos(caret);

        ShowCaret();

        m_CaretFlag = true;
    }

    CEditorDoc* pDoc = GetDocument();
    ASSERT_VALID(pDoc);
```

```
    CString out_string(pDoc->m_data.GetText());

    if(m_SelectFlag){                                          ⇐
        pDC->SetBkColor(RGB(0, 0, 0));                         ⇐
        pDC->SetTextColor(RGB(255, 255, 255,));                ⇐
    }                                                          ⇐
    else{                                                      ⇐
        pDC->SetBkColor(RGB(255, 255, 255));                   ⇐
        pDC->SetTextColor(RGB(0, 0, 0,));                      ⇐
    }                                                          ⇐

    pDC->TextOut(pDoc->m_data.GetX(), pDoc->m_data.GetY(), out_string);

    HideCaret();

    caret.x = pDoc->m_data.GetX() + (pDC->GetTextExtent
(pDoc->m_data.GetText())).cx;
    caret.y = pDoc->m_data.GetY();

    SetCaretPos(caret);

    ShowCaret();

}
```

Now when the user presses Ctrl+A or chooses the Select All item from the Edit menu, the text in the Editor program is selected, as shown in Figure 5.3.

Now that we're able to select text, we can copy it to the clipboard.

Copying Text

Copying text to the clipboard involves a little more work than you might think. The text we want to place into the clipboard is currently in the document, so we start by adding code to the Copy item in the Edit menu and getting a pointer to the document.

```
void CEditorView::OnEditCopy()
{
    CEditorDoc* pDoc = GetDocument();
    ASSERT_VALID(pDoc);
        .
        .
        .
```

Figure 5.3 The Editor program supports selecting text.

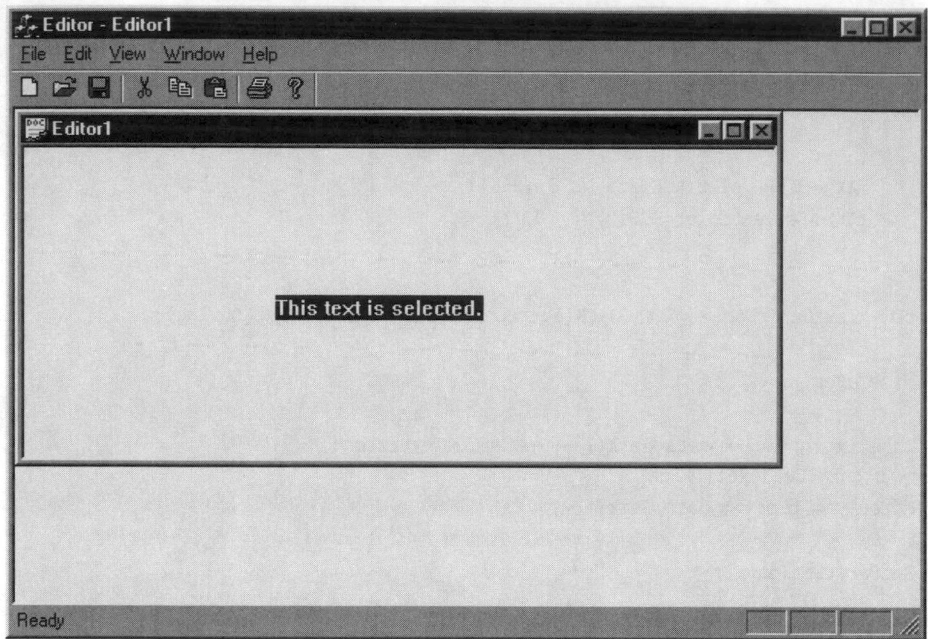

Next, we set up a block of global memory, which we can share between processes, to hold the text and get a handle to that block of memory.

```
void CEditorView::OnEditCopy()
{
    CEditorDoc* pDoc = GetDocument();
    ASSERT_VALID(pDoc);

    HGLOBAL MemoryHandle;                                            ⇐

    MemoryHandle = ::GlobalAlloc(GMEM_MOVEABLE | GMEM_DDESHARE,
pDoc->m_data.GetText().GetLength());                                 ⇐
        .
        .
        .
```

We get a char* pointer to that memory location, pMemory, with the GlobalLock() function, locking that memory for our use.

```
void CEditorView::OnEditCopy()
{
```

```
    CEditorDoc* pDoc = GetDocument();
    ASSERT_VALID(pDoc);

    HGLOBAL MemoryHandle;

    MemoryHandle = ::GlobalAlloc(GMEM_MOVEABLE | GMEM_DDESHARE,
pDoc->m_data.GetText().GetLength());

    char* pMemory;                                              ⇐

    pMemory = (char*)::GlobalLock(MemoryHandle);                ⇐
        .
        .
        .
```

Now that we have a pointer to global memory, we can copy the text from the document's m_data object to that memory location if we cast the data in the m_data object as a constant character text string and use the framework function ::lstrcpy(). Then we unlock the memory we've locked.

```
void CEditorView::OnEditCopy()
{
    CEditorDoc* pDoc = GetDocument();
    ASSERT_VALID(pDoc);

    HGLOBAL MemoryHandle;

    MemoryHandle = ::GlobalAlloc(GMEM_MOVEABLE | GMEM_DDESHARE,
pDoc->m_data.GetText().GetLength());

    char* pMemory;

    pMemory = (char*)::GlobalLock(MemoryHandle);

    ::lstrcpy(pMemory, (LPCTSTR)pDoc->m_data.GetText());        ⇐

    ::GlobalUnlock(MemoryHandle);                               ⇐
        .
        .
        .
```

Now that we've set things up, placing this memory into the clipboard is not hard. Here, we open the clipboard, empty it, place our data in it with SetClipboardData(), and close the clipboard:

```
void CEditorView::OnEditCopy()
{
    CEditorDoc* pDoc = GetDocument();
    ASSERT_VALID(pDoc);

    HGLOBAL MemoryHandle;

    MemoryHandle = ::GlobalAlloc(GMEM_MOVEABLE | GMEM_DDESHARE,
pDoc->m_data.GetText().GetLength());

    char* pMemory;

    pMemory = (char*)::GlobalLock(MemoryHandle);

    ::lstrcpy(pMemory, (LPCTSTR)pDoc->m_data.GetText());

    ::GlobalUnlock(MemoryHandle);

    OpenClipboard();                                              ⇐

    EmptyClipboard();                                             ⇐

    SetClipboardData(CF_TEXT, MemoryHandle);                      ⇐

    CloseClipboard();                                             ⇐
}
```

Finally, we enable the Copy menu item only if the user has selected some text, and we can determine that with the m_SelectFlag flag, which we put to use in OnUpdateCopy().

```
void CEditorView::OnUpdateEditCopy(CCmdUI* pCmdUI)
{
    pCmdUI->Enable(m_SelectFlag);                                 ⇐

}
```

Once the Editor program supports copying text to the clipboard, we can support cutting text.

Cutting Text

Cutting the text is basically the same function as copying it, except that we also clear the text in the document, and that looks like this in OnEditCut():

```
void CEditorView::OnEditCut()
{
    CEditorDoc* pDoc = GetDocument();
    ASSERT_VALID(pDoc);

    HGLOBAL MemoryHandle;

    MemoryHandle = ::GlobalAlloc(GMEM_MOVEABLE | GMEM_DDESHARE,
pDoc->m_data.GetText().GetLength());

    char* pMemory;

    pMemory = (char*)::GlobalLock(MemoryHandle);

    ::lstrcpy(pMemory, (LPCTSTR)pDoc->m_data.GetText());

    ::GlobalUnlock(MemoryHandle);

    OpenClipboard();

    EmptyClipboard();

    SetClipboardData(CF_TEXT, MemoryHandle);

    CloseClipboard();

    pDoc->m_data.SetText("");                                    ⇐

    Invalidate();
}
```

In addition, we enable the Cut item in the Edit menu by checking m_SelectFlag.

```
void CEditorView::OnUpdateEditCut(CCmdUI* pCmdUI)
{
    pCmdUI->Enable(m_SelectFlag);                                ⇐

}
```

Finally, we enable pasting of text in our application.

Pasting Text

Pasting text is the opposite of copying it. In this case, we start by opening the clipboard in OnEditPaste().

```
void CEditorView::OnEditPaste()
{
    OpenClipboard();                                              ⇐
        .
        .
        .
```

Next, we get a handle to the memory set aside for the clipboard with ::GetClipboardData() and a character pointer to that memory with GlobalLock().

```
void CEditorView::OnEditPaste()
{
    OpenClipboard();

    HANDLE MemoryHandle;                                          ⇐

    MemoryHandle = ::GetClipboardData(CF_TEXT);                   ⇐

    char* pMemory;                                                ⇐

    pMemory = (char*)::GlobalLock(MemoryHandle);                  ⇐
        .
        .
        .
```

The next step is to copy the data from the clipboard to the CString object in m_data.

```
void CEditorView::OnEditPaste()
{
    OpenClipboard();

    HANDLE MemoryHandle;

    MemoryHandle = ::GetClipboardData(CF_TEXT);

    char* pMemory;

    pMemory = (char*)::GlobalLock(MemoryHandle);

    CEditorDoc* pDoc = GetDocument();                             ⇐
    ASSERT_VALID(pDoc);                                           ⇐

    pDoc->m_data.SetText(pMemory);                                ⇐
```

```
.
.
.
```

All that's left is to unlock the memory, close the clipboard, and invalidate the view to redraw it.

```
void CEditorView::OnEditPaste()
{
    OpenClipboard();

    HANDLE MemoryHandle;

    MemoryHandle = ::GetClipboardData(CF_TEXT);

    char* pMemory;

    pMemory = (char*)::GlobalLock(MemoryHandle);

    CEditorDoc* pDoc = GetDocument();
    ASSERT_VALID(pDoc);

    pDoc->m_data.SetText(pMemory);

    ::GlobalUnlock(MemoryHandle);                                  ⇐

    ::CloseClipboard();                                            ⇐

    Invalidate();                                                  ⇐
}
```

Finally, we enable the Paste menu item only if there is data in the clipboard to paste. We determine that with the ::IsClipboardFormatAvailable() framework function.

```
void CEditorView::OnUpdateEditPaste(CCmdUI* pCmdUI)
{
    pCmdUI->Enable(::IsClipboardFormatAvailable(CF_TEXT));         ⇐
}
```

We've now enabled copying, cutting, pasting, and selecting text. Now we're using the clipboard in Visual C++. Next, we turn to printing and advanced printing topics.

Printing from the Editor Program

AppWizard has already prepared our program for printing—the Print, Print Preview, and Print Setup items are active. You can see how Print Preview looks in our program in Figure 5.4.

However, there's certainly more to consider here. For example, what if we had a multiple page document? We can set the number of pages to print in the OnBeginPrinting() function with the SetMinPage() and SetMaxPage() functions of the CPrintInfo object passed to us (note that here, pDC is a pointer to the printer's device context).

```
void CEditorView::OnBeginPrinting(CDC* pDC, CPrintInfo* pInfo)
{
    pInfo->SetMinPage(1);
    pInfo->SetMaxPage(2);
}
```

How Many Pages Will Your Document Be?

You can determine how many pages your document will be when printed with the device context function GetDeviceCaps().

In this case, we've made our document two pages long. In fact, the program prints two pages with the same text in it. If we really did have a two-page document, how could we switch to the second page when it's time to do so? We can do that in the OnPrepareDC() function, which is called for each page that is printed, just before it is printed.

Figure 5.4 Using Print Preview in the Editor program.

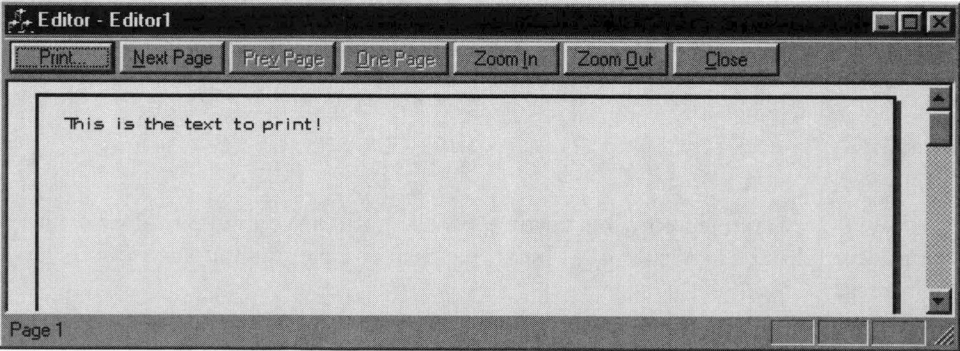

You can determine which page is currently being printed with the m_CurPage data member of the CPrintInfo object passed to us in OnPrepareDC. For example, if we wanted to print the second page in a new font, say 240-point Roman, we could put this code into OnPrepareDC(). Here, we create a new font and load it into the printer device context (note that you pass the point size to CreatePointFont() in tenths of a font, so we pass a value of 2400 for a 240-point font):

```
void CEditorView::OnPrepareDC(CDC* pDC, CPrintInfo* pInfo)
{
    if(!pInfo)                                                      ⇐
        return;                                                     ⇐

    CFont* font;                                                    ⇐

    font = new CFont();                                             ⇐

    font->CreatePointFont(2400, CString("Roman"));                  ⇐

    if(pInfo->m_nCurPage == 2){                                     ⇐
        pDC->SelectObject(font);                                    ⇐
    }

    CView::OnPrepareDC(pDC, pInfo);                                 ⇐
}
```

The new version of the second page appears in Print Preview in Figure 5.5. Now we're able to set device context characteristics by page. This is very useful if you have several pages to print, because you can move the origin of the printing

Figure 5.5 Setting font size and type by printed page in Editor.

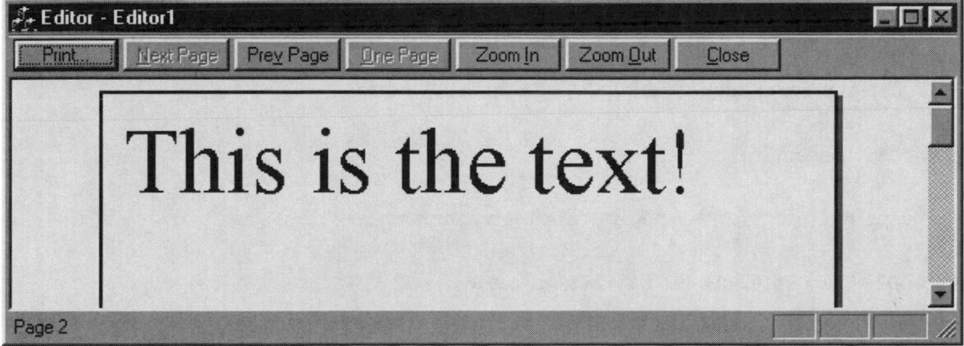

device context in OnPrepareDC() using the SetViewOrg() function to the beginning of the page about to be printed.

We can also use the OnPrint() function. This function is called when the page is printed, and you can override it to call OnDraw() yourself. For example, we might add a header to each page that is printed, displaying the current page's page number.

Printing a Header on Each Page

We create that header in a text string using the m_nCurPage member of the CPrintInfo objcct.

```
void CEditorView::OnPrint(CDC* pDC, CPrintInfo* pInfo)
{
    char header[20];

    wsprintf(header, "Page %ld", pInfo->m_nCurPage);
        .
        .
        .
```

Then we display the header in the page to be printed.

```
void CEditorView::OnPrint(CDC* pDC, CPrintInfo* pInfo)
{
    char header[20];

    wsprintf(header, "Page %ld", pInfo->m_nCurPage);

    pDC->TextOut(0, 0, header, strlen(header));                  ⇐
        .
        .
        .
}
```

Finally, we call OnDraw() to print the rest of the page.

```
void CEditorView::OnPrint(CDC* pDC, CPrintInfo* pInfo)
{
    char header[20];

    wsprintf(header, "Page %ld", pInfo->m_nCurPage);

    pDC->TextOut(0, 0, header, strlen(header));

    OnDraw(pDC);                                                 ⇐
```

```
    CView::OnPrint(pDC, pInfo);                                    ⇐
}
```

A page with a header about to be printed appears in Print Preview in Figure 5.6. Our printing work is a success.

That covers the Editor program. EditorDoc.h and EditorDoc.cpp appear in Listing 5.1, and EditorView.h and EditorView.cpp appear in Listing 5.2.

Figure 5.6 Adding a header to printed pages in Editor.

Listing 5.1 EditorDoc.h and EditorDoc.cpp

```
// EditorDoc.h : interface of the CEditorDoc class
//
/////////////////////////////////////////////////////////////////////////////

#if !defined(AFX_EDITORDOC_H__3FD89C6D_A149_11D1_887F_D42B07C10710__INCLUDED_)
#define AFX_EDITORDOC_H__3FD89C6D_A149_11D1_887F_D42B07C10710__INCLUDED_

#if _MSC_VER > 1000
#pragma once
#endif // _MSC_VER > 1000

class CData : public CObject {
private:
    CString m_text;
    int m_x, m_y;
    DECLARE_SERIAL(CData);
public:
    CData() {m_text = CString(""); m_x = m_y = 0;}
    CString GetText() {return m_text;}
    void SetText(CString new_text) {m_text = new_text;}
```

Continued

Listing 5.1 EditorDoc.h and EditorDoc.cpp *(Continued)*

```
    int GetX() {return m_x;}
    void SetX(int new_x) {m_x = new_x;}
    int GetY() {return m_y;}
    void SetY(int new_y) {m_y = new_y;}
    void Serialize(CArchive& archive);
};

class CEditorDoc : public CDocument
{
protected: // create from serialization only
    CEditorDoc();
    DECLARE_DYNCREATE(CEditorDoc)

// Attributes
public:
    CData m_data;
// Operations
public:
// Overrides
    // ClassWizard generated virtual function overrides
    //{{AFX_VIRTUAL(CEditorDoc)
    public:
    virtual BOOL OnNewDocument();
    virtual void Serialize(CArchive& ar);
    //}}AFX_VIRTUAL

// Implementation
public:
    virtual ~CEditorDoc();
#ifdef _DEBUG
    virtual void AssertValid() const;
    virtual void Dump(CDumpContext& dc) const;
#endif

protected:
    CString m_text;
// Generated message map functions
protected:
    //{{AFX_MSG(CEditorDoc)
        // NOTE - the ClassWizard will add and remove member functions here.
```

Listing 5.1 ***Continued***

```
        //    DO NOT EDIT what you see in these blocks of generated code !
    //}}AFX_MSG
    DECLARE_MESSAGE_MAP()
};

/////////////////////////////////////////////////////////////////////////////

//{{AFX_INSERT_LOCATION}}
// Microsoft Visual C++ will insert additional declarations immediately before the
previous line.

#endif // !defined(AFX_EDITORDOC_H__3FD89C6D_A149_11D1_887F_D42B07C10710__INCLUDED_)


// EditorDoc.cpp : implementation of the CEditorDoc class
//

#include "stdafx.h"
#include "Editor.h"

#include "EditorDoc.h"

#ifdef _DEBUG
#define new DEBUG_NEW
#undef THIS_FILE
static char THIS_FILE[] = __FILE__;
#endif

/////////////////////////////////////////////////////////////////////////////
// CEditorDoc

IMPLEMENT_DYNCREATE(CEditorDoc, CDocument)

BEGIN_MESSAGE_MAP(CEditorDoc, CDocument)
    //{{AFX_MSG_MAP(CEditorDoc)
        // NOTE - the ClassWizard will add and remove mapping macros here.
        //    DO NOT EDIT what you see in these blocks of generated code!
    //}}AFX_MSG_MAP
END_MESSAGE_MAP()
```

Continued

Listing 5.1 EditorDoc.h and EditorDoc.cpp *(Continued)*

```
/////////////////////////////////////////////////////////////////////////////
// CEditorDoc construction/destruction

CEditorDoc::CEditorDoc()
{
    // TODO: add one-time construction code here
}

CEditorDoc::~CEditorDoc()
{
}

BOOL CEditorDoc::OnNewDocument()
{
    if (!CDocument::OnNewDocument())
        return FALSE;

    // TODO: add reinitialization code here
    // (SDI documents will reuse this document)

    return TRUE;
}



/////////////////////////////////////////////////////////////////////////////
// CEditorDoc serialization

void CEditorDoc::Serialize(CArchive& ar)
{
    m_data.Serialize(ar);
}

/////////////////////////////////////////////////////////////////////////////
// CEditorDoc diagnostics

#ifdef _DEBUG
void CEditorDoc::AssertValid() const
{
    CDocument::AssertValid();
```

Listing 5.1 *Continued*

```
}

void CEditorDoc::Dump(CDumpContext& dc) const
{
    CDocument::Dump(dc);
}
#endif //_DEBUG

/////////////////////////////////////////////////////////////////////////////
// CEditorDoc commands
```

Listing 5.2 EditorView.h and EditorView.cpp

```
// EditorView.h : interface of the CEditorView class
//
/////////////////////////////////////////////////////////////////////////////

#if !defined(AFX_EDITORVIEW_H__3FD89C6F_A149_11D1_887F_D42B07C10710__INCLUDED_)
#define AFX_EDITORVIEW_H__3FD89C6F_A149_11D1_887F_D42B07C10710__INCLUDED_

#if _MSC_VER > 1000
#pragma once
#endif // _MSC_VER > 1000

class CEditorView : public CView
{
protected: // create from serialization only
    CEditorView();
    DECLARE_DYNCREATE(CEditorView)

// Attributes
public:
    CEditorDoc* GetDocument();

// Operations
public:

// Overrides
    // ClassWizard generated virtual function overrides
```

Continued

Listing 5.2 EditorView.h and EditorView.cpp *(Continued)*

```
    //{{AFX_VIRTUAL(CEditorView)
    public:
    virtual void OnDraw(CDC* pDC);  // overridden to draw this view
    virtual BOOL PreCreateWindow(CREATESTRUCT& cs);
    virtual void OnPrepareDC(CDC* pDC, CPrintInfo* pInfo = NULL);
    protected:
    virtual BOOL OnPreparePrinting(CPrintInfo* pInfo);
    virtual void OnBeginPrinting(CDC* pDC, CPrintInfo* pInfo);
    virtual void OnEndPrinting(CDC* pDC, CPrintInfo* pInfo);
    virtual void OnPrint(CDC* pDC, CPrintInfo* pInfo);
    //}}AFX_VIRTUAL

// Implementation
public:
    virtual ~CEditorView();
#ifdef _DEBUG
    virtual void AssertValid() const;
    virtual void Dump(CDumpContext& dc) const;
#endif

protected:
    int x, y;
    bool m_SelectFlag;
    bool m_CaretFlag;
    CPoint caret;

// Generated message map functions
protected:
    //{{AFX_MSG(CEditorView)
    afx_msg void OnChar(UINT nChar, UINT nRepCnt, UINT nFlags);
    afx_msg void OnLButtonDown(UINT nFlags, CPoint point);
    afx_msg void OnEditCopy();
    afx_msg void OnUpdateEditPaste(CCmdUI* pCmdUI);
    afx_msg void OnEditPaste();
    afx_msg void OnEditCut();
    afx_msg void OnEditSelectall();
    afx_msg void OnUpdateEditCut(CCmdUI* pCmdUI);
    afx_msg void OnUpdateEditCopy(CCmdUI* pCmdUI);
    afx_msg void OnKillFocus(CWnd* pNewWnd);
    afx_msg void OnSetFocus(CWnd* pOldWnd);
```

Listing 5.2 *Continued*

```
    //}}AFX_MSG
    DECLARE_MESSAGE_MAP()
};

#ifndef _DEBUG  // debug version in EditorView.cpp
inline CEditorDoc* CEditorView::GetDocument()
   { return (CEditorDoc*)m_pDocument; }
#endif

/////////////////////////////////////////////////////////////////////////////

//{{AFX_INSERT_LOCATION}}
// Microsoft Visual C++ will insert additional declarations immediately before the
previous line.

#endif //
!defined(AFX_EDITORVIEW_H__3FD89C6F_A149_11D1_887F_D42B07C10710__INCLUDED_)


// EditorView.cpp : implementation of the CEditorView class
//

#include "stdafx.h"
#include "Editor.h"

#include "EditorDoc.h"
#include "EditorView.h"

#ifdef _DEBUG
#define new DEBUG_NEW
#undef THIS_FILE
static char THIS_FILE[] = __FILE__;
#endif


/////////////////////////////////////////////////////////////////////////////
// CEditorView

IMPLEMENT_DYNCREATE(CEditorView, CView)
```

Continued

Listing 5.2 EditorView.h and EditorView.cpp *(Continued)*

```
BEGIN_MESSAGE_MAP(CEditorView, CView)
    //{{AFX_MSG_MAP(CEditorView)
    ON_WM_CHAR()
    ON_WM_LBUTTONDOWN()
    ON_COMMAND(ID_EDIT_COPY, OnEditCopy)
    ON_UPDATE_COMMAND_UI(ID_EDIT_PASTE, OnUpdateEditPaste)
    ON_COMMAND(ID_EDIT_PASTE, OnEditPaste)
    ON_COMMAND(ID_EDIT_CUT, OnEditCut)
    ON_COMMAND(ID_EDIT_SELECTALL, OnEditSelectall)
    ON_UPDATE_COMMAND_UI(ID_EDIT_CUT, OnUpdateEditCut)
    ON_UPDATE_COMMAND_UI(ID_EDIT_COPY, OnUpdateEditCopy)
    ON_WM_KILLFOCUS()
    ON_WM_SETFOCUS()
    //}}AFX_MSG_MAP
    // Standard printing commands
    ON_COMMAND(ID_FILE_PRINT, CView::OnFilePrint)
    ON_COMMAND(ID_FILE_PRINT_DIRECT, CView::OnFilePrint)
    ON_COMMAND(ID_FILE_PRINT_PREVIEW, CView::OnFilePrintPreview)
END_MESSAGE_MAP()

/////////////////////////////////////////////////////////////////////////////
// CEditorView construction/destruction

CEditorView::CEditorView()
{
    // TODO: add construction code here
    m_SelectFlag = false;
    caret.x = caret.y = 0;
    m_CaretFlag = false;

}

CEditorView::~CEditorView()
{
}

BOOL CEditorView::PreCreateWindow(CREATESTRUCT& cs)
{
    // TODO: Modify the Window class or styles here by modifying
    //  the CREATESTRUCT cs
```

Listing 5.2 *Continued*

```
    cs.lpszClass = AfxRegisterWndClass(CS_DBLCLKS, AfxGetApp()-
>LoadStandardCursor(IDC_IBEAM), (HBRUSH)(COLOR_WINDOW + 1), AfxGetApp()-
>LoadIcon(IDR_MAINFRAME));
    return CView::PreCreateWindow(cs);
}

//////////////////////////////////////////////////////////////////////////////
// CEditorView drawing

void CEditorView::OnDraw(CDC* pDC)
{
    if(!m_CaretFlag){
        TEXTMETRIC textmetric;

        pDC->GetTextMetrics(&textmetric);

        CreateSolidCaret(textmetric.tmAveCharWidth/4, textmetric.tmHeight);
        caret.x = caret.y = 0;

        SetCaretPos(caret);

        ShowCaret();

        m_CaretFlag = true;
    }

    CEditorDoc* pDoc = GetDocument();
    ASSERT_VALID(pDoc);

    CString out_string(pDoc->m_data.GetText());

    if(m_SelectFlag){
        pDC->SetBkColor(RGB(0, 0, 0));
        pDC->SetTextColor(RGB(255, 255, 255,));
    }
    else{
        pDC->SetBkColor(RGB(255, 255, 255));
        pDC->SetTextColor(RGB(0, 0, 0,));
    }
```

Continued

Listing 5.2 EditorView.h and EditorView.cpp *(Continued)*

```
    pDC->TextOut(pDoc->m_data.GetX(), pDoc->m_data.GetY(), out_string);

    HideCaret();

    caret.x = pDoc->m_data.GetX() + (pDC->GetTextExtent(pDoc-
>m_data.GetText())).cx;
    caret.y = pDoc->m_data.GetY();

    SetCaretPos(caret);

    ShowCaret();

    // TODO: add draw code for native data here
}

/////////////////////////////////////////////////////////////////////////////
// CEditorView printing

BOOL CEditorView::OnPreparePrinting(CPrintInfo* pInfo)
{
    // default preparation
    return DoPreparePrinting(pInfo);
}

void CEditorView::OnBeginPrinting(CDC* pDC, CPrintInfo* pInfo)
{
    pInfo->SetMinPage(1);
    pInfo->SetMaxPage(2);

    // TODO: add extra initialization before printing
}

void CEditorView::OnEndPrinting(CDC* /*pDC*/, CPrintInfo* /*pInfo*/)
{
    // TODO: add cleanup after printing
}

/////////////////////////////////////////////////////////////////////////////
// CEditorView diagnostics
```

Listing 5.2 *Continued*

```
#ifdef _DEBUG
void CEditorView::AssertValid() const
{
    CView::AssertValid();
}

void CEditorView::Dump(CDumpContext& dc) const
{
    CView::Dump(dc);
}

CEditorDoc* CEditorView::GetDocument() // non-debug version is inline
{
    ASSERT(m_pDocument->IsKindOf(RUNTIME_CLASS(CEditorDoc)));
    return (CEditorDoc*)m_pDocument;
}
#endif //_DEBUG

/////////////////////////////////////////////////////////////////////////////
// CEditorView message handlers

void CEditorView::OnChar(UINT nChar, UINT nRepCnt, UINT nFlags)
{
    // TODO: Add your message handler code here and/or call default
    CEditorDoc* pDoc = GetDocument();
    ASSERT_VALID(pDoc);

    if(nChar == '\b')
        pDoc->m_data.SetText(pDoc->m_data.GetText().Left(pDoc-
>m_data.GetText().GetLength() - 1));
    else
        pDoc->m_data.SetText(pDoc->m_data.GetText() += nChar);

    Invalidate();

    pDoc->SetModifiedFlag(true);
    pDoc->UpdateAllViews(this);

    CView::OnChar(nChar, nRepCnt, nFlags);
}
```

Continued

Listing 5.2 EditorView.h and EditorView.cpp *(Continued)*

```
void CEditorView::OnLButtonDown(UINT nFlags, CPoint point)
{
    // TODO: Add your message handler code here and/or call default

    HideCaret();

    CEditorDoc* pDoc = GetDocument();
    ASSERT_VALID(pDoc);

    pDoc->m_data.SetX(point.x);
    caret.x = point.x;
    pDoc->m_data.SetY(point.y);
    caret.y = point.y;

    ShowCaret();

    pDoc->m_data.SetText("");

    Invalidate();

    pDoc->SetModifiedFlag(true);
    pDoc->UpdateAllViews(this);

    CView::OnLButtonDown(nFlags, point);
}

void CEditorView::OnEditCopy()
{
    CEditorDoc* pDoc = GetDocument();
    ASSERT_VALID(pDoc);

    HGLOBAL MemoryHandle;

    MemoryHandle = ::GlobalAlloc(GMEM_MOVEABLE | GMEM_DDESHARE, pDoc-
>m_data.GetText().GetLength());

    char* pMemory;

    pMemory = (char*)::GlobalLock(MemoryHandle);
```

Listing 5.2 *Continued*

```
    ::lstrcpy(pMemory, (LPCTSTR)pDoc->m_data.GetText());

    ::GlobalUnlock(MemoryHandle);

    OpenClipboard();

    EmptyClipboard();

    SetClipboardData(CF_TEXT, MemoryHandle);

    CloseClipboard();

    // TODO: Add your command handler code here

}

void CEditorView::OnUpdateEditPaste(CCmdUI* pCmdUI)
{
    pCmdUI->Enable(::IsClipboardFormatAvailable(CF_TEXT));
    // TODO: Add your command update UI handler code here

}

void CEditorView::OnEditPaste()
{
    OpenClipboard();

    HANDLE MemoryHandle;

    MemoryHandle = ::GetClipboardData(CF_TEXT);

    char* pMemory;

    pMemory = (char*)::GlobalLock(MemoryHandle);

    CEditorDoc* pDoc = GetDocument();
    ASSERT_VALID(pDoc);

    pDoc->m_data.SetText(pMemory);
```

Continued

Listing 5.2 EditorView.h and EditorView.cpp *(Continued)*

```
    ::GlobalUnlock(MemoryHandle);

    ::CloseClipboard();

    Invalidate();

    // TODO: Add your command handler code here

}

void CEditorView::OnEditCut()
{
    CEditorDoc* pDoc = GetDocument();
    ASSERT_VALID(pDoc);

    HGLOBAL MemoryHandle;

    MemoryHandle = ::GlobalAlloc(GMEM_MOVEABLE | GMEM_DDESHARE, pDoc-
>m_data.GetText().GetLength());

    char* pMemory;

    pMemory = (char*)::GlobalLock(MemoryHandle);

    ::lstrcpy(pMemory, (LPCTSTR)pDoc->m_data.GetText());

    ::GlobalUnlock(MemoryHandle);

    OpenClipboard();

    EmptyClipboard();

    SetClipboardData(CF_TEXT, MemoryHandle);

    CloseClipboard();

    pDoc->m_data.SetText("");

    Invalidate();
```

Listing 5.2 *Continued*

```
    // TODO: Add your command handler code here

}

void CEditorView::OnEditSelectall()
{
    m_SelectFlag = !m_SelectFlag;
    Invalidate();

    // TODO: Add your command handler code here

}

void CEditorView::OnUpdateEditCut(CCmdUI* pCmdUI)
{
    pCmdUI->Enable(m_SelectFlag);

    // TODO: Add your command update UI handler code here

}

void CEditorView::OnUpdateEditCopy(CCmdUI* pCmdUI)
{
    pCmdUI->Enable(m_SelectFlag);

    // TODO: Add your command update UI handler code here

}

void CEditorView::OnPrepareDC(CDC* pDC, CPrintInfo* pInfo)
{
    // TODO: Add your specialized code here and/or call the base class

    if(!pInfo)
        return;

    CFont* font;

    font = new CFont();
```

Continued

Listing 5.2 EditorView.h and EditorView.cpp *(Continued)*

```
    font->CreatePointFont(2400, CString("Roman"));

    if(pInfo->m_nCurPage == 2){
        pDC->SelectObject(font);
    }

    CView::OnPrepareDC(pDC, pInfo);
}

void CEditorView::OnKillFocus(CWnd* pNewWnd)
{
    HideCaret();

    CView::OnKillFocus(pNewWnd);

    // TODO: Add your message handler code here

}

void CEditorView::OnSetFocus(CWnd* pOldWnd)
{

    ShowCaret();

    CView::OnSetFocus(pOldWnd);

    // TODO: Add your message handler code here

}

void CEditorView::OnPrint(CDC* pDC, CPrintInfo* pInfo)
{
    // TODO: Add your specialized code here and/or call the base class

    char header[20];

    wsprintf(header, "Page %ld", pInfo->m_nCurPage);

    pDC->TextOut(0, 0, header, strlen(header));
```

Listing 5.2 *Continued*

```
    OnDraw(pDC);
    CView::OnPrint(pDC, pInfo);
}
```

What's Ahead

In the next chapter, we start working with a more involved topic: advanced graphics, including metafiles and screen capture. We learn some powerful and popular techniques that will save us a lot of time, so we turn to that now.

Advanced Screen and Metafile Graphics

6

In this chapter, we work with some advanced graphics topics, both on the screen and in graphics metafiles. We explore screen graphics by seeing how to implement *screen capture*—copying a selection from the screen and copying it to the clipboard. This shows us a number of things: how to work with and copy bitmaps at a low level, how to get a device context for the entire screen, how to capture mouse events that happen outside our window, and more.

Next, we spend time solving one of the oldest problems for Windows programmers—refreshing a window when it needs to be refreshed. If the graphics in your window are complex or depend on many user actions, it can be difficult to restore them easily when the time comes to do so. Here, we use *metafiles*—memory or disk files that store device context actions—to provide an easy way to store what's gone into your display and restore that display as needed by *replaying* the metafile.

We start with screen capture, into which we put a lot of Visual C++ power.

Screen Capture

Our screen capture program, Copier, lets the user copy part or all of the screen, displays what's been copied, and allows it to be placed into the clipboard. Users need only outline the area of the screen they want to copy using the mouse, and we can capture it.

Create a new MDI project named Copier and open ClassWizard. We start by working with the mouse.

Capturing the Mouse

In the Copier program, we need to *capture* the mouse so that we can use the mouse even though it goes outside our program's window. When we've captured the mouse, we are able to let the user draw a box on the screen to enclose the part of the screen they want to capture.

Recent versions of Windows have some security concerns with mouse capture—especially by hostile programs—so there are some new rules. Instead of letting a program capture the mouse without restriction, the program that captures the mouse must first own the mouse. Because of this, to capture the mouse, the user must first press the left mouse button in our program, then drag the mouse to the location they want to copy on the screen. While keeping the left mouse button down, they can then use the right mouse button to outline the area to capture; when they release the right mouse button, we are able to capture the area they've outlined.

The mouse capture process begins when the left mouse button goes down, so we start by adding OnLButtonDown() to the view class.

```
void CCopierView::OnLButtonDown(UINT nFlags, CPoint point)
{
    // TODO: Add your message handler code here and/or call default

    CView::OnLButtonDown(nFlags, point);
}
```

We begin by capturing the mouse using SetCapture().

```
void CCopierView::OnLButtonDown(UINT nFlags, CPoint point)
{
    SetCapture();                                              ⇐
        .
        .
        .

    CView::OnLButtonDown(nFlags, point);
}
```

Now we get all mouse messages until we either release the mouse ourselves or the left mouse button goes up. Because the capture operation has started, we set a new flag, CaptureFlag, to true and add it to the view class's header.

```
void CCopierView::OnLButtonDown(UINT nFlags, CPoint point)
{
    SetCapture();
    CaptureFlag = true;                                        ⇐
        .
        .
        .

    CView::OnLButtonDown(nFlags, point);
}
```

We support another flag here, DrawFlag (add that flag to the view class's header as well), which indicates whether the user is using the right mouse button to outline the area on the screen to capture (in this case we should be drawing a rectangle the user can stretch to outline that area). When the left mouse button goes down, we set DrawFlag to false.

```
void CCopierView::OnLButtonDown(UINT nFlags, CPoint point)
{
    SetCapture();
    CaptureFlag = true;                                          ⇐
    DrawFlag = false;                                            ⇐

    CView::OnLButtonDown(nFlags, point);
}
```

When the left mouse button goes up, the capturing process is over, so we release the mouse and set our two flags to false in OnLButtonUp().

```
void CCopierView::OnLButtonUp(UINT nFlags, CPoint point)
{
    ReleaseCapture();                                            ⇐
    CaptureFlag = false;                                         ⇐
    DrawFlag = false;                                            ⇐

    CView::OnLButtonUp(nFlags, point);
}
```

Now that we've captured the mouse, we put it to work. When the user uses the right mouse button, an area on the screen is outlined. We can stretch a rectangle over that area to indicate the capture area. To draw that rectangle outside our own window, we have to get a device context for the entire screen.

Drawing Anywhere on the Screen

When the user presses the right mouse button (and while the left mouse button is still pressed), we start drawing the outline rectangle on the screen to indicate the capture area. As soon as the right mouse button goes down, we set DrawFlag to true in OnRButtonDown().

```
void CCopierView::OnRButtonDown(UINT nFlags, CPoint point)
{
    if(CaptureFlag){

        DrawFlag = true;                                         ⇐
            .
```

```
            .
            .
    }

    CView::OnRButtonDown(nFlags, point);
}
```

In addition, we save the point at which the right mouse button went down, because that point marks one corner of the capture area. We call that point the anchor point.

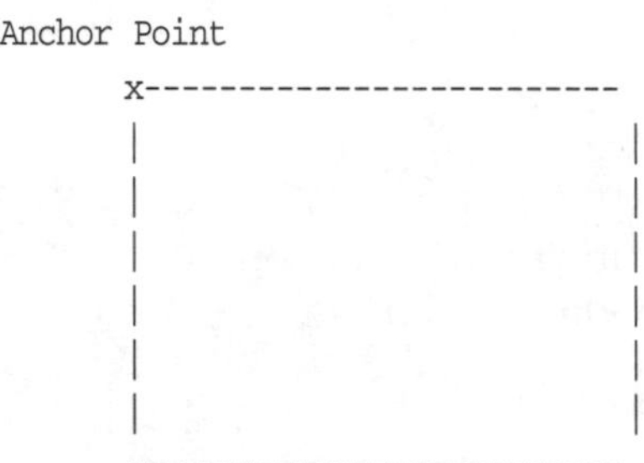

How do we get this point if it's outside our window? We use the special function GetMessagePos(), which returns the current location of the mouse in screen coordinates (as opposed to the point passed to us in the point parameter, which is a client coordinate). We store the anchor point in a new CPoint object that we add to the view, AnchorPoint.

```
void CCopierView::OnRButtonDown(UINT nFlags, CPoint point)
{
    if(CaptureFlag){

        DrawFlag = true;

        AnchorPoint = GetMessagePos();                              ⇐
    }

    CView::OnRButtonDown(nFlags, point);
}
```

This is all it takes to record the anchor point for our drawing work. When the user moves the mouse to a new location while keeping the right and left mouse buttons pressed, we record the new mouse location in OnMouseMove() and call that new location CurrentPoint.

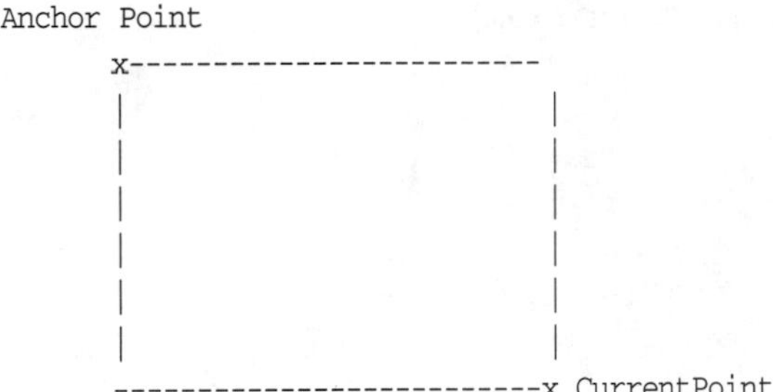

After the rectangle is drawn to the current location, we call that location the previous point to prepare for additional mouse moves.

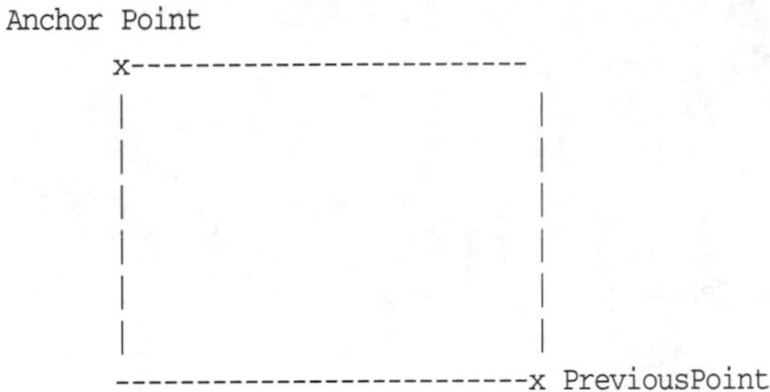

If the mouse moves again, there is a new current point, so we erase the rectangle that stretches from the anchor point to the previous point and redraw the rectangle from the anchor point to the new current point.

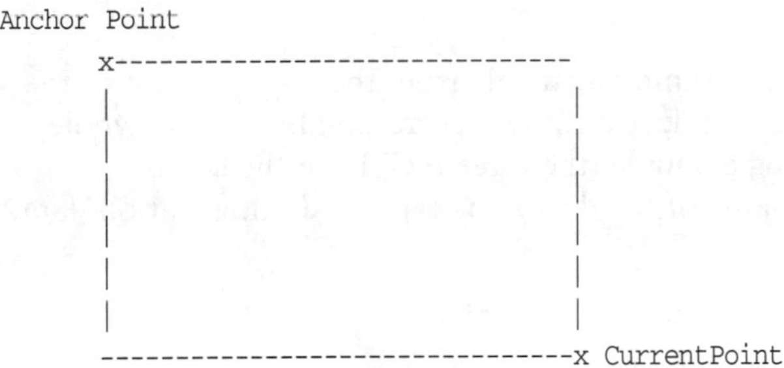

That's the way our drawing process works. Let's start implementing this process in OnMouseMove() now.

Stretching Graphics Figures

We draw the outlining rectangle in OnMouseMove(), and as the mouse moves, the program gives the impression that the user is stretching a rectangle over the capture site. We start OnMouseMove() by making sure that we're capturing the screen and that we're supposed to draw the outlining rectangle.

```
void CCopierView::OnMouseMove(UINT nFlags, CPoint point)
{
    if(CaptureFlag && DrawFlag){                                    ⇐
        .
        .
        .
    }                                                               ⇐

    CView::OnMouseMove(nFlags, point);
}
```

If the drawing process has begun, we get the current location of the mouse in screen coordinates.

```
void CCopierView::OnMouseMove(UINT nFlags, CPoint point)
{
    if(CaptureFlag && DrawFlag){
        CDC ScreenDC;

        CPoint CurrentPoint = GetMessagePos();                      ⇐
            .
            .
            .
    }

    CView::OnMouseMove(nFlags, point);
}
```

The next step is to draw the outlining rectangle from the anchor point to the current point. To do that, we need a device context corresponding to the whole screen, as shown in the following example (the three NULLs in the call to CreateDC() correspond to the name of the device, its type, and initialization data, none of which we need here):

```
void CCopierView::OnMouseMove(UINT nFlags, CPoint point)
{
    if(CaptureFlag && DrawFlag){
        CDC ScreenDC;

        CPoint CurrentPoint = GetMessagePos();

        ScreenDC.CreateDC("DISPLAY", NULL, NULL, NULL);             ⇐
            .
            .
            .
```

```
    }

    CView::OnMouseMove(nFlags, point);
}
```

Now we can draw the rectangle itself from the anchor point to the current point. To make sure the rectangle is not filled in, we select the null brush in the device context and set the ROP2 mode to R2_NOT.

```
void CCopierView::OnMouseMove(UINT nFlags, CPoint point)
{
    if(CaptureFlag && DrawFlag){
        CDC ScreenDC;

        CPoint CurrentPoint = GetMessagePos();

        ScreenDC.CreateDC("DISPLAY", NULL, NULL, NULL);
        ScreenDC.SelectStockObjcct(NULL_BRUSH);          ⇐
        ScreenDC.SetROP2(R2_NOT);                         ⇐
                    .
                    .
                    .
    }

    CView::OnMouseMove(nFlags, point);
}
```

Device Context Brushes

When you draw figures in device contexts, you use a pen to draw and a brush to fill in figures. You can specify hatch styles and colors when creating a brush type; some of the standard hatch styles include: HS_BDIAGONAL, HS_CROSS, HS_DIAGCROSS, HS_FDIAGONAL, HS_HORIZONTAL, and HS_VERTICAL.

Binary Raster Operations

What's the ROP2 mode? ROP2 is shorthand for binary raster operation, which is the way bit-by-bit drawing is handled on the screen. In this case, we're setting the ROP2 mode to R2_NOT, which means that everything we draw is the inverse of what's on the screen. This makes life simpler for us, because if we redraw the same rectangle in this mode, that rectangle disappears.

The ROP2 modes appear in Table 6.1.

Table 6.1 ROP2 Modes

ROP2 Mode	Means
R2_BLACK	Pixel is always black.
R2_COPYPEN	Pixel is the pen color.
R2_MASKNOTPEN	Pixel is a combination of the colors common to both the screen and the inverse of the pen (final pixel = (NOT pen) AND screen pixel).
R2_MASKPEN	Pixel is a combination of the colors common to both the pen and the screen (final pixel = pen AND screen pixel).
R2_MASKPENNOT	Pixel is a combination of the colors common to both the pen and the inverse of the screen (final pixel = (NOT screen pixel) AND pen).
R2_MERGENOTPEN	Pixel is a combination of the screen color and the inverse of the pen color (final pixel = (NOT pen) OR screen pixel).
R2_MERGEPEN	Pixel is a combination of the pen color and the screen color (final pixel = pen OR screen pixel).
R2_MERGEPENNOT	Pixel is a combination of the pen color and the inverse of the screen color (final pixel = (NOT screen pixel) OR pen).
R2_NOP	Pixel remains unchanged.
R2_NOT	Pixel is the inverse of the screen color.
R2_NOTCOPYPEN	Pixel is the inverse of the pen color.
R2_NOTMASKPEN	Pixel is the inverse of the R2_MASKPEN color (final pixel = NOT(pen AND screen pixel)).
R2_NOTMERGEPEN	Pixel is the inverse of the R2_MERGEPEN color (final pixel = NOT(pen OR screen pixel)).
R2_NOTXORPEN	Pixel is the inverse of the R2_XORPEN color (final pixel = NOT(pen XOR screen pixel)).
R2_WHITE	Pixel is always white.
R2_XORPEN	Pixel is a combination of the colors that are in the pen or in the screen, but not in both (final pixel = pen XOR screen pixel).

Finally, we draw the rectangle from the anchor point to the previous point to erase the last rectangle and then from the anchor point to the current point to draw the new rectangle.

```
void CCopierView::OnMouseMove(UINT nFlags, CPoint point)
{
    if(CaptureFlag && DrawFlag){
        CDC ScreenDC;

        CPoint CurrentPoint = GetMessagePos();

        ScreenDC.CreateDC("DISPLAY", NULL, NULL, NULL);
        ScreenDC.SelectStockObject(NULL_BRUSH);
        ScreenDC.SetROP2(R2_NOT);

        ScreenDC.Rectangle(CRect(PreviousPoint, AnchorPoint));     ⇐
        ScreenDC.Rectangle(CRect(AnchorPoint, CurrentPoint));      ⇐
            .
            .
            .
    }

    CView::OnMouseMove(nFlags, point);
}
```

Note that if there was no previous point set, this would be a problem the first time we drew a rectangle because we'd be drawing a wild rectangle. To avoid that, we set the previous point to the anchor point when the right mouse button first goes down in OnRButtonDown().

```
void CCopierView::OnRButtonDown(UINT nFlags, CPoint point)
{

    if(CaptureFlag){
        DrawFlag = true;

        AnchorPoint = GetMessagePos();
        PreviousPoint = AnchorPoint;                               ⇐
    }

    CView::OnRButtonDown(nFlags, point);
}
```

Our final step in mouse move is to make the current point the previous point now that the rectangle has been redrawn and will be drawn over the next time.

```
void CCopierView::OnMouseMove(UINT nFlags, CPoint point)
{
```

```
    if(CaptureFlag && DrawFlag){
        CDC ScreenDC;

        CPoint CurrentPoint = GetMessagePos();

        ScreenDC.CreateDC("DISPLAY", NULL, NULL, NULL);
        ScreenDC.SelectStockObject(NULL_BRUSH);
        ScreenDC.SetROP2(R2_NOT);

        ScreenDC.Rectangle(CRect(PreviousPoint, AnchorPoint));
        ScreenDC.Rectangle(CRect(AnchorPoint, CurrentPoint));

        PreviousPoint = CurrentPoint;                          ⇐
    }

    CView::OnMouseMove(nFlags, point);
}
```

We've outlined the capture site on the screen; all that remains now is to capture it.

Capturing Bits from the Screen

When the user releases the right mouse button, our program should do three things. It should erase the last rectangle drawn on the screen, copy the capture site to the program's view, and copy the capture site to the clipboard so other programs can make use of what's been captured.

We start by erasing the last rectangle drawn on the screen; that rectangle stretches from the anchor point to the previous point, so that process looks like this in OnRButtonUp() (note that since we're about to complete the capture, we set DrawFlag to false):

```
void CCopierView::OnRButtonUp(UINT nFlags, CPoint point)
{
    if(CaptureFlag && DrawFlag){

        DrawFlag = false;

        int Width, Height;
        CPoint CurrentPoint = GetMessagePos();
        CDC ScreenDC;

        ScreenDC.CreateDC("DISPLAY", NULL, NULL, NULL);
        ScreenDC.SelectStockObject(NULL_BRUSH);
        ScreenDC.SetROP2(R2_NOT);
```

```
        ScreenDC.Rectangle(CRect(AnchorPoint, PreviousPoint));
                .
                .
                .
    CView::OnRButtonUp(nFlags, point);
}
```

Now we copy the capture site from the screen to the clipboard.

Placing a Bitmap in the Clipboard

We've already seen how to copy text to the clipboard using the clipboard format CF_TEXT; now we use the bitmap format, CF_BITMAP.

To do the actual copying, we use the powerful BitBlt() function. This function needs to know the upper left point at which to start copying bits as well as the width and height of the bitmap to copy. That bitmap stretches on the screen from the anchor point to the current point, so we find the upper left corner, width, and height as shown in the following example:

```
void CCopierView::OnRButtonUp(UINT nFlags, CPoint point)
{
    if(CaptureFlag && DrawFlag){

        DrawFlag = false;

        int Width, Height;
        CPoint CurrentPoint = GetMessagePos();
        CDC ScreenDC;

        ScreenDC.CreateDC("DISPLAY", NULL, NULL, NULL);
        ScreenDC.SelectStockObject(NULL_BRUSH);
        ScreenDC.SetROP2(R2_NOT);

        ScreenDC.Rectangle(CRect(AnchorPoint, PreviousPoint));

        CPoint LeftUpper(min(AnchorPoint.x, CurrentPoint.x), min(AnchorPoint.y,
CurrentPoint.y));                                                      ⇐

        Height = abs(AnchorPoint.y - CurrentPoint.y);                  ⇐
        Width = abs(AnchorPoint.x - CurrentPoint.x);                   ⇐
            .
            .
            .
```

We also need a new bitmap to copy the bitmap to; to use BitBlt() with that new bitmap, we have to embed that new bitmap in a memory device context.

We create a new memory context that is compatible with the one we've already created for the screen, ScreenDC, and a new bitmap also compatible with that device context. Next, we load the new bitmap into the memory device context.

```
void CCopierView::OnRButtonUp(UINT nFlags, CPoint point)
{
    if(CaptureFlag && DrawFlag){
            .
            .
            .
        Height = abs(AnchorPoint.y - CurrentPoint.y);
        Width = abs(AnchorPoint.x - CurrentPoint.x);

        CDC MemoryDC;                                                   ⇐
        CBitmap bitmap;                                                 ⇐

        MemoryDC.CreateCompatibleDC(&ScreenDC);                         ⇐
        bitmap.CreateCompatibleBitmap(&ScreenDC, Width, Height);        ⇐
        MemoryDC.SelectObject(&bitmap);                                 ⇐
            .
            .
            .
    }

    CView::OnRButtonUp(nFlags, point);
}
```

We're ready to use BitBlt(). We pass that function the location in destination rectangle, (0, 0); the width and height of the bitmap to copy; a pointer to the source device context and the location of the source bitmap in that device context; and a constant, SRCCOPY, to indicate that we want to copy the bitmap as is without modification.

```
void CCopierView::OnRButtonUp(UINT nFlags, CPoint point)
{
    if(CaptureFlag && DrawFlag){

        DrawFlag = false;
            .
            .
            .
        MemoryDC.CreateCompatibleDC(&ScreenDC);
        bitmap.CreateCompatibleBitmap(&ScreenDC, Width, Height);
        MemoryDC.SelectObject(&bitmap);
```

```
        MemoryDC.BitBlt(0, 0, Width, Height, &ScreenDC, LeftUpper.x, LeftUpper.y,
SRCCOPY);                                                                        ⇐
              .
              .
              .
```

We set the last parameter in the call to BitBlt() to SRCCOPY to make a faithful copy of the bitmap. The other possibilities appear in Table 6.2.

Table 6.2 BitBlt() Parameters

BitBlt() Parameter	Does this
BLACKNESS	Turns all output black.
DSTINVERT	Inverts the destination bitmap.
MERGECOPY	Combines the pattern and the source bitmap using the Boolean AND operator.
MERGEPAINT	Combines the inverted source bitmap with the destination bitmap using the Boolean OR operator.
NOTSRCCOPY	Copies the inverted source bitmap to the destination.
NOTSRCERASE	Inverts the result of combining the destination and source bitmaps using the Boolean OR operator.
PATCOPY	Copies the pattern to the destination bitmap.
PATINVERT	Combines the destination bitmap with the pattern using the Boolean XOR operator.
PATPAINT	Combines the inverted source bitmap with the pattern using the Boolean OR operator. Combines the result of this operation with the destination bitmap using the Boolean OR operator.
SRCAND	Combines pixels of the destination and source bitmaps using the Boolean AND operator.
SRCCOPY	Copies the source bitmap to the destination bitmap.
SRCERASE	Inverts the destination bitmap and combines the result with the source bitmap using the Boolean AND operator.
SRCINVERT	Combines pixels of the destination and source bitmaps using the Boolean XOR operator.
SRCPAINT	Combines pixels of the destination and source bitmaps using the Boolean OR operator.
WHITENESS	Turns all output white.

Now that we've copied the capture region from the screen to out bitmap in memory, we can place it into the clipboard. We do that by opening and emptying the clipboard, using SetClipboardData() to place the data in the clipboard and closing the clipboard again:

```
void CCopierView::OnRButtonUp(UINT nFlags, CPoint point)
{
    if(CaptureFlag && DrawFlag){

        DrawFlag = false;
            .
            .
            .
        MemoryDC.CreateCompatibleDC(&ScreenDC);
        bitmap.CreateCompatibleBitmap(&ScreenDC, Width, Height);
        MemoryDC.SelectObject(&bitmap);

        MemoryDC.BitBlt(0, 0, Width, Height, &ScreenDC, LeftUpper.x, LeftUpper.y,
SRCCOPY);

        OpenClipboard();                                                    ⇐
        EmptyClipboard();                                                   ⇐

        SetClipboardData(CF_BITMAP, HBITMAP(bitmap));                       ⇐

        CloseClipboard();                                                   ⇐
            .
            .
            .
    }

    CView::OnRButtonUp(nFlags, point);
}
```

This enables the user to use our program to copy sections of the screen into the clipboard. The last step in this program is to display the bitmap in the view.

Displaying a Bitmap in a View

To copy the data in our bitmap to the program's view, we simply use BitBlt() one more time, this time to the client device context we've already set up—ScreenDC:

```
void CCopierView::OnRButtonUp(UINT nFlags, CPoint point)
{
    if(CaptureFlag && DrawFlag){
```

```
        DrawFlag = false;
            .
            .
            .
        MemoryDC.CreateCompatibleDC(&ScreenDC);
        bitmap.CreateCompatibleBitmap(&ScreenDC, Width, Height);
        MemoryDC.SelectObject(&bitmap);

        MemoryDC.BitBlt(0, 0, Width, Height, &ScreenDC, LeftUpper.x, LeftUpper.y,
SRCCOPY);

        OpenClipboard();
        EmptyClipboard();

        SetClipboardData(CF_BITMAP, HBITMAP(bitmap));

        CloseClipboard();

        CClientDC dc(this);                                                    ⇐
        dc.BitBlt(0, 0, Width, Height, &ScreenDC, LeftUpper.x, LeftUpper.y, SRC-
COPY);                                                                         ⇐
    }

    CView::OnRButtonUp(nFlags, point);
}
```

You are now ready to run the program. Press and hold the left mouse button in the program, then move to the beginning of the capture area. Drag the right mouse button over the capture area, drawing a rectangle, as shown in Figure 6.1.

When you release the right mouse button, the captured region is copied to the clipboard and to our program's view, as shown in Figure 6.2. Now we're able to perform screen capture.

The code for this example, CopierView.h and CopierView.cpp, appear in Listing 6.1.

Listing 6.1 CopierView.h and CopierView.cpp

```
// CopierView.h : interface of the CCopierView class
//
/////////////////////////////////////////////////////////////////////////////

#if !defined(AFX_COPIERVIEW_H__44745D0F_A238_11D1_887F_D42B07C10710__INCLUDED_)
#define AFX_COPIERVIEW_H__44745D0F_A238_11D1_887F_D42B07C10710__INCLUDED_
```

Continued

Figure 6.1 Capturing the screen.

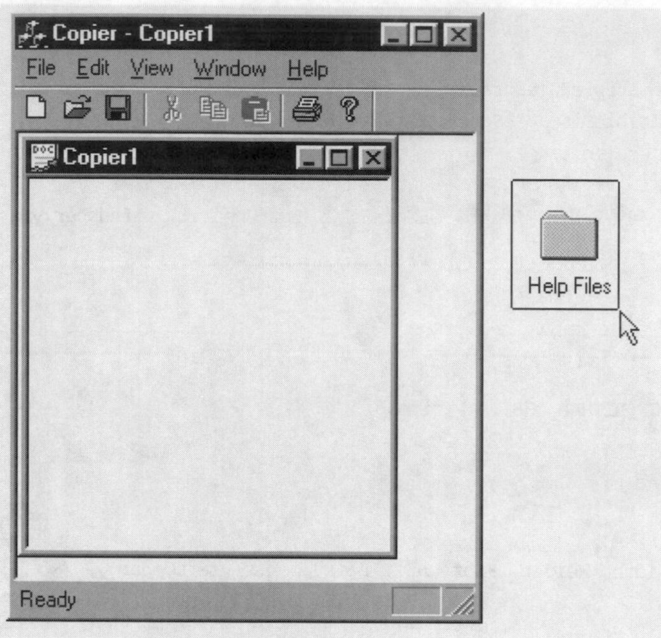

Listing 6.1 CopierView.h and CopierView.cpp *(Continued)*

```
#if _MSC_VER > 1000
#pragma once
#endif // _MSC_VER > 1000

class CCopierView : public CView
{
protected: // create from serialization only
    CCopierView();
    DECLARE_DYNCREATE(CCopierView)
    bool CaptureFlag, DrawFlag;
    CPoint AnchorPoint, PreviousPoint;

// Attributes
public:
    CCopierDoc* GetDocument();

// Operations
```

Figure 6.2 We support screen capture.

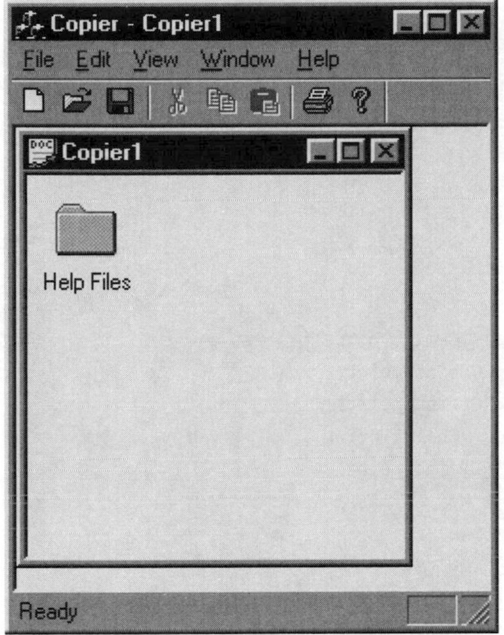

Listing 6.1 *Continued*

```
public:

// Overrides
    // ClassWizard generated virtual function overrides
    //{{AFX_VIRTUAL(CCopierView)
    public:
    virtual void OnDraw(CDC* pDC);  // overridden to draw this view
    virtual BOOL PreCreateWindow(CREATESTRUCT& cs);
    protected:
    virtual BOOL OnPreparePrinting(CPrintInfo* pInfo);
    virtual void OnBeginPrinting(CDC* pDC, CPrintInfo* pInfo);
    virtual void OnEndPrinting(CDC* pDC, CPrintInfo* pInfo);
    //}}AFX_VIRTUAL

// Implementation
public:
    virtual ~CCopierView();
```

Continued

Listing 6.1 CopierView.h and CopierView.cpp *(Continued)*

```
#ifdef _DEBUG
     virtual void AssertValid() const;
     virtual void Dump(CDumpContext& dc) const;
#endif

protected:

// Generated message map functions
protected:
     //{{AFX_MSG(CCopierView)
     afx_msg void OnLButtonDown(UINT nFlags, CPoint point);
     afx_msg void OnLButtonUp(UINT nFlags, CPoint point);
     afx_msg void OnMouseMove(UINT nFlags, CPoint point);
     afx_msg void OnRButtonDown(UINT nFlags, CPoint point);
     afx_msg void OnRButtonUp(UINT nFlags, CPoint point);
     //}}AFX_MSG
     DECLARE_MESSAGE_MAP()
};

#ifndef _DEBUG  // debug version in CopierView.cpp
inline CCopierDoc* CCopierView::GetDocument()
   { return (CCopierDoc*)m_pDocument; }
#endif

///////////////////////////////////////////////////////////////////////////////

//{{AFX_INSERT_LOCATION}}
// Microsoft Visual C++ will insert additional declarations immediately before the
previous line.

#endif //
!defined(AFX_COPIERVIEW_H__44745D0F_A238_11D1_887F_D42B07C10710__INCLUDED_)


// CopierView.cpp : implementation of the CCopierView class
//

#include "stdafx.h"
#include "Copier.h"

#include "CopierDoc.h"
```

Listing 6.1 *Continued*

```
#include "CopierView.h"

#ifdef _DEBUG
#define new DEBUG_NEW
#undef THIS_FILE
static char THIS_FILE[] = __FILE__;
#endif


/////////////////////////////////////////////////////////////////////////////
// CCopierView

IMPLEMENT_DYNCREATE(CCopierView, CView)

BEGIN_MESSAGE_MAP(CCopierView, CView)
    //{{AFX_MSG_MAP(CCopierView)
    ON_WM_LBUTTONDOWN()
    ON_WM_LBUTTONUP()
    ON_WM_MOUSEMOVE()
    ON_WM_RBUTTONDOWN()
    ON_WM_RBUTTONUP()
    //}}AFX_MSG_MAP
    // Standard printing commands
    ON_COMMAND(ID_FILE_PRINT, CView::OnFilePrint)
    ON_COMMAND(ID_FILE_PRINT_DIRECT, CView::OnFilePrint)
    ON_COMMAND(ID_FILE_PRINT_PREVIEW, CView::OnFilePrintPreview)
END_MESSAGE_MAP()

/////////////////////////////////////////////////////////////////////////////
// CCopierView construction/destruction

CCopierView::CCopierView()
{
    // TODO: add construction code here
    CaptureFlag = false;
    DrawFlag = false;
}

CCopierView::~CCopierView()
{
}
```

Continued

Listing 6.1 CopierView.h and CopierView.cpp *(Continued)*

```
BOOL CCopierView::PreCreateWindow(CREATESTRUCT& cs)
{
    // TODO: Modify the Window class or styles here by modifying
    //  the CREATESTRUCT cs

    return CView::PreCreateWindow(cs);
}

/////////////////////////////////////////////////////////////////////////////
// CCopierView drawing

void CCopierView::OnDraw(CDC* pDC)
{
    CCopierDoc* pDoc = GetDocument();
    ASSERT_VALID(pDoc);

    // TODO: add draw code for native data here
}

/////////////////////////////////////////////////////////////////////////////
// CCopierView printing

BOOL CCopierView::OnPreparePrinting(CPrintInfo* pInfo)
{
    // default preparation
    return DoPreparePrinting(pInfo);
}

void CCopierView::OnBeginPrinting(CDC* /*pDC*/, CPrintInfo* /*pInfo*/)
{
    // TODO: add extra initialization before printing
}

void CCopierView::OnEndPrinting(CDC* /*pDC*/, CPrintInfo* /*pInfo*/)
{
    // TODO: add cleanup after printing
}

/////////////////////////////////////////////////////////////////////////////
// CCopierView diagnostics
```

Listing 6.1 *Continued*

```
#ifdef _DEBUG
void CCopierView::AssertValid() const
{
    CView::AssertValid();
}

void CCopierView::Dump(CDumpContext& dc) const
{
    CView::Dump(dc);
}

CCopierDoc* CCopierView::GetDocument() // non-debug version is inline
{
    ASSERT(m_pDocument->IsKindOf(RUNTIME_CLASS(CCopierDoc)));
    return (CCopierDoc*)m_pDocument;
}
#endif //_DEBUG

///////////////////////////////////////////////////////////////////////////
// CCopierView message handlers

void CCopierView::OnLButtonDown(UINT nFlags, CPoint point)
{
    // TODO: Add your message handler code here and/or call default
    SetCapture();
    CaptureFlag = true;
    DrawFlag = false;

    CView::OnLButtonDown(nFlags, point);
}

void CCopierView::OnLButtonUp(UINT nFlags, CPoint point)
{
    // TODO: Add your message handler code here and/or call default
    ReleaseCapture();
    CaptureFlag = false;
    DrawFlag = false;

    CView::OnLButtonUp(nFlags, point);
}
```

Continued

Listing 6.1 CopierView.h and CopierView.cpp *(Continued)*

```
void CCopierView::OnMouseMove(UINT nFlags, CPoint point)
{
    // TODO: Add your message handler code here and/or call default
    if(CaptureFlag && DrawFlag){
        CDC ScreenDC;

        CPoint CurrentPoint = GetMessagePos();

        ScreenDC.CreateDC("DISPLAY", NULL, NULL, NULL);
        ScreenDC.SelectStockObject(NULL_BRUSH);
        ScreenDC.SetROP2(R2_NOT);
        ScreenDC.Rectangle(CRect(PreviousPoint, AnchorPoint));
        ScreenDC.Rectangle(CRect(AnchorPoint, CurrentPoint));

        PreviousPoint = CurrentPoint;
    }

    CView::OnMouseMove(nFlags, point);
}

void CCopierView::OnRButtonUp(UINT nFlags, CPoint point)
{
    // TODO: Add your message handler code here and/or call default

    if(CaptureFlag && DrawFlag){

        DrawFlag = false;

        int Width, Height;
        CPoint CurrentPoint = GetMessagePos();
        CDC ScreenDC;

        ScreenDC.CreateDC("DISPLAY", NULL, NULL, NULL);
        ScreenDC.SelectStockObject(NULL_BRUSH);
        ScreenDC.SetROP2(R2_NOT);

        ScreenDC.Rectangle(CRect(AnchorPoint, PreviousPoint));

        CPoint LeftUpper(min(AnchorPoint.x, CurrentPoint.x), min(AnchorPoint.y,
CurrentPoint.y));
```

Listing 6.1 *Continued*

```
        Height = abs(AnchorPoint.y - CurrentPoint.y);
        Width = abs(AnchorPoint.x - CurrentPoint.x);

        CDC MemoryDC;
        CBitmap bitmap;

        MemoryDC.CreateCompatibleDC(&ScreenDC);
        bitmap.CreateCompatibleBitmap(&ScreenDC, Width, Height);
        MemoryDC.SelectObject(&bitmap);

        MemoryDC.BitBlt(0, 0, Width, Height, &ScreenDC, LeftUpper.x, LeftUpper.y,
SRCCOPY);

        OpenClipboard();
        EmptyClipboard();

        SetClipboardData(CF_BITMAP, HBITMAP(bitmap));

        CloseClipboard();

        CClientDC dc(this);
        dc.BitBlt(0, 0, Width, Height, &ScreenDC, LeftUpper.x, LeftUpper.y, SRC-
COPY);
    }

    CView::OnRButtonUp(nFlags, point);
}
```

Now that we've taken a look at some advanced screen graphics, we examine how to use metafiles next.

Metafiles

Metafiles are a powerful component of graphics programming, and they allow us solve a persistent Windows programming problem—refreshing the screen when needed. Metafiles are indeed files, but files of a special type designed to be used with the MFC graphics functions. These files usually exist in memory, although they can also be written out to disk (in .wmf format), and you use them to store calls to the CDC class. When you want, you can replay the metafile in a device context, recreating all the calls you've already stored in the metafile.

That's how we solve the screen refresh problem. Instead of having to save all the actions the user makes in creating the view, we just store all those calls in a metafile. When the screen needs to be refreshed, we play those that metafile back. Our example is called Circles; the program lets the user draw circles as they like in the view. Instead of storing the location and size of each circle, we store all the device context calls in a metafile at the same time we draw each circle. We can simply play the metafile back when needed.

In fact, we can design a whole new class, CRedraw, that you can use over and over again in your programs to store and replay graphics.

Designing the CRedraw Class

The CRedraw class has four functions: a constructor; a destructor; GetDC(), which allows you to draw in the metafile; and PlayMetaFile(), which plays back the metafile. If you duplicate all device context calls in the metafile, you can simply place this one line in the OnDraw() function to handle all screen refreshes:

```
void CCirclesView::OnDraw(CDC* pDC)
{
    CCirclesDoc* pDoc = GetDocument();
    ASSERT_VALID(pDoc);

    redraw.PlayMetaFile(pDC);                                    ⇐
}
```

You can see what a simplification this is, so let's put together CRedraw now.

Create a new MDI project now named Circles. We create the CRedraw class in a new file, CRedraw.h (we put everything into this header file to make it easier to add to other projects), so add that file to the project now. We start that class with a pointer, pDC, to a new metafile of the CMetaFileDC class, making this a protected member of the class.

```
class CRedraw
{
protected:                                                       ⇐
    CMetaFileDC* pDC;                                            ⇐
        .
        .
        .
```

The CMetaFileDC class's functions appear in Table 6.3.

Writing the CRedraw Class

We can add the CRedraw class's constructor and destructor next. In the constructor, we allocate a new CMetaFileDC object and then call its Create() function.

Table 6.3 The CMetaFileDC Class's Functions

Function	Does this
Close	Closes the device context and creates a metafile handle.
CloseEnhanced	Closes an enhanced-metafile device context and creates an enhanced metafile handle.
CMetaFileDC	Constructs a CMetaFileDC object.
Create	Creates the Windows metafile device context and attaches it to the CMetaFileDC object.
CreateEnhanced	Creates a metafile device context for an enhanced-format metafile.

```
class CRedraw
{
protected:
    CMetaFileDC* pDC;

public:
    CRedraw(){pDC = new CMetaFileDC();                                   ⇐
                pDC->Create();}                                          ⇐
                        .
                        .
                        .
```

Creating a Metafile on Disk

If you want to create a metafile on disk instead of memory, pass the name of the file on disk to the Create() function.

Now our metafile is created and ready to go. In the destructor, we delete the metafile.

```
class CRedraw
{
protected:
    CMetaFileDC* pDC;

public:
    CRedraw(){pDC = new CMetaFileDC();
```

```
                pDC->Create();}

    ~CRedraw(){delete pDC;}                              ⇐
        .
        .
        .
```

In addition, we return a pointer to that metafile in GetDC(), giving the rest of the program access to the metafile so we can duplicate all drawing actions in that metafile.

```
class CRedraw
{
protected:
    CMetaFileDC* pDC;

public:
    CRedraw(){pDC = new CMetaFileDC();
                pDC->Create();}

    ~CRedraw(){delete pDC;}

    CMetaFileDC* GetDC() {return pDC;}                   ⇐
        .
        .
        .
```

We're ready to write the major CRedraw function: PlayMetaFile().

Writing the PlayMetaFile() Function

When we call the PlayMetaFile() function, we want to play the metafile back into a specific device context, so we make sure a pointer to that device context, which we call pRefreshDC, is passed to that function.

```
class CRedraw
{
public:
    void PlayMetaFile(CDC* pRefreshDC){                  ⇐
        .
        .
        .
```

To play back a metafile, you first get a handle to the metafile, which you can do by closing it.

```
class CRedraw
{
public:
    void PlayMetaFile(CDC* pRefreshDC){

        HMETAFILE OldMetaFileHandle = pDC->Close();                    ⇐
        if(OldMetaFileHandle == NULL)                                   ⇐
            return;                                                     ⇐
                .
                .
                .
```

Now we can play the metafile into the device context with the PlayMetaFile() function, passing that function the handle to the metafile.

```
class CRedraw
{
public:
    void PlayMetaFile(CDC* pRefreshDC){

        HMETAFILE OldMetaFileHandle = pDC->Close();
        if(OldMetaFileHandle == NULL)
            return;

        pRefreshDC->PlayMetaFile(OldMetaFileHandle);                    ⇐
            .
            .
            .
```

At this point, the screen is refreshed. However, that's only part of the process—we have to set up the metafile for the next screen refresh. In fact, we've had to close the metafile to get a handle to it, so we have to create a whole new metafile.

We create the new metafile, ReplacementMetaFile, with the Create() function. We also play the old metafile into the new one so we can take up where the last one left off.

```
class CRedraw
{
public:
    void PlayMetaFile(CDC* pRefreshDC){

        HMETAFILE OldMetaFileHandle = pDC->Close();
        if(OldMetaFileHandle == NULL)
            return;
```

```
        pRefreshDC->PlayMetaFile(OldMetaFileHandle);

        CMetaFileDC* ReplacementMetaFile = new CMetaFileDC();          ⇐
        ReplacementMetaFile->Create();                                 ⇐
        ReplacementMetaFile->PlayMetaFile(OldMetaFileHandle);          ⇐
                .
                .
                .
```

We then get rid of the old metafile with the DeleteMetaFile() function and install the new metafile as the main metafile.

```
class CRedraw
{
public:
    void PlayMetaFile(CDC* pRefreshDC){

        HMETAFILE OldMetaFileHandle = pDC->Close();
        if(OldMetaFileHandle == NULL)
            return;

        pRefreshDC->PlayMetaFile(OldMetaFileHandle);

        CMetaFileDC* ReplacementMetaFile = new CMetaFileDC();
        ReplacementMetaFile->Create();
        ReplacementMetaFile->PlayMetaFile(OldMetaFileHandle);

        DeleteMetaFile(OldMetaFileHandle);                             ⇐
        delete pDC;                                                    ⇐

        pDC = ReplacementMetaFile;}                                    ⇐
};
```

The new metafile is ready to go, and so is the CRedraw class. Let's put it to work now.

Creating the Circles Program

To use the CRedraw class, we include Redraw.h in the view class's header file, CirclesView.h.

```
// CirclesView.h : interface of the CCirclesView class
//
///////////////////////////////////////////////////////////////////////////
    .
    .
    .
```

```
#include "Redraw.h"                                                    ⇐
```

We then create an object of the CRedraw class, redraw.

```
class CCirclesView : public CView
{
protected: // create from serialization only
    CCirclesView();
    DECLARE_DYNCREATE(CCirclesView)
    CPoint point1, point2;
    CRedraw redraw;
```

We duplicate all our device context actions in this object and then play them back in OnDraw() when needed.

```
void CCirclesView::OnDraw(CDC* pDC)
{
    CCirclesDoc* pDoc = GetDocument();
    ASSERT_VALID(pDoc);
    redraw.PlayMetaFile(pDC);                                          ⇐
}
```

We're ready to support the program's drawing actions, which are to draw circles using the mouse. We do so by adding the following code to OnLButtonDown() to store the location at which the mouse goes down, point1:

```
void CCirclesView::OnLButtonDown(UINT nFlags, CPoint point)
{
    point1 = point;                                                    ⇐

    CView::OnLButtonDown(nFlags, point);
}
```

When the mouse button goes up, we're supposed to draw a circle from point1 to the current point, which we name point2.

```
void CCirclesView::OnLButtonUp(UINT nFlags, CPoint point)
{
    point2 = point;                                                    ⇐
        .
        .
        .
```

First, we get a device context corresponding to the view.

```
void CCirclesView::OnLButtonUp(UINT nFlags, CPoint point)
{
```

```
    point2 = point;

    CClientDC* pDC;                                            ⇐
    pDC = new CClientDC(this);                                 ⇐
        .
        .
        .
```

Now, we draw the circle in the view using Ellipse().

```
void CCirclesView::OnLButtonUp(UINT nFlags, CPoint point)
{
    point2 = point;

    CClientDC* pDC;
    pDC = new CClientDC(this);

    pDC->Ellipse(point1.x, point1.y, point2.x, point2.y);      ⇐
        .
        .
        .
```

We must duplicate all drawing actions in the metafile as well, so we use the CRedraw class's GetDC() function to get the metafile and draw in it the same way.

```
void CCirclesView::OnLButtonUp(UINT nFlags, CPoint point)
{
    point2 = point;

    CClientDC* pDC;
    pDC = new CClientDC(this);

    pDC->Ellipse(point1.x, point1.y, point2.x, point2.y);
    redraw.GetDC()->Ellipse(point1.x, point1.y, point2.x, point2.y);   ⇐

    CView::OnLButtonUp(nFlags, point);
}
```

That completes the Circles program. Run it now and draw a few circles, as shown in Figure 6.3. When you minimize and maximize the program's window, the view is refreshed from the metafile, and you can keep going with other circles as you like. Our metafile class CRedraw is a success.

The code for this example, Redraw.h, appears in Listing 6.2, and CirclesView.h and CirclesView.cpp appears in Listing 6.3.

Figure 6.3 This program has automatic screen refresh.

Associating Metafiles with Device Contexts

Sometimes its not enough to set up only a metafile device context, because you need to query that device context about character line height, width, and so on. However, a metafile device context doesn't have such features. Instead, you can associate a real device context with a metafile device context using the CMetaFileDC class's CreateEnhanced() function; queries to the metafile device context returns answers from the real device context from then on.

Listing 6.2 Redraw.h

```
class CRedraw
{
protected:
    CMetaFileDC* pDC;
public:
    CRedraw(){pDC = new CMetaFileDC();
```

Continued

Listing 6.2 Redraw.h *(Continued)*

```
            pDC->Create();}

    ~CRedraw(){delete pDC;}

    CMetaFileDC* GetDC() {return pDC;}

    void PlayMetaFile(CDC* pRefreshDC){

        HMETAFILE OldMetaFileHandle = pDC->Close();
        if(OldMetaFileHandle == NULL)
            return;

        pRefreshDC->PlayMetaFile(OldMetaFileHandle);

        CMetaFileDC* ReplacementMetaFile = new CMetaFileDC();
        ReplacementMetaFile->Create();
        ReplacementMetaFile->PlayMetaFile(OldMetaFileHandle);

        DeleteMetaFile(OldMetaFileHandle);
        delete pDC;

        pDC = ReplacementMetaFile;}
};
```

Listing 6.3 CirclesView.h and CirclesView.cpp

```
// CirclesView.h : interface of the CCirclesView class
//
/////////////////////////////////////////////////////////////////////////////

#if !defined(AFX_CIRCLESVIEW_H__9036416F_A23B_11D1_887F_D42B07C10710__INCLUDED_)
#define AFX_CIRCLESVIEW_H__9036416F_A23B_11D1_887F_D42B07C10710__INCLUDED_

#if _MSC_VER > 1000
#pragma once
#endif // _MSC_VER > 1000
#include "Redraw.h"

class CCirclesView : public CView
{
```

Listing 6.3 *Continued*

```
protected: // create from serialization only
    CCirclesView();
    DECLARE_DYNCREATE(CCirclesView)
    CPoint point1, point2;
    CRedraw redraw;
// Attributes
public:
    CCirclesDoc* GetDocument();

// Operations
public:

// Overrides
    // ClassWizard generated virtual function overrides
    //{{AFX_VIRTUAL(CCirclesView)
    public:
    virtual void OnDraw(CDC* pDC);  // overridden to draw this view
    virtual BOOL PreCreateWindow(CREATESTRUCT& cs);
    protected:
    virtual BOOL OnPreparePrinting(CPrintInfo* pInfo);
    virtual void OnBeginPrinting(CDC* pDC, CPrintInfo* pInfo);
    virtual void OnEndPrinting(CDC* pDC, CPrintInfo* pInfo);
    //}}AFX_VIRTUAL

// Implementation
public:
    virtual ~CCirclesView();
#ifdef _DEBUG
    virtual void AssertValid() const;
    virtual void Dump(CDumpContext& dc) const;
#endif

protected:

// Generated message map functions
protected:
    //{{AFX_MSG(CCirclesView)
    afx_msg void OnLButtonDown(UINT nFlags, CPoint point);
    afx_msg void OnLButtonUp(UINT nFlags, CPoint point);
    //}}AFX_MSG
    DECLARE_MESSAGE_MAP()
```

Continued

Listing 6.3 CirclesView.h and CirclesView.cpp *(Continued)*

```
};

#ifndef _DEBUG  // debug version in CirclesView.cpp
inline CCirclesDoc* CCirclesView::GetDocument()
   { return (CCirclesDoc*)m_pDocument; }
#endif

/////////////////////////////////////////////////////////////////////////////

//{{AFX_INSERT_LOCATION}}
// Microsoft Visual C++ will insert additional declarations immediately before the
previous line.

#endif //
!defined(AFX_CIRCLESVIEW_H__9036416F_A23B_11D1_887F_D42B07C10710__INCLUDED_)


// CirclesView.cpp : implementation of the CCirclesView class
//

#include "stdafx.h"
#include "Circles.h"

#include "CirclesDoc.h"
#include "CirclesView.h"

#ifdef _DEBUG
#define new DEBUG_NEW
#undef THIS_FILE
static char THIS_FILE[] = __FILE__;
#endif


/////////////////////////////////////////////////////////////////////////////
// CCirclesView

IMPLEMENT_DYNCREATE(CCirclesView, CView)

BEGIN_MESSAGE_MAP(CCirclesView, CView)
    //{{AFX_MSG_MAP(CCirclesView)
    ON_WM_LBUTTONDOWN()
```

Listing 6.3 *Continued*

```
    ON_WM_LBUTTONUP()
    //}}AFX_MSG_MAP
    // Standard printing commands
    ON_COMMAND(ID_FILE_PRINT, CView::OnFilePrint)
    ON_COMMAND(ID_FILE_PRINT_DIRECT, CView::OnFilePrint)
    ON_COMMAND(ID_FILE_PRINT_PREVIEW, CView::OnFilePrintPreview)
END_MESSAGE_MAP()

/////////////////////////////////////////////////////////////////////////////
// CCirclesView construction/destruction

CCirclesView::CCirclesView()
{
    // TODO: add construction code here
    point1.x = -1;
    point1.y = -1;
}

CCirclesView::~CCirclesView()
{
}

BOOL CCirclesView::PreCreateWindow(CREATESTRUCT& cs)
{
    // TODO: Modify the Window class or styles here by modifying
    //  the CREATESTRUCT cs

    return CView::PreCreateWindow(cs);
}

/////////////////////////////////////////////////////////////////////////////
// CCirclesView drawing

void CCirclesView::OnDraw(CDC* pDC)
{
    CCirclesDoc* pDoc = GetDocument();
    ASSERT_VALID(pDoc);
    redraw.PlayMetaFile(pDC);

    // TODO: add draw code for native data here
}
```

Continued

Listing 6.3 CirclesView.h and CirclesView.cpp *(Continued)*

```
/////////////////////////////////////////////////////////////////////////////
// CCirclesView printing

BOOL CCirclesView::OnPreparePrinting(CPrintInfo* pInfo)
{
    // default preparation
    return DoPreparePrinting(pInfo);
}

void CCirclesView::OnBeginPrinting(CDC* /*pDC*/, CPrintInfo* /*pInfo*/)
{
    // TODO: add extra initialization before printing
}

void CCirclesView::OnEndPrinting(CDC* /*pDC*/, CPrintInfo* /*pInfo*/)
{
    // TODO: add cleanup after printing
}

/////////////////////////////////////////////////////////////////////////////
// CCirclesView diagnostics

#ifdef _DEBUG
void CCirclesView::AssertValid() const
{
    CView::AssertValid();
}

void CCirclesView::Dump(CDumpContext& dc) const
{
    CView::Dump(dc);
}

CCirclesDoc* CCirclesView::GetDocument() // non-debug version is inline
{
    ASSERT(m_pDocument->IsKindOf(RUNTIME_CLASS(CCirclesDoc)));
    return (CCirclesDoc*)m_pDocument;
}
#endif //_DEBUG
```

Listing 6.3 *Continued*

```
////////////////////////////////////////////////////////////////////////////
// CCirclesView message handlers

void CCirclesView::OnLButtonDown(UINT nFlags, CPoint point)
{
    point1 = point;

    CView::OnLButtonDown(nFlags, point);
}

void CCirclesView::OnLButtonUp(UINT nFlags, CPoint point)
{
    point2 = point;

    CClientDC* pDC;
    pDC = new CClientDC(this);

    pDC->Ellipse(point1.x, point1.y, point2.x, point2.y);
    redraw.GetDC()->Ellipse(point1.x, point1.y, point2.x, point2.y);

    CView::OnLButtonUp(nFlags, point);
}
```

What's Ahead

In the next chapter, we work with the ins and outs of 32-bit memory handling, including scanning memory to see what's there, allocating and deallocating memory, and communicating between processes using shared memory. This is a popular programming topic, so let's start our exploration now.

32-Bit Memory Handling

7

In the old days of DOS, memory was restricted to 1MB, and of that 1MB, only 640K was usable. When Windows came along, the earliest versions still ran in 1MB. Eventually, that limit began to fall. As processors improved, Windows 3.1 was able to access up to 16MB, but when users started running several programs at the same time, even 16MB wasn't enough. With the introduction of 32-bit Windows—Windows 95—the operating system could address 4GB, or 4,294,967,296 bytes. That's enough to keep us going for a long time (in fact, you can only use 2GB–4MB in Windows 95 and 98, but that's still quite a lot).

In this chapter, we present an overview of memory and then go to work allocating virtual memory, scanning all of memory to see what's there, and learning how to share memory between two running processes. Putting all this into action will expose us to a tremendous amount of memory power.

Overview of Memory

With 32 bits, pointers to memory can now range from 0x00000000 to 0xFFFFFFFF. In fact, each individual process gets a 4GB address space, though it's hard to imagine a computer today with that much physical memory; instead, computers use *virtual memory*. Virtual memory is the memory that can spill over to disk when needed, and is *swapped* back into real memory (RAM) when needed.

> **Where Is the Windows Operating System?**
>
> The actual Windows operating system and DLLs are stored in very high memory, and though it is possible to overwrite them by mistake in Windows 95 and 98, you can't do that in Windows NT, which is one reason NT is more robust.

Let's take a look at memory, section by section, in Windows 95 and 98. The very bottom 64K of memory, from 0x00000000 to 0x00000FFF is reserved for NULL pointers. This region is taboo: If a pointer points to this region, Windows assumes it's invalid and issues a NULL pointer error.

All the memory from the very bottom up to the end of the first 4MB is reserved for the system—largely to maintain compatibility with Win16 programs, which place a lot of system code there—so our programs are actually loaded at the address 0x00400000. We have all the space from there to 0x7FFFFFFF with which to work. Above that region (starting at 0x80000000) is the Windows system itself.

Starting at 0x80000000 are the system DLLs (like USER.DLL); that section of memory goes up to 0xBFFFFFFF. Right after that location, starting at 0xC0000000 and continuing to the top of memory 0xFFFFFFFF, is where the operating system is, along with the virtual device drivers.

The following is a graphical overview of how memory is set up:

```
 --------------------------------------
|0xFFFFFFFF                            |
|                                      |
|        Operating system              |
|        Virtual device drivers        |
|                                      |
|0xC0000000                            |
|--------------------------------------|
|0xBFFFFFFF                            |
|                                      |
|        WIN32 DLLs                    |
|                                      |
|                                      |
|0x80000000                            |
|--------------------------------------|
|0x7FFFFFFF                            |
|                                      |
|        User programs                 |
|                                      |
|                                      |
|0x00400000                            |
|--------------------------------------|
|0x003FFFFF                            |
|                                      |
|    16-bit Windows (compatibility)    |
|                                      |
|                                      |
```

```
|0x00001000                            |
|--------------------------------------|
|0x00000FFF                            |
|                                      |
|  NULL pointer assignments            |
|  16-bit Windows (compatibility)      |
|                                      |
|0x00000000                            |
 --------------------------------------
```

Not all this memory is in your machine; often, Windows sends memory out to disk as virtual memory. Windows keeps a *paging file* on disk for just this purpose, and memory is divided into pages to make memory handling easier (the page size in Windows 95 and 98 is 4K).

Now that we've had an overview of memory, we look at some of the functions Visual C++ provides for us to work with when handling memory.

Powerful Memory Functions

The GetSystemInfo() function is a good place to start. This function fills a structure of type SYSTEM_INFO, which includes the minimum and maximum application addresses and the page size as shown in the following example:

```
typedef struct _SYSTEM_INFO { // sinf
    union {
        DWORD  dwOemId;
        struct {
            WORD wProcessorArchitecture;
            WORD wReserved;
        };
    };
    DWORD  dwPageSize;
    LPVOID lpMinimumApplicationAddress;
    LPVOID lpMaximumApplicationAddress;
    DWORD  dwActiveProcessorMask;
    DWORD  dwNumberOfProcessors;
    DWORD  dwProcessorType;
    DWORD  dwAllocationGranularity;
    WORD  wProcessorLevel;
    WORD  wProcessorRevision;
} SYSTEM_INFO;
```

The powerful VirtualQuery() function lets us take a look at a specific region of memory. Using this function, we can find the base address of an allocated region of memory as well as the size of the region. This and other information are stored in a structure of type MEMORY_BASIC_INFORMATION, which looks like this:

```
typedef struct _MEMORY_BASIC_INFORMATION { // mbi
    PVOID BaseAddress;            // base address of region
    PVOID AllocationBase;         // allocation base address
    DWORD AllocationProtect;      // initial access protection
    DWORD RegionSize;             // size, in bytes, of region
    DWORD State;                  // committed, reserved, free
    DWORD Protect;                // current access protection
    DWORD Type;                   // type of pages
} MEMORY_BASIC_INFORMATION;
typedef MEMORY_BASIC_INFORMATION *PMEMORY_BASIC_INFORMATION;
```

There are other ways to look at memory. For example, we can use GlobalMemoryStatus(), which returns a MEMORYSTATUS structure. This structure gives us such information as the total physical, virtual, and paging file memory.

```
typedef struct _MEMORYSTATUS { // mst
    DWORD dwLength;        // sizeof(MEMORYSTATUS)
    DWORD dwMemoryLoad;    // percent of memory in use
    DWORD dwTotalPhys;     // bytes of physical memory
    DWORD dwAvailPhys;     // free physical memory bytes
    DWORD dwTotalPageFile; // bytes of paging file
    DWORD dwAvailPageFile; // free bytes of paging file
    DWORD dwTotalVirtual;  // user bytes of address space
    DWORD dwAvailVirtual;  // free user bytes
} MEMORYSTATUS, *LPMEMORYSTATUS;
```

We see these functions throughout this chapter. Let's put some to use now as we work directly with virtual and physical memory, allocating and committing it.

Using Virtual Memory

In C++ programs, programmers often content themselves with using the new operator to handle memory. However, there are times when you want to handle memory yourself—when setting up a database program, for example—and want to move and manage blocks of memory yourself.

Now that memory has gotten so big, there are new points we have to master before working with it directly. For example, you may recall that when we placed data into memory for the clipboard, we had to lock that memory while we were working with it because the Windows Memory Manager moves memory around as needed. Unfortunately, the Memory Manager that comes with

Windows is not terribly efficient, which is why you might end up out of memory even though you've got 64MB of RAM and are only running one or two small programs. (Windows keeps a large cache of memory set aside to hold recently loaded data and code in case you want to load that data and code again, saving you the time of loading it from disk. However, when that cache fills, it can take a long time to empty.)

When we use virtual memory directly, we have to follow three steps: we *allocate* memory, we *commit* it, and, when we're done, we *free* it. Allocating memory merely sets aside some of the 2GB–4MB available to us, committing it locks it into physical memory, and freeing it releases the memory for other programs to use. We start this process by taking a look at how to allocate memory.

Allocating Memory

We learn to allocate virtual memory by allocating one page of memory. Although we know that the minimum application address is 0x00400000, we can find that address ourselves with a call to GetSystemInfo(), filling a structure of type SYSTEM_INFO.

```
SYSTEM_INFO SystemInfo;
GetSystemInfo(&SystemInfo);
        .
        .
        .
```

We allocate the first available page. To do that, we set up two pointers: lpRequest, the location at which we are requesting memory (we start at the lowest possible user address, SystemInfo.lpMinimumApplicationAddress), and lpMemory, the pointer that returned from the virtual memory allocation function, VirtualAlloc() (if this pointer is non-NULL, we have allocated our memory):

```
SYSTEM_INFO SystemInfo;
GetSystemInfo(&SystemInfo);

LPVOID lpRequest = SystemInfo.lpMinimumApplicationAddress;     ⇐
LPVOID lpMemory = NULL;                                        ⇐
        .
        .
        .
```

Now we loop over page by page until we can allocate memory, incrementing lpRequest until lpMemory is non-NULL. We try to allocate memory by passing the location at which we want memory, the amount of memory we want (one page), and two parameters to VirtualAlloc().

```
SYSTEM_INFO SystemInfo;
GetSystemInfo(&SystemInfo);

LPVOID lpRequest = SystemInfo.lpMinimumApplicationAddress;
LPVOID lpMemory = NULL;

do{
    lpMemory = VirtualAlloc(lpMemRequested, SystemInfo.dwPageSize, MEM_RESERVE,
PAGE_READWRITE);                                                            ⇐

    lpRequest = (LPVOID) ((BYTE *) lpRequest+ SystemInfo.dwPageSize);
                                                                            ⇐
}while(lpMemory == NULL);                                                   ⇐
```

Note the two parameters we pass to VirtualAlloc() (the MEM_RESERVE parameter) reserves memory and is one of three possibilities:

MEM_COMMIT Commit physical storage

MEM_RESERVE Reserve virtual memory

MEM_TOP_DOWN Allocate memory at highest address possible

The PAGE_READWRITE parameter lets us read and write memory, and that is one of eight possible flags:

PAGE_READONLY Gives read access to the committed memory

PAGE_READWRITE Gives read and write access to committed memory

PAGE_EXECUTE Gives access to committed memory

PAGE_EXECUTE_READ Gives execute and read access to committed memory

PAGE_EXECUTE_READWRITE Gives execute, read, and write access

PAGE_GUARD Makes pages in the region guard pages

PAGE_NOACCESS Forbids access to committed memory

PAGE_NOCACHE Uses no caching in committed memory

Now that we've allocated virtual memory, we have to commit it to physical memory, which is either RAM or the paging file on disk.

Committing Memory

To commit the reserved memory, we use VirtualAlloc() again; this time with the MEM_COMMIT flag.

```
    m_lpMemCommitted = VirtualAlloc(lpMemory, SystemInfo.dwPageSize, MEM_COM-
MIT, PAGE_READWRITE);
```

If this returns a non-NULL pointer, we've committed our memory. After using that memory, we release it with VirtualFree().

Deallocating Memory

The VirtualFree() function can take one of two possible flags: MEM_DECOMMIT or MEM_RELEASE. To release the memory entirely, we use MEM_RELEASE.

```
VirtualFree(lpMemory, 0, MEM_RELEASE);
```

By following all these steps, we've allocated, committed, and released virtual memory, which gives us a start in memory handling. We now continue with our next program, Scanner, which will automatically scan all the memory available to us and report which code module is loaded where, giving us an idea of how to work with memory directly.

Scanning All Memory

In our next example, we use VirtualQuery() to directly examine memory and see what's there. We scan from the lowest application address to nearly the top of memory to see what code modules are loaded where.

Create a new MDI project named Scanner and add a new item to the File menu: Scan Memory. Connect a handler function to that item, OnFileScanmemory(); when the user selects this item, we scan memory and report which module is where.

We store the display strings used in this project in the project's document; specifically, we set aside an array of CString objects named text[] and store the number of lines of text we've filled in an integer, number_lines.

```
class CScannerDoc : public CDocument
{
protected: // create from serialization only
    CScannerDoc();
    DECLARE_DYNCREATE(CScannerDoc)

// Attributes
public:
    CString text[20];                                              ⇐
    int number_lines;                                              ⇐
    .
    .
    .
```

We begin the OnFileScanmemory() function by getting a pointer to the document.

```
void CScannerView::OnFileScanmemory()
{
    CScannerDoc* pDoc = GetDocument();                                    ⇐
    ASSERT_VALID(pDoc);                                                   ⇐
        .
        .
        .
```

Next, we loop over all memory, one page at a time, incrementing a pointer, lpSearch.

```
void CScannerView::OnFileScanmemory()
{
    CScannerDoc* pDoc = GetDocument();
    ASSERT_VALID(pDoc);

    for(LPVOID lpSearch = (LPVOID) 0x00400000; lpSearch < (LPVOID) 0xF0000000;
lpSearch = (LPVOID) ((BYTE *) lpSearch + 4*1024)){                       ⇐
    .
    .
    .
    }
```

Working with Pointers as Numbers

Note that we're working with pointers directly as numbers in the Scanner program, adding numeric values to pointers after casting them with (BYTE*) and (LPVOID). This is a rather unusual thing to do, and we do it only because the Scanner program needs to do it; in general you should stay away from the actual value in a pointer unless you really know what you're doing.

Now that lpSearch is pointing at a particular memory location, we use VirtualQuery() to find out what's going on at that location. That function fills a structure of type MEMORY_BASIC_INFORMATION, so we declare one and pass it and its size to VirtualQuery().

```
void CScannerView::OnFileScanmemory()
{
    CScannerDoc* pDoc = GetDocument();
    ASSERT_VALID(pDoc);

    MEMORY_BASIC_INFORMATION MemoryBasicInfo;                             ⇐
```

```
    for(LPVOID lpSearch = (LPVOID) 0x00400000; lpSearch < (LPVOID) 0xF0000000;
lpSearch = (LPVOID) ((BYTE *) lpSearch + 4*1024)){

        VirtualQuery(lpSearch, &MemoryBasicInfo, sizeof(MemoryBasicInfo));      ⇐
    .
    .
    .
```

Each code module in memory is loaded starting at a particular address, called its *memory allocation base*. We keep track of each module's allocation base as we scan upward in memory. If the current module's allocation base, which we get from VirtualQuery(), is not the same as the current allocation base, we've found a new code module, so we reset a pointer, lpBase, to keep track of the new module.

```
void CScannerView::OnFileScanmemory()
{
    CScannerDoc* pDoc = GetDocument();
    ASSERT_VALID(pDoc);

    MEMORY_BASIC_INFORMATION MemoryBasicInfo;

    LPVOID lpBase = NULL;                                                       ⇐

    for(LPVOID lpSearch = (LPVOID) 0x00400000; lpSearch < (LPVOID) 0xF0000000;
lpSearch = (LPVOID) ((BYTE *) lpSearch + 4*1024)){

        VirtualQuery(lpSearch, &MemoryBasicInfo, sizeof(MemoryBasicInfo));

        if(lpBase != MemoryBasicInfo.AllocationBase){                           ⇐

            lpBase = MemoryBasicInfo.AllocationBase;                            ⇐
                .
                .
                .
```

Because we've entered a new module's space in memory, we try to get that module's name with the GetModuleFileName(), placing that name in a string named CodeName[].

```
void CScannerView::OnFileScanmemory()
{
    CScannerDoc* pDoc = GetDocument();
    ASSERT_VALID(pDoc);

    MEMORY_BASIC_INFORMATION MemoryBasicInfo;
```

```
    char CodeName[50];                                                        ⇐

    LPVOID lpBase = NULL;

    for(LPVOID lpSearch = (LPVOID) 0x00400000; lpSearch < (LPVOID) 0xF0000000;
lpSearch = (LPVOID) ((BYTE *) lpSearch + 4*1024)){

        VirtualQuery(lpSearch, &MemoryBasicInfo, sizeof(MemoryBasicInfo));

        if(lpBase != MemoryBasicInfo.AllocationBase){

            lpBase = MemoryBasicInfo.AllocationBase;

            if(GetModuleFileName((HINSTANCE)lpBase, CodeName, 50) != NULL){     ⇐
    .
    .
    .
```

If we did get a new module name, we record the name of the module and store the result in the text strings in the document.

```
void CScannerView::OnFileScanmemory()
{
    CScannerDoc* pDoc = GetDocument();
    ASSERT_VALID(pDoc);

    MEMORY_BASIC_INFORMATION MemoryBasicInfo;

    char CodeName[50], AddressString[50];

    LPVOID lpBase = NULL;

    for(LPVOID lpSearch = (LPVOID) 0x00400000; lpSearch < (LPVOID) 0xF0000000;
lpSearch = (LPVOID) ((BYTE *) lpSearch + 4*1024)){

        VirtualQuery(lpSearch, &MemoryBasicInfo, sizeof(MemoryBasicInfo));

        if(lpBase != MemoryBasicInfo.AllocationBase){

            lpBase = MemoryBasicInfo.AllocationBase;

            if(GetModuleFileName((HINSTANCE)lpBase, CodeName, 50) != NULL){
                pDoc->text[pDoc->number_lines] = CodeName;                  ⇐
```

```
                    .
                    .
                    .
            }
        }
    }

}
```

We also store the address of the module and then invalidate the view to display the new output string.

```
void CScannerView::OnFileScanmemory()
{
    CScannerDoc* pDoc = GetDocument();
    ASSERT_VALID(pDoc);

    MEMORY_BASIC_INFORMATION MemoryBasicInfo;

    char CodeName[50], AddressString[50];

    LPVOID lpBase = NULL;

    for(LPVOID lpSearch = (LPVOID) 0x00400000; lpSearch < (LPVOID) 0xF0000000;
lpSearch = (LPVOID) ((BYTE *) lpSearch + 4*1024)){

         VirtualQuery(lpSearch, &MemoryBasicInfo, sizeof(MemoryBasicInfo));

        if(lpBase != MemoryBasicInfo.AllocationBase){

            lpBase = MemoryBasicInfo.AllocationBase;

            if(GetModuleFileName((HINSTANCE)lpBase, CodeName, 50) != NULL){
                pDoc->text[pDoc->number_lines] = CodeName;
                sprintf(AddressString, " is at location = %#x", lpBase);      ⇐
                pDoc->text[pDoc->number_lines++] += AddressString;            ⇐
                Invalidate();                                                 ⇐
            }
        }
    }

}
```

All that's left is to display the text strings in the OnDraw() function.

```
void CScannerView::OnDraw(CDC* pDC)
{
    CScannerDoc* pDoc = GetDocument();
    ASSERT_VALID(pDoc);

    TEXTMETRIC tm;

    pDC->GetTextMetrics(&tm);

    for(int loop_index = 0; loop_index <= pDoc->number_lines; loop_index++){
        pDC->TextOut(0, loop_index * tm.tmHeight, pDoc->text[loop_index]);
    }
}
```

Now run the program, and give it a little time to work through all of memory. When it finishes, you'll see the modules loaded into memory and their names, as shown in Figure 7.1. In this way, we're able to scan all of memory, working page by page, to see what's there.

The code for ScannerView.h and ScannerView.cpp appears in Listing 7.1.

Figure 7.1 Scanning memory to see what's there.

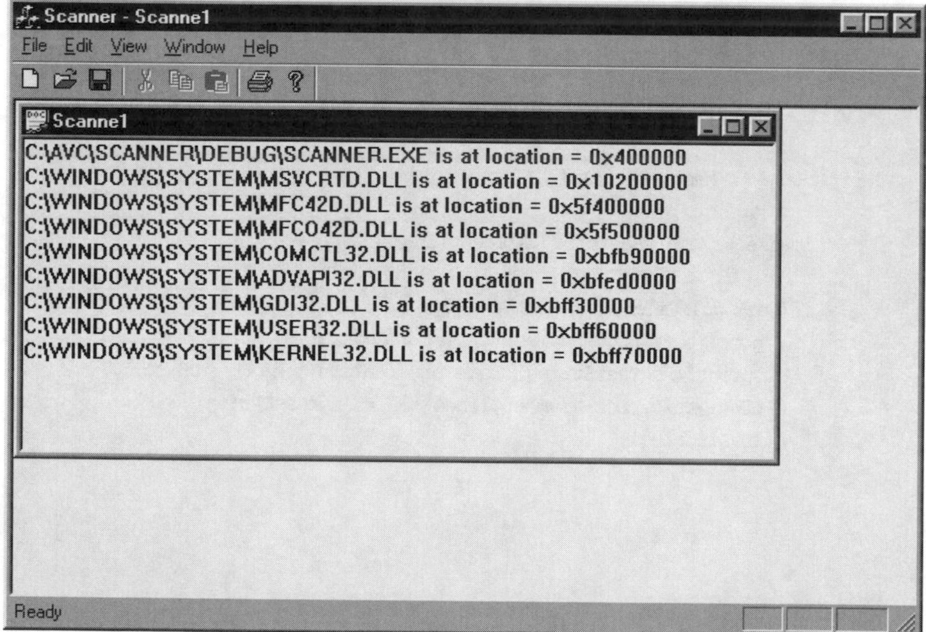

Listing 7.1 ScannerView.h and ScannerView.cpp

```
// ScannerView.h : interface of the CScannerView class
//
/////////////////////////////////////////////////////////////////////////////

#if !defined(AFX_SCANNERVIEW_H__BFF33AA1_A398_11D1_887F_D42B07C10710__INCLUDED_)
#define AFX_SCANNERVIEW_H__BFF33AA1_A398_11D1_887F_D42B07C10710__INCLUDED_

#if _MSC_VER > 1000
#pragma once
#endif // _MSC_VER > 1000

class CScannerView : public CView
{
protected: // create from serialization only
    CScannerView();
    DECLARE_DYNCREATE(CScannerView)

// Attributes
public:
    CScannerDoc* GetDocument();

// Operations
public:

// Overrides
    // ClassWizard generated virtual function overrides
    //{{AFX_VIRTUAL(CScannerView)
    public:
    virtual void OnDraw(CDC* pDC);  // overridden to draw this view
    virtual BOOL PreCreateWindow(CREATESTRUCT& cs);
    protected:
    virtual BOOL OnPreparePrinting(CPrintInfo* pInfo);
    virtual void OnBeginPrinting(CDC* pDC, CPrintInfo* pInfo);
    virtual void OnEndPrinting(CDC* pDC, CPrintInfo* pInfo);
    //}}AFX_VIRTUAL

// Implementation
public:
    virtual ~CScannerView();
#ifdef _DEBUG
```

Continued

Listing 7.1 ScannerView.h and ScannerView.cpp *(Continued)*

```
    virtual void AssertValid() const;
    virtual void Dump(CDumpContext& dc) const;
#endif

protected:

// Generated message map functions
protected:
    //{{AFX_MSG(CScannerView)
    afx_msg void OnFileScanmemory();
    //}}AFX_MSG
    DECLARE_MESSAGE_MAP()
};

#ifndef _DEBUG  // debug version in ScannerView.cpp
inline CScannerDoc* CScannerView::GetDocument()
   { return (CScannerDoc*)m_pDocument; }
#endif

/////////////////////////////////////////////////////////////////////////////

//{{AFX_INSERT_LOCATION}}
// Microsoft Visual C++ will insert additional declarations immediately before the
previous line.

#endif //
!defined(AFX_SCANNERVIEW_H__BFF33AA1_A398_11D1_887F_D42B07C10710__INCLUDED_)


// ScannerView.cpp : implementation of the CScannerView class
//

#include "stdafx.h"
#include "Scanner.h"

#include "ScannerDoc.h"
#include "ScannerView.h"

#ifdef _DEBUG
#define new DEBUG_NEW
```

Listing 7.1 *Continued*

```
#undef THIS_FILE
static char THIS_FILE[] = __FILE__;
#endif


/////////////////////////////////////////////////////////////////////////////
// CScannerView

IMPLEMENT_DYNCREATE(CScannerView, CView)

BEGIN_MESSAGE_MAP(CScannerView, CView)
    //{{AFX_MSG_MAP(CScannerView)
    ON_COMMAND(ID_FILE_SCANMEMORY, OnFileScanmemory)
    //}}AFX_MSG_MAP
    // Standard printing commands
    ON_COMMAND(ID_FILE_PRINT, CView::OnFilePrint)
    ON_COMMAND(ID_FILE_PRINT_DIRECT, CView::OnFilePrint)
    ON_COMMAND(ID_FILE_PRINT_PREVIEW, CView::OnFilePrintPreview)
END_MESSAGE_MAP()

/////////////////////////////////////////////////////////////////////////////
// CScannerView construction/destruction

CScannerView::CScannerView()
{
    // TODO: add construction code here

}

CScannerView::~CScannerView()
{
}

BOOL CScannerView::PreCreateWindow(CREATESTRUCT& cs)
{
    // TODO: Modify the Window class or styles here by modifying
    //  the CREATESTRUCT cs

    return CView::PreCreateWindow(cs);
}
```

Continued

Listing 7.1 ScannerView.h and ScannerView.cpp *(Continued)*

```
/////////////////////////////////////////////////////////////////////////////
// CScannerView drawing

void CScannerView::OnDraw(CDC* pDC)
{
    CScannerDoc* pDoc = GetDocument();
    ASSERT_VALID(pDoc);

    TEXTMETRIC tm;

    pDC->GetTextMetrics(&tm);

    for(int loop_index = 0; loop_index <= pDoc->number_lines; loop_index++){
        pDC->TextOut(0, loop_index * tm.tmHeight, pDoc->text[loop_index]);
    }
}

/////////////////////////////////////////////////////////////////////////////
// CScannerView printing

BOOL CScannerView::OnPreparePrinting(CPrintInfo* pInfo)
{
    // default preparation
    return DoPreparePrinting(pInfo);
}

void CScannerView::OnBeginPrinting(CDC* /*pDC*/, CPrintInfo* /*pInfo*/)
{
    // TODO: add extra initialization before printing
}

void CScannerView::OnEndPrinting(CDC* /*pDC*/, CPrintInfo* /*pInfo*/)
{
    // TODO: add cleanup after printing
}

/////////////////////////////////////////////////////////////////////////////
// CScannerView diagnostics

#ifdef _DEBUG
```

Listing 7.1 *Continued*

```
void CScannerView::AssertValid() const
{
    CView::AssertValid();
}

void CScannerView::Dump(CDumpContext& dc) const
{
    CView::Dump(dc);
}

CScannerDoc* CScannerView::GetDocument() // non-debug version is inline
{
    ASSERT(m_pDocument->IsKindOf(RUNTIME_CLASS(CScannerDoc)));
    return (CScannerDoc*)m_pDocument;
}
#endif //_DEBUG

/////////////////////////////////////////////////////////////////////////////
// CScannerView message handlers

void CScannerView::OnFileScanmemory()
{
    // TODO: Add your command handler code here

    CScannerDoc* pDoc = GetDocument();
    ASSERT_VALID(pDoc);

    MEMORY_BASIC_INFORMATION MemoryBasicInfo;

    char CodeName[50], AddressString[50];

    LPVOID lpBase = NULL;

    for(LPVOID lpSearch = (LPVOID) 0x00400000; lpSearch < (LPVOID) 0xF0000000;
lpSearch = (LPVOID) ((BYTE *) lpSearch + 4*1024)){

        VirtualQuery(lpSearch, &MemoryBasicInfo, sizeof(MemoryBasicInfo));

        if(lpBase != MemoryBasicInfo.AllocationBase){
```

Continued

Listing 7.1 ScannerView.h and ScannerView.cpp *(Continued)*

```
            lpBase = MemoryBasicInfo.AllocationBase;

            if(GetModuleFileName((HINSTANCE)lpBase, CodeName, 50) != NULL){
                pDoc->text[pDoc->number_lines] = CodeName;
                sprintf(AddressString, " is at location = %#x", lpBase);
                pDoc->text[pDoc->number_lines++] += AddressString;
                Invalidate();
            }
        }
    }

}
```

We've seen a lot of memory handling already, but there's more to come. In the next example, we let two processes communicate through shared memory, passing data from one to the other.

Memory-Mapped Files

In our next example, we work with *memory-mapped files*. A memory-mapped file is a region of memory, which can include the swap file, in which we place data that can be accessed by a number of programs. In this case, we type some data into a program.

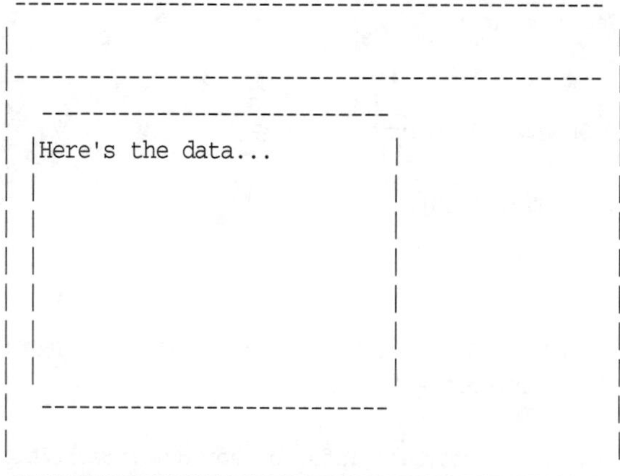

Then we start that program again as a new process.

```
 ---------------------------------------------
|                                             |
|---------------------------------------------|
|  --------------------------                 |
| |Here's the data...       |                 |
| |               ---------------------------------------------
| |              |                                             |
| |              |---------------------------------------------|
| |              |  --------------------------                 |
| |              | |                          |                |
| |              | |                          |                |
|  --------------| |                          |                |
|                | |                          |                |
 ----------------| |                          |                |
                 | |                          |                |
                 | |                          |                |
                 |  --------------------------                 |
                 |                                             |
                  ---------------------------------------------
```

Next, we read the data in from the memory file in the second process.

```
 ---------------------------------------------
|                                             |
|---------------------------------------------|
|  --------------------------                 |
| |Here's the data...       |                 |
| |               ---------------------------------------------
| |              |                                             |
| |              |---------------------------------------------|
| |              |  --------------------------                 |
| |              | |Here's the data...        |                |
| |              | |                          |                |
|  --------------| |                          |                |
|                | |                          |                |
 ----------------| |                          |                |
                 | |                          |                |
                 | |                          |                |
                 |  --------------------------                 |
                 |                                             |
                  ---------------------------------------------
```

In this way, we are able to communicate between running processes.

Determining whether Your Program Is Already Running

One way to determine whether your program is already running as another process is to set up a flag in a memory-mapped file that you check each time the program starts.

Create this new project, ShareMem, now. Create a new MDI program named ShareMem with the AppWizard. The first step in writing ShareMem will be to let the user type in the data they want to transfer from process to process, and we support that now.

Getting the Data to Transfer

To read keys from the keyboard and store them in a CString in the document named, for example, text, add an OnChar() function and place the following code in it:

```
void CShareMemView::OnChar(UINT nChar, UINT nRepCnt, UINT nFlags)
{
    CShareMemDoc* pDoc = GetDocument();
    ASSERT_VALID(pDoc);

    pDoc->text += nChar;

    Invalidate();
    CView::OnChar(nChar, nRepCnt, nFlags);
}
```

To display that text, we add this code to OnDraw():

```
void CShareMemView::OnDraw(CDC* pDC)
{
    CShareMemDoc* pDoc = GetDocument();
    ASSERT_VALID(pDoc);

    pDC->TextOut(0, 0, pDoc->text);                                ⇐
}
```

Now we have the data we want to place in the memory-mapped file and have stored it in a CString object named text.

The next step is to write that data to a memory-mapped file and then read it in. To let the user do that, add two more items to the File menu: Write Memory File and Read Memory File. All we have to do now is to make these new menu items work.

Writing a Memory-Mapped File

First we write our data to a memory-mapped file in OnFileWritememoryfile(). We begin by getting a pointer to the document.

```
void CShareMemView::OnFileWritememoryfile()
{

    CShareMemDoc* pDoc = GetDocument();                                    ⇐
    ASSERT_VALID(pDoc);                                                    ⇐
        .
        .
        .
```

To create a memory-mapped file, we use CreateFileMapping().

```
HANDLE CreateFileMapping(HANDLE  hFile, LPSECURITY_ATTRIBUTES
lpFileMappingAttributes, DWORD flProtect, DWORD dwMaximumSizeHigh, DWORD
dwMaximumSizeLow, LPCTSTR lpName);
```

Here, we pass it a file handle (we use 0xFFFFFFFF to indicate that we want to use the system's own swap file for our file); a pointer to a SECURITY_ATTRIBUTES structure, which we leave NULL; the file attributes, which can include:

PAGE_READONLY Read-only access to the committed region

PAGE_READWRITE Read-write access to the committed region

PAGE_WRITECOPY Copy on write access to the committed region

followed by the high double word of the file size we're requesting, the low double word of the file size, and the name of the file we're creating, which we call "MemoryFile."

```
void CShareMemView::OnFileWritememoryfile()
{

    CShareMemDoc* pDoc = GetDocument();
    ASSERT_VALID(pDoc);

    HANDLE MemoryMappingHandle;                                            ⇐

    MemoryMappingHandle = CreateFileMapping((HANDLE) 0xFFFFFFFF, NULL, PAGE_READ-
WRITE, 0, 2048, "MemoryFile");                                             ⇐
    .
    .
    .
```

Now we've created our memory-mapped file. To use it, we need a *view* of that file—much like the views we're already familiar with.

Creating Memory File Views

We use MapViewOfFile() to get an actual pointer to our new file in memory.

```
LPVOID MapViewOfFile(HANDLE hFileMappingObject, DWORD dwDesiredAccess, DWORD
dwFileOffsetHigh, DWORD dwFileOffsetLow, DWORD dwNumberOfBytesToMap);
```

MapViewOfFile() returns a pointer to the start of our file in memory. The first parameter is a handle of a open file-mapping object. The next parameter specifies the type of access we want and can take the following values:

FILE_MAP_WRITE Read-write access

FILE_MAP_READ Read-only access

FILE_MAP_ALL_ACCESS Same as FILE_MAP_WRITE

FILE_MAP_COPY Copy on write access

The next two parameters hold the offset where mapping is to begin in the file and the last parameter holds the number of bytes to map. If the last parameter is zero, we map the entire file.

```
void CShareMemView::OnFileWritememoryfile()
{

    CShareMemDoc* pDoc = GetDocument();
    ASSERT_VALID(pDoc);

    HANDLE MemoryMappingHandle;

    MemoryMappingHandle = CreateFileMapping((HANDLE) 0xFFFFFFFF, NULL, PAGE_READ-
WRITE, 0, 2048, "MemoryFile");

    LPVOID FilePointer = MapViewOfFile(MemoryMappingHandle, FILE_MAP_WRITE, 0, 0,
0);                                                                          ⇐
    .
    .
    .
```

Now we have a pointer to the file view, so we copy the text that we want to map from the document's text CString object.

```
void CShareMemView::OnFileWritememoryfile()
{
```

```
    CShareMemDoc* pDoc = GetDocument();
    ASSERT_VALID(pDoc);

    HANDLE MemoryMappingHandle;

    MemoryMappingHandle = CreateFileMapping((HANDLE) 0xFFFFFFFF, NULL, PAGE_READ-
WRITE, 0, 2048, "MemoryFile");

    LPVOID FilePointer = MapViewOfFile(MemoryMappingHandle, FILE_MAP_WRITE, 0, 0,
0);

    ::lstrcpy((char *) FilePointer, (LPCTSTR) pDoc->text);                        ⇐
        .
        .
        .
```

The last step in this process is to unmap the file view and to indicate to the user that the data has been written to the memory-mapped file. We do that in a message box.

```
void CShareMemView::OnFileWritememoryfile()
{

    CShareMemDoc* pDoc = GetDocument();
    ASSERT_VALID(pDoc);

    HANDLE MemoryMappingHandle;

    MemoryMappingHandle = CreateFileMapping((HANDLE) 0xFFFFFFFF, NULL, PAGE_READ-
WRITE, 0, 2048, "MemoryFile");

    LPVOID FilePointer = MapViewOfFile(MemoryMappingHandle, FILE_MAP_WRITE, 0, 0,
0);

    ::lstrcpy((char *) FilePointer, (LPCTSTR) pDoc->text);

    UnmapViewOfFile((LPVOID) FilePointer);                                        ⇐

    if(FilePointer != NULL){                                                      ⇐
        AfxMessageBox("Memory file written.");                                    ⇐
    }                                                                             ⇐
}
```

We've placed our data in memory. All that remains now is to read it back from another process.

Reading a Memory-Mapped File

The other process in which we read the data from the memory mapped file is a copy of our same program, ShareMem. When the user selects the Read Memory File item in the File menu, we open the memory mapped file named "MemoryFile" and read the data from it, displaying it in our view.

We start OnFileReadmemoryfile() by getting a pointer to the document.

```
void CShareMemView::OnFileReadmemoryfile()
{

    CShareMemDoc* pDoc = GetDocument();
    ASSERT_VALID(pDoc);
          .
          .
          .
```

To write the file, we used CreateFileMapping(). As you might imagine, we use a function named OpenFileMapping() to open a memory-mapped file.

```
HANDLE OpenFileMapping(DWORD dwDesiredAccess, BOOL bInheritHandle, LPCTSTR lpName);
```

OpenFileMapping() returns a handle to the memory-mapped file. The first parameter indicates the access we want to the file mapping object and can be one of the following:

FILE_MAP_WRITE Read-write access

FILE_MAP_READ Read-only access

FILE_MAP_ALL_ACCESS Same as FILE_MAP_WRITE

FILE_MAP_COPY Copy-on-write access.

The next parameter in OpenFileMapping() specifies whether this handle will be inherited by any child processes of the current process, and the last parameter is the name of the memory mapped file, which in our case is "MemoryFile":

```
void CShareMemView::OnFileReadmemoryfile()
{

    CShareMemDoc* pDoc = GetDocument();
    ASSERT_VALID(pDoc);

    HANDLE MemoryMappingHandle = NULL;                                        ⇐

    MemoryMappingHandle = OpenFileMapping(FILE_MAP_READ, FALSE, "MemoryFile");   ⇐
```

```
    .
    .
    .
```

As before, we need a view of the file to get a pointer to it before we can work with the file. We get that view with MapViewOfFile(), indicating that we want to start at an offset of 0 bytes into the file.

```
void CShareMemView::OnFileReadmemoryfile()
{

    CShareMemDoc* pDoc = GetDocument();
    ASSERT_VALID(pDoc);

    HANDLE MemoryMappingHandle = NULL;

    MemoryMappingHandle = OpenFileMapping(FILE_MAP_READ, FALSE, "MemoryFile");

    LPVOID FilePointer = MapViewOfFile(MemoryMappingHandle, FILE_MAP_READ |
FILE_MAP_WRITE, 0, 0, 0);                                              ⇐
    .
    .
    .
```

Now that we have a pointer to the view in the file, we can copy the data in that file to the text object in the document.

```
void CShareMemView::OnFileReadmemoryfile()
{

    CShareMemDoc* pDoc = GetDocument();
    ASSERT_VALID(pDoc);

    HANDLE MemoryMappingHandle = NULL;

    MemoryMappingHandle = OpenFileMapping(FILE_MAP_READ, FALSE, "MemoryFile");

    LPVOID FilePointer = MapViewOfFile(MemoryMappingHandle, FILE_MAP_READ |
FILE_MAP_WRITE, 0, 0, 0);

    pDoc->text = (char *) FilePointer;                                 ⇐
        .
        .
        .
```

Finally, we unmap the view of the file, close the memory file's handle, and invalidate the view to display the data we've read.

```
void CShareMemView::OnFileReadmemoryfile()
{

    CShareMemDoc* pDoc = GetDocument();
    ASSERT_VALID(pDoc);

    HANDLE MemoryMappingHandle = NULL;

    MemoryMappingHandle = OpenFileMapping(FILE_MAP_READ, FALSE, "MemoryFile");

    LPVOID FilePointer = MapViewOfFile(MemoryMappingHandle, FILE_MAP_READ |
FILE_MAP_WRITE, 0, 0, 0);

    pDoc->text = (char *) FilePointer;

    UnmapViewOfFile((LPVOID) FilePointer);                                    ⇐

    CloseHandle(MemoryMappingHandle);                                         ⇐

    Invalidate();                                                             ⇐

}
```

Run the program and start a second copy of the same program, as shown in Figure 7.2. Type some text into the first copy of the program now and select the Write Memory File item in the File menu. This places the text you've typed into the memory file. Select the Read Memory File item in the second process's File menu to read the text from the memory file.

Our ShareMem program is a success, and we now have two running processes communicate with each other through memory-mapped files. The code for this example, ShareMemView.h and ShareMemView.cpp, appears in Listing 7.2.

Listing 7.2 ShareMemView.h and ShareMemView.cpp

```
// ShareMemView.h : interface of the CShareMemView class
//
/////////////////////////////////////////////////////////////////////////////

#if !defined(AFX_SHAREMEMVIEW_H__BFF33AB7_A398_11D1_887F_D42B07C10710__INCLUDED_)
#define AFX_SHAREMEMVIEW_H__BFF33AB7_A398_11D1_887F_D42B07C10710__INCLUDED_
```

Listing 7.2 *Continued*

```
#if _MSC_VER > 1000
#pragma once
#endif // _MSC_VER > 1000

class CShareMemView : public CView
{
protected: // create from serialization only
    CShareMemView();
    DECLARE_DYNCREATE(CShareMemView)

// Attributes
public:
    CShareMemDoc* GetDocument();

// Operations
public:

// Overrides
```

Continued

Figure 7.2 Passing data between processes through memory.

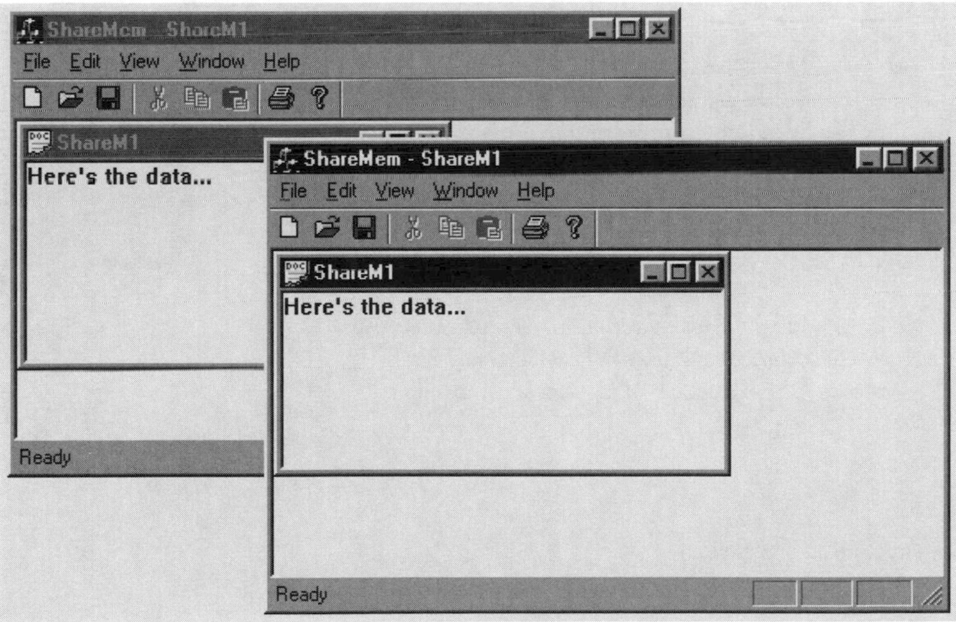

Listing 7.2 ShareMemView.h and ShareMemView.cpp *(Continued)*

```
    // ClassWizard generated virtual function overrides
    //{{AFX_VIRTUAL(CShareMemView)
    public:
    virtual void OnDraw(CDC* pDC);  // overridden to draw this view
    virtual BOOL PreCreateWindow(CREATESTRUCT& cs);
    protected:
    virtual BOOL OnPreparePrinting(CPrintInfo* pInfo);
    virtual void OnBeginPrinting(CDC* pDC, CPrintInfo* pInfo);
    virtual void OnEndPrinting(CDC* pDC, CPrintInfo* pInfo);
    //}}AFX_VIRTUAL

// Implementation
public:
    virtual ~CShareMemView();
#ifdef _DEBUG
    virtual void AssertValid() const;
    virtual void Dump(CDumpContext& dc) const;
#endif

protected:

// Generated message map functions
protected:
    //{{AFX_MSG(CShareMemView)
    afx_msg void OnFileWritememoryfile();
    afx_msg void OnFileReadmemoryfile();
    afx_msg void OnChar(UINT nChar, UINT nRepCnt, UINT nFlags);
    //}}AFX_MSG
    DECLARE_MESSAGE_MAP()
};

#ifndef _DEBUG  // debug version in ShareMemView.cpp
inline CShareMemDoc* CShareMemView::GetDocument()
   { return (CShareMemDoc*)m_pDocument; }
#endif

/////////////////////////////////////////////////////////////////////////////

//{{AFX_INSERT_LOCATION}}
```

Listing 7.2 *Continued*

```
// Microsoft Visual C++ will insert additional declarations immediately before the
previous line.

#endif //
!defined(AFX_SHAREMEMVIEW_H__BFF33AB7_A398_11D1_887F_D42B07C10710__INCLUDED_)


// ShareMemView.cpp : implementation of the CShareMemView class
//

#include "stdafx.h"
#include "ShareMem.h"

#include "ShareMemDoc.h"
#include "ShareMemView.h"

#ifdef _DEBUG
#define new DEBUG_NEW
#undef THIS_FILE
static char THIS_FILE[] = __FILE__;
#endif


/////////////////////////////////////////////////////////////////////////////
// CShareMemView

IMPLEMENT_DYNCREATE(CShareMemView, CView)

BEGIN_MESSAGE_MAP(CShareMemView, CView)
    //{{AFX_MSG_MAP(CShareMemView)
    ON_COMMAND(ID_FILE_WRITEMEMORYFILE, OnFileWritememoryfile)
    ON_COMMAND(ID_FILE_READMEMORYFILE, OnFileReadmemoryfile)
    ON_WM_CHAR()
    //}}AFX_MSG_MAP
    // Standard printing commands
    ON_COMMAND(ID_FILE_PRINT, CView::OnFilePrint)
    ON_COMMAND(ID_FILE_PRINT_DIRECT, CView::OnFilePrint)
    ON_COMMAND(ID_FILE_PRINT_PREVIEW, CView::OnFilePrintPreview)
END_MESSAGE_MAP()
```

Continued

Listing 7.2 ShareMemView.h and ShareMemView.cpp *(Continued)*

```
/////////////////////////////////////////////////////////////////////////////
// CShareMemView construction/destruction

CShareMemView::CShareMemView()
{
    // TODO: add construction code here

}

CShareMemView::~CShareMemView()
{
}

BOOL CShareMemView::PreCreateWindow(CREATESTRUCT& cs)
{
    // TODO: Modify the Window class or styles here by modifying
    //  the CREATESTRUCT cs

    return CView::PreCreateWindow(cs);
}

/////////////////////////////////////////////////////////////////////////////
// CShareMemView drawing

void CShareMemView::OnDraw(CDC* pDC)
{
    CShareMemDoc* pDoc = GetDocument();
    ASSERT_VALID(pDoc);

    pDC->TextOut(0, 0, pDoc->text);
    // TODO: add draw code for native data here
}

/////////////////////////////////////////////////////////////////////////////
// CShareMemView printing

BOOL CShareMemView::OnPreparePrinting(CPrintInfo* pInfo)
{
    // default preparation
    return DoPreparePrinting(pInfo);
```

Listing 7.2 *Continued*

```
}

void CShareMemView::OnBeginPrinting(CDC* /*pDC*/, CPrintInfo* /*pInfo*/)
{
    // TODO: add extra initialization before printing
}

void CShareMemView::OnEndPrinting(CDC* /*pDC*/, CPrintInfo* /*pInfo*/)
{
    // TODO: add cleanup after printing
}

/////////////////////////////////////////////////////////////////////////////
// CShareMemView diagnostics

#ifdef _DEBUG
void CShareMemView::AssertValid() const
{
    CView::AssertValid();
}

void CShareMemView::Dump(CDumpContext& dc) const
{
    CView::Dump(dc);
}

CShareMemDoc* CShareMemView::GetDocument() // non-debug version is inline
{
    ASSERT(m_pDocument->IsKindOf(RUNTIME_CLASS(CShareMemDoc)));
    return (CShareMemDoc*)m_pDocument;
}
#endif //_DEBUG

/////////////////////////////////////////////////////////////////////////////
// CShareMemView message handlers

void CShareMemView::OnFileWritememoryfile()
{

    CShareMemDoc* pDoc = GetDocument();
```

Continued

Listing 7.2 ShareMemView.h and ShareMemView.cpp *(Continued)*

```
    ASSERT_VALID(pDoc);

    HANDLE MemoryMappingHandle;

    MemoryMappingHandle = CreateFileMapping((HANDLE) 0xFFFFFFFF, NULL, PAGE_READ-
WRITE, 0, 2048, "MemoryFile");

    LPVOID FilePointer = MapViewOfFile(MemoryMappingHandle, FILE_MAP_WRITE, 0, 0,
0);

    ::lstrcpy((char *) FilePointer, (LPCTSTR) pDoc->text);

    UnmapViewOfFile((LPVOID) FilePointer);

    if(FilePointer != NULL){
        AfxMessageBox("Memory file written.");
    }
}

void CShareMemView::OnFileReadmemoryfile()
{

    CShareMemDoc* pDoc = GetDocument();
    ASSERT_VALID(pDoc);

    HANDLE MemoryMappingHandle = NULL;

    MemoryMappingHandle = OpenFileMapping(FILE_MAP_READ, FALSE, "MemoryFile");

    LPVOID FilePointer = MapViewOfFile(MemoryMappingHandle, FILE_MAP_READ |
FILE_MAP_WRITE, 0, 0, 0);

    pDoc->text = (char *) FilePointer;

    UnmapViewOfFile((LPVOID) FilePointer);

    CloseHandle(MemoryMappingHandle);

    Invalidate();
```

Listing 7.2 *Continued*

```
}

void CShareMemView::OnChar(UINT nChar, UINT nRepCnt, UINT nFlags)
{
    // TODO: Add your message handler code here and/or call default
    CShareMemDoc* pDoc = GetDocument();
    ASSERT_VALID(pDoc);

    pDoc->text += nChar;

    Invalidate();
    CView::OnChar(nChar, nRepCnt, nFlags);
}
```

What's Ahead

In the next chapter, we continue with our guided tour of Visual C++ and start working with a very popular topic: connecting to the Internet. We learn to set up a Web browser in Visual C++ and how to use the HTTP and FTP protocols.

CONNECTING TO THE INTERNET

8

This chapter covers connecting Visual C++ to the Internet. The Internet hardly needs any introduction, and now Visual C++ includes a great deal of support for connecting your programs to the Internet. Some of it is simple—we've already seen how to use HTML views and download Web pages with them—and some not so simple. We take a look at what Visual C++ has to offer in this chapter.

We start by using the HTTP protocol in Visual C++ programs, followed by the FTP protocol. We also use the Web browser control (the control on which HTML views are based), as we build a complete working Web browser.

We begin by using the HTTP protocol to download the Microsoft Visual C++ page's HTML itself.

Putting the HTTP Protocol to Work

In our first program of the chapter, we use the HTTP protocol—the protocol the Web is based on—to download the raw HTML of a Web page. In particular, we download the Visual C++ Web page from Microsoft.

```
 -----------------------------------------------------
|                                                     |
|-----------------------------------------------------|
|   ----------------------------                      |
|  |<HTML>                     |                      |
|  |<HEAD>                     |                      |
|  |<TITLE>Visual Product Start P |                   |
|  |<META NAME="DESCRIPTION" CONT |                   |
|  |<META NAME="MS.LOCALE" CONTEN |                   |
|  |<META HTTP-EQUIV="Content-Typ |                   |
```

```
|  |charset=iso8859-1">              |                    |
|  |</HEAD>                          |                    |
|   -----------------------------                        |
|                                                        |
 ---------------------------------------------------------
```

Note that here, we're downloading the raw HTML of the Web page and not interpreting it. We learn to interpret it, if we want to do so, later in this chapter when we use the Web browser control.

Creating the HTTP Program

Create a new MDI project named HTTP. We display the HTML of the Visual C++ Web page in our view; to make things easier for ourselves, base the view class on CEditView in Step 6 of AppWizard (allowing us an easy way of displaying multiline text).

To let the user download the HTML of the Visual C++ Web page, add a new item, Download Text, to the File menu and connect a handler function, OnFileDownloadtext(), to that new item now. Our first step is to connect to the Internet.

Starting an Internet Session

You connect to the Internet by creating a new Internet session using the CInternet-Session class. To use that class, you have to include the header file afxinet.h.

```
// HTTPView.cpp : implementation of the CHTTPView class
//

#include "stdafx.h"
#include "HTTP.h"

#include "HTTPDoc.h"
#include "HTTPView.h"
#include <afxinet.h>                                                    ⇐
```

Now, in OnFileDownloadtext(), we're free to create a new Internet session, and in that session, we'll download and display the file we want. That process starts by creating a new CInternetSession object, which we'll name Session:

```
void CHTTPView::OnFileDownloadtext()
{
    CInternetSession* Session = new CInternetSession();                 ⇐
    .
    .
    .
```

The CInternetSession class functions appear in Table 8.1.

Table 8.1 CInternetSession Functions

Function	Does this
CInternetSession	Constructs a CInternetSession object.
Close	Closes the Internet connection when the Internet session is terminated.
EnableStatusCallback	Establishes a status callback routine. EnableStatus-Callback is required for asynchronous operations.
GetContext	Gets the context value for an Internet or application session.
GetCookie	Returns cookies for the specified URL and all its parent URLs.
GetCookieLength	Retrieves the variable specifying the length of the cookie stored in the buffer.
GetFtpConnection	Opens an FTP session with a server. Logs on the user.
GetGopherConnection	Opens a gopher server for an application that is trying to open a connection.
GetHttpConnection	Opens an HTTP server for an application that is trying to open a connection.
OnStatusCallback	Updates the status of an operation when status callback is enabled.
OpenURL	Parses and opens a URL.
operator HINTERNET	Provides a handle to the current Internet session.
QueryOption	Provides possible asserts for error checking.
ServiceTypeFromHandle	Gets the type of service from the Internet handle.
SetCookie	Sets a cookie for the specified URL.
SetOption	Sets options for the Internet session.

Opening the URL

Once we have an Internet session object, we can use that object's OpenURL() function to read the file we want from the Internet. That function uses four different protocols, depending on what protocol you specify for the URL. For example, if the URL is http://www.microsoft.com/visualc, OpenURL() uses the HTTP protocol and pointer to an object of type CHttpFile. Here are the protocols and return types from OpenURL():

file://xxxx returns CStdioFile*

http://xxxx returns CHttpFile*

gopher://xxxx returns CGopherFile*

ftp://xxxx returns CInternetFile*

The following code shows how to use OpenURL():

```
CStdioFile* OpenURL(LPCTSTR pstrURL, DWORD dwContext = 1, DWORD dwFlags = INTER-
NET_FLAG_TRANSFER_ASCII, LPCTSTR pstrHeaders = NULL, DWORD dwHeadersLength = 0);
```

The first parameter is the URL to open, the next is application-specific data that we won't use, and the third parameter sets the type of transfer you want. The third parameter can be one of the following:

INTERNET_FLAG_TRANSFER_ASCII Transfer the file as ASCII text.

INTERNET_FLAG_TRANSFER_BINARY Transfer the file as a binary file.

INTERNET_FLAG_RELOAD Get the data from the wire even if it is locally cached.

INTERNET_FLAG_DONT_CACHE Do not cache the data, either locally or in any gateways.

INTERNET_FLAG_SECURE Request secure transactions on the wire with Secure Sockets Layer or PCT.

INTERNET_OPEN_FLAG_USE_EXISTING_CONNECT If possible, reuse the existing connections to the server for new requests generated by **OpenUrl** instead of creating a new session for each connection request.

INTERNET_FLAG_PASSIVE Used for an FTP site.

The last two parameters in OpenURL() allow you to send additional header information to the server, but we won't do that here. The following example shows how we use OpenURL() to open the Microsoft Visual C++ home page, getting a pointer to an object of class CHttpFile:

```
void CHTTPView::OnFileDownloadtext()
{
    CInternetSession* Session = new CInternetSession();

    CHttpFile* HTTPFile = (CHttpFile*) Session-
>OpenURL("http://www.microsoft.com/visualc");                    ⇐
    .
    .
    .
```

We also check the CHttpFile pointer to make sure it's non-NULL before using it.

```
void CHTTPView::OnFileDownloadtext()
{
    CInternetSession* Session = new CInternetSession();

    CHttpFile* HTTPFile = (CHttpFile*) Session-
>OpenURL("http://www.microsoft.com/visualc");

    if(HTTPFile == NULL)                                      ⇐
        return;                                               ⇐
            .
            .
            .
```

To store the Web page, we use a data buffer. We set that up, making it 2K in length, and read in the first 2K of the Web page using the CHttpFile Read() function.

```
void CHTTPView::OnFileDownloadtext()
{
    #define BufferLength 2048                                 ⇐

    CInternetSession* Session = new CInternetSession();

    CHttpFile* HTTPFile = (CHttpFile*) Session-
>OpenURL("http://www.microsoft.com/visualc");

    if(HTTPFile == NULL)
        return;

    char HTTPData[BufferLength];                              ⇐

    HTTPFile->Read(HTTPData, BufferLength);                   ⇐
        .
        .
        .
```

We've read in the Web page's HTML at this point, and we can display it in our view. Because we've based that view on the CEditView class, we can simply place the text in the text box that is the basis for the view. We reach that text box with GetEditCtrl().

```
void CHTTPView::OnFileDownloadtext()
{
    #define BufferLength 2048
```

```
    CInternetSession* Session = new CInternetSession();

    CHttpFile* HTTPFile = (CHttpFile*)
Session->OpenURL("http://www.microsoft.com/visualc");

    if(HTTPFile == NULL)
        return;

    char HTTPData[BufferLength];

    HTTPFile->Read(HTTPData, BufferLength);

    GetEditCtrl().SetWindowText(HTTPData);                ⇐
        .
        .
        .
```

We've displayed the Web page's HTML at this point; finally, we close the CHttpFile object and close the Internet session.

```
void CHTTPView::OnFileDownloadtext()
{
    #define BufferLength 2048

    CInternetSession* Session = new CInternetSession();

    CHttpFile* HTTPFile = (CHttpFile*)
Session->OpenURL("http://www.microsoft.com/visualc");

    if(HTTPFile == NULL)
        return;

    char HTTPData[BufferLength];

    HTTPFile->Read(HTTPData, BufferLength);

    GetEditCtrl().SetWindowText(HTTPData);

    HTTPFile->Close();                                    ⇐
    Session->Close();                                     ⇐
}
```

Now run the HTTP program, as shown in Figure 8.1, and select the Download text item in the File menu to download the HTML of the Visual C++

Figure 8.1 Downloading the HTML of the Visual C++ home page.

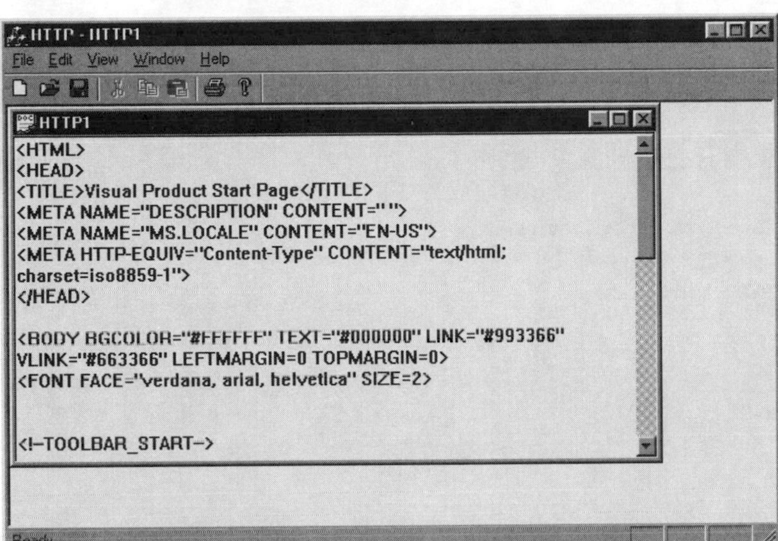

home page at Microsoft. Now we're working with the HTTP protocol. Note that OpenURL() can use FTP, Gopher, and file protocols as well.

> **Connecting to the Internet**
>
> If you create a new Internet session and the computer isn't connected to the Internet, the program brings up the standard Connect dialog box and asks the user to connect.

The code for this example, HTTPView.h and HTTPView.cpp, appears in Listing 8.1.

Listing 8.1 HTTPView.h and HTTPView.cpp

```
// HTTPView.h : interface of the CHTTPView class
//
/////////////////////////////////////////////////////////////////////////////

#if !defined(AFX_HTTPVIEW_H__B788EA1E_A5FC_11D1_887F_D42B07C10710__INCLUDED_)
#define AFX_HTTPVIEW_H__B788EA1E_A5FC_11D1_887F_D42B07C10710__INCLUDED_
```

Continued

Listing 8.1 HTTPView.h and HTTPView.cpp *(Continued)*

```
#if _MSC_VER > 1000
#pragma once
#endif // _MSC_VER > 1000

class CHTTPView : public CEditView
{
protected: // create from serialization only
    CHTTPView();
    DECLARE_DYNCREATE(CHTTPView)

// Attributes
public:
    CHTTPDoc* GetDocument();

// Operations
public:

// Overrides
    // ClassWizard generated virtual function overrides
    //{{AFX_VIRTUAL(CHTTPView)
    public:
    virtual void OnDraw(CDC* pDC);  // overridden to draw this view
    virtual BOOL PreCreateWindow(CREATESTRUCT& cs);
    protected:
    virtual BOOL OnPreparePrinting(CPrintInfo* pInfo);
    virtual void OnBeginPrinting(CDC* pDC, CPrintInfo* pInfo);
    virtual void OnEndPrinting(CDC* pDC, CPrintInfo* pInfo);
    //}}AFX_VIRTUAL

// Implementation
public:
    virtual ~CHTTPView();
#ifdef _DEBUG
    virtual void AssertValid() const;
    virtual void Dump(CDumpContext& dc) const;
#endif

protected:

// Generated message map functions
```

Listing 8.1 *Continued*

```
protected:
    //{{AFX_MSG(CHTTPView)
    afx_msg void OnFileDownloadtext();
    //}}AFX_MSG
    DECLARE_MESSAGE_MAP()
};

#ifndef _DEBUG  // debug version in HTTPView.cpp
inline CHTTPDoc* CHTTPView::GetDocument()
   { return (CHTTPDoc*)m_pDocument; }
#endif

/////////////////////////////////////////////////////////////////////////////

//{{AFX_INSERT_LOCATION}}
// Microsoft Visual C++ will insert additional declarations immediately before the
previous line.

#endif // !defined(AFX_HTTPVIEW_H__B788EA1E_A5FC_11D1_887F_D42B07C10710__INCLUDED_)



// HTTPView.cpp : implementation of the CHTTPView class
//

#include "stdafx.h"
#include "HTTP.h"

#include "HTTPDoc.h"
#include "HTTPView.h"
#include <afxinet.h>

#ifdef _DEBUG
#define new DEBUG_NEW
#undef THIS_FILE
static char THIS_FILE[] = __FILE__;
#endif

/////////////////////////////////////////////////////////////////////////////
```

Continued

Listing 8.1 HTTPView.h and HTTPView.cpp *(Continued)*

```
// CHTTPView

IMPLEMENT_DYNCREATE(CHTTPView, CEditView)

BEGIN_MESSAGE_MAP(CHTTPView, CEditView)
    //{{AFX_MSG_MAP(CHTTPView)
    ON_COMMAND(ID_FILE_DOWNLOADTEXT, OnFileDownloadtext)
    //}}AFX_MSG_MAP
    // Standard printing commands
    ON_COMMAND(ID_FILE_PRINT, CEditView::OnFilePrint)
    ON_COMMAND(ID_FILE_PRINT_DIRECT, CEditView::OnFilePrint)
    ON_COMMAND(ID_FILE_PRINT_PREVIEW, CEditView::OnFilePrintPreview)
END_MESSAGE_MAP()

/////////////////////////////////////////////////////////////////////////////
// CHTTPView construction/destruction

CHTTPView::CHTTPView()
{
    // TODO: add construction code here

}

CHTTPView::~CHTTPView()
{
}

BOOL CHTTPView::PreCreateWindow(CREATESTRUCT& cs)
{
    // TODO: Modify the Window class or styles here by modifying
    //  the CREATESTRUCT cs

    BOOL bPreCreated = CEditView::PreCreateWindow(cs);
    cs.style &= ~(ES_AUTOHSCROLL|WS_HSCROLL);    // Enable word-wrapping

    return bPreCreated;
}

/////////////////////////////////////////////////////////////////////////////
// CHTTPView drawing
```

Listing 8.1 *Continued*

```
void CHTTPView::OnDraw(CDC* pDC)
{
    CHTTPDoc* pDoc = GetDocument();
    ASSERT_VALID(pDoc);

    // TODO: add draw code for native data here
}

/////////////////////////////////////////////////////////////////////////////
// CHTTPView printing

BOOL CHTTPView::OnPreparePrinting(CPrintInfo* pInfo)
{
    // default CEditView preparation
    return CEditView::OnPreparePrinting(pInfo);
}

void CHTTPView::OnBeginPrinting(CDC* pDC, CPrintInfo* pInfo)
{
    // Default CEditView begin printing.
    CEditView::OnBeginPrinting(pDC, pInfo);
}

void CHTTPView::OnEndPrinting(CDC* pDC, CPrintInfo* pInfo)
{
    // Default CEditView end printing
    CEditView::OnEndPrinting(pDC, pInfo);
}

/////////////////////////////////////////////////////////////////////////////
// CHTTPView diagnostics

#ifdef _DEBUG
void CHTTPView::AssertValid() const
{
    CEditView::AssertValid();
}

void CHTTPView::Dump(CDumpContext& dc) const
{
```

Continued

Listing 8.1 HTTPView.h and HTTPView.cpp *(Continued)*

```
    CEditView::Dump(dc);
}

CHTTPDoc* CHTTPView::GetDocument() // non-debug version is inline
{
    ASSERT(m_pDocument->IsKindOf(RUNTIME_CLASS(CHTTPDoc)));
    return (CHTTPDoc*)m_pDocument;
}
#endif //_DEBUG

/////////////////////////////////////////////////////////////////////////////
// CHTTPView message handlers

void CHTTPView::OnFileDownloadtext()
{
    #define BufferLength 2048

    CInternetSession* Session = new CInternetSession();

    CHttpFile* HTTPFile = (CHttpFile*)
Session->OpenURL("http://www.microsoft.com/visualc");

    if(HTTPFile == NULL)
        return;

    char HTTPData[BufferLength];

    HTTPFile->Read(HTTPData, BufferLength);

    GetEditCtrl().SetWindowText(HTTPData);

    HTTPFile->Close();
    Session->Close();
}
```

We've seen that the OpenURL() function is a powerful way of working with files on the Internet. Using that function creates an object of class CHttpFile, CGopherFile, or CInternetFile (for FTP protocol files). In fact, the base class of CHttpFile and CGopherFile is also CInternetFile, and it's that class's Read() function that we used to read the Web page. That class also supports a Write() function, so you can write to the Internet if you have permission to write to the server.

Using the CInternetFile class is one way of dealing with the Internet. It's a good way of doing things, because it treats files on the Internet in much the same way you'd treat local files. However, the HTTP, FTP, and Gopher protocols are quite different in many ways, so in addition to the simplified CInternetFile class, Visual C++ also provides a class for each protocol that you can also use: CHttpConnection, CFtpConnection, and CGopherConnection. These specialized classes support all the aspects of the various protocols that CInternetFile does not. For example, the CFtpConnection class supports the FTP functions PutFile() and GetFile(), which classes like CHttpConnection do not. (In fact, the CHttpConnection class only has two functions: a constructor and the OpenRequest() function, which opens an HTTP request.) Let's examine the FTP protocol in more detail now.

Putting the FTP Protocol to Work

FTP stands for File Transfer Protocol, and as you can imagine, there are many file-handling aspects here. This protocol is supported by the CFtpConnection class, whose file-handling functions appear in Table 8.2.

Table 8.2 CFtpConnection Class Functions

Function	Does this
CFtpConnection	Constructs a CFtpConnection object.
Close	Closes the connection to the server.
CreateDirectory	Creates a directory on the server.
GetCurrentDirectory	Gets the current directory for this connection.
GetCurrentDirectoryAsURL	Gets the current directory for this connection as a URL.
GetFile	Gets a file from the connected server
OpenFile	Opens a file on the connected server.
PutFile	Places a file on the server.
Remove	Removes a file from the server.
RemoveDirectory	Removes the specified directory from the server.
Rename	Renames a file on the server.
SetCurrentDirectory	Sets the current FTP directory.

Using these functions, you can perform the standard FTP operations, from uploading and downloading files to creating new directories. Next, we put the FTP protocol to work and download a file from the Microsoft FTP site.

The Internet Transfer Control

In addition to using classes like CHttpConnection, CFtpConnection, or CInternetFile, you can also use the Microsoft Internet control, which comes with Visual C++. This control supports some of the more common HTTP and FTP actions and includes an OpenUrl() method.

Creating the FTP Program

In the next example, we use the CFtpConnection class to support a typical FTP action—downloading a file. In this case, we download a file that Microsoft keeps in its FTP main directory, named dirmap.txt. This file holds an outline of the Microsoft FTP site, and it's one that Microsoft always keeps in its FTP directory.

Create a new MDI project now named FTP and, as we did in the last example, base the view class on the CEditView class in Step 6 of AppWizard. Next, add one new item to the File menu: Download file. When the user selects this item, we open an FTP connection to dirmap.txt at ftp.microsoft.com and download it, then display it.

We start by including the afxinet.h header.

```
// FTPView.cpp : implementation of the CFTPView class
//

#include "stdafx.h"
#include "FTP.h"

#include "FTPDoc.h"
#include "FTPView.h"
#include <afxinet.h>                                                    ⇐
    .
    .
    .
```

Next, we add code to the Download file menu item function OnFiledownloadfile() to create a new Internet session.

```
void CFTPView::OnFileDownloadfile()
{
```

```
    CInternetSession* Session = new CInternetSession();                    ⇐
        .
        .
        .
```

Creating an FTP Connection

Now we create a CFtpConnection object using the CInternetSession class's GetFtpConnection() function, connecting to ftp.microsoft.com.

```
void CFTPView::OnFileDownloadfile()
{
    CInternetSession* Session = new CInternetSession();

    CFtpConnection* FTPConnection = Session->GetFtpConnection("ftp.microsoft.com");
                                                                           ⇐

    if(FTPConnection == NULL)                                              ⇐
        return;                                                            ⇐
            .
            .
            .
```

We're ready to download the dirmap.txt file from Microsoft.

Downloading a File

We download dirmap.txt, making a copy of that file locally, with the CFTP-Connection class's GetFile() function. We pass that function the name of the file to get, the local name we want to give it, and a parameter we set to FALSE to overwrite a local copy of the file if it already exists.

```
void CFTPView::OnFileDownloadfile()
{
    CInternetSession* Session = new CInternetSession();

    CFtpConnection* FTPConnection = Session->GetFtpConnection("ftp.microsoft.com");

    if(FTPConnection == NULL)
        return;

    FTPConnection->GetFile("dirmap.txt", "dirmap.txt", FALSE);             ⇐
        .
        .
        .
```

At this point, then, we have downloaded dirmap.txt onto disk. To display that file, we read it back in.

Reading the File in from Disk with CFile

To read a file from disk, we use the MFC CFile class. First, we set up a buffer for that file's data.

```
void CFTPView::OnFileDownloadfile()
{
    #define BufferLength 2048                                                    ⇐

    CInternetSession* Session = new CInternetSession();

    CFtpConnection* FTPConnection = Session->GetFtpConnection("ftp.microsoft.com");

    if(FTPConnection == NULL)
        return;

    FTPConnection->GetFile("dirmap.txt", "dirmap.txt", FALSE);

    char FTPData[BufferLength];                                                  ⇐
        .
        .
        .
```

Next, we open the file dirmap.txt by passing that filename to the CFile constructor and indicating that we're opening this file for reading. Next, we read 2K of data in from the file on disk into the buffer using the CFile Read() function.

```
void CFTPView::OnFileDownloadfile()
{
    #define BufferLength 2048

    CInternetSession* Session = new CInternetSession();

    CFtpConnection* FTPConnection = Session->GetFtpConnection("ftp.microsoft.com");

    if(FTPConnection == NULL)
        return;

    FTPConnection->GetFile("dirmap.txt", "dirmap.txt", FALSE);

    char FTPData[BufferLength];
```

```
CFile file("dirmap.txt", CFile::modeRead);        ⇐
file.Read(FTPData, BufferLength);                  ⇐
    .
    .
    .
```

The CFile functions appear in Table 8.3.

Using CFile instead of Serialization

If you're only interested in standard file handling, and don't need all the attributes of serialization, use the CFile class—the member functions are simple, direct, and work well.

Table 8.3 The CFile Functions

Function	Does this
Abort	Closes a file ignoring all warnings and errors.
CFile	Constructs a CFile object from a path or file handle.
Close	Closes a file and deletes the object.
Duplicate	Constructs a duplicate object based on this file.
Flush	Flushes any data yet to be written.
GetFileName	Retrieves the filename of the selected file.
GetFilePath	Retrieves the full file path of the selected file.
GetFileTitle	Retrieves the title of the selected file.
GetLength	Retrieves the length of the file.
GetPosition	Retrieves the current file pointer.
GetStatus	Retrieves the status of the specified file (static, virtual function).
GetStatus	Retrieves the status of this open file.
LockRange	Locks a range of bytes in a file.
Open	Safely opens a file with an error-testing option.
Read	Reads (unbuffered) data from a file at the current file position.
ReadHuge	Can read more than 64K of (unbuffered) data from a file at the current file position.
Remove	Deletes the specified file (static function).

Continued

Table 8.3 The CFile Functions *(Continued)*

Function	**Does this**
Rename	Renames the specified file (static function).
Seek	Positions the current file pointer.
SeekToBegin	Positions the current file pointer at the beginning of the file.
SeekToEnd	Positions the current file pointer at the end of the file.
SetFilePath	Sets the full file path of the selected file.
SetLength	Changes the length of the file.
SetStatus	Sets the status of the specified file (static, virtual function).
UnlockRange	Unlocks a range of bytes in a file.
Write	Writes (unbuffered) data in a file to the current file position.
WriteHuge	Can write more than 64K of (unbuffered) data in a file to the current file position. Obsolete in 32-bit programming.

At last the data is in a buffer that we can work with, and we display that data in the view after getting the text box control with GetEditCtrl().

```
void CFTPView::OnFileDownloadfile()
{
    #define BufferLength 2048

    CInternetSession* Session = new CInternetSession();

    CFtpConnection* FTPConnection = Session->GetFtpConnection("ftp.microsoft.com");

    if(FTPConnection == NULL)
        return;

    FTPConnection->GetFile("dirmap.txt", "dirmap.txt", FALSE);

    char FTPData[BufferLength];
    CFile file("dirmap.txt", CFile::modeRead);
    file.Read(FTPData, BufferLength);

    GetEditCtrl().SetWindowText(FTPData);                                  ⇐
        .
        .
        .
}
```

Finally, we close the Internet session and the FTP connection.

```
void CFTPView::OnFileDownloadfile()
{
    #define BufferLength 2048

    CInternetSession* Session = new CInternetSession();

    CFtpConnection* FTPConnection = Session->GetFtpConnection("ftp.microsoft.com");

    if(FTPConnection == NULL)
        return;

    FTPConnection->GetFile("dirmap.txt", "dirmap.txt", FALSE);

    char FTPData[BufferLength];
    CFile file("dirmap.txt", CFile::modeRead);
    file.Read(FTPData, BufferLength);

    GetEditCtrl().SetWindowText(FTPData);

    FTPConnection->Close();                                          ⇐
    Session->Close();                                                ⇐
}
```

Run the FTP program now, as shown in Figure 8.2. Select the Download file item in the File menu to open an FTP connection to Microsoft and download the dirmap.txt. That file is downloaded to disk, then the disk file is opened, read in, and displayed in the view. Our FTP program is a success.

The code for this example, FTPView.h and FTPView.cpp, appears in Listing 8.2.

Listing 8.2 FTPView.h and FTPView.cpp

```
// FTPView.h : interface of the CFTPView class
//
/////////////////////////////////////////////////////////////////////////////

#if !defined(AFX_FTPVIEW_H__B788EA36_A5FC_11D1_887F_D42B07C10710__INCLUDED_)
#define AFX_FTPVIEW_H__B788EA36_A5FC_11D1_887F_D42B07C10710__INCLUDED_

#if _MSC_VER > 1000
#pragma once
#endif // _MSC_VER > 1000
```

Continued

Figure 8.2 Downloading a file with the FTP protocol.

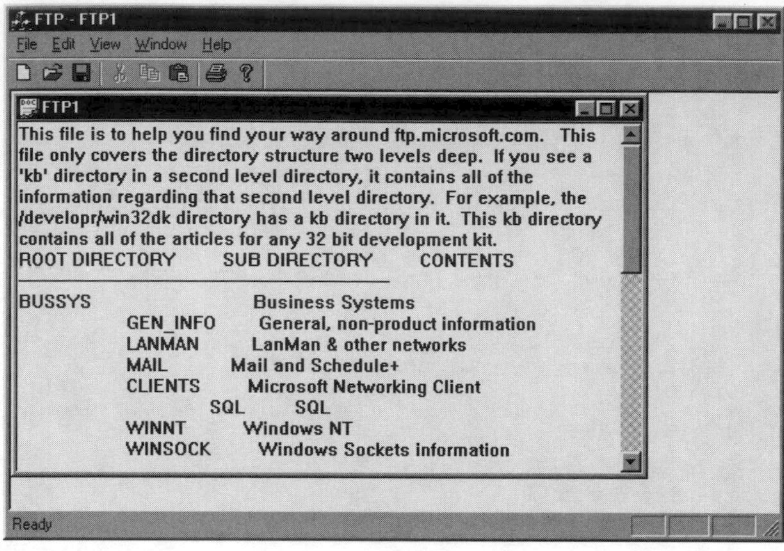

Listing 8.2 FTPView.h and FTPView.cpp *(Continued)*

```
class CFTPView : public CEditView
{
protected: // create from serialization only
    CFTPView();
    DECLARE_DYNCREATE(CFTPView)

// Attributes
public:
    CFTPDoc* GetDocument();

// Operations
public:

// Overrides
    // ClassWizard generated virtual function overrides
    //{{AFX_VIRTUAL(CFTPView)
    public:
    virtual void OnDraw(CDC* pDC);  // overridden to draw this view
    virtual BOOL PreCreateWindow(CREATESTRUCT& cs);
```

Listing 8.2 *Continued*

```
    protected:
    virtual BOOL OnPreparePrinting(CPrintInfo* pInfo);
    virtual void OnBeginPrinting(CDC* pDC, CPrintInfo* pInfo);
    virtual void OnEndPrinting(CDC* pDC, CPrintInfo* pInfo);
    //}}AFX_VIRTUAL

// Implementation
public:
    virtual ~CFTPView();
#ifdef _DEBUG
    virtual void AssertValid() const;
    virtual void Dump(CDumpContext& dc) const;
#endif

protected:

// Generated message map functions
protected:
    //{{AFX_MSG(CFTPView)
    afx_msg void OnFileDownloadfile();
    //}}AFX_MSG
    DECLARE_MESSAGE_MAP()
};

#ifndef _DEBUG  // debug version in FTPView.cpp
inline CFTPDoc* CFTPView::GetDocument()
   { return (CFTPDoc*)m_pDocument; }
#endif

/////////////////////////////////////////////////////////////////////////////

//{{AFX_INSERT_LOCATION}}
// Microsoft Visual C++ will insert additional declarations immediately before the
previous line.

#endif // !defined(AFX_FTPVIEW_H__B788EA36_A5FC_11D1_887F_D42B07C10710__INCLUDED_)


// FTPView.cpp : implementation of the CFTPView class
//
```

Continued

Listing 8.2 FTPView.h and FTPView.cpp *(Continued)*

```
#include "stdafx.h"
#include "FTP.h"

#include "FTPDoc.h"
#include "FTPView.h"
#include <afxinet.h>

#ifdef _DEBUG
#define new DEBUG_NEW
#undef THIS_FILE
static char THIS_FILE[] = __FILE__;
#endif


/////////////////////////////////////////////////////////////////////////////
// CFTPView

IMPLEMENT_DYNCREATE(CFTPView, CEditView)

BEGIN_MESSAGE_MAP(CFTPView, CEditView)
    //{{AFX_MSG_MAP(CFTPView)
    ON_COMMAND(ID_FILE_DOWNLOADFILE, OnFileDownloadfile)
    //}}AFX_MSG_MAP
    // Standard printing commands
    ON_COMMAND(ID_FILE_PRINT, CEditView::OnFilePrint)
    ON_COMMAND(ID_FILE_PRINT_DIRECT, CEditView::OnFilePrint)
    ON_COMMAND(ID_FILE_PRINT_PREVIEW, CEditView::OnFilePrintPreview)
END_MESSAGE_MAP()

/////////////////////////////////////////////////////////////////////////////
// CFTPView construction/destruction

CFTPView::CFTPView()
{
    // TODO: add construction code here

}

CFTPView::~CFTPView()
{
```

Listing 8.2 ***Continued***

```
}

BOOL CFTPView::PreCreateWindow(CREATESTRUCT& cs)
{
    // TODO: Modify the Window class or styles here by modifying
    //  the CREATESTRUCT cs

    BOOL bPreCreated = CEditView::PreCreateWindow(cs);
    cs.style &= ~(ES_AUTOHSCROLL|WS_HSCROLL);     // Enable word-wrapping

    return bPreCreated;
}

/////////////////////////////////////////////////////////////////////////////
// CFTPView drawing

void CFTPView::OnDraw(CDC* pDC)
{
    CFTPDoc* pDoc = GetDocument();
    ASSERT_VALID(pDoc);

    // TODO: add draw code for native data here
}

/////////////////////////////////////////////////////////////////////////////
// CFTPView printing

BOOL CFTPView::OnPreparePrinting(CPrintInfo* pInfo)
{
    // default CEditView preparation
    return CEditView::OnPreparePrinting(pInfo);
}

void CFTPView::OnBeginPrinting(CDC* pDC, CPrintInfo* pInfo)
{
    // Default CEditView begin printing.
    CEditView::OnBeginPrinting(pDC, pInfo);
}

void CFTPView::OnEndPrinting(CDC* pDC, CPrintInfo* pInfo)
```

Continued

Listing 8.2 FTPView.h and FTPView.cpp *(Continued)*

```
{
    // Default CEditView end printing
    CEditView::OnEndPrinting(pDC, pInfo);
}

/////////////////////////////////////////////////////////////////////////////
// CFTPView diagnostics

#ifdef _DEBUG
void CFTPView::AssertValid() const
{
    CEditView::AssertValid();
}

void CFTPView::Dump(CDumpContext& dc) const
{
    CEditView::Dump(dc);
}

CFTPDoc* CFTPView::GetDocument() // non-debug version is inline
{
    ASSERT(m_pDocument->IsKindOf(RUNTIME_CLASS(CFTPDoc)));
    return (CFTPDoc*)m_pDocument;
}
#endif //_DEBUG

/////////////////////////////////////////////////////////////////////////////
// CFTPView message handlers

void CFTPView::OnFileDownloadfile()
{
    #define BufferLength 2048

    CInternetSession* Session = new CInternetSession();

    CFtpConnection* FTPConnection = Session->GetFtpConnection("ftp.microsoft.com");

    if(FTPConnection == NULL)
        return;
```

Listing 8.2 *Continued*

```
    FTPConnection->GetFile("dirmap.txt", "dirmap.txt", FALSE);

    char FTPData[BufferLength];
    CFile file("dirmap.txt", CFile::modeRead);
    file.Read(FTPData, BufferLength);

    GetEditCtrl().SetWindowText(FTPData);

    FTPConnection->Close();
    Session->Close();
}
```

That completes our overview of CFtpConnection. Next we look at the Web browser control.

Creating a Web Browser

In Chapter 2, "Multiple Documents, Multiple Views," we used HTML views to create a quick Web browser. We can use the Web browser control to do the same thing using controls, not views, and we do that now.

Create a new project named Browser, making it a dialog-based project. Next, install the Web browser control in the dialog box that makes up our main window.

Installing the Web Browser Control

Open the main dialog, IDD_BROWSER_DIALOG, in the Dialog Editor, as shown in Figure 8.3. To add the Web browser control, select the Project menu's Add to Project item, opening the Components and Controls submenu item. This opens the Visual C++ Components and Controls Gallery.

Double-click the folder marked Registered ActiveX Controls, find the Microsoft Web Browser item, and click the Insert button. This inserts the Web Browser tool in the control toolbox. Use that tool now to add a new browser control to the dialog window, sizing it so that it matches the one in Figure 8.3.

In addition, we use a text box so the user can specify the URL to navigate to and a button to start the navigation. Add those controls, giving the button the caption Navigate, as shown in Figure 8.3. Finally, use ClassWizard to connect a member variable, m_text, to the text box; add a handler function to the button, OnButton1(); and connect a member variable, m_browser, to the Web browser control, IDC_EXPLORER1.

We start the code by updating the member variable m_text with UpdateData(). This variable will hold the URL to navigate to, as entered by the user.

Figure 8.3 Designing a custom browser.

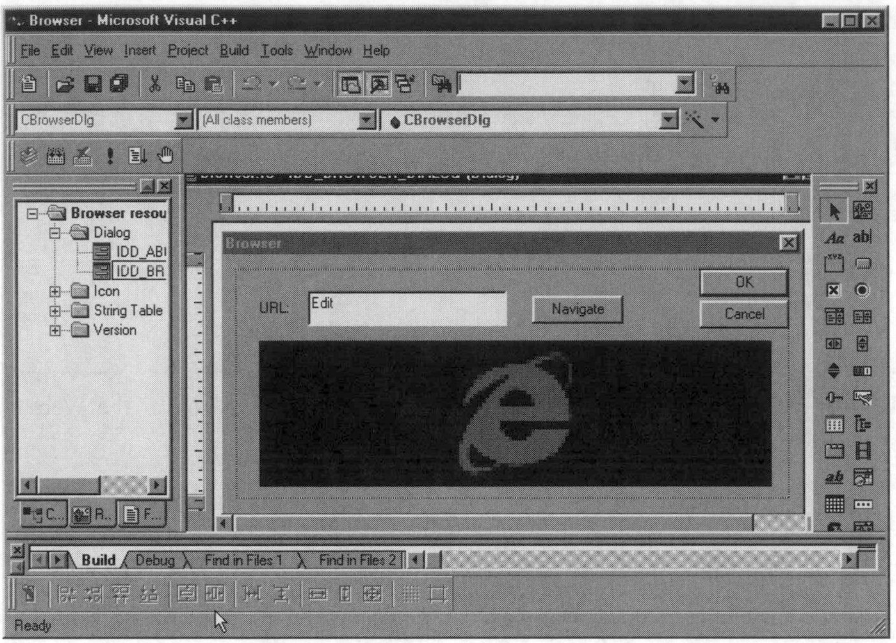


```
void CBrowserDlg::OnButton1()
{
    UpdateData(true);                                    ⇐
        .
        .
        .
}
```

Now that we have the URL to navigate to, we use the m_browser control's Navigate() function to navigate to that new URL. (The last four parameters are pointers to headers and flags that we won't use, so set to 0).

```
void CBrowserDlg::OnButton1()
{
    UpdateData(true);
    m_browser.Navigate(m_text, 0, 0, 0, 0);              ⇐

}
```

That's all it takes. Run the Web browser now and navigate to the Visual C++ home page by entering its URL and clicking the Navigate button. As you can see

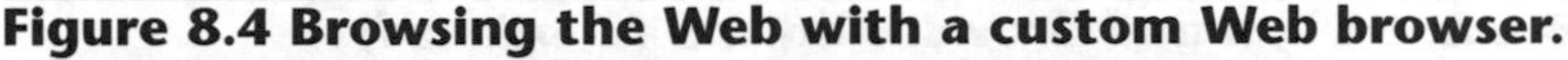

Figure 8.4 Browsing the Web with a custom Web browser.

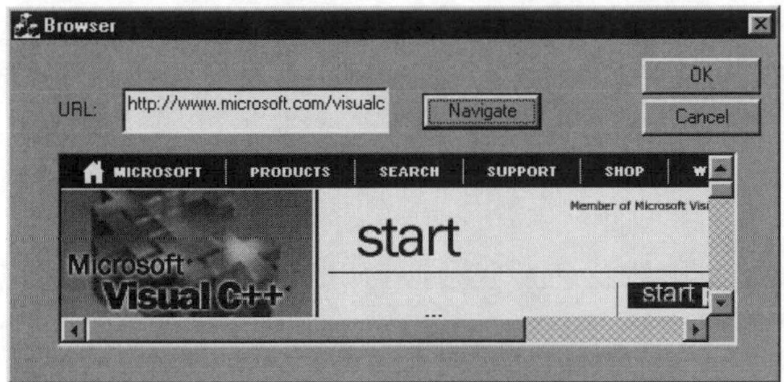

in Figure 8.4, our navigation is successful. We're now using the Web browser control and writing Web browsers.

The code for this example, BrowserDlg.h and BrowserDlg.cpp, appears in Listing 8.3.

Listing 8.3 BrowserDlg.h and BrowserDlg.cpp

```
// BrowserDlg.h : header file
//
//{{AFX_INCLUDES()
#include "webbrowser2.h"
//}}AFX_INCLUDES

#if !defined(AFX_BROWSERDLG_H__B788EA07_A5FC_11D1_887F_D42B07C10710__INCLUDED_)
#define AFX_BROWSERDLG_H__B788EA07_A5FC_11D1_887F_D42B07C10710__INCLUDED_

#if _MSC_VER > 1000
#pragma once
#endif // _MSC_VER > 1000

/////////////////////////////////////////////////////////////////////////////
// CBrowserDlg dialog

class CBrowserDlg : public CDialog
{
// Construction
public:
    CBrowserDlg(CWnd* pParent = NULL);    // standard constructor
```

Continued

Listing 8.3 BrowserDlg.h and BrowserDlg.cpp *(Continued)*

```
// Dialog Data
    //{{AFX_DATA(CBrowserDlg)
    enum { IDD = IDD_BROWSER_DIALOG };
    CWebBrowser2    m_browser;
    CString    m_text;
    //}}AFX_DATA

    // ClassWizard generated virtual function overrides
    //{{AFX_VIRTUAL(CBrowserDlg)
    protected:
    virtual void DoDataExchange(CDataExchange* pDX);    // DDX/DDV support
    //}}AFX_VIRTUAL

// Implementation
protected:
    HICON m_hIcon;

    // Generated message map functions
    //{{AFX_MSG(CBrowserDlg)
    virtual BOOL OnInitDialog();
    afx_msg void OnSysCommand(UINT nID, LPARAM lParam);
    afx_msg void OnPaint();
    afx_msg HCURSOR OnQueryDragIcon();
    virtual void OnOK();
    afx_msg void OnButton1();
    //}}AFX_MSG
    DECLARE_MESSAGE_MAP()
};

//{{AFX_INSERT_LOCATION}}
// Microsoft Visual C++ will insert additional declarations immediately before the
previous line.

#endif //
!defined(AFX_BROWSERDLG_H__B788EA07_A5FC_11D1_887F_D42B07C10710__INCLUDED_)


// BrowserDlg.cpp : implementation file
//
```

Listing 8.3 *Continued*

```
#include "stdafx.h"
#include "Browser.h"
#include "BrowserDlg.h"

#ifdef _DEBUG
#define new DEBUG_NEW
#undef THIS_FILE
static char THIS_FILE[] = __FILE__;
#endif

/////////////////////////////////////////////////////////////////////////////
// CAboutDlg dialog used for App About

class CAboutDlg : public CDialog
{
public:
    CAboutDlg();

// Dialog Data
    //{{AFX_DATA(CAboutDlg)
    enum { IDD = IDD_ABOUTBOX };
    //}}AFX_DATA

    // ClassWizard generated virtual function overrides
    //{{AFX_VIRTUAL(CAboutDlg)
    protected:
    virtual void DoDataExchange(CDataExchange* pDX);    // DDX/DDV support
    //}}AFX_VIRTUAL

// Implementation
protected:
    //{{AFX_MSG(CAboutDlg)
    //}}AFX_MSG
    DECLARE_MESSAGE_MAP()
};

CAboutDlg::CAboutDlg() : CDialog(CAboutDlg::IDD)
{
    //{{AFX_DATA_INIT(CAboutDlg)
    //}}AFX_DATA_INIT
```

Continued

Listing 8.3 BrowserDlg.h and BrowserDlg.cpp *(Continued)*

```
}

void CAboutDlg::DoDataExchange(CDataExchange* pDX)
{
    CDialog::DoDataExchange(pDX);
    //{{AFX_DATA_MAP(CAboutDlg)
    //}}AFX_DATA_MAP
}

BEGIN_MESSAGE_MAP(CAboutDlg, CDialog)
    //{{AFX_MSG_MAP(CAboutDlg)
        // No message handlers
    //}}AFX_MSG_MAP
END_MESSAGE_MAP()

/////////////////////////////////////////////////////////////////////////////
// CBrowserDlg dialog

CBrowserDlg::CBrowserDlg(CWnd* pParent /*=NULL*/)
    : CDialog(CBrowserDlg::IDD, pParent)
{
    //{{AFX_DATA_INIT(CBrowserDlg)
    m_text = _T("");
    //}}AFX_DATA_INIT
    // Note that LoadIcon does not require a subsequent DestroyIcon in Win32
    m_hIcon = AfxGetApp()->LoadIcon(IDR_MAINFRAME);
}

void CBrowserDlg::DoDataExchange(CDataExchange* pDX)
{
    CDialog::DoDataExchange(pDX);
    //{{AFX_DATA_MAP(CBrowserDlg)
    DDX_Control(pDX, IDC_EXPLORER1, m_browser);
    DDX_Text(pDX, IDC_EDIT1, m_text);
    //}}AFX_DATA_MAP
}

BEGIN_MESSAGE_MAP(CBrowserDlg, CDialog)
    //{{AFX_MSG_MAP(CBrowserDlg)
    ON_WM_SYSCOMMAND()
```

Listing 8.3 *Continued*

```
    ON_WM_PAINT()
    ON_WM_QUERYDRAGICON()
    ON_BN_CLICKED(IDC_BUTTON1, OnButton1)
    //}}AFX_MSG_MAP
END_MESSAGE_MAP()

/////////////////////////////////////////////////////////////////////////////
// CBrowserDlg message handlers

BOOL CBrowserDlg::OnInitDialog()
{
    CDialog::OnInitDialog();

    // Add "About..." menu item to system menu.

    // IDM_ABOUTBOX must be in the system command range.
    ASSERT((IDM_ABOUTBOX & 0xFFF0) == IDM_ABOUTBOX);
    ASSERT(IDM_ABOUTBOX < 0xF000);

    CMenu* pSysMenu = GetSystemMenu(FALSE);
    if (pSysMenu != NULL)
    {
        CString strAboutMenu;
        strAboutMenu.LoadString(IDS_ABOUTBOX);
        if (!strAboutMenu.IsEmpty())
        {
            pSysMenu->AppendMenu(MF_SEPARATOR);
            pSysMenu->AppendMenu(MF_STRING, IDM_ABOUTBOX, strAboutMenu);
        }
    }

    // Set the icon for this dialog.  The framework does this automatically
    //  when the application's main window is not a dialog
    SetIcon(m_hIcon, TRUE);            // Set big icon
    SetIcon(m_hIcon, FALSE);        // Set small icon

    // TODO: Add extra initialization here

    return TRUE;  // return TRUE  unless you set the focus to a control
}
```

Continued

Listing 8.3 BrowserDlg.h and BrowserDlg.cpp *(Continued)*

```
void CBrowserDlg::OnSysCommand(UINT nID, LPARAM lParam)
{
    if ((nID & 0xFFF0) == IDM_ABOUTBOX)
    {
        CAboutDlg dlgAbout;
        dlgAbout.DoModal();
    }
    else
    {
        CDialog::OnSysCommand(nID, lParam);
    }
}

// If you add a minimize button to your dialog, you will need the code below
//  to draw the icon.  For MFC applications using the document/view model,
//  this is automatically done for you by the framework.

void CBrowserDlg::OnPaint()
{
    if (IsIconic())
    {
        CPaintDC dc(this); // device context for painting

        SendMessage(WM_ICONERASEBKGND, (WPARAM) dc.GetSafeHdc(), 0);

        // Center icon in client rectangle
        int cxIcon = GetSystemMetrics(SM_CXICON);
        int cyIcon = GetSystemMetrics(SM_CYICON);
        CRect rect;
        GetClientRect(&rect);
        int x = (rect.Width() - cxIcon + 1) / 2;
        int y = (rect.Height() - cyIcon + 1) / 2;

        // Draw the icon
        dc.DrawIcon(x, y, m_hIcon);
    }
    else
    {
        CDialog::OnPaint();
    }
```

Listing 8.3 *Continued*

```
}

// The system calls this to obtain the cursor to display while the user drags
//  the minimized window.
HCURSOR CBrowserDlg::OnQueryDragIcon()
{
    return (HCURSOR) m_hIcon;
}

void CBrowserDlg::OnOK()
{

    // TODO: Add extra validation here

    CDialog::OnOK();
}

void CBrowserDlg::OnButton1()
{
    UpdateData(true);
    m_browser.Navigate(m_text, 0, 0, 0, 0);

}
```

What's Ahead

In the next chapter, we start working with another popular aspect of Visual C++ programming: multithreaded, multitasking programs. Multitasking allows your program to appear to do several things at once, handling tasks in the background while the user is doing something else. We turn to that topic now.

MULTITASKING PROGRAMMING 9

In this chapter, we investigate *multithreaded* programs. Threads are execution streams and form the basis of multitasking. That is, each program that runs in Windows has its own main thread to launch the program, and it may start additional threads. Each new thread has its own procedure and executes the code in that procedure at the same time that other threads are working.

In this chapter, we support threads in Visual C++ programs. In particular, we learn to create the code to support additional threads in our programs, get those threads started, and let those threads communicate with the rest of the program.

In addition, once we support multiple threads, we can coordinate those threads. Each thread works on its own task in the background, and those tasks may be interrelated: One thread may have to wait until another is finished before continuing. We learn to coordinate multiple threads in this chapter as well.

The first step is to support a new thread in a program, which we do now.

Putting Threads to Work

To see how to support additional threads in a program, we set up an array with five integers.

```
array[0] = 0
array[1] = 1
array[2] = 2
array[3] = 3
array[4] = 4
```

Then we pass this array to a new thread and let that new thread find the maximum value in the array, which it passes back to the main thread. The main thread displays the result. We add a new item to the File menu, Find max, and the user selects that item to start the new thread.

```
  Main Process
 ---------------
|               |
| OnFileFindmax()|
|               |
|               |
|               |
|               |
|               |
|               |
|               |
 ---------------
```

The code in OnFileFindmax() starts a new thread and calls the code in that thread's main procedure, which we call ThreadProcedure().

```
  Main Process                      New Thread
 ---------------                 -----------------
|               |               |                 |
| OnFileFindmax()|----------->  |ThreadProcedure() |
|               |               |                 |
|               |               |                 |
|               |               |                 |
|               |               |                 |
|               |               |                 |
|               |               |                 |
|               |               |                 |
 ---------------                 -----------------
```

When this new thread completes its task, we need to inform the main thread. Because the new thread is a new and separate process, that's not as easy as it sounds. We communicate with the main process through a customized Windows message; when we send that message, a new function, OnMaxFound(), is called in the main process.

```
  Main Process                      New Thread
 ---------------                 -----------------
|               |               |                 |
| OnFileFindmax()|----------->  |ThreadProcedure() |
|               |               |                 |
|               |               |                 |
|               |   Windows     |                 |
|  OnMaxFound() |<-----------   |                 |
|               |   Message     |                 |
|               |               |                 |
 ---------------                 -----------------
```

In OnMaxFound(), we display the result of the new thread's work in the view.

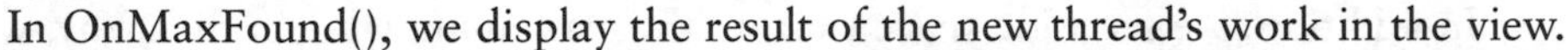

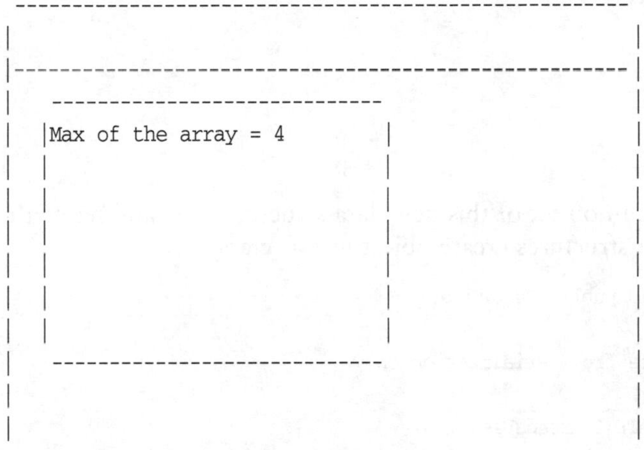

Now that we know how this program works, let's write the code.

Creating the Threads Program

Create a new MDI program named Threads and add a new item to the File menu: Find max. When the user selects this menu item, we let the new thread find the maximum value in the array. To pass the array of data to the thread, we put that array into a data structure named Sdata.

```
// ThreadsView.h : interface of the CThreadsView class
//
/////////////////////////////////////////////////////////////////////////////

#if !defined(AFX_THREADSVIEW_H__A880E54F_A6EB_11D1_887F_D42B07C10710__INCLUDED_)
#define AFX_THREADSVIEW_H__A880E54F_A6EB_11D1_887F_D42B07C10710__INCLUDED_

#if _MSC_VER > 1000
#pragma once
#endif // _MSC_VER > 1000

struct SData
{
    int array[5];                                                    ⇐
        .
        .
        .
};
```

In addition, we set aside space to store the maximum value in the array, when we find it, in an integer named max.

```
struct SData
{
    int array[5];
    int max;                                              ⇐
};
```

We also create an object of this new data structure type and name that object data. (In C++, data structures create object just as classes do.)

```
class CThreadsView : public CView
{
protected: // create from serialization only
    CThreadsView();
    DECLARE_DYNCREATE(CThreadsView)

// Attributes
public:
    CThreadsDoc* GetDocument();
    SData data;                                           ⇐
        .
        .
        .
```

In the view class's OnFilemax() function, called when the user selects the Find max menu item, we fill the array in SData with data and initialize the integer we've named max to 0.

```
void CThreadsView::OnFileFindmax()
{
    data.array[0] = 0;                                    ⇐
    data.array[1] = 1;                                    ⇐
    data.array[2] = 2;                                    ⇐
    data.array[3] = 3;                                    ⇐
    data.array[4] = 4;                                    ⇐

    data.max = 0;                                         ⇐
        .
        .
        .
```

This data object, data, is what we pass to the thread's procedure. That procedure is not part of the CThreadsView class, and it needs some way of communicating back to us. As outlined previously, we let the thread communicate with us using Windows messages. To do so, we include the Windows handle of the view in the data structure, because we use that handle when we send the notification that the worker is done.

```
struct SData
{
    int array[5];
    int max;
    HWND NotifyWindow;                                    ⇐
};
```

The window handle of the view is stored in the view's m_hWnd member, so we place that into the HWND member NotifyWindow in the data structure.

```
void CThreadsView::OnFileFindmax()
{
    data.array[0] = 0;
    data.array[1] = 1;
    data.array[2] = 2;
    data.array[3] = 3;
    data.array[4] = 4;

    data.max = 0;

    data.NotifyWindow = m_hWnd;                           ⇐
        .
        .
        .
```

All that's left is to start the new thread.

Starting a New Thread

To launch the new thread, we use the AfxBeginThread() procedure.

```
CWinThread* AfxBeginThread(AFX_THREADPROC pfnThreadProc, LPVOID pParam, int
nPriority = THREAD_PRIORITY_NORMAL, UINT nStackSize = 0, DWORD dwCreateFlags =
0, LPSECURITY_ATTRIBUTES lpSecurityAttrs = NULL);
```

This function takes several parameters: a pointer to the thread procedure, which holds the code the thread is to execute; a parameter that passes on data to the thread, which we make a pointer to our data structure; a parameter that sets the thread *priority,* which specifies how much processor time it gets; the size of the stack for the new process (setting this parameter to 0 means the new thread gets the same size stack as the present process); thread creation flags; and security attributes.

Here, we start the new thread, passing AfxBeginThread the name of the thread procedure, ThreadProcedure (recall that in C++, function names are pointers), as well as a pointer to the data structure we've set up.

```
void CThreadsView::OnFileFindmax()
{
    data.array[0] = 0;
    data.array[1] = 1;
    data.array[2] = 2;
    data.array[3] = 3;
    data.array[4] = 4;

    data.max = 0;

    data.NotifyWindow = m_hWnd;

    Thread = AfxBeginThread(ThreadProcedure, &data);                    ⇐
}
```

Now our thread is launched. Our next programming step is to create the thread's code in ThreadProcedure().

Writing the New Thread's Thread Procedure

The new thread's procedure is named ThreadProcedure(), and we're passed one parameter in that procedure: the pointer pParam we passed to AfxBeginThread(). That pointer points to our data structure, so we can reach the data we're supposed to work with.

This new procedure, ThreadProcedure(), is not part of the CThreadsView class, so we declare it outside that class's declaration like this in ThreadsView.h.

```
// ThreadsView.h : interface of the CThreadsView class
//
/////////////////////////////////////////////////////////////////////////////

#if !defined(AFX_THREADSVIEW_H__A880E54F_A6EB_11D1_887F_D42B07C10710__INCLUDED_)
#define AFX_THREADSVIEW_H__A880E54F_A6EB_11D1_887F_D42B07C10710__INCLUDED_

#if _MSC_VER > 1000
#pragma once
#endif // _MSC_VER > 1000
```

```
UINT ThreadProcedure(LPVOID pParam);                          ⇐

struct SData
{
    int array[5];
    int max;
    HWND NotifyWindow;
};
```

Handling Thread Errors

Note that the thread procedure returns an unsigned integer; this value is an exit code that the main procedure can access. If a problem occurs, you can pass an error code back to the main procedure this way.

Create ThreadProcedure() now in ThreadsView.cpp.

```
UINT ThreadProcedure(LPVOID pParam)
{

}
```

This is where the code the new thread executes goes. We've made sure the parameter passed to us, pParam, is a pointer to our data structure, so our first action is to cast that pointer into a new pointer of type SData*, not LPVOID, to avoid compiler errors when we use that pointer.

```
UINT ThreadProcedure(LPVOID pParam)
{
    SData* pData = (SData*)pParam;                            ⇐
        .
        .
        .
}
```

Now we can find the maximum value in the array. We set up a loop to loop over all the members of the array.

```
UINT ThreadProcedure(LPVOID pParam)
{
    SData* pData = (SData*)pParam;

    for(int loop_index = 0; loop_index <= 4; loop_index++){
```

```
                .
                .
                .
    }
}
```

Each member of the array can be reached with the pData pointer now as pData->array[loop_index], so we search for the maximum value in the array.

```
UINT ThreadProcedure(LPVOID pParam)
{
    SData* pData = (SData*)pParam;

    for(int loop_index = 0; loop_index <= 4; loop_index++){
        if(pData->array[loop_index] > pData->max)              ⇐
                .
                .
                .
    }
}
```

After finding the maximum value, we return that result.

Returning Data from the Thread

When we find the maximum, we place it into the max member of the data structure.

```
UINT ThreadProcedure(LPVOID pParam)
{
    SData* pData = (SData*)pParam;

    for(int loop_index = 0; loop_index <= 4; loop_index++){
        if(pData->array[loop_index] > pData->max)
            pData->max = pData->array[loop_index];             ⇐
    }
         .
         .
         .
}
```

We have now returned data from the thread. The rest of the program can read the result from the max data member, which is why we set up our SData structure in the first place.

The new thread's work is done, and we have to notify the program's view object.

Notifying the Program on Thread Completion

We notify the view object by sending a Windows message to it. The view's window handle is stored in the data structure's NotifyWindow member, so we send a message to the view with ::PostMessage(). In our call to that function, WM_MAX is the new Windows message we've created, and the last two parameters are the usual Windows message parameters, wParam and lParam, which we set to 0.

```
UINT ThreadProcedure(LPVOID pParam)
{
    SData* pData = (SData*)pParam;

    for(int loop_index = 0; loop_index <= 4; loop_index++){
        if(pData->array[loop_index] > pData->max)
            pData->max = pData->array[loop_index];
    }

    ::PostMessage(pData->NotifyWindow, WM_MAX, 0, 0);                    ⇐
        .
        .
        .
}
```

We will soon learn to set up a new Windows message and how to handle it in the view, but first we must make sure we end the thread procedure appropriately by returning an integer value. We won't make use of this exit code, so we just return a value of 0.

```
UINT ThreadProcedure(LPVOID pParam)
{
    SData* pData = (SData*)pParam;

    for(int loop_index = 0; loop_index <= 4; loop_index++){
        if(pData->array[loop_index] > pData->max)
            pData->max = pData->array[loop_index];
    }

    ::PostMessage(pData->NotifyWindow, WM_MAX, 0, 0);

    return 0;                                                            ⇐
}
```

That completes the thread procedure. In it, we've examined the data in the data structure, found the maximum value in the array and stored it in the data structure's element named max, and sent a Windows message to the view. All that's left is to handle that new Windows message in the view class, which we turn to now.

Setting Up the New Windows Message

To set up the constant WM_MAX, we define it in the overall header file for the project, Threads.h. This new constant is used as a Windows message, but we don't want to conflict with other Windows messages that the view object may handle in some other way. Visual C++ defines a constant, WM_USER, as the lowest Windows message available for us to use without conflicting with other Windows messages, so we set up WM_MAX as that value plus 1.

```
// Threads.h : main header file for the THREADS application
//

#if !defined(AFX_THREADS_H__A880E545_A6EB_11D1_887F_D42B07C10710__INCLUDED_)
#define AFX_THREADS_H__A880E545_A6EB_11D1_887F_D42B07C10710__INCLUDED_

#if _MSC_VER > 1000
#pragma once
#endif // _MSC_VER > 1000

#ifndef __AFXWIN_H__
    #error include 'stdafx.h' before including this file for PCH
#endif

#include "resource.h"       // main symbols

#define WM_MAX (WM_USER + 1)                                              ⇐
    .
    .
    .
```

Now we connect a function, OnMaxFound(), to WM_MAX so the view can call that function when it gets the WM_MAX message. First, we declare that function. Like all Windows message-handling functions, it is passed two parameters, wParam (a word-length parameter) and lParam (a long parameter, usually a pointer), but because we made both of those 0, we ignore them.

```
class CThreadsView : public CView
{
protected: // create from serialization only
    CThreadsView();
```

```
    DECLARE_DYNCREATE(CThreadsView)

// Attributes
public:
    CThreadsDoc* GetDocument();
    SData data;
    CWinThread* Thread;
    void OnMaxFound(WPARAM wParam, LPARAM lParam);                    ⇐
```

Next, we connect WM_MAX to OnMaxFound() with a macro in the message map section of our view's class (which ClassWizard usually maintains):

```
/////////////////////////////////////////////////////////////////////////////
// CThreadsView

IMPLEMENT_DYNCREATE(CThreadsView, CView)

BEGIN_MESSAGE_MAP(CThreadsView, CView)
    //{{AFX_MSG_MAP(CThreadsView)
    ON_COMMAND(ID_FILE_FINDMAX, OnFileFindmax)
    ON_MESSAGE(WM_MAX, OnMaxFound)                                    ⇐
    //}}AFX_MSG_MAP
    // Standard printing commands
    ON_COMMAND(ID_FILE_PRINT, CView::OnFilePrint)
    ON_COMMAND(ID_FILE_PRINT_DIRECT, CView::OnFilePrint)
    ON_COMMAND(ID_FILE_PRINT_PREVIEW, CView::OnFilePrintPreview)
END_MESSAGE_MAP()
```

The only thing left to do is to write OnMaxFound() to interpret the results of the thread's work.

Reporting the Thread's Results

When OnMaxFound() is called, the new thread has already notified the view that it has completed its task and has sent the WM_MAX message. That means that the maximum value in the array is in the max element in the data structure, and all we need to do is to display that result in the view.

Add CThreadsView::OnMaxFound() to the view class now.

```
void CThreadsView::OnMaxFound(WPARAM wParam, LPARAM lParam)
{


}
```

The maximum value in the array is in the data structure's max element, which we reach as data.max. We place that value, along with the message "Max of the array = ", into a character string named FormattedString.

```
void CThreadsView::OnMaxFound(WPARAM wParam, LPARAM lParam)
{
    char FormattedString[100];                                        ⇐
    wsprintf(FormattedString, "Max of the array = %d", data.max);     ⇐
        .
        .
        .
}
```

We also set up a CString object in the document named text and put the formatted text string into that object.

```
void CThreadsView::OnMaxFound(WPARAM wParam, LPARAM lParam)
{
    CThreadsDoc* pDoc = GetDocument();                                ⇐
    ASSERT_VALID(pDoc);                                               ⇐

    char FormattedString[100];
    wsprintf(FormattedString, "Max of the array = %d", data.max);
    pDoc->text = FormattedString;                                     ⇐
        .
        .
        .
}
```

Finally, we terminate the new thread with TerminateThread(), passing the pointer to the thread object, Thread, and an exit code of 0 as well as invalidating the view to display our result.

```
void CThreadsView::OnMaxFound(WPARAM wParam, LPARAM lParam)
{
    CThreadsDoc* pDoc = GetDocument();
    ASSERT_VALID(pDoc);

    char FormattedString[100];
    wsprintf(FormattedString, "Max of the array = %d", data.max);
    pDoc->text = FormattedString;

    TerminateThread(Thread, 0);                                       ⇐

    Invalidate();                                                     ⇐

}
```

In the view's OnDraw(), we simply display the CString named text that holds our result in the view.

Figure 9.1 Using the onMouseOut event.

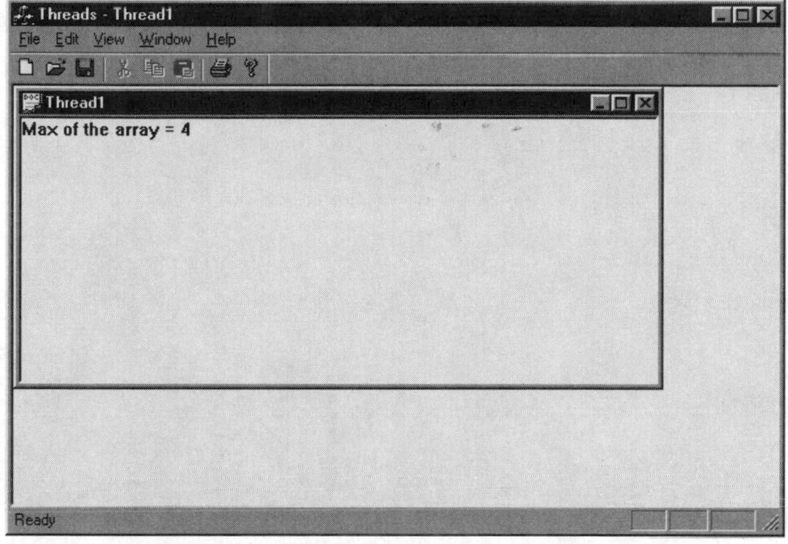


```
void CThreadsView::OnDraw(CDC* pDC)
{
    CThreadsDoc* pDoc = GetDocument();
    ASSERT_VALID(pDoc);

    pDC->TextOut(0, 0, pDoc->text);                              ⇐
}
```

Run the program now and select the Find max item in the File menu. This launches the new thread, which finds the maximum value in the array and sends the Windows message to the view. The result appears in Figure 9.1.

Now we've created our first multitasking program with Visual C++.

The code for this example, ThreadsView.h and ThreadsView.cpp, appears in Listing 9.1.

Listing 9.1 ThreadsView.h and ThreadsView.cpp

```
// ThreadsView.h : interface of the CThreadsView class
//
/////////////////////////////////////////////////////////////////////////////

#if !defined(AFX_THREADSVIEW_H__A880E54F_A6EB_11D1_887F_D42B07C10710__INCLUDED_)
```

Continued

Listing 9.1 ThreadsView.h and ThreadsView.cpp *(Continued)*

```
#define AFX_THREADSVIEW_H__A880E54F_A6EB_11D1_887F_D42B07C10710__INCLUDED_

#if _MSC_VER > 1000
#pragma once
#endif // _MSC_VER > 1000

UINT ThreadProcedure(LPVOID pParam);

struct SData
{
     int array[5];
     int max;
     HWND NotifyWindow;
};

class CThreadsView : public CView
{
protected: // create from serialization only
     CThreadsView();
     DECLARE_DYNCREATE(CThreadsView)

// Attributes
public:
     CThreadsDoc* GetDocument();
     SData data;
     CWinThread* Thread;
     void OnMaxFound(WPARAM wParam, LPARAM lParam);
// Operations
public:

// Overrides
     // ClassWizard generated virtual function overrides
     //{{AFX_VIRTUAL(CThreadsView)
     public:
     virtual void OnDraw(CDC* pDC);  // overridden to draw this view
     virtual BOOL PreCreateWindow(CREATESTRUCT& cs);
     protected:
     virtual BOOL OnPreparePrinting(CPrintInfo* pInfo);
     virtual void OnBeginPrinting(CDC* pDC, CPrintInfo* pInfo);
     virtual void OnEndPrinting(CDC* pDC, CPrintInfo* pInfo);
```

Listing 9.1 *Continued*

```
    //}}AFX_VIRTUAL

// Implementation
public:
    virtual ~CThreadsView();
#ifdef _DEBUG
    virtual void AssertValid() const;
    virtual void Dump(CDumpContext& dc) const;
#endif

protected:

// Generated message map functions
protected:
    //{{AFX_MSG(CThreadsView)
    afx_msg void OnFileFindmax();
    //}}AFX_MSG
    DECLARE_MESSAGE_MAP()
};

#ifndef _DEBUG  // debug version in ThreadsView.cpp
inline CThreadsDoc* CThreadsView::GetDocument()
   { return (CThreadsDoc*)m_pDocument; }
#endif

/////////////////////////////////////////////////////////////////////////////

//{{AFX_INSERT_LOCATION}}
// Microsoft Visual C++ will insert additional declarations immediately before the
previous line.

#endif //
!defined(AFX_THREADSVIEW_H__A880E54F_A6EB_11D1_887F_D42B07C10710__INCLUDED_)


// ThreadsView.cpp : implementation of the CThreadsView class
//

#include "stdafx.h"
#include "Threads.h"
```

Continued

Listing 9.1 ThreadsView.h and ThreadsView.cpp *(Continued)*

```
#include "ThreadsDoc.h"
#include "ThreadsView.h"

#ifdef _DEBUG
#define new DEBUG_NEW
#undef THIS_FILE
static char THIS_FILE[] = __FILE__;
#endif


//////////////////////////////////////////////////////////////////////////////
// CThreadsView

IMPLEMENT_DYNCREATE(CThreadsView, CView)

BEGIN_MESSAGE_MAP(CThreadsView, CView)
    //{{AFX_MSG_MAP(CThreadsView)
    ON_COMMAND(ID_FILE_FINDMAX, OnFileFindmax)
    ON_MESSAGE(WM_MAX, OnMaxFound)
    //}}AFX_MSG_MAP
    // Standard printing commands
    ON_COMMAND(ID_FILE_PRINT, CView::OnFilePrint)
    ON_COMMAND(ID_FILE_PRINT_DIRECT, CView::OnFilePrint)
    ON_COMMAND(ID_FILE_PRINT_PREVIEW, CView::OnFilePrintPreview)
END_MESSAGE_MAP()

//////////////////////////////////////////////////////////////////////////////
// CThreadsView construction/destruction

CThreadsView::CThreadsView()
{
    // TODO: add construction code here

}

CThreadsView::~CThreadsView()
{
}

BOOL CThreadsView::PreCreateWindow(CREATESTRUCT& cs)
```

Listing 9.1 *Continued*

```
{
    // TODO: Modify the Window class or styles here by modifying
    //  the CREATESTRUCT cs

    return CView::PreCreateWindow(cs);
}

/////////////////////////////////////////////////////////////////////////////
// CThreadsView drawing

void CThreadsView::OnDraw(CDC* pDC)
{
    CThreadsDoc* pDoc = GetDocument();
    ASSERT_VALID(pDoc);

    pDC->TextOut(0, 0, pDoc->text);
}

/////////////////////////////////////////////////////////////////////////////
// CThreadsView printing

BOOL CThreadsView::OnPreparePrinting(CPrintInfo* pInfo)
{
    // default preparation
    return DoPreparePrinting(pInfo);
}

void CThreadsView::OnBeginPrinting(CDC* /*pDC*/, CPrintInfo* /*pInfo*/)
{
    // TODO: add extra initialization before printing
}

void CThreadsView::OnEndPrinting(CDC* /*pDC*/, CPrintInfo* /*pInfo*/)
{
    // TODO: add cleanup after printing
}

/////////////////////////////////////////////////////////////////////////////
// CThreadsView diagnostics
```

Continued

Listing 9.1 ThreadsView.h and ThreadsView.cpp *(Continued)*

```
#ifdef _DEBUG
void CThreadsView::AssertValid() const
{
    CView::AssertValid();
}

void CThreadsView::Dump(CDumpContext& dc) const
{
    CView::Dump(dc);
}

CThreadsDoc* CThreadsView::GetDocument() // non-debug version is inline
{
    ASSERT(m_pDocument->IsKindOf(RUNTIME_CLASS(CThreadsDoc)));
    return (CThreadsDoc*)m_pDocument;
}
#endif //_DEBUG

/////////////////////////////////////////////////////////////////////////////
// CThreadsView message handlers

void CThreadsView::OnFileFindmax()
{
    // TODO: Add your command handler code here
    data.array[0] = 0;
    data.array[1] = 1;
    data.array[2] = 2;
    data.array[3] = 3;
    data.array[4] = 4;
    data.max = 0;

    data.NotifyWindow = m_hWnd;
    Thread = AfxBeginThread(ThreadProcedure, &data);
}

UINT ThreadProcedure(LPVOID pParam)
{
    SData* pData = (SData*)pParam;

    for(int loop_index = 0; loop_index <= 4; loop_index++){
        if(pData->array[loop_index] > pData->max)
```

Listing 9.1 *Continued*

```
            pData->max = pData->array[loop_index];
        }

        ::PostMessage(pData->NotifyWindow, WM_MAX, 0, 0);

        return 0;
}

void CThreadsView::OnMaxFound(WPARAM wParam, LPARAM lParam)
{
        CThreadsDoc* pDoc = GetDocument();
        ASSERT_VALID(pDoc);

        char FormattedString[100];
        wsprintf(FormattedString, "Max of the array = %d", data.max);
        pDoc->text = FormattedString;

        TerminateThread(Thread, 0);

        Invalidate();

        return 0;
}
```

We've seen how to work with one thread, but what if we had more than one?

Coordinating Multiple Threads

Let's say that we have two threads in a program and that we want to coordinate them in some way. This is a frequent problem in multithreaded programs if you have one resource, such as a disk file, that a number of threads work with: One thread may have to complete its job before another thread can work with the resource.

In this next example, we support and coordinate two threads. One thread finds the maximum value in the array in our data structure, and the other finds the minimum. To coordinate those threads, we use the Windows SetEvent() and ResetEvent() functions.

Using Events to Coordinate Threads

In our new program, DoubleThreads, we set up two threads: MaxThread and MinThread. When the user clicks the "Find max and min" item in the File menu, we start the MaxThread thread, which finds the maximum value in the array.

We also start the second thread, MinThread, but that thread first calls a function named WaitForSingleObject(), which makes it wait for a certain *event* to be *set*. This means that MinThread does nothing while MaxThread is doing its work.

```
     Main Process                              MaxThread
    ---------------------                    ---------------------
   |                     |                  |                     |
   |OnFileFindmaxandmin()|----------->      |MaxThreadProcedure() |
   |                     |                  |                     |
   |                     |                  |                     |
   |                     |                  |                     |
   |          OnMaxFound()|                 |                     |
   |                     |                  |                     |
   |                     |                  |                     |
   |                     |                  |                     |
   |                     |                  |                     |
   |                     |                   ---------------------
   |                     |
   |                     |                         MinThread
   |                     |                   ---------------------
   |                     |                  |                     |
   |                     |                  |MinThreadProcedure() |
   |                     |                  |{                    |
   |                     |                  |WaitForSingleObject()|
   |                     |                  |}                    |
   |                     |                  |                     |
   |                     |                  |                     |
   |                     |                  |                     |
   |                     |                  |                     |
   |                     |                  |                     |
    ---------------------                    ---------------------
```

When the maximum value in the array is found, we set the event that MinThread is waiting for. This means that MinThread can continue, finding the minimum in the array and sending a new Windows message back to the view—WM_MIN—which makes the view call a new function, OnMinFound().

```
     Main Process                              MaxThread
    ---------------------                    ---------------------
   |                     |                  |                     |
   |OnFileFindmaxandmin()|----------->      |MaxThreadProcedure() |
   |                     |                  |                     |
```

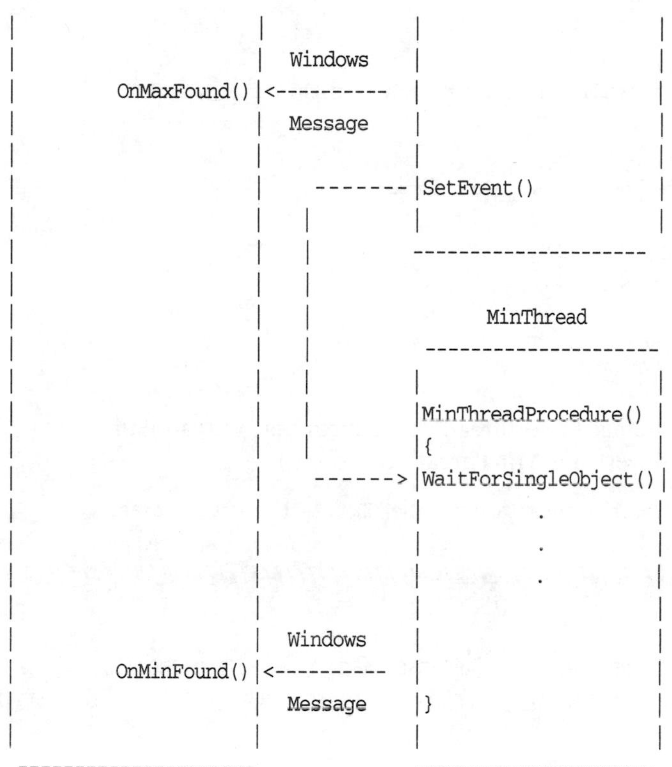

In this way, the second thread is coordinated with the first, waiting for the first thread to complete its work before going on. Let's create the code for this project now.

Creating the DoubleThreads Program

Use AppWizard to create a new MDI project now named DoubleThreads. We use two new Windows messages here—WM_MAX and WM_MIN—so we add those definitions to the DoubleThread.h file.

```
// DoubleThreads.h : main header file for the DOUBLETHREADS application
//

#if !defined(AFX_DOUBLETHREADS_H__A880E55B_A6EB_11D1_887F_D42B07C10710__INCLUDED_)
#define AFX_DOUBLETHREADS_H__A880E55B_A6EB_11D1_887F_D42B07C10710__INCLUDED_

#if _MSC_VER > 1000
#pragma once
#endif // _MSC_VER > 1000
```

```
#ifndef __AFXWIN_H__
    #error include 'stdafx.h' before including this file for PCH
#endif

#include "resource.h"       // main symbols

#define WM_MAX (WM_USER + 1)                                        ⇐
#define WM_MIN (WM_USER + 2)                                        ⇐
    .
    .
    .
```

In addition, we need two thread procedures that we can name MaxTheadProcedure() and MinThreadProcedure().

```
// DoubleThreadsView.h : interface of the CDoubleThreadsView class
//
/////////////////////////////////////////////////////////////////////////////

#if
!defined(AFX_DOUBLETHREADSVIEW_H__A880E565_A6EB_11D1_887F_D42B07C10710__INCLUDED_)
#define AFX_DOUBLETHREADSVIEW_H__A880E565_A6EB_11D1_887F_D42B07C10710__INCLUDED_

#if _MSC_VER > 1000
#pragma once
#endif // _MSC_VER > 1000

UINT MaxThreadProcedure(LPVOID pParam);                            ⇐
UINT MinThreadProcedure(LPVOID pParam);                            ⇐
```

We also set aside storage space for the minimum of the array, which we'll call min, in a new member of our SData structure, SData, in the view's header.

```
struct SData
{
    int array[5];
    int max;
    int min;                                                        ⇐
    HWND NotifyWindow;
};
```

We then declare an object, named data, of this structure type, as well as the threads and thread procedures we'll need.

```
class CDoubleThreadsView : public CView
```

```
{
protected: // create from serialization only
     CDoubleThreadsView();
     DECLARE_DYNCREATE(CDoubleThreadsView)

// Attributes
public:
     CDoubleThreadsDoc* GetDocument();
     SData data;                                              ⇐
     CWinThread* MaxThread;                                   ⇐
     void OnMaxFound(WPARAM wParam, LPARAM lParam);           ⇐
     CWinThread* MinThread;                                   ⇐
     void OnMinFound(WPARAM wParam, LPARAM lParam);           ⇐
```

Now we're ready to launch the two threads.

Starting the Threads

The menu item the user selects to start the threads is in the File menu: Find max and min. We start the program by filling the array, setting the maximum value to 0, and setting the window to notify by placing the view's window handle in the NotifyWindow member.

```
void CDoubleThreadsView::OnFileFindmaxandmin()
{
     data.array[0] = 0;
     data.array[1] = 1;
     data.array[2] = 2;
     data.array[3] = 3;
     data.array[4] = 4;
     data.max = 0;

     data.NotifyWindow = m_hWnd;
          .
          .
          .
```

In addition, we start the thread that looks for the maximum value, MaxThread.

```
void CDoubleThreadsView::OnFileFindmaxandmin()
{
     data.array[0] = 0;
     data.array[1] = 1;
     data.array[2] = 2;
     data.array[3] = 3;
```

```
    data.array[4] = 4;
    data.max = 0;

    data.NotifyWindow = m_hWnd;                                    ⇐
    MaxThread = AfxBeginThread(MaxThreadProcedure, &data);         ⇐
        .
        .
        .
```

Before starting the other thread, MinThread, however, we want to *reset* the event it waits for. In this way, that thread waits until we set the event before doing its work.

Setting and Resetting Events

To create the event object that coordinates the two threads, we add a new member—a handle named Flag—to the SData structure.

```
struct SData
{
    int array[5];
    int max;
    int min;
    HANDLE flag;                                                   ⇐
    HWND NotifyWindow;
};
```

Then, in the view's constructor, we make this into an event object with the CreateEvent() function.

```
CDoubleThreadsView::CDoubleThreadsView()
{
    data.flag = CreateEvent(NULL, FALSE, FALSE, NULL);             ⇐
}
```

In this case, the first parameter we pass to CreateEvent() is a pointer to the event's security attributes if we want to set up security for the event (which we don't here). It is followed by the manual-rest flag (which we set to FALSE), then the initial state of the event (which we set to FALSE so the event is reset initially), and a pointer to the event's name (we don't have a name for the event here, so we leave that parameter at NULL).

This creates a new event in the flag member of the data structure. Before we start the new thread, MinThread, we reset that event with the ResetEvent() function.

```
void CDoubleThreadsView::OnFileFindmaxandmin()
{
```

```
    data.array[0] = 0;
    data.array[1] = 1;
    data.array[2] = 2;
    data.array[3] = 3;
    data.array[4] = 4;
    data.max = 0;

    data.NotifyWindow = m_hWnd;
    MaxThread = AfxBeginThread(MaxThreadProcedure, &data);
    ResetEvent(data.flag);                                   ⇐
        .
        .
        .
}
```

Finally, we start the new thread, MinThread.

```
void CDoubleThreadsView::OnFileFindmaxandmin()
{
    data.array[0] = 0;
    data.array[1] = 1;
    data.array[2] = 2;
    data.array[3] = 3;
    data.array[4] = 4;
    data.max = 0;

    data.NotifyWindow = m_hWnd;
    MaxThread = AfxBeginThread(MaxThreadProcedure, &data);
    ResetEvent(data.flag);

    MinThread = AfxBeginThread(MinThreadProcedure, &data);   ⇐

}
```

The next step is to write the thread procedures, which we turn to now.

Writing the Thread Procedures

The MaxThreadProcedure() function is similar to the last example in which we find the maximum value in the array in the data structure, but with one difference. When we find the maximum and just before we return, we set the event the other thread—MinThread—is waiting for, so it can continue. To set the event, we use the SetEvent() function.

```
UINT MaxThreadProcedure(LPVOID pParam)
```

```
{
    SData* pData = (SData*)pParam;

    for(int loop_index = 0; loop_index <= 4; loop_index++){
        if(pData->array[loop_index] > pData->max)
            pData->max = pData->array[loop_index];
    }

    ::PostMessage(pData->NotifyWindow, WM_MAX, 0, 0);

    SetEvent(pData->flag);                                          ⇐
    return 0;
}
```

Setting the event lets MinThread proceed. In fact, write the code for that procedure now.

Writing the MinThread Procedure

Start the new procedure as usual.

```
UINT MinThreadProcedure(LPVOID pParam)
{

}
```

We begin this procedure by casting the pointer passed to us from LPVOID to SData* to avoid compiler problems.

```
UINT MinThreadProcedure(LPVOID pParam)
{
    SData* pData = (SData*)pParam;                                  ⇐
        .
        .
        .
```

Next, we wait until the event pData->flag is set, and we do that with the Wait-ForSingleObject() function. We indicate that this function should wait an infinite amount of time for that flag to be set.

```
UINT MinThreadProcedure(LPVOID pParam)
{
    SData* pData = (SData*)pParam;

    WaitForSingleObject(pData->flag, INFINITE);                     ⇐
```

```
        .
        .
        .
}
```

Then we simply find the minimum in the array and place that value in the data->min member.

```
UINT MinThreadProcedure(LPVOID pParam)
{
    SData* pData = (SData*)pParam;

    WaitForSingleObject(pData->flag, INFINITE);

    pData->min = pData->max;                                          ⇐

    for(int loop_index = 0; loop_index <= 4; loop_index++){           ⇐
        if(pData->array[loop_index] < pData->min)                     ⇐
            pData->min = pData->array[loop_index];                    ⇐
    }                                                                 ⇐

    ::PostMessage(pData->NotifyWindow, WM_MIN, 0, 0);                 ⇐

    return 0;                                                         ⇐
}
```

We've finished the two thread procedures. Those procedures, when done, send back WM_MAX and WM_MIN to the view, and we handle those messages next.

Handling the Windows Messages

We connect the WM_MAX message to a new function, OnMaxFound(), and WM_MIN to OnMinFound().

```
IMPLEMENT_DYNCREATE(CDoubleThreadsView, CView)

BEGIN_MESSAGE_MAP(CDoubleThreadsView, CView)
    //{{AFX_MSG_MAP(CDoubleThreadsView)
    ON_COMMAND(ID_FILE_FINDMAXANDMIN, OnFileFindmaxandmin)
    ON_MESSAGE(WM_MAX, OnMaxFound)                                    ⇐
    ON_MESSAGE(WM_MIN, OnMinFound)                                    ⇐
    //}}AFX_MSG_MAP
    // Standard printing commands
    ON_COMMAND(ID_FILE_PRINT, CView::OnFilePrint)
```

```
    ON_COMMAND(ID_FILE_PRINT_DIRECT, CView::OnFilePrint)
    ON_COMMAND(ID_FILE_PRINT_PREVIEW, CView::OnFilePrintPreview)
END_MESSAGE_MAP()
```

In OnMaxFound(), we format the maximum value and add it to a string in the document, prefaced with the string "Maximum value in array = ", and terminate the thread.

```
void CDoubleThreadsView::OnMaxFound(WPARAM wParam, LPARAM lParam)
{
    CDoubleThreadsDoc* pDoc = GetDocument();
    ASSERT_VALID(pDoc);

    char FormattedString[100];
    wsprintf(FormattedString, "Maximum value in array = %d, ", data.max);
    pDoc->text = FormattedString;

    TerminateThread(MaxThread, 0);

    Invalidate();
}
```

When MinThread finds the minimum of the array, we add that to our text string in OnMinFound(), along with the string "minimum value in array = ", and terminate MinThread.

```
void CDoubleThreadsView::OnMinFound(WPARAM wParam, LPARAM lParam)
{
    CDoubleThreadsDoc* pDoc = GetDocument();
    ASSERT_VALID(pDoc);

    char FormattedString[100];
    wsprintf(FormattedString, "minimum value in array = %d ", data.min);
    pDoc->text += FormattedString;

    TerminateThread(MinThread, 0);

    Invalidate();
}
```

Finally, we display the text string from the document in the view's OnDraw() function.

```
void CDoubleThreadsView::OnDraw(CDC* pDC)
{
```

```
    CDoubleThreadsDoc* pDoc = GetDocument();
    ASSERT_VALID(pDoc);

    pDC->TextOut(0, 0, pDoc->text);                                    ⇐
}
```

Our program is complete. Run it now, as shown in Figure 9.2, and select the "Find max and min" item in the File menu. This launches the two threads, MaxThread and MinThread.

MaxThread finds the maximum of the array and sets the event that MinThread waits for. MinThread then continues and finds the minimum of the array. The result appears in the view, as shown in Figure 9.2.

Now we're coordinating multiple threads, which is an important part of true multitasking.

The code for this example, DoubleThreadsView.h and DoubleThreadsView.cpp, appears in Listing 9.2.

Figure 9.2 Using the onMouseOut event.

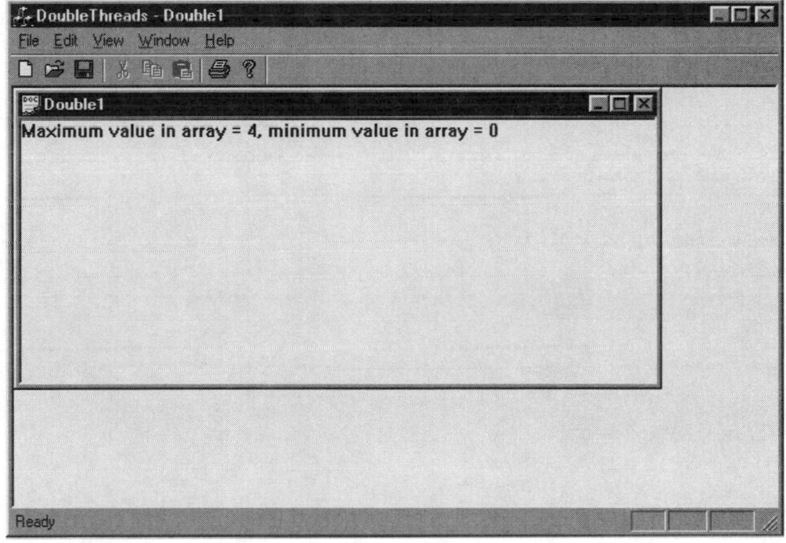

Listing 9.2 DoubleThreadsView.h and DoubleThreadsView.cpp

```
// DoubleThreadsView.h : interface of the CDoubleThreadsView class
//
/////////////////////////////////////////////////////////////////////////////
```

Continued

Listing 9.2 DoubleThreadsView.h and DoubleThreadsView.cpp *(Continued)*

```
#if
!defined(AFX_DOUBLETHREADSVIEW_H__A880E565_A6EB_11D1_887F_D42B07C10710__INCLUDED_)
#define AFX_DOUBLETHREADSVIEW_H__A880E565_A6EB_11D1_887F_D42B07C10710__INCLUDED_

#if _MSC_VER > 1000
#pragma once
#endif // _MSC_VER > 1000

UINT MaxThreadProcedure(LPVOID pParam);
UINT MinThreadProcedure(LPVOID pParam);

struct SData
{
    int array[5];
    int max;
    int min;
    HANDLE flag;
    HWND NotifyWindow;
};

class CDoubleThreadsView : public CView
{
protected: // create from serialization only
    CDoubleThreadsView();
    DECLARE_DYNCREATE(CDoubleThreadsView)

// Attributes
public:
    CDoubleThreadsDoc* GetDocument();
    SData data;
    CWinThread* MaxThread;
    void OnMaxFound(WPARAM wParam, LPARAM lParam);
    CWinThread* MinThread;
    void OnMinFound(WPARAM wParam, LPARAM lParam);

// Operations
public:

// Overrides
```

Listing 9.2 *Continued*

```
    // ClassWizard generated virtual function overrides
    //{{AFX_VIRTUAL(CDoubleThreadsView)
    public:
    virtual void OnDraw(CDC* pDC);  // overridden to draw this view
    virtual BOOL PreCreateWindow(CREATESTRUCT& cs);
    protected:
    virtual BOOL OnPreparePrinting(CPrintInfo* pInfo);
    virtual void OnBeginPrinting(CDC* pDC, CPrintInfo* pInfo);
    virtual void OnEndPrinting(CDC* pDC, CPrintInfo* pInfo);
    //}}AFX_VIRTUAL

// Implementation
public:
    virtual ~CDoubleThreadsView();
#ifdef _DEBUG
    virtual void AssertValid() const;
    virtual void Dump(CDumpContext& dc) const;
#endif

protected:

// Generated message map functions
protected:
    //{{AFX_MSG(CDoubleThreadsView)
    afx_msg void OnFileFindmaxandmin();
    //}}AFX_MSG
    DECLARE_MESSAGE_MAP()
};

#ifndef _DEBUG  // debug version in DoubleThreadsView.cpp
inline CDoubleThreadsDoc* CDoubleThreadsView::GetDocument()
   { return (CDoubleThreadsDoc*)m_pDocument; }
#endif

/////////////////////////////////////////////////////////////////////////////

//{{AFX_INSERT_LOCATION}}
// Microsoft Visual C++ will insert additional declarations immediately before the
previous line.
```

Continued

Listing 9.2 DoubleThreadsView.h and DoubleThreadsView.cpp (*Continued*)

```
#endif
//!defined(AFX_DOUBLETHREADSVIEW_H__A880E565_A6EB_11D1_887F_D42B07C10710__INCLUDED_)


// DoubleThreadsView.cpp : implementation of the CDoubleThreadsView class
//

#include "stdafx.h"
#include "DoubleThreads.h"

#include "DoubleThreadsDoc.h"
#include "DoubleThreadsView.h"

#ifdef _DEBUG
#define new DEBUG_NEW
#undef THIS_FILE
static char THIS_FILE[] = __FILE__;
#endif


/////////////////////////////////////////////////////////////////////////////
// CDoubleThreadsView

IMPLEMENT_DYNCREATE(CDoubleThreadsView, CView)

BEGIN_MESSAGE_MAP(CDoubleThreadsView, CView)
    //{{AFX_MSG_MAP(CDoubleThreadsView)
    ON_COMMAND(ID_FILE_FINDMAXANDMIN, OnFileFindmaxandmin)
    ON_MESSAGE(WM_MAX, OnMaxFound)
    ON_MESSAGE(WM_MIN, OnMinFound)
    //}}AFX_MSG_MAP
    // Standard printing commands
    ON_COMMAND(ID_FILE_PRINT, CView::OnFilePrint)
    ON_COMMAND(ID_FILE_PRINT_DIRECT, CView::OnFilePrint)
    ON_COMMAND(ID_FILE_PRINT_PREVIEW, CView::OnFilePrintPreview)
END_MESSAGE_MAP()

/////////////////////////////////////////////////////////////////////////////
// CDoubleThreadsView construction/destruction
```

Listing 9.2 *Continued*

```
CDoubleThreadsView::CDoubleThreadsView()
{
    data.flag = CreateEvent(NULL, FALSE, FALSE, NULL);
}

CDoubleThreadsView::~CDoubleThreadsView()
{
}

BOOL CDoubleThreadsView::PreCreateWindow(CREATESTRUCT& cs)
{
    // TODO: Modify the Window class or styles here by modifying
    //  the CREATESTRUCT cs

    return CView::PreCreateWindow(cs);
}

/////////////////////////////////////////////////////////////////////////////
// CDoubleThreadsView drawing

void CDoubleThreadsView::OnDraw(CDC* pDC)
{
    CDoubleThreadsDoc* pDoc = GetDocument();
    ASSERT_VALID(pDoc);

    pDC->TextOut(0, 0, pDoc->text);
}

/////////////////////////////////////////////////////////////////////////////
// CDoubleThreadsView printing

BOOL CDoubleThreadsView::OnPreparePrinting(CPrintInfo* pInfo)
{
    // default preparation
    return DoPreparePrinting(pInfo);
}

void CDoubleThreadsView::OnBeginPrinting(CDC* /*pDC*/, CPrintInfo* /*pInfo*/)
{
    // TODO: add extra initialization before printing
```

Continued

Listing 9.2 DoubleThreadsView.h and DoubleThreadsView.cpp (Continued)

```
}

void CDoubleThreadsView::OnEndPrinting(CDC* /*pDC*/, CPrintInfo* /*pInfo*/)
{
    // TODO: add cleanup after printing
}

/////////////////////////////////////////////////////////////////////////////
// CDoubleThreadsView diagnostics

#ifdef _DEBUG
void CDoubleThreadsView::AssertValid() const
{
    CView::AssertValid();
}

void CDoubleThreadsView::Dump(CDumpContext& dc) const
{
    CView::Dump(dc);
}

CDoubleThreadsDoc* CDoubleThreadsView::GetDocument() // non-debug version is inline
{
    ASSERT(m_pDocument->IsKindOf(RUNTIME_CLASS(CDoubleThreadsDoc)));
    return (CDoubleThreadsDoc*)m_pDocument;
}
#endif //_DEBUG

/////////////////////////////////////////////////////////////////////////////
// CDoubleThreadsView message handlers

void CDoubleThreadsView::OnFileFindmaxandmin()
{
    // TODO: Add your command handler code here
    data.array[0] = 0;
    data.array[1] = 1;
    data.array[2] = 2;
    data.array[3] = 3;
    data.array[4] = 4;
```

Listing 9.2 *Continued*

```
    data.max = 0;

    data.NotifyWindow = m_hWnd;
    MaxThread = AfxBeginThread(MaxThreadProcedure, &data);
    ResetEvent(data.flag);

    MinThread = AfxBeginThread(MinThreadProcedure, &data);

}

UINT MaxThreadProcedure(LPVOID pParam)
{
    SData* pData = (SData*)pParam;

    for(int loop_index = 0; loop_index <= 4; loop_index++){
        if(pData->array[loop_index] > pData->max)
            pData->max = pData->array[loop_index];
    }

    ::PostMessage(pData->NotifyWindow, WM_MAX, 0, 0);

    SetEvent(pData->flag);
    return 0;
}

UINT MinThreadProcedure(LPVOID pParam)
{
    SData* pData = (SData*)pParam;

    WaitForSingleObject(pData->flag, INFINITE);

    pData->min = pData->max;

    for(int loop_index = 0; loop_index <= 4; loop_index++){
        if(pData->array[loop_index] < pData->min)
            pData->min = pData->array[loop_index];
    }

    ::PostMessage(pData->NotifyWindow, WM_MIN, 0, 0);
```

Continued

Listing 9.2 DoubleThreadsView.h and DoubleThreadsView.cpp *(Continued)*

```
    return 0;
}

void CDoubleThreadsView::OnMaxFound(WPARAM wParam, LPARAM lParam)
{
    CDoubleThreadsDoc* pDoc = GetDocument();
    ASSERT_VALID(pDoc);

    char FormattedString[100];
    wsprintf(FormattedString, "Maximum value in array = %d, ", data.max);
    pDoc->text = FormattedString;

    TerminateThread(MaxThread, 0);

    Invalidate();
}

void CDoubleThreadsView::OnMinFound(WPARAM wParam, LPARAM lParam)
{
    CDoubleThreadsDoc* pDoc = GetDocument();
    ASSERT_VALID(pDoc);

    char FormattedString[100];
    wsprintf(FormattedString, "minimum value in array = %d ", data.min);
    pDoc->text += FormattedString;

    TerminateThread(MinThread, 0);

    Invalidate();
}
```

What's Ahead

In the next chapter, we begin exploring an exceptionally powerful aspect of working with Windows: Dynamic Link Libraries (DLLs). Just about all Windows users have seen DLLs, and in the next chapter, we see how they can be useful to us and how to create them.

THE POWER OF DYNAMIC LINK LIBRARIES

10

In this chapter, we work with Dynamic Link Libraries (DLLs). As you may have noticed, Windows programs can be very big. In fact, they could be much bigger. Imagine that your program used the MFC classes and had to place all those classes in the .exe file itself. Such a program would be huge. To save some space, Microsoft created the idea of Dynamic Link Libraries. Now the MFC classes fit into a set of DLLs and don't have to be packaged in every .exe file. Many .exe files use the MFC library by connecting to those DLLs, and the code in those DLLs doesn't have to be duplicated in all .exe files.

Why are they called *dynamic* link libraries? DLLs are called dynamic because they link to your .exe file at runtime, not at compile time. When you create an .exe file, many library routines may be linked into the code and placed in that .exe file. However, the routines in DLLs are only linked to your .exe file when it actually runs. In that way, you can place code common to several programs in the same DLL and save a lot of space.

Not only do DLLs offer space advantages, some programming tasks can only be performed with DLLs, as we see in Chapter 11, "Putting Windows Hooks to Work," when we need to inject code into another process.

Updating Your Distributed Programs with DLLs

An additional benefit of DLLs is that they can make updating programs you've already distributed to users easier. If you change the code in a DLL, the user just has to place that new DLL in the windows\system directory instead of reinstalling your whole program from scratch.

Creating DLLs used to be a difficult process that programmers avoided if they could, but now AppWizard makes it easy. We see how to create a basic DLL and then examine how to make DLLs share memory even though they are linked into different programs. We begin by creating a standard DLL with the AppWizard.

The Doubler DLL

In our first DLL example, we create a DLL that *exports* one function, Multiply-ByTwo(). When a DLL exports a function, it becomes publicly available, which means that you must export all the functions you want to access from other programs. This function, MultiplyByTwo(), takes an integer parameter and returns twice that integer's value; for example, passing it 2 returns 4.

Note that it's not enough to create a DLL—we need a program that calls the functions in that DLL (that is, you don't run a DLL). For that reason, we create two files: DoublerDLL.dll, the dynamic link library that holds MultiplyByTwo(), and Doubler.exe, an MFC program that links to DoublerDLL.dll and calls MultiplyByTwo().

In fact, we create a third file: DoublerDLL.lib. We link this file directly into Double.exe so that the .exe file knows what DLL to search for MultiplyByTwo(). (By default, DLLs are stored in the c:\windows\system directory, and we place ours there, because MFC .exe files search for them there.) We see how this works soon.

For now, select New in the Visual C++ File menu and click the AppWizard(dll) (not AppWizard(exe)) entry in the New box, as shown in Figure 10.1, giving this project the name DoublerDLL. Click OK to bring up the first and only step of the AppWizard, as shown in Figure 10.2.

The option button "Regular DLL using shared MFC DLL" is already selected in the AppWizard. Leave that option selected. The first option, "Regular DLL with MFC statically linked," links the MFC routines you use into your DLL when

Figure 10.1 Creating a DLL with AppWizard.

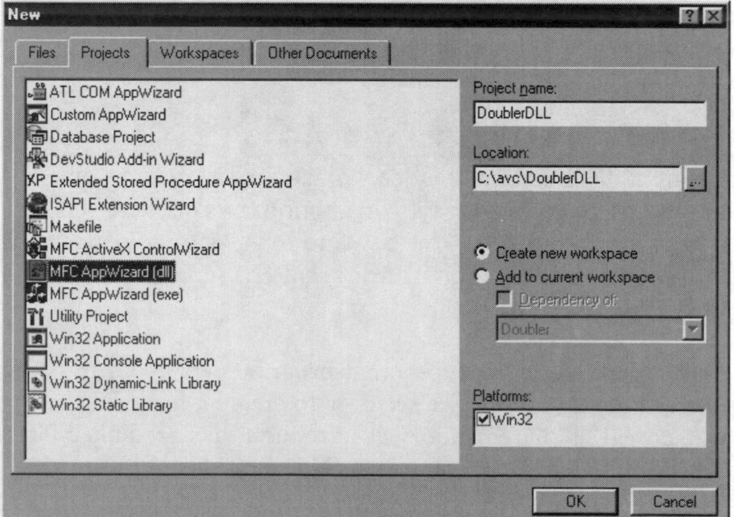

Figure 10.2 Selecting DLL options.

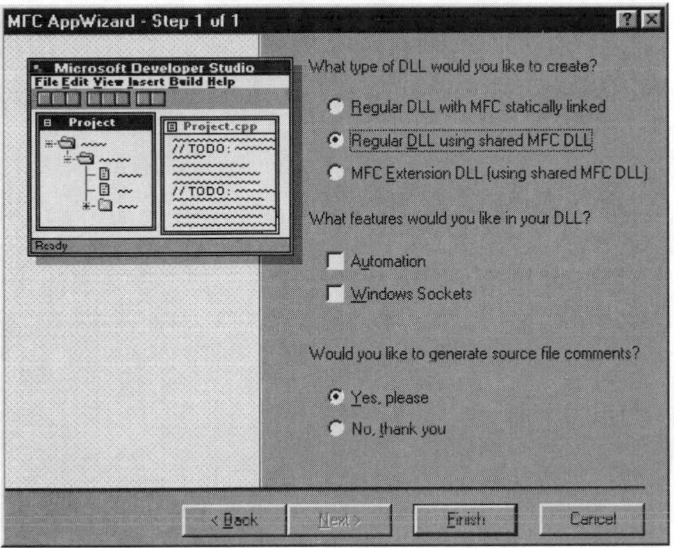

you build it. The "Regular DLL using shared MFC DLL" option means we dynamically link to MFC at runtime. The "MFC Extension DLL (using shared MFC DLL)" option saves you some space, but you can only link it into MFC-based programs, not general Win32 programs. (The first two types of DLLs can be linked into both general Win32 programs as well as MFC programs.) Click the Finish button to create the new DLL project.

AppWizard creates the new DLL project, including ReadMe.txt, which holds an overview of the files in this project.

```
========================================================================
       MICROSOFT FOUNDATION CLASS LIBRARY : DoublerDLL
========================================================================


AppWizard has created this DoublerDLL DLL for you.  This DLL not only
demonstrates the basics of using the Microsoft Foundation classes but
is also a starting point for writing your DLL.

This file contains a summary of what you will find in each of the files that
make up your DoublerDLL DLL.

DoublerDLL.dsp
    This file (the project file) contains information at the project level and
```

```
    is used to build a single project or subproject. Other users can share the
    project (.dsp) file, but they should export the makefiles locally.

DoublerDLL.h
    This is the main header file for the DLL.  It declares the
    CDoublerDLLApp class.

DoublerDLL.cpp
    This is the main DLL source file.  It contains the class CDoublerDLLApp.


DoublerDLL.rc
    This is a listing of all of the Microsoft Windows resources that the
    program uses.  It includes the icons, bitmaps, and cursors that are stored
    in the RES subdirectory.  This file can be directly edited in Microsoft
    Visual C++.

res\DoublerDLL.rc2
    This file contains resources that are not edited by Microsoft
    Visual C++.  You should place all resources not editable by
    the resource editor in this file.

DoublerDLL.def
    This file contains information about the DLL that must be
    provided to run with Microsoft Windows.  It defines parameters
    such as the name and description of the DLL.  It also exports
    functions from the DLL.

DoublerDLL.clw
    This file contains information used by ClassWizard to edit existing
    classes or add new classes.  ClassWizard also uses this file to store
    information needed to create and edit message maps and dialog data
    maps and to create prototype member functions.

/////////////////////////////////////////////////////////////////////////////
Other standard files:

StdAfx.h, StdAfx.cpp
    These files are used to build a precompiled header (PCH) file
    named DoublerDLL.pch and a precompiled types file named StdAfx.obj.
```

```
Resource.h
    This is the standard header file, which defines new resource IDs.
    Microsoft Visual C++ reads and updates this file.

/////////////////////////////////////////////////////////////////////////////
Other notes:

AppWizard uses "TODO:" to indicate parts of the source code you
should add to or customize.

/////////////////////////////////////////////////////////////////////////////
```

Now that we've created our project, it's time to create our new function: MultiplyByTwo().

Exporting a Function from a DLL

We want to export a new function, MultiplyByTwo(), from our DLL. There are two steps in creating this function. First, we declare the function in the DLL's header file, DoublerDLL.h. Then, we write the code for the function in DoublerDLL.cpp.

We start by declaring the function in the DLL's header, DoublerDLL.h. To do that, we define a new symbol, DLLexport, that will stand for the standard export preface, __declspec(dllexport).

```
// DoublerDLL.h : main header file for the DOUBLERDLL DLL
//

#if !defined(AFX_DOUBLERDLL_H__A45E4A4C_A79A_11D1_887F_D42B07C10710__INCLUDED_)
#define AFX_DOUBLERDLL_H__A45E4A4C_A79A_11D1_887F_D42B07C10710__INCLUDED_

#if _MSC_VER > 1000
#pragma once
#endif // _MSC_VER > 1000

#ifndef __AFXWIN_H__
    #error include 'stdafx.h' before including this file for PCH
#endif

#include "resource.h"        // main symbols

#define DLLexport    __declspec( dllexport )                          ⇐
    .
    .
    .
```

Now we declare our function, indicating that it takes an integer, returns an integer, is an exported function, and uses the WINAPI calling mechanism. (This mechanism is based on the Pascal calling protocol, not the C protocol, because the Pascal protocol is considered more robust.)

```
// DoublerDLL.h : main header file for the DOUBLERDLL DLL
//

#if !defined(AFX_DOUBLERDLL_H__A45E4A4C_A79A_11D1_887F_D42B07C10710__INCLUDED_)
#define AFX_DOUBLERDLL_H__A45E4A4C_A79A_11D1_887F_D42B07C10710__INCLUDED_

#if _MSC_VER > 1000
#pragma once
#endif // _MSC_VER > 1000

#ifndef __AFXWIN_H__
    #error include 'stdafx.h' before including this file for PCH
#endif

#include "resource.h"        // main symbols

#define DLLexport    __declspec( dllexport )

DLLexport int WINAPI MultiplyByTwo(int DoubleMe);                          ⇐
```

We've declared our function. The next step is to create the code for that function. We do that at the end of the DoublerDLL.cpp file, placing our new function just after the CDoublerDLLApp object that forms the basis of the DLL.

```
/////////////////////////////////////////////////////////////////////////////
// The one and only CDoublerDLLApp object

CDoublerDLLApp theApp;

DLLexport int WINAPI MultiplyByTwo(int DoubleMe)                           ⇐
{                                                                          ⇐

}                                                                          ⇐
```

If we were planning to use any MFC functions in our new function, we would start with the AFX_MANAGE_STATE() macro, which is necessary to set up the MFC connection. If we did use MFC functions, this would be the first line of our new function (see the comment in DoublerDLL.cpp on the following page that has been placed there by AppWizard on AFX_MANAGE_STATE()):

```
AFX_MANAGE_STATE(AfxGetStaticModuleState());
```

However, we do not use the MFC in this simple function, so we start by doubling the value passed to us and storing the new value as an integer named DoubledValue.

```
//////////////////////////////////////////////////////////////////////////////
// The one and only CDoublerDLLApp object

CDoublerDLLApp theApp;

DLLexport int WINAPI MultiplyByTwo(int DoubleMe)
{
    int DoubledValue = 2 * DoubleMe;                                        ⇐
        .
        .
        .
}
```

To let the user know we're doing our job, we can place a system message box on the screen indicating the value passed to us and the value we're about to return. Notice that we use AfxMessageBox() here, not the MFC MessageBox() function:

```
//////////////////////////////////////////////////////////////////////////////
// The one and only CDoublerDLLApp object

CDoublerDLLApp theApp;

DLLexport int WINAPI MultiplyByTwo(int DoubleMe)
{
    int DoubledValue = 2 * DoubleMe;

    char Text[80];                                                          ⇐
    sprintf(Text, "MultiplyByTwo() is about to double %d and return %d.",
DoubleMe, DoubledValue);                                                    ⇐
    AfxMessageBox(Text);                                                    ⇐
        .
        .
        .
}
```

If a program passes MultiplyByTwo() a value of 2, we pop a message box on the screen saying, "MultiplyByTwo() is about to double 2 and return 4." Finally, we return the new value, DoubledValue.

```
////////////////////////////////////////////////////////////////////////////
// The one and only CDoublerDLLApp object

CDoublerDLLApp theApp;

DLLexport int WINAPI MultiplyByTwo(int DoubleMe)
{
    int DoubledValue = 2 * DoubleMe;

    char Text[80];
    sprintf(Text, "MultiplyByTwo() is about to double %d and return %d.",
DoubleMe, DoubledValue);
    AfxMessageBox(Text);

    return DoubledValue;                                              ⇐
}
```

We have just exported a function from a DLL. Select the Build DoublerDLL.dll item in the Visual C++ Build menu now. This creates DoublerDLL.dll and DoublerDLL.lib. We put these files to work now in a new MDI program, Doubler.

The Doubler Program

The Doubler program sends two successive values—1 and 2—to our MultiplyByTwo() function and displays what that function returns. In this way, we can check whether our DLL is successful.

Create a new MDI project now named Doubler and add a new item to the project's File menu. Double the values and connect a handler function to it.

```
void CDoublerView::OnFileDoublethevalues()
{
    // TODO: Add your command handler code here
}
```

First, set up the two values to be doubled: value1 and value2.

```
void CDoublerView::OnFileDoublethevalues()
{
    int value1 = 1;                                                   ⇐
    int value2 = 2;                                                   ⇐
        .
        .
        .
```

Then, double those values by passing them to our MultiplyByTwo() function, storing the results as result1 and result2.

```
void CDoublerView::OnFileDoublethevalues()
{
    int value1 = 1;
    int value2 = 2;

    int result1 = MultiplyByTwo(value1);                    ⇐
    int result2 = MultiplyByTwo(value2);                    ⇐
        .
        .
        .
```

As you might expect, we need to let this project know where to find MultiplyByTwo(), and we do that now.

Linking to the New DLL

First, we include the prototype for MultiplyByTwo() by including the DLL project's header file, DoublerDLL.h, in Doubler's view.

```
// DoublerView.cpp : implementation of the CDoublerView class
//

#include "stdafx.h"
#include "Doubler.h"

#include "DoublerDoc.h"
#include "DoublerView.h"
#include "DoublerDLL.h"                                     ⇐
    .
    .
    .
```

Next, copy the actual DLL, DoublerDLL.dll, to the c:\windows\system directory so the Doubler program knows where to search for it. We also have to link the DoublerDLL.lib library file into Doubler so that our project knows how DoublerDLL.dll is structured. We link DoublerDLL.lib into the Doubler project by selecting the Settings item in the Project menu, which opens the Project Settings box, as shown in Figure 10.3.

Select the Link tab in the Project Settings box and enter ".\DoublerDLL.lib" in the Object/library modules box. This indicates that we want to link this new library. Click OK to close the Project Settings box. Copy DoublerDLL.lib to the Doubler directory (e.g., c:\avc\Doubler). Now we're free to use MultiplyByTwo() as well as other library routines.

Next, in OnFileDoublethevalues(), we place the newly doubled values in a formatted text string.

Figure 10.3 Linking in a .lib file.

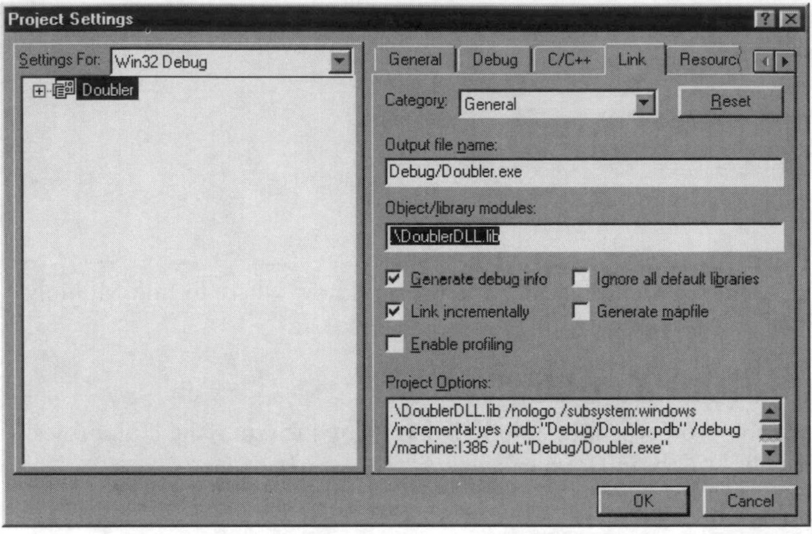


```
void CDoublerView::OnFileDoublethevalues()
{
    int value1 = 1;
    int value2 = 2;

    int result1 = MultiplyByTwo(value1);
    int result2 = MultiplyByTwo(value2);

    char FormattedString[80];                                          ⇐
    wsprintf(FormattedString, "2 times %d is %d, 2 times %d is %d.", value1,
result1, value2, result2);                                             ⇐
        .
        .
        .
}
```

Then, we place that formatted string into a CString object named text in the document object and invalidate the view.

```
void CDoublerView::OnFileDoublethevalues()
{
    int value1 = 1;
    int value2 = 2;
```

```
    int result1 = MultiplyByTwo(value1);
    int result2 = MultiplyByTwo(value2);

    char FormattedString[80];
    wsprintf(FormattedString, "2 times %d is %d, 2 times %d is %d.", value1,
result1, value2, result2);

    CDoublerDoc* pDoc = GetDocument();                                      ⇐
    ASSERT_VALID(pDoc);                                                     ⇐
    pDoc->text = FormattedString;                                           ⇐

    Invalidate();                                                           ⇐
}
```

To display the new text object stored in the document, we add this code to OnDraw():

```
void CDoublerView::OnDraw(CDC* pDC)
{
    CDoublerDoc* pDoc = GetDocument();
    ASSERT_VALID(pDoc);

    pDC->TextOut(0, 0, pDoc->text);                                         ⇐
}
```

Run Doubler now and select the Double the values item in the File menu. When you do, the new, doubled values are displayed, as shown in Figure 10.4. Now we're using DLLs; our first example is a success. You can generalize the process from here, passing parameters to and returning values from DLL functions. AppWizard has made the process relatively simple.

The code for this example, DoublerDLL.h and DoublerDLL.cpp, appears in Listing 10.1. DoublerView.h and DoublerView.cpp appear in Listing 10.2.

Listing 10.1 DoublerDLL.h and DoublerDLL.cpp

```
// DoublerDLL.h : main header file for the DOUBLERDLL DLL
//

#if !defined(AFX_DOUBLERDLL_H__A45E4A4C_A79A_11D1_887F_D42B07C10710__INCLUDED_)
#define AFX_DOUBLERDLL_H__A45E4A4C_A79A_11D1_887F_D42B07C10710__INCLUDED_

#if _MSC_VER > 1000
#pragma once
#endif // _MSC_VER > 1000
```

Continued

Figure 10.4 Using calls to a custom DLL.

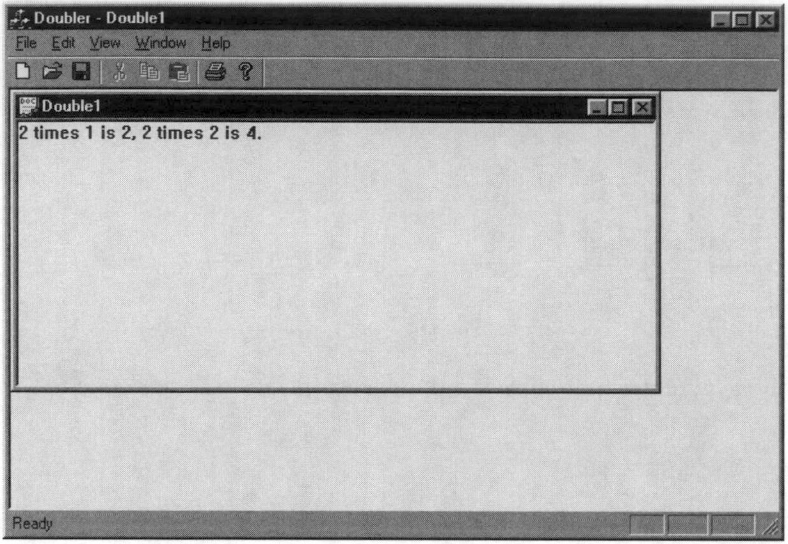

Listing 10.1 DoublerDLL.h and DoublerDLL.cpp *(Continued)*

```
#ifndef __AFXWIN_H__
    #error include 'stdafx.h' before including this file for PCH
#endif

#include "resource.h"        // main symbols

#define DLLexport    __declspec( dllexport )

DLLexport int WINAPI MultiplyByTwo(int DoubleMe);

/////////////////////////////////////////////////////////////////////////////
// CDoublerDLLApp
// See DoublerDLL.cpp for the implementation of this class
//

class CDoublerDLLApp : public CWinApp
{
public:
    CDoublerDLLApp();
```

Listing 10.1 *Continued*

```
// Overrides
    // ClassWizard generated virtual function overrides
    //{{AFX_VIRTUAL(CDoublerDLLApp)
    //}}AFX_VIRTUAL

    //{{AFX_MSG(CDoublerDLLApp)
        // NOTE - the ClassWizard will add and remove member functions here.
        //    DO NOT EDIT what you see in these blocks of generated code !
    //}}AFX_MSG
    DECLARE_MESSAGE_MAP()
};


/////////////////////////////////////////////////////////////////////////////

//{{AFX_INSERT_LOCATION}}
// Microsoft Visual C++ will insert additional declarations immediately before the
previous line.

#endif //
!defined(AFX_DOUBLERDLL_H__A45E4A4C_A79A_11D1_887F_D42B07C10710__INCLUDED_)


// DoublerDLL.cpp : Defines the initialization routines for the DLL.
//

#include "stdafx.h"
#include "DoublerDLL.h"

#ifdef _DEBUG
#define new DEBUG_NEW
#undef THIS_FILE
static char THIS_FILE[] = __FILE__;
#endif

//
//    Note!
//
//        If this DLL is dynamically linked against the MFC
//        DLLs, any functions exported from this DLL which
```

Continued

Listing 10.1 DoublerDLL.h and DoublerDLL.cpp *(Continued)*

```
//        call into MFC must have the AFX_MANAGE_STATE macro
//        added at the very beginning of the function.
//
//        For example:
//
//        extern "C" BOOL PASCAL EXPORT ExportedFunction()
//        {
//            AFX_MANAGE_STATE(AfxGetStaticModuleState());
//            // normal function body here
//        }
//
//        It is very important that this macro appear in each
//        function, prior to any calls into MFC.  This means that
//        it must appear as the first statement within the
//        function, even before any object variable declarations
//        as their constructors may generate calls into the MFC
//        DLL.
//
//        Please see MFC Technical Notes 33 and 58 for additional
//        details.
//

/////////////////////////////////////////////////////////////////////////////
// CDoublerDLLApp

BEGIN_MESSAGE_MAP(CDoublerDLLApp, CWinApp)
    //{{AFX_MSG_MAP(CDoublerDLLApp)
        // NOTE - the ClassWizard will add and remove mapping macros here.
        //    DO NOT EDIT what you see in these blocks of generated code!
    //}}AFX_MSG_MAP
END_MESSAGE_MAP()

/////////////////////////////////////////////////////////////////////////////
// CDoublerDLLApp construction

CDoublerDLLApp::CDoublerDLLApp()
{
    // TODO: add construction code here,
    // Place all significant initialization in InitInstance
}
```

Listing 10.1 *Continued*

```
/////////////////////////////////////////////////////////////////////////////
// The one and only CDoublerDLLApp object

CDoublerDLLApp theApp;

DLLexport int WINAPI MultiplyByTwo(int DoubleMe)
{
    int DoubledValue = 2 * DoubleMe;
    char Text[80];
    sprintf(Text, "MultiplyByTwo() is about to double %d and return %d.",
DoubleMe, DoubledValue);
    AfxMessageBox(Text);
    return DoubledValue;
}
```

Listing 10.2 DoublerView.h and DoublerView.cpp

```
// DoublerView.h : interface of the CDoublerView class
//
/////////////////////////////////////////////////////////////////////////////

#if !defined(AFX_DOUBLERVIEW_H__A45E4A61_A79A_11D1_887F_D42B07C10710__INCLUDED_)
#define AFX_DOUBLERVIEW_H__A45E4A61_A79A_11D1_887F_D42B07C10710__INCLUDED_

#if _MSC_VER > 1000
#pragma once
#endif // _MSC_VER > 1000

class CDoublerView : public CView
{
protected: // create from serialization only
    CDoublerView();
    DECLARE_DYNCREATE(CDoublerView)

// Attributes
public:
    CDoublerDoc* GetDocument();

// Operations
public:
```

Continued

Listing 10.2 DoublerView.h and DoublerView.cpp *(Continued)*

```
// Overrides
    // ClassWizard generated virtual function overrides
    //{{AFX_VIRTUAL(CDoublerView)
    public:
    virtual void OnDraw(CDC* pDC);  // overridden to draw this view
    virtual BOOL PreCreateWindow(CREATESTRUCT& cs);
    protected:
    virtual BOOL OnPreparePrinting(CPrintInfo* pInfo);
    virtual void OnBeginPrinting(CDC* pDC, CPrintInfo* pInfo);
    virtual void OnEndPrinting(CDC* pDC, CPrintInfo* pInfo);
    //}}AFX_VIRTUAL

// Implementation
public:
    virtual ~CDoublerView();
#ifdef _DEBUG
    virtual void AssertValid() const;
    virtual void Dump(CDumpContext& dc) const;
#endif

protected:

// Generated message map functions
protected:
    //{{AFX_MSG(CDoublerView)
    afx_msg void OnFileDoublethevalues();
    //}}AFX_MSG
    DECLARE_MESSAGE_MAP()
};

#ifndef _DEBUG  // debug version in DoublerView.cpp
inline CDoublerDoc* CDoublerView::GetDocument()
   { return (CDoublerDoc*)m_pDocument; }
#endif

///////////////////////////////////////////////////////////////////////////

//{{AFX_INSERT_LOCATION}}
// Microsoft Visual C++ will insert additional declarations immediately before the
previous line.
```

Listing 10.2 *Continued*

```
#endif //
!defined(AFX_DOUBLERVIEW_H__A45E4A61_A79A_11D1_887F_D42B07C10710__INCLUDED_)


// DoublerView.cpp : implementation of the CDoublerView class
//

#include "stdafx.h"
#include "Doubler.h"

#include "DoublerDoc.h"
#include "DoublerView.h"
#include "DoublerDLL.h"

#ifdef _DEBUG
#define new DEBUG_NEW
#undef THIS_FILE
static char THIS_FILE[] = __FILE__;
#endif


/////////////////////////////////////////////////////////////////////////////
// CDoublerView

IMPLEMENT_DYNCREATE(CDoublerView, CView)

BEGIN_MESSAGE_MAP(CDoublerView, CView)
    //{{AFX_MSG_MAP(CDoublerView)
    ON_COMMAND(ID_FILE_DOUBLETHEVALUES, OnFileDoublethevalues)
    //}}AFX_MSG_MAP
    // Standard printing commands
    ON_COMMAND(ID_FILE_PRINT, CView::OnFilePrint)
    ON_COMMAND(ID_FILE_PRINT_DIRECT, CView::OnFilePrint)
    ON_COMMAND(ID_FILE_PRINT_PREVIEW, CView::OnFilePrintPreview)
END_MESSAGE_MAP()

/////////////////////////////////////////////////////////////////////////////
// CDoublerView construction/destruction

CDoublerView::CDoublerView()
```

Continued

Listing 10.2 DoublerView.h and DoublerView.cpp *(Continued)*

```
{
    // TODO: add construction code here

}

CDoublerView::~CDoublerView()
{
}

BOOL CDoublerView::PreCreateWindow(CREATESTRUCT& cs)
{
    // TODO: Modify the Window class or styles here by modifying
    //  the CREATESTRUCT cs

    return CView::PreCreateWindow(cs);
}

/////////////////////////////////////////////////////////////////////////////
// CDoublerView drawing

void CDoublerView::OnDraw(CDC* pDC)
{
    CDoublerDoc* pDoc = GetDocument();
    ASSERT_VALID(pDoc);

    pDC->TextOut(0, 0, pDoc->text);
    // TODO: add draw code for native data here
}

/////////////////////////////////////////////////////////////////////////////
// CDoublerView printing

BOOL CDoublerView::OnPreparePrinting(CPrintInfo* pInfo)
{
    // default preparation
    return DoPreparePrinting(pInfo);
}

void CDoublerView::OnBeginPrinting(CDC* /*pDC*/, CPrintInfo* /*pInfo*/)
{
```

Listing 10.2 *Continued*

```
    // TODO: add extra initialization before printing
}

void CDoublerView::OnEndPrinting(CDC* /*pDC*/, CPrintInfo* /*pInfo*/)
{
    // TODO: add cleanup after printing
}

/////////////////////////////////////////////////////////////////////////////
// CDoublerView diagnostics

#ifdef _DEBUG
void CDoublerView::AssertValid() const
{
    CView::AssertValid();
}

void CDoublerView::Dump(CDumpContext& dc) const
{
    CView::Dump(dc);
}

CDoublerDoc* CDoublerView::GetDocument() // non-debug version is inline
{
    ASSERT(m_pDocument->IsKindOf(RUNTIME_CLASS(CDoublerDoc)));
    return (CDoublerDoc*)m_pDocument;
}
#endif //_DEBUG

/////////////////////////////////////////////////////////////////////////////
// CDoublerView message handlers

void CDoublerView::OnFileDoublethevalues()
{
    // TODO: Add your command handler code here
    int value1 = 1;
    int value2 = 2;

    int result1 = MultiplyByTwo(value1);
    int result2 = MultiplyByTwo(value2);
```

Continued

Listing 10.2 DoublerView.h and DoublerView.cpp *(Continued)*

```
    char FormattedString[80];
    wsprintf(FormattedString, "2 times %d is %d, 2 times %d is %d.", value1,
result1, value2, result2);

    CDoublerDoc* pDoc = GetDocument();
    ASSERT_VALID(pDoc);
    pDoc->text = FormattedString;

    Invalidate();
}
```

Now that we've learned the basics of DLLs, we continue by seeing how to share memory between DLLs.

Shared Memory in DLLs: The Counter DLL

Another popular use of DLLs is to coordinate data between processes, because you can easily set up shared memory using DLLs. We've already seen how to set up memory mapped files, and the process with DLLs is similar, but even easier.

In this example, Counter, we let the user select a menu item—Increment counter—to increment a counter variable stored in a DLL. Users can open other copies of the Counter program. When they select the Increment counter item, the same counter is incremented, not a new copy of the counter. In this way, we can share the counter variable between several processes.

We create a DLL, CounterDLL.dll, to support the counter function IncrementCounter(), and a new MDI application, Counter, to call that function. Let's create the DLL now.

Creating CounterDLL.dll

Using AppWizard(dll), create a new DLL project (dynamically linked to MFC) named CounterDLL and add the prototype of the IncrementCounter() function to the CounterDLL.h header. This function takes no parameters and returns none, because we display the new value of the counter with a message box.

```
// CounterDLL.h : main header file for the COUNTERDLL DLL
//

#if !defined(AFX_COUNTERDLL_H__A45E4A6E_A79A_11D1_887F_D42B07C10710__INCLUDED_)
```

```
#define AFX_COUNTERDLL_H__A45E4A6E_A79A_11D1_887F_D42B07C10710__INCLUDED_

#if _MSC_VER > 1000
#pragma once
#endif // _MSC_VER > 1000

#ifndef __AFXWIN_H__
    #error include 'stdafx.h' before including this file for PCH
#endif

#include "resource.h"        // main symbols

#define DLLexport    __declspec( dllexport )                         ⇐

DLLexport void WINAPI IncrementCounter();                            ⇐
```

Next, add the IncrementCounter() function to the end of CounterDLL.cpp:

```
/////////////////////////////////////////////////////////////////////////////
// The one and only CCounterDLLApp object

CCounterDLLApp theApp;

DLLexport void WINAPI IncrementCounter()                             ⇐
{                                                                    ⇐

}                                                                    ⇐
```

In this function, we simply increment a variable named data and display its new value as follows:

```
/////////////////////////////////////////////////////////////////////////////
// The one and only CCounterDLLApp object

CCounterDLLApp theApp;

DLLexport void WINAPI IncrementCounter()
{
    char text[80];                                                   ⇐
    sprintf(text, "New counter value of %d.", ++data);               ⇐
    AfxMessageBox(text);                                             ⇐
}
```

The main point here is how we set up the storage for the variable named data. We do that now, making sure that that variable is shared between all instances of our DLL.

Setting Up Shared Memory in a DLL

To set up the variable we've named data and to make sure it's shared among all instances of this DLL, we use the Visual C++ pragma data_seg(). This pragma lets us set up the data in the data segment of our program; we set up the variable named data, initialize it to 0, and call the shared section of memory SharedMemory.

```
// CounterDLL.cpp : Defines the initialization routines for the DLL.
//

#include "stdafx.h"
#include "CounterDLL.h"

#ifdef _DEBUG
#define new DEBUG_NEW
#undef THIS_FILE
static char THIS_FILE[] = __FILE__;
#endif

#pragma data_seg("SharedMemory")                                        ⇐
    int data = 0;                                                       ⇐
#pragma data_seg()                                                      ⇐
      .
      .
      .
```

Shared Memory Must Be Initialized

Note that we initialize the variable named data to 0, and that's important. If we don't initialize the variable, it is stored in the uninitialized data section of the data segment and sharing it among DLLs would be impossible.

There's one more thing we must do to set up our shared section of memory: declare it in the DLL project's *.def* file. This file specifies the name of the DLL file we're creating, as well as the explicit exports if we want to list them, though that's no longer necessary. In this case, we indicate that we're setting up a shared read/write memory section named SharedMemory.

```
; CounterDLL.def : Declares the module parameters for the DLL.

LIBRARY      "CounterDLL"
DESCRIPTION  'CounterDLL Windows Dynamic Link Library'
```

```
EXPORTS
    ; Explicit exports can go here

SECTIONS                                                        ⇐
    SharedMemory    READ WRITE SHARED                           ⇐
```

Create CounterDLL.dll and copy it to the c:\windows\system directory.

Creating the Counter Program

The next step is to create the Counter program that calls our new IncrementCounter() function. Create the new MDI Counter project now and copy CounterDLL.lib to the Counter project's directory. Next, link CounterDLL.lib into the project using the Project menu's Settings item as we did in the previous example.

We also include CounterDLL.h in the view's .cpp file so the Counter project knows about the incrementCounter() function.

```
// CounterView.cpp : implementation of the CCounterView class
//

#include "stdafx.h"
#include "Counter.h"

#include "CounterDoc.h"
#include "CounterView.h"
#include "CounterDLL.h"                                         ⇐
    .
    .
    .
```

Finally, add a new item to the File menu, "Increment counter," and call the IncrementCounter() function from that menu item's handler function.

```
void CCounterView::OnFileIncrementcounter()
{
    IncrementCounter();                                         ⇐
}
```

With this, we are able to run two copies of Counter, as shown in Figure 10.5.

When we select the Increment counter menu item in the first copy of Counter, the counter is incremented to 1, as shown in Figure 10.5. Next, in the *second* copy of Counter, again select the Increment counter item. As you can see in Figure 10.6, the counter is incremented to 2. We're sharing memory between these two processes using DLLs. Our shared memory DLL example is a success.

Figure 10.5 Using calls to a custom DLL.

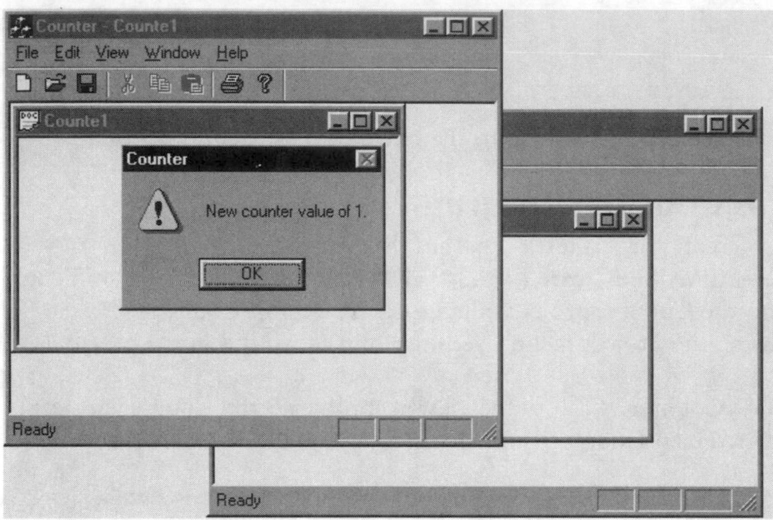

The code for this example, CounterDLL.h and CounterDLL.cpp, appears in Listing 10.3. CounterDLL.def appears in Listing 10.4. CounterView.h and CounterView.cpp appear in Listing 10.5.

Figure 10.6 Using calls to a custom DLL.

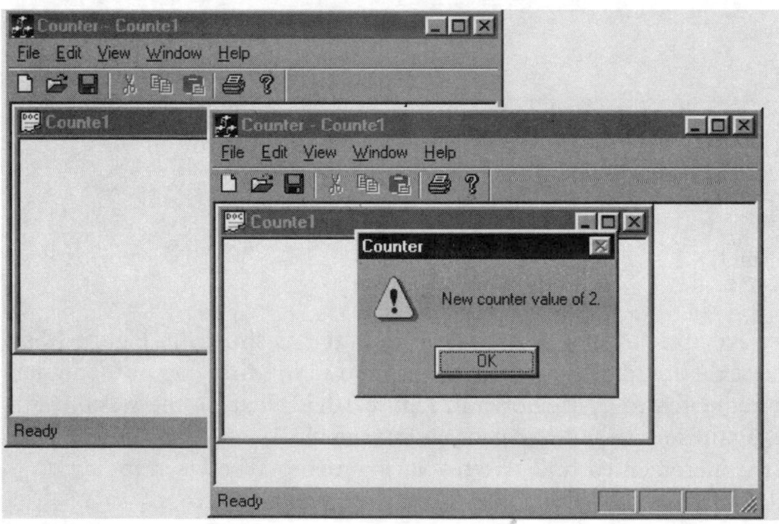

Listing 10.3 CounterDLL.h and CounterDLL.cpp

```
// CounterDLL.h : main header file for the COUNTERDLL DLL
//

#if !defined(AFX_COUNTERDLL_H__A45E4A6E_A79A_11D1_887F_D42B07C10710__INCLUDED_)
#define AFX_COUNTERDLL_H__A45E4A6E_A79A_11D1_887F_D42B07C10710__INCLUDED_

#if _MSC_VER > 1000
#pragma once
#endif // _MSC_VER > 1000

#ifndef __AFXWIN_H__
    #error include 'stdafx.h' before including this file for PCH
#endif

#include "resource.h"        // main symbols

#define DLLexport    __declspec( dllexport )

DLLexport void WINAPI IncrementCounter();

/////////////////////////////////////////////////////////////////////////////
// CCounterDLLApp
// See CounterDLL.cpp for the implementation of this class
//

class CCounterDLLApp : public CWinApp
{
public:
    CCounterDLLApp();

// Overrides
    // ClassWizard generated virtual function overrides
    //{{AFX_VIRTUAL(CCounterDLLApp)
    //}}AFX_VIRTUAL

    //{{AFX_MSG(CCounterDLLApp)
        // NOTE - the ClassWizard will add and remove member functions here.
        //    DO NOT EDIT what you see in these blocks of generated code !
    //}}AFX_MSG
    DECLARE_MESSAGE_MAP()
```

Continued

Listing 10.3 CounterDLL.h and CounterDLL.cpp *(Continued)*

```
};


/////////////////////////////////////////////////////////////////////////////

//{{AFX_INSERT_LOCATION}}
// Microsoft Visual C++ will insert additional declarations immediately before the
previous line.

#endif //
!defined(AFX_COUNTERDLL_H__A45E4A6E_A79A_11D1_887F_D42B07C10710__INCLUDED_)


// CounterDLL.cpp : Defines the initialization routines for the DLL.
//

#include "stdafx.h"
#include "CounterDLL.h"

#ifdef _DEBUG
#define new DEBUG_NEW
#undef THIS_FILE
static char THIS_FILE[] = __FILE__;
#endif

#pragma data_seg("SharedMemory")
   int data = 0;
#pragma data_seg()

//
//    Note!
//
//        If this DLL is dynamically linked against the MFC
//        DLLs, any functions exported from this DLL which
//        call into MFC must have the AFX_MANAGE_STATE macro
//        added at the very beginning of the function.
//
//        For example:
//
//        extern "C" BOOL PASCAL EXPORT ExportedFunction()
```

Listing 10.3 *Continued*

```
//        {
//            AFX_MANAGE_STATE(AfxGetStaticModuleState());
//            // normal function body here
//        }
//
//        It is very important that this macro appear in each
//        function, prior to any calls into MFC.  This means that
//        it must appear as the first statement within the
//        function, even before any object variable declarations
//        as their constructors may generate calls into the MFC
//        DLL.
//
//        Please see MFC Technical Notes 33 and 58 for additional
//        details.
//

/////////////////////////////////////////////////////////////////////////////
// CCounterDLLApp

BEGIN_MESSAGE_MAP(CCounterDLLApp, CWinApp)
    //{{AFX_MSG_MAP(CCounterDLLApp)
        // NOTE - the ClassWizard will add and remove mapping macros here.
        //    DO NOT EDIT what you see in these blocks of generated code!
    //}}AFX_MSG_MAP
END_MESSAGE_MAP()

/////////////////////////////////////////////////////////////////////////////
// CCounterDLLApp construction

CCounterDLLApp::CCounterDLLApp()
{
    // TODO: add construction code here,
    // Place all significant initialization in InitInstance
}

/////////////////////////////////////////////////////////////////////////////
// The one and only CCounterDLLApp object

CCounterDLLApp theApp;
```

Continued

Listing 10.3 CounterDLL.h and CounterDLL.cpp *(Continued)*

```
DLLexport void WINAPI IncrementCounter()
{
    char text[80];
    sprintf(text, "New counter value of %d.", ++data);
    AfxMessageBox(text);
}
```

Listing 10.4 CounterDLL.def

```
; CounterDLL.def : Declares the module parameters for the DLL.

LIBRARY      "CounterDLL"
DESCRIPTION  'CounterDLL Windows Dynamic Link Library'

EXPORTS
    ; Explicit exports can go here

SECTIONS                                                              ⇐
    SharedMemory    READ WRITE SHARED                                 ⇐
```

Listing 10.5 CounterView.h and CounterView.cpp

```
// CounterView.h : interface of the CCounterView class
//
/////////////////////////////////////////////////////////////////////////////

#if !defined(AFX_COUNTERVIEW_H__A45E4A83_A79A_11D1_887F_D42B07C10710__INCLUDED_)
#define AFX_COUNTERVIEW_H__A45E4A83_A79A_11D1_887F_D42B07C10710__INCLUDED_

#if _MSC_VER > 1000
#pragma once
#endif // _MSC_VER > 1000

class CCounterView : public CView
{
protected: // create from serialization only
    CCounterView();
    DECLARE_DYNCREATE(CCounterView)
```

Listing 10.5 *Continued*

```
// Attributes
public:
    CCounterDoc* GetDocument();

// Operations
public:

// Overrides
    // ClassWizard generated virtual function overrides
    //{{AFX_VIRTUAL(CCounterView)
    public:
    virtual void OnDraw(CDC* pDC);  // overridden to draw this view
    virtual BOOL PreCreateWindow(CREATESTRUCT& cs);
    protected:
    virtual BOOL OnPreparePrinting(CPrintInfo* pInfo);
    virtual void OnBeginPrinting(CDC* pDC, CPrintInfo* pInfo);
    virtual void OnEndPrinting(CDC* pDC, CPrintInfo* pInfo);
    //}}AFX_VIRTUAL

// Implementation
public:
    virtual ~CCounterView();
#ifdef _DEBUG
    virtual void AssertValid() const;
    virtual void Dump(CDumpContext& dc) const;
#endif

protected:

// Generated message map functions
protected:
    //{{AFX_MSG(CCounterView)
    afx_msg void OnFileIncrementcounter();
    //}}AFX_MSG
    DECLARE_MESSAGE_MAP()
};

#ifndef _DEBUG  // debug version in CounterView.cpp
inline CCounterDoc* CCounterView::GetDocument()
   { return (CCounterDoc*)m_pDocument; }
```

Continued

Listing 10.5 CounterView.h and CounterView.cpp *(Continued)*

```
#endif

/////////////////////////////////////////////////////////////////////////////

//{{AFX_INSERT_LOCATION}}
// Microsoft Visual C++ will insert additional declarations immediately before the
previous line.

#endif //
!defined(AFX_COUNTERVIEW_H__A45E4A83_A79A_11D1_887F_D42B07C10710__INCLUDED_)


// CounterView.cpp : implementation of the CCounterView class
//

#include "stdafx.h"
#include "Counter.h"

#include "CounterDoc.h"
#include "CounterView.h"
#include "CounterDLL.h"

#ifdef _DEBUG
#define new DEBUG_NEW
#undef THIS_FILE
static char THIS_FILE[] = __FILE__;
#endif


/////////////////////////////////////////////////////////////////////////////
// CCounterView

IMPLEMENT_DYNCREATE(CCounterView, CView)

BEGIN_MESSAGE_MAP(CCounterView, CView)
    //{{AFX_MSG_MAP(CCounterView)
    ON_COMMAND(ID_FILE_INCREMENTCOUNTER, OnFileIncrementcounter)
    //}}AFX_MSG_MAP
    // Standard printing commands
    ON_COMMAND(ID_FILE_PRINT, CView::OnFilePrint)
```

Listing 10.5 *Continued*

```
    ON_COMMAND(ID_FILE_PRINT_DIRECT, CView::OnFilePrint)
    ON_COMMAND(ID_FILE_PRINT_PREVIEW, CView::OnFilePrintPreview)
END_MESSAGE_MAP()

/////////////////////////////////////////////////////////////////////////////
// CCounterView construction/destruction

CCounterView::CCounterView()
{
    // TODO: add construction code here

}

CCounterView::~CCounterView()
{
}

BOOL CCounterView::PreCreateWindow(CREATESTRUCT& cs)
{
    // TODO: Modify the Window class or styles here by modifying
    //  the CREATESTRUCT cs

    return CView::PreCreateWindow(cs);
}

/////////////////////////////////////////////////////////////////////////////
// CCounterView drawing

void CCounterView::OnDraw(CDC* pDC)
{
    CCounterDoc* pDoc = GetDocument();
    ASSERT_VALID(pDoc);

    // TODO: add draw code for native data here
}

/////////////////////////////////////////////////////////////////////////////
// CCounterView printing

BOOL CCounterView::OnPreparePrinting(CPrintInfo* pInfo)
```

Continued

Listing 10.5 CounterView.h and CounterView.cpp *(Continued)*

```
{
    // default preparation
    return DoPreparePrinting(pInfo);
}

void CCounterView::OnBeginPrinting(CDC* /*pDC*/, CPrintInfo* /*pInfo*/)
{
    // TODO: add extra initialization before printing
}

void CCounterView::OnEndPrinting(CDC* /*pDC*/, CPrintInfo* /*pInfo*/)
{
    // TODO: add cleanup after printing
}

/////////////////////////////////////////////////////////////////////////////
// CCounterView diagnostics

#ifdef _DEBUG
void CCounterView::AssertValid() const
{
    CView::AssertValid();
}

void CCounterView::Dump(CDumpContext& dc) const
{
    CView::Dump(dc);
}

CCounterDoc* CCounterView::GetDocument() // non-debug version is inline
{
    ASSERT(m_pDocument->IsKindOf(RUNTIME_CLASS(CCounterDoc)));
    return (CCounterDoc*)m_pDocument;
}
#endif //_DEBUG

/////////////////////////////////////////////////////////////////////////////
// CCounterView message handlers

void CCounterView::OnFileIncrementcounter()
```

Listing 10.5 *Continued*

```
{
    // TODO: Add your command handler code here
    IncrementCounter();
}
```

What's Ahead

In the next chapter, we use one of the most powerful of all Windows programming constructs—Windows hooks. With a hook, you can read keystrokes, mouse actions, or other events even before the process they are targeted for does. Working behind the scenes in this way gives you a lot of advantages.

PUTTING WINDOWS HOOKS TO WORK

11

This chapter is all about Windows *hooks*. A hook runs behind the scenes and is tied to particular Windows events and responds when one of those events occurs. For example, we might want to pop up the Windows notepad when the user presses ^N, and we can do that with Windows hooks (in this way, some hooks operate much like DOS terminate and stay resident, TSR programs).

There are many different types of Windows hooks: SendMessage() hooks, which watch the messages being sent to various windows; debug hooks for debugging purposes; training hooks for computer-based training applications; GetMessage() hooks; foreground idle hooks; journal hooks, which record messages and can play them back; keyboard hooks; message filter hooks; system message filter hooks; shell hooks; and mouse hooks.

In this chapter, we examine the two most popular types of hooks: journal hooks and keyboard hooks. You can use journal hooks to capture events in a system-wide manner, and unlike other system-wide hooks, you don't have to enclose a journal hook's code in a special DLL. Keyboard hooks are self-explanatory: You use them to capture keyboard events. We learn to put keyboard hooks to work by adding *hotkeys*—special keys you can press at any time to launch specific Windows applications—to Windows.

We begin our exploration of hooks with a program named Journal that records keystrokes in one program and plays them back in another. Such programs have many uses. For example, you can create batch files (such as the DOS .bat files) this way, using those files to control other applications.

The Journal Program

We use the Journal program to introduce journal hooks. Here, we allow the user to record keystrokes and then play them back. After selecting the Record item in the program's File menu, the user can type as he or she likes.

```
 -----------------------------------------------
|                                               |
|-----------------------------------------------|
|  ---------------------------                  |
| |Here's the text...         |                 |
| |                           |                 |
| |                           |                 |
| |                           |                 |
| |                           |                 |
| |                           |                 |
| |                           |                 |
|  ---------------------------                  |
|                                               |
 -----------------------------------------------
```

When the user selects the Play item in the File menu, we play the recorded keystrokes back in an entirely different program—Windows notepad.

```
 -----------------------------------------------
|                                               |
|-----------------------------------------------|
|  ---------------------------                  |
| |Here's the text...          |                |
| |               -----------------------------------------------
| |              |Untitled - NotePad                             |
| |              |-----------------------------------------------|
| |              |Here's the text...                             |
| |              |                                               |
| |              |                                               |
|  --------------|                                               |
|                |                                               |
 ----------------|                                               |
                 |                                               |
                 |                                               |
                 |                                               |
                 |                                               |
                 |                                               |
                  -----------------------------------------------
```

We begin putting the Journal program together now. This is a fairly easy hook program, because we won't have to place our code in a DLL, which you often have to do with hooks. Create the Journal project now and base the view class on CEditView to display the keystrokes the user types as we record them.

Add two new items—Record and Play—to the program's File menu, allowing the user to record and play back keystrokes.

Setting the Record Hook

We make the Record menu item active first. When the user clicks this item, we start recording keystrokes. We should keep track of the number of events we've recorded in order to know how many events to play back. To do this, set up a new integer, RecordedEvents, and initialize it to 0.

```
void CJournalView::OnFileRecord()
{
    RecordedEvents = 0;                                             ⇐
        .
        .
        .
```

Next, we set the Windows hook, using the SetWindowsEx() function, and save the hook handle we get in a new variable named Hook.

```
// JournalView.cpp : implementation of the CJournalView class
//

#include "stdafx.h"
#include "Journal.h"

#include "JournalDoc.h"
#include "JournalView.h"

#ifdef _DEBUG
#define new DEBUG_NEW
#undef THIS_FILE
static char THIS_FILE[] = __FILE__;
#endif

HHOOK Hook;                                                         ⇐
    .
    .
    .
```

We indicate that we want a recording journal hook by passing the constant WH_JOURNALRECORD to SetWindowsEx(). We follow this by a pointer to the hook procedure—which we call RecordProcedure()—that holds the actual code used to record keystrokes, the handle of the current code module, and the thread ID of the thread we want to hook. We set that parameter to 0 to hook all existing threads.

```
void CJournalView::OnFileRecord()
{
    RecordedEvents = 0;
```

```
    Hook = SetWindowsHookEx(WH_JOURNALRECORD, RecordProcedure,
GetModuleHandle(NULL), 0);                                        ⇐
}
```

Now we've hooked all events to our RecordProcedure(), which we write in a moment. First, we need to handle the Play menu item.

Setting the Playback Hook

When the user selects the Play item in the File menu, he or she wants to play back the recorded keystrokes, and we do that with a playback journal hook. We need a program to play the keystrokes back into, so we use the Windows Notepad program. When the user selects the Play menu item, the recorded keystrokes are played back into the Notepad.

We start by giving the Notepad program the focus: When we play back the keystroke events we've read as new keystrokes, they are entered in Notepad. If the Notepad is open, we can get a pointer to it of type CWnd with the FindWindow() function, which searches for windows by the text in the title bar.

```
void CJournalView::OnFilePlay()
{
    CWnd* WordPad = FindWindow(NULL, "Untitled - NotePad");          ⇐
        .
        .
        .
```

If the Notepad function is not open, FindWindow() returns NULL, and we should open the Notepad ourselves.

> **Interacting with Other Windows**
>
> Note how useful a function FindWindow() is: It lets you get a CWnd pointer to another window, and you can execute all kinds of actions with that other window using that pointer.

Launching a Windows Program

To start up a program—also called *launching* a program—we use the CreateProcess() function. We need to set up two structures to launch Notepad: a STARTUPINFO structure and a PROCESS_INFORMATION structure.

```
void CJournalView::OnFilePlay()
{
    CWnd* WordPad = FindWindow(NULL, "Untitled - NotePad");
```

```
    if(WordPad == NULL){

        STARTUPINFO StartupInfo;                                    ⇐
        PROCESS_INFORMATION ProcessInfo;                            ⇐
            .
            .
            .
```

We also need to clear the STARTUPINFO structure. Instead of setting all its members to 0 individually, we use memset() here. Next, we place the size of the STARTUPINFO structure in its own cb member.

```
void CJournalView::OnFilePlay()
{
    CWnd* WordPad = FindWindow(NULL, "Untitled - NotePad");

    if(WordPad == NULL){

        STARTUPINFO StartupInfo;
        PROCESS_INFORMATION ProcessInfo;

        memset(&StartupInfo, 0, sizeof(StartupInfo));               ⇐
        StartupInfo.cb = sizeof(StartupInfo);                       ⇐
            .
            .
            .
```

Clearing Data Structures

Using memset() is a good way to initialize data structures. You just find the size of the data structure and set that much memory to 0. This saves you the tedious effort of setting each individual variable in a data structure to 0 by name.

Now we're ready to launch the Notepad program, which we do with CreateProcess(), and to get a pointer to it with FindWindow().

```
void CJournalView::OnFilePlay()
{
    CWnd* WordPad = FindWindow(NULL, "Untitled - NotePad");

    if(WordPad == NULL){
```

```
        STARTUPINFO StartupInfo;
        PROCESS_INFORMATION ProcessInfo;

        memset(&StartupInfo, 0, sizeof(StartupInfo));
        StartupInfo.cb = sizeof(StartupInfo);

        CreateProcess("c:\\windows\\notepad.exe", NULL, NULL, NULL, FALSE, 0,
NULL, NULL, &StartupInfo, &ProcessInfo);                                      ⇐

        WordPad = FindWindow(NULL, "Untitled - NotePad");                     ⇐
    }
```

Now that Notepad is ready, we make sure it has the input focus with the BringWindowToTop() function.

```
void CJournalView::OnFilePlay()
{
    CWnd* WordPad = FindWindow(NULL, "Untitled - NotePad");

    if(WordPad == NULL){
        .
        .
        .
    }

    WordPad->BringWindowToTop();                                              ⇐
        .
        .
        .
}
```

We're ready to play the recorded events into the Notepad program. We keep track of the number of events we've played back in a variable named PlayedEvents to make sure we play back all recorded events. We initialize that variable to 0 here:

```
void CJournalView::OnFilePlay()
{
    CWnd* WordPad = FindWindow(NULL, "Untitled - NotePad");

    if(WordPad == NULL){
        .
        .
        .
    }
```

```
    WordPad->BringWindowToTop();

    PlayedEvents = 0;                                              ⇐
        .
        .
        .
```

Now we *unhook* the record hook and place a new playback hook in place instead with SetWindowsHokEx(), connecting that new hook to a new procedure, PlayProcedure().

```
{
    CWnd* WordPad = FindWindow(NULL, "Untitled - NotePad");

    if(WordPad == NULL){
        .
        .
        .
    }

    WordPad->BringWindowToTop();

    PlayedEvents = 0;
    UnhookWindowsHookEx(Hook);                                     ⇐
    Hook = SetWindowsHookEx(WH_JOURNALPLAYBACK, PlayProcedure,
GetModuleHandle(NULL), 0);                                         ⇐
}
```

Unhooking Hooks

When you're done with a hook, unhook it. Leaving hooks in place can degrade performance, and there's no reason to do so if they serve no purpose.

At this point, we've installed the record and playback hooks as needed. The next step is to write the two hook procedures, RecordProcedure() and PlayProcedure().

Recording Events

We record keystrokes in the RecordProcedure() function. This function takes three parameters—an event code, wParam, and lParam—and returns a result of type LRESULT. This function is a Windows callback function, which means that

Windows calls it after we've registered it, so we declare it like this in the view's header (note that RecordProcedure() is not a member function of the view class):

```
// JournalView.h : interface of the CJournalView class
//
/////////////////////////////////////////////////////////////////////////////

#if !defined(AFX_JOURNALVIEW_H__6433B67B_A86C_11D1_887F_D42B07C10710__INCLUDED_)
#define AFX_JOURNALVIEW_H__6433B67B_A86C_11D1_887F_D42B07C10710__INCLUDED_

#if _MSC_VER > 1000
#pragma once
#endif // _MSC_VER > 1000
LRESULT CALLBACK RecordProcedure(int nCode, WPARAM wParam, LPARAM lParam);        ⇐
    .
    .
    .
```

Now add the function itself to the end of the view class's file, JournalView.cpp.

```
LRESULT CALLBACK RecordProcedure(int nCode, WPARAM wParam, LPARAM lParam){
    .
    .
    .
```

Because other hooks may be connected, we first call the CallNextHookEx() procedure, which calls the next hook in the chain.

```
LRESULT CALLBACK RecordProcedure(int nCode, WPARAM wParam, LPARAM lParam){

    LRESULT Result = CallNextHookEx(Hook, nCode, wParam, lParam);                ⇐
        .
        .
        .
```

The kind of events we're looking for have an event code of HC_ACTION. We don't want to handle other types of events, such as system events, so we make sure nCode is set to HC_ACTION.

```
LRESULT CALLBACK RecordProcedure(int nCode, WPARAM wParam, LPARAM lParam){

    LRESULT Result = CallNextHookEx(Hook, nCode, wParam, lParam);

    if (nCode != HC_ACTION)                                                       ⇐
        return(Result);                                                           ⇐
```

```
                .
                .
                .
```

If nCode is equal to HC_ACTION, lParam is a pointer to an EVENTMSG structure, which looks like this:

```
typedef struct tagEVENTMSG {
    UINT  message;
    UINT  paramL;
    UINT  paramH;
    DWORD time;
    HWND  hwnd;
} EVENTMSG;
```

This is how Windows handles events. For every event, a Windows event structure is created. The first member of this structure, message, holds the type of this message. Because we're looking for keystroke messages, we record both WM_KEYDOWN and WM_KEYUP messages.

Why Not WM_CHAR?

You may wonder why we don't just record WM_CHAR messages and play them back instead of WM_KEYDOWN and WM_KEYUP. The answer is that WM_CHAR is really an artificial message that doesn't come from Windows itself. It's a convenience message generated by our Windows program that usually makes key-handling much easier.

Storing KeyDown and KeyUp Messages

We handle WM_KEYDOWN messages first.

```
LRESULT CALLBACK RecordProcedure(int nCode, WPARAM wParam, LPARAM lParam){

    LRESULT Result = CallNextHookEx(Hook, nCode, wParam, lParam);

    if (nCode != HC_ACTION)
        return(Result);

    if(((PEVENTMSG) lParam)->message == WM_KEYDOWN){                    ⇐
        .
        .
        .
    }                                                                   ⇐
```

If this is indeed a WM_KEYDOWN event, we store it in an array of events named EventArray[].

```
// JournalView.cpp : implementation of the CJournalView class
//

#include "stdafx.h"
#include "Journal.h"

#include "JournalDoc.h"
#include "JournalView.h"

#ifdef _DEBUG
#define new DEBUG_NEW
#undef THIS_FILE
static char THIS_FILE[] = __FILE__;
#endif

HHOOK Hook;
EVENTMSG EventArray[2048];                                          ⇐
    .
    .
    .
```

> **Other Event Types**
>
> Although we're storing WM_KEYDOWN and WM_KEYUP events only, you can use journal hooks for just about any type of system-wide event.

We store the EVENTMSG structure pointed to by lParam in this array, increment the number of recorded events, and set the value passed back to Windows to 0, indicating that we've handled the event.

```
LRESULT CALLBACK RecordProcedure(int nCode, WPARAM wParam, LPARAM lParam){

    LRESULT Result = CallNextHookEx(Hook, nCode, wParam, lParam);

    if (nCode != HC_ACTION)
        return(Result);

    if(((PEVENTMSG) lParam)->message == WM_KEYDOWN){                ⇐
        EventArray[RecordedEvents++] = *((PEVENTMSG) lParam);       ⇐
```

```
        Result = 0;                                                     ⇐
    }                                                                   ⇐
```

We record WM_KEYUP messages in the same way.

```
LRESULT CALLBACK RecordProcedure(int nCode, WPARAM wParam, LPARAM lParam){

    LRESULT Result = CallNextHookEx(Hook, nCode, wParam, lParam);

    if (nCode != HC_ACTION)
        return(Result);

    if(((PEVENTMSG) lParam)->message == WM_KEYDOWN){
        EventArray[RecordedEvents++] = *((PEVENTMSG) lParam);
        Result = 0;
    }

    if(((PEVENTMSG) lParam)->message == WM_KEYUP){                      ⇐
        EventArray[RecordedEvents++] = *((PEVENTMSG) lParam);           ⇐
        Result = 0;                                                     ⇐
    }                                                                   ⇐
```

Finally, we check to see if we've recorded as many events as we've put aside space for in the EventArray[] array. If so, unhook the hook with UnhookWindowsHookEx() to make sure we don't go past our allocated memory. We also return the result we've set to Windows.

```
LRESULT CALLBACK RecordProcedure(int nCode, WPARAM wParam, LPARAM lParam){

    LRESULT Result = CallNextHookEx(Hook, nCode, wParam, lParam);

    if (nCode != HC_ACTION)
        return(Result);

    if(((PEVENTMSG) lParam)->message == WM_KEYDOWN){
        EventArray[RecordedEvents++] = *((PEVENTMSG) lParam);
        Result = 0;
    }

    if(((PEVENTMSG) lParam)->message == WM_KEYUP){
        EventArray[RecordedEvents++] = *((PEVENTMSG) lParam);
        Result = 0;
    }

    if (RecordedEvents >= 2048)                                         ⇐
```

```
        UnhookWindowsHookEx(Hook);                                    ⇐

    return(Result);                                                   ⇐
}
```

That completes the recording process. Next, we play the keystrokes back in PlayProcedure().

Playing Events Back

When the user plays keystrokes back, we execute the code in the PlayProcedure() function that we're about to write. Add its prototype to our project now.

```
// JournalView.h : interface of the CJournalView class
//
/////////////////////////////////////////////////////////////////////////////

#if !defined(AFX_JOURNALVIEW_H__6433B67B_A86C_11D1_887F_D42B07C10710__INCLUDED_)
#define AFX_JOURNALVIEW_H__6433B67B_A86C_11D1_887F_D42B07C10710__INCLUDED_

#if _MSC_VER > 1000
#pragma once
#endif // _MSC_VER > 1000
LRESULT CALLBACK RecordProcedure(int nCode, WPARAM wParam, LPARAM lParam);
LRESULT CALLBACK PlayProcedure(int nCode, WPARAM wParam, LPARAM lParam);      ⇐
    .
    .
    .
```

As we did in RecordProcedure(), we start PlayProcedure() by calling the next hook in the chain, if there is one, using CallNextHookEx().

```
LRESULT CALLBACK PlayProcedure(int nCode, WPARAM wParam, LPARAM lParam){

    LRESULT Result = CallNextHookEx(Hook, nCode, wParam, lParam);     ⇐
        .
        .
        .
```

We have to watch out for two event codes when playing back events: HC_GETNEXT and HC_SKIP.

When PlayProcedure() is called with HC_GETNEXT, we should pass the next event we're playing back to Windows by placing a pointer to that event's EVENTMSG structure in lParam. When we get an HC_SKIP code, Windows is notifying us to skip to the next event and to get ready to play that one back. We start by handling the HC_GETNEXT code.

Playing Back an Event

To play back an event, we first make sure the event code passed to us is HC_GETNEXT.

```
LRESULT CALLBACK PlayProcedure(int nCode, WPARAM wParam, LPARAM lParam){

    LRESULT Result = CallNextHookEx(Hook, nCode, wParam, lParam);

    switch(nCode){                                                          ⇐
        case HC_GETNEXT:                                                    ⇐
            .
            .
            .
```

If so, we should play back an event. You may recall that one of the members of the EVENTMSG structure holds the time the event occurred. The time we've recorded is the time the key was originally struck, which might have been some time ago, so we reset that time member to the current time with the GetTickCount() function (Windows event times are stored in timer ticks) in case the program we're playing keystrokes into relies on the time in some way.

```
LRESULT CALLBACK PlayProcedure(int nCode, WPARAM wParam, LPARAM lParam){

    LRESULT Result = CallNextHookEx(Hook, nCode, wParam, lParam);

    switch(nCode){
        case HC_GETNEXT:
            EventArray[PlayedEvents].time = GetTickCount();                 ⇐
                .
                .
                .
```

Next, we "play back" the event by copying it to the location the point in lParam points to, then set the result of PlayProcedure() to 0, indicating we've handled the call.

```
LRESULT CALLBACK PlayProcedure(int nCode, WPARAM wParam, LPARAM lParam){

    LRESULT Result = CallNextHookEx(Hook, nCode, wParam, lParam);

    switch(nCode){
        case HC_GETNEXT:
            EventArray[PlayedEvents].time = GetTickCount();
            *((PEVENTMSG) lParam) = EventArray[PlayedEvents];               ⇐
            Result = 0;                                                     ⇐
```

```
            break;                                                    ⇐
              .
              .
              .
```

We've played back the event. The next step is to handle the HC_SKIP event code, which means we should skip to the next event.

Skipping to the Next Event

If we get an HC_SKIP event code, we should skip on to the next event to play back. We do that simply by incrementing our PlayedEvents index.

```
LRESULT CALLBACK PlayProcedure(int nCode, WPARAM wParam, LPARAM lParam){

    LRESULT Result = CallNextHookEx(Hook, nCode, wParam, lParam);

    switch(nCode){
        case HC_GETNEXT:
            EventArray[PlayedEvents].time = GetTickCount();
            *((PEVENTMSG) lParam) = EventArray[PlayedEvents];
            Result = 0;
            break;

        case HC_SKIP:                                                 ⇐
            PlayedEvents++;                                           ⇐
            Result = 0;                                               ⇐
            break;                                                    ⇐
    }
    .
    .
    .
```

Finally, we check if we've played back all recorded events (and if so, we unhook the hook), and return the result we've set to Windows.

```
LRESULT CALLBACK PlayProcedure(int nCode, WPARAM wParam, LPARAM lParam){

    LRESULT Result = CallNextHookEx(Hook, nCode, wParam, lParam);

    switch(nCode){
        case HC_GETNEXT:
            EventArray[PlayedEvents].time = GetTickCount();
            *((PEVENTMSG) lParam) = EventArray[PlayedEvents];
            Result = 0;
```

```
            break;

        case HC_SKIP:
            PlayedEvents++;
            Result = 0;
            break;
    }

    if (PlayedEvents >= RecordedEvents){                        ⇐
        UnhookWindowsHookEx(Hook);                              ⇐
    }

    return(Result);                                             ⇐
}
```

The Journal program is complete. Run it now: Select the Record item in the File menu and type something into the Journal program, as also shown in Figure 11.1.

Next, select the Play item in the File menu. The Journal program opens the Notepad program and types the keystrokes back into it, as shown in Figure 11.2. Our Journal program is a success, and we're now using journal hooks. In this way, we can read all keystrokes typed in Windows—an extraordinarily powerful asset.

Figure 11.1 Recording keystrokes with a journal hook.

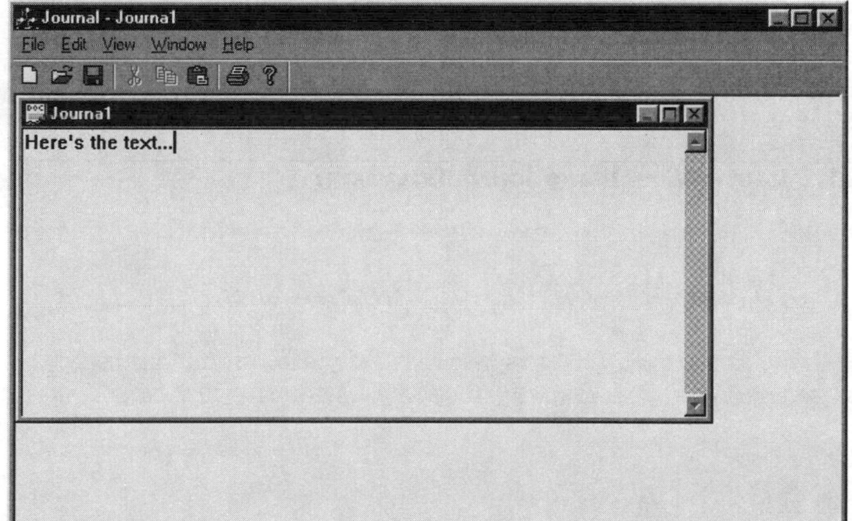

Figure 11.2 Playing back keystrokes with a journal hook.

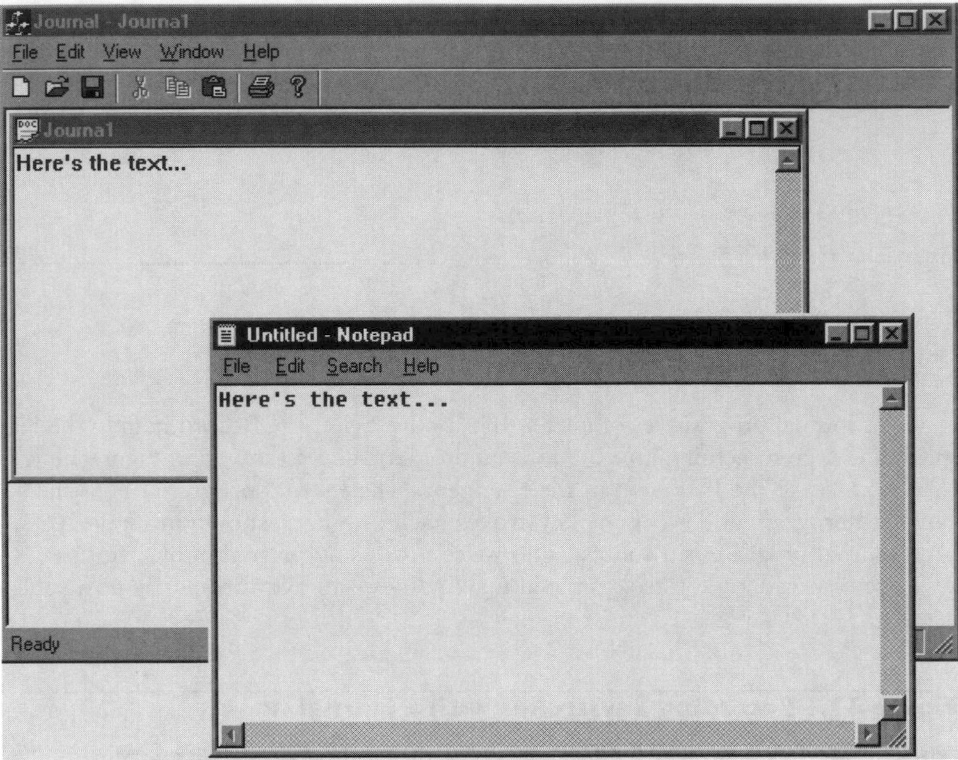

The code for this example, JournalView.h and JournalView.cpp, appears in Listing 11.1.

Listing 11.1 JournalView.h and JournalView.cpp

```
// JournalView.h : interface of the CJournalView class
//
/////////////////////////////////////////////////////////////////////////////

#if !defined(AFX_JOURNALVIEW_H__6433B67B_A86C_11D1_887F_D42B07C10710__INCLUDED_)
#define AFX_JOURNALVIEW_H__6433B67B_A86C_11D1_887F_D42B07C10710__INCLUDED_

#if _MSC_VER > 1000
#pragma once
#endif // _MSC_VER > 1000
LRESULT CALLBACK RecordProcedure(int nCode, WPARAM wParam, LPARAM lParam);
```

Listing 11.1 *Continued*

```
LRESULT CALLBACK PlayProcedure(int nCode, WPARAM wParam, LPARAM lParam);

class CJournalView : public CEditView
{
protected: // create from serialization only
    CJournalView();
    DECLARE_DYNCREATE(CJournalView)

// Attributes
public:
    CJournalDoc* GetDocument();

// Operations
public:

// Overrides
    // ClassWizard generated virtual function overrides
    //{{AFX_VIRTUAL(CJournalView)
    public:
    virtual void OnDraw(CDC* pDC);  // overridden to draw this view
    virtual BOOL PreCreateWindow(CREATESTRUCT& cs);
    protected:
    virtual BOOL OnPreparePrinting(CPrintInfo* pInfo);
    virtual void OnBeginPrinting(CDC* pDC, CPrintInfo* pInfo);
    virtual void OnEndPrinting(CDC* pDC, CPrintInfo* pInfo);
    //}}AFX_VIRTUAL

// Implementation
public:
    virtual ~CJournalView();
#ifdef _DEBUG
    virtual void AssertValid() const;
    virtual void Dump(CDumpContext& dc) const;
#endif

protected:

// Generated message map functions
protected:
    //{{AFX_MSG(CJournalView)
    afx_msg void OnFileRecord();
```

Continued

Listing 11.1 JournalView.h and JournalView.cpp *(Continued)*

```
    afx_msg void OnFilePlay();
    //}}AFX_MSG
    DECLARE_MESSAGE_MAP()
};

#ifndef _DEBUG  // debug version in JournalView.cpp
inline CJournalDoc* CJournalView::GetDocument()
   { return (CJournalDoc*)m_pDocument; }
#endif

/////////////////////////////////////////////////////////////////////////////

//{{AFX_INSERT_LOCATION}}
// Microsoft Visual C++ will insert additional declarations immediately before the
previous line.

#endif //
!defined(AFX_JOURNALVIEW_H__6433B67B_A86C_11D1_887F_D42B07C10710__INCLUDED_)


// JournalView.cpp : implementation of the CJournalView class
//

#include "stdafx.h"
#include "Journal.h"

#include "JournalDoc.h"
#include "JournalView.h"

#ifdef _DEBUG
#define new DEBUG_NEW
#undef THIS_FILE
static char THIS_FILE[] = __FILE__;
#endif

HHOOK Hook;
EVENTMSG EventArray[2048];
int RecordedEvents;
int PlayedEvents;

//int nTotalEvents;
```

Listing 11.1 *Continued*

```
/////////////////////////////////////////////////////////////////////////////
// CJournalView

IMPLEMENT_DYNCREATE(CJournalView, CEditView)

BEGIN_MESSAGE_MAP(CJournalView, CEditView)
    //{{AFX_MSG_MAP(CJournalView)
    ON_COMMAND(ID_FILE_RECORD, OnFileRecord)
    ON_COMMAND(ID_FILE_PLAY, OnFilePlay)
    //}}AFX_MSG_MAP
    // Standard printing commands
    ON_COMMAND(ID_FILE_PRINT, CEditView::OnFilePrint)
    ON_COMMAND(ID_FILE_PRINT_DIRECT, CEditView::OnFilePrint)
    ON_COMMAND(ID_FILE_PRINT_PREVIEW, CEditView::OnFilePrintPreview)
END_MESSAGE_MAP()

/////////////////////////////////////////////////////////////////////////////
// CJournalView construction/destruction

CJournalView::CJournalView()
{
    // TODO: add construction code here

}

CJournalView::~CJournalView()
{
}

BOOL CJournalView::PreCreateWindow(CREATESTRUCT& cs)
{
    // TODO: Modify the Window class or styles here by modifying
    //  the CREATESTRUCT cs

    BOOL bPreCreated = CEditView::PreCreateWindow(cs);
    cs.style &= ~(ES_AUTOHSCROLL|WS_HSCROLL);    // Enable word-wrapping

    return bPreCreated;
}
```

Continued

Listing 11.1 JournalView.h and JournalView.cpp *(Continued)*

```
/////////////////////////////////////////////////////////////////////////////
// CJournalView drawing

void CJournalView::OnDraw(CDC* pDC)
{
    CJournalDoc* pDoc = GetDocument();
    ASSERT_VALID(pDoc);

    // TODO: add draw code for native data here
}

/////////////////////////////////////////////////////////////////////////////
// CJournalView printing

BOOL CJournalView::OnPreparePrinting(CPrintInfo* pInfo)
{
    // default CEditView preparation
    return CEditView::OnPreparePrinting(pInfo);
}

void CJournalView::OnBeginPrinting(CDC* pDC, CPrintInfo* pInfo)
{
    // Default CEditView begin printing.
    CEditView::OnBeginPrinting(pDC, pInfo);
}

void CJournalView::OnEndPrinting(CDC* pDC, CPrintInfo* pInfo)
{
    // Default CEditView end printing
    CEditView::OnEndPrinting(pDC, pInfo);
}

/////////////////////////////////////////////////////////////////////////////
// CJournalView diagnostics

#ifdef _DEBUG
void CJournalView::AssertValid() const
{
    CEditView::AssertValid();
}
```

Listing 11.1 *Continued*

```
void CJournalView::Dump(CDumpContext& dc) const
{
    CEditView::Dump(dc);
}

CJournalDoc* CJournalView::GetDocument() // non-debug version is inline
{
    ASSERT(m_pDocument->IsKindOf(RUNTIME_CLASS(CJournalDoc)));
    return (CJournalDoc*)m_pDocument;
}
#endif //_DEBUG

/////////////////////////////////////////////////////////////////////////////
// CJournalView message handlers

void CJournalView::OnFileRecord()
{
    RecordedEvents = 0;
    Hook = SetWindowsHookEx(WH_JOURNALRECORD, RecordProcedure,
GetModuleHandle(NULL), 0);
}

void CJournalView::OnFilePlay()
{
    CWnd* WordPad = FindWindow(NULL, "Untitled - NotePad");

    if(WordPad == NULL){

        STARTUPINFO StartupInfo;
        PROCESS_INFORMATION ProcessInfo;

        memset(&StartupInfo, 0, sizeof(StartupInfo));
        StartupInfo.cb = sizeof(StartupInfo);

        CreateProcess("c:\\windows\\notepad.exe", NULL, NULL, NULL, FALSE, 0,
NULL, NULL, &StartupInfo, &ProcessInfo);

        WordPad = FindWindow(NULL, "Untitled - NotePad");
    }
```

Continued

Listing 11.1 JournalView.h and JournalView.cpp *(Continued)*

```
    WordPad->BringWindowToTop();

    PlayedEvents = 0;
    UnhookWindowsHookEx(Hook);
    Hook = SetWindowsHookEx(WH_JOURNALPLAYBACK, PlayProcedure,
GetModuleHandle(NULL), 0);
}

LRESULT CALLBACK RecordProcedure(int nCode, WPARAM wParam, LPARAM lParam){

    LRESULT Result = CallNextHookEx(Hook, nCode, wParam, lParam);

    if (nCode != HC_ACTION)
        return(Result);

    if(((PEVENTMSG) lParam)->message == WM_KEYDOWN){
        EventArray[RecordedEvents++] = *((PEVENTMSG) lParam);
        Result = 0;
    }

    if(((PEVENTMSG) lParam)->message == WM_KEYUP){
        EventArray[RecordedEvents++] = *((PEVENTMSG) lParam);
        Result = 0;
    }

    if (RecordedEvents >= 2048)
        UnhookWindowsHookEx(Hook);

    return(Result);
}

LRESULT CALLBACK PlayProcedure(int nCode, WPARAM wParam, LPARAM lParam){

    LRESULT Result = CallNextHookEx(Hook, nCode, wParam, lParam);

    switch(nCode){
        case HC_GETNEXT:
            EventArray[PlayedEvents].time = GetTickCount();
            *((PEVENTMSG) lParam) = EventArray[PlayedEvents];
            Result = 0;
            break;
```

Listing 11.1 *Continued*

```
        case HC_SKIP:
            PlayedEvents++;
            Result = 0;
            break;
    }

    if (PlayedEvents >= RecordedEvents){
        UnhookWindowsHookEx(Hook);
    }

    return(Result);
}
```

That completes our work with journal hooks. Next, we turn to hooks specifically made to handle keyboard events: keyboard hooks.

Keyboard Hooks

In our next hook example, we support a keyboard hook, which is specifically designed to work with the keyboard. In this case, we let the user press a key combination—^C—to open the Windows calculator. The keyboard hook code has to be in a DLL, and we call our DLL LaunchDLL.dll. When we link that DLL into a program, Launch, we call a function in that DLL, InstallLauncher(), to install our hook. Until you end the Launch program, every time the user presses ^C in any program, the Windows calculator appears.

Hotkey Collisions

If you're going to install a system-wide hotkey, as we do in this example, be careful of hotkey collisions. In this case, the hotkey we use, ^C, collides with the standard Windows shortcut for copying selected text and other objects, but because this is only an example program and not a for-release application, that's not a big concern.

We start by creating a new MFC DLL as we did in the last chapter.

Creating LaunchDLL.dll

Use AppWizard(dll) to create a new, standard DLL project named LaunchDLL. We need two functions in this DLL: a function to install the keyboard hook,

InstallLauncher(), and a hook procedure, LauncherHook(). The following example shows how we declare those in LauncherDLL.h:

```
// LaunchDLL.h : main header file for the LAUNCHDLL DLL
//

#if !defined(AFX_LAUNCHDLL_H__6433B666_A86C_11D1_887F_D42B07C10710__INCLUDED_)
#define AFX_LAUNCHDLL_H__6433B666_A86C_11D1_887F_D42B07C10710__INCLUDED_

#if _MSC_VER > 1000
#pragma once
#endif // _MSC_VER > 1000

#ifndef __AFXWIN_H__
    #error include 'stdafx.h' before including this file for PCH
#endif

#include "resource.h"        // main symbols

#define DllExport    __declspec( dllexport )                          ⇐
DllExport void WINAPI InstallLauncher();                              ⇐
LRESULT CALLBACK LauncherHook (int nCode, WORD wParam, DWORD lParam );  ⇐
    .
    .
    .
```

The code in InstallLauncher() installs our hook, and writing that code will be our first task.

Installing the Hook

Add the InstallLauncher() function to the end of the LaunchDLL.cpp file, after the declaration of the actual MFC DLL object itself, theApp.

```
CLaunchDLLApp theApp;

DllExport void WINAPI InstallLauncher()                               ⇐
{                                                                     ⇐

}                                                                     ⇐
```

To install a keyboard hook, we pass SetWindowsHookEx() the constant WH_KEYBOARD, a pointer to a hook procedure (which will be our LauncherHook() function), the instance handle of the DLL, and the thread ID of the process to hook. Making that ID 0 means we hook all running threads.

One problem here is how to get the instance handle of the DLL, especially because the InstallLauncher() procedure is not part of the CLaunchDLL class. The solution is simple. As we just saw, the actual DLL object in MFC DLLs is named theApp, and that object has a special member named m_hInstance, which is just what we want. We set the hook this way:

```
CLaunchDLLApp theApp;

DllExport void WINAPI InstallLauncher()
{
    Hook = (HHOOK)SetWindowsHookEx(WH_KEYBOARD,(HOOKPROC)LauncherHook,
theApp.m_hInstance, 0);                                              ⇐
}
```

That installs the hook. All we need to do now is write the hook procedure, LauncherHook().

The Hook Procedure

We start the LauncherHook() procedure much as we started the hook procedures in the last example: by calling the next hook in the chain, if there is one.

```
LRESULT CALLBACK LauncherHook (int nCode, WORD wParam, DWORD lParam )
{
    LRESULT Result = CallNextHookEx(Hook, nCode, wParam, lParam);    ⇐
        .
        .
        .
```

We're looking for events with the code HC_ACTION, so we check for that first.

```
LRESULT CALLBACK LauncherHook (int nCode, WORD wParam, DWORD lParam )
{
    LRESULT Result = CallNextHookEx(Hook, nCode, wParam, lParam);

    if(nCode == HC_ACTION){                                          ⇐
        .
        .
        .
```

We also must check to see whether the user has pressed ^C. The wParam parameter holds the key that the user pressed, but it doesn't include any modifying keys, such as Shift, Ctrl, or Alt (which is one reason why it's usually easier to use WM_CHAR when possible). Instead, we get the key state for the current message with GetKeyState(), so we check if the Ctrl key is down.

```
LRESULT CALLBACK LauncherHook (int nCode, WORD wParam, DWORD lParam )
{
    LRESULT Result = CallNextHookEx(Hook, nCode, wParam, lParam);

    if(nCode == HC_ACTION){
        if ((GetKeyState(VK_CONTROL) < 0) && (wParam == 'C')){          ⇐
                .
                .
                .
```

Getting the Key State

Note that GetKeyState() returns the state of the Shift, Ctrl, and Alt keys for the current message, not the current state of those keys on the keyboard.

We know that the user has pressed the ^C key, but we don't know whether this is a KeyUp or KeyDown message. We don't want to launch the Windows calculator for both messages, so we check for the WM_KEYUP message.

If the user has released the key, the top bit of the lParam parameter will be set. We check that this way:

```
LRESULT CALLBACK LauncherHook (int nCode, WORD wParam, DWORD lParam )
{
    LRESULT Result = CallNextHookEx(Hook, nCode, wParam, lParam);

    if(nCode == HC_ACTION){
        if ((GetKeyState(VK_CONTROL) < 0) && (wParam == 'C')){
            if(lParam & 0x80000000){                                    ⇐
                    .
                    .
                    .
```

At this point, we're ready to launch the Windows calculator program c:\windows\calc.exe. We begin that process by setting up the STARTUPINFO and PROCESS_INFORMATION structures we need.

```
LRESULT CALLBACK LauncherHook (int nCode, WORD wParam, DWORD lParam )
{
    LRESULT Result = CallNextHookEx(Hook, nCode, wParam, lParam);

    if(nCode == HC_ACTION){
```

```
        if ((GetKeyState(VK_CONTROL) < 0) && (wParam == 'C')){
            if(lParam & 0x80000000){
                STARTUPINFO StartupInfo;                                   ⇐
                PROCESS_INFORMATION ProcessInfo;                           ⇐

                memset(&StartupInfo, 0, sizeof(StartupInfo));              ⇐
                StartupInfo.cb = sizeof(StartupInfo);                      ⇐
                            .
                            .
                            .
```

Then we launch the calculator itself.

```
LRESULT CALLBACK LauncherHook (int nCode, WORD wParam, DWORD lParam )
{
    LRESULT Result = CallNextHookEx(Hook, nCode, wParam, lParam);

    if(nCode == HC_ACTION){
        if ((GetKeyState(VK_CONTROL) < 0) && (wParam == 'C')){
            if(lParam & 0x80000000){
                STARTUPINFO StartupInfo;
                PROCESS_INFORMATION ProcessInfo;

                memset(&StartupInfo, 0, sizeof(StartupInfo));
                StartupInfo.cb = sizeof(StartupInfo);

                CreateProcess("c:\\windows\\calc.exe", NULL, NULL, NULL, FALSE, 0,
NULL, NULL, &StartupInfo, &ProcessInfo);                                   ⇐
                Result = 0;                                                ⇐
            }
        }
    }
    return Result;                                                         ⇐
}
```

That finishes the DLL. Create LauncherDLL.dll and LauncherDLL.lib now.

We need some way to call the InstallLauncher() function in order to install our new hook, so we put together a new program called Launch to do that.

Creating the Launch Program

Using AppWizard, create an MDI project named Launch and add a new item to the File menu: Install launcher. The user selects this item to install our new hook. As we learned in Chapter 10, "The Power of Dynamic Link Libraries," link

LaunchDLL.lib into the Launch project now and place LaunchDLL.dll in the c:\windows\system directory. Finally, attach a handling function to the Install Launcher menu item.

```
void CLaunchView::OnFileInstalllauncher()
{
    // TODO: Add your command handler code here
}
```

All we have to do here is call InstallLauncher in LaunchDLL.dll.

```
void CLaunchView::OnFileInstalllauncher()
{
    InstallLauncher();                                    ⇐
}
```

Run the Launch program as shown in Figure 11.3 and select the Install Launcher item in the File menu to install the launcher. Then, press ^C while running any program in Windows. The Windows calculator appears on the screen until you end the Launch program. Now we're using keyboard hooks in our Visual C++ programs.

The code for this example, LaunchDLL.h and LaunchDLL.cpp, appears in Listing 11.2. LaunchView.h and LaunchView.cpp appears in Listing 11.3.

Figure 11.3 Using a keyboard hook to launch the Windows calculator.

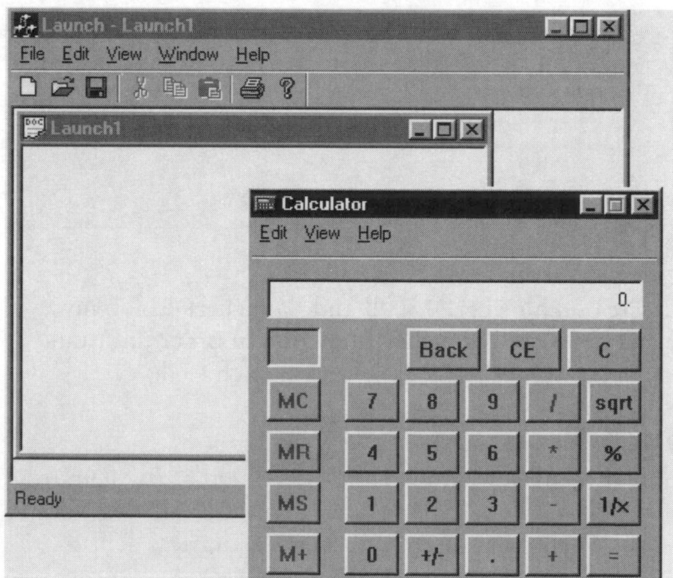

Listing 11.2 LaunchDLL.h and LaunchDLL.cpp

```
// LaunchDLL.h : main header file for the LAUNCHDLL DLL
//

#if !defined(AFX_LAUNCHDLL_H__6433B666_A86C_11D1_887F_D42B07C10710__INCLUDED_)
#define AFX_LAUNCHDLL_H__6433B666_A86C_11D1_887F_D42B07C10710__INCLUDED_

#if _MSC_VER > 1000
#pragma once
#endif // _MSC_VER > 1000

#ifndef __AFXWIN_H__
    #error include 'stdafx.h' before including this file for PCH
#endif

#include "resource.h"        // main symbols

#define DllExport    __declspec( dllexport )
DllExport void WINAPI InstallLauncher();
LRESULT CALLBACK LauncherHook (int nCode, WORD wParam, DWORD lParam );

/////////////////////////////////////////////////////////////////////////////
// CLaunchDLLApp
// See LaunchDLL.cpp for the implementation of this class
//


class CLaunchDLLApp : public CWinApp
{
public:
    CLaunchDLLApp();


// Overrides
    // ClassWizard generated virtual function overrides
    //{{AFX_VIRTUAL(CLaunchDLLApp)
    //}}AFX_VIRTUAL

    //{{AFX_MSG(CLaunchDLLApp)
        // NOTE - the ClassWizard will add and remove member functions here.
        //    DO NOT EDIT what you see in these blocks of generated code !
```

Continued

Listing 11.2 LaunchDLL.h and LaunchDLL.cpp *(Continued)*

```
    //}}AFX_MSG
    DECLARE_MESSAGE_MAP()
};


/////////////////////////////////////////////////////////////////////////////

//{{AFX_INSERT_LOCATION}}
// Microsoft Visual C++ will insert additional declarations immediately before the
previous line.

#endif // !defined(AFX_LAUNCHDLL_H__6433B666_A86C_11D1_887F_D42B07C10710__INCLUDED_)



// LaunchDLL.cpp : Defines the initialization routines for the DLL.
//

#include "stdafx.h"
#include "LaunchDLL.h"

#ifdef _DEBUG
#define new DEBUG_NEW
#undef THIS_FILE
static char THIS_FILE[] = __FILE__;
#endif

//#pragma data_seg( "CommMem" )
    HHOOK Hook = NULL;
//#pragma data_seg()

HANDLE hDLLInst = 0;

//
//    Note!
//
//        If this DLL is dynamically linked against the MFC
//        DLLs, any functions exported from this DLL which
//        call into MFC must have the AFX_MANAGE_STATE macro
//        added at the very beginning of the function.
```

Listing 11.2 *Continued*

```
//
//        For example:
//
//        extern "C" BOOL PASCAL EXPORT ExportedFunction()
//        {
//            AFX_MANAGE_STATE(AfxGetStaticModuleState());
//            // normal function body here
//        }
//
//        It is very important that this macro appear in each
//        function, prior to any calls into MFC.  This means that
//        it must appear as the first statement within the
//        function, even before any object variable declarations
//        as their constructors may generate calls into the MFC
//        DLL.
//
//        Please see MFC Technical Notes 33 and 58 for additional
//        details.
//

/////////////////////////////////////////////////////////////////////////////
// CLaunchDLLApp

BEGIN_MESSAGE_MAP(CLaunchDLLApp, CWinApp)
    //{{AFX_MSG_MAP(CLaunchDLLApp)
        // NOTE - the ClassWizard will add and remove mapping macros here.
        //    DO NOT EDIT what you see in these blocks of generated code!
    //}}AFX_MSG_MAP
END_MESSAGE_MAP()

/////////////////////////////////////////////////////////////////////////////
// CLaunchDLLApp construction

CLaunchDLLApp::CLaunchDLLApp()
{

    // TODO: add construction code here,
    // Place all significant initialization in InitInstance
    //m_hInstance;
}
```

Continued

Listing 11.2 LaunchDLL.h and LaunchDLL.cpp *(Continued)*

```
/////////////////////////////////////////////////////////////////////////////
// The one and only CLaunchDLLApp object

CLaunchDLLApp theApp;

DllExport void WINAPI InstallLauncher()
{
    Hook = (HHOOK)SetWindowsHookEx(WH_KEYBOARD,(HOOKPROC)LauncherHook,
theApp.m_hInstance, 0);
}


LRESULT CALLBACK LauncherHook (int nCode, WORD wParam, DWORD lParam )
{
    LRESULT Result = CallNextHookEx(Hook, nCode, wParam, lParam);

    if(nCode == HC_ACTION){
        if ((GetKeyState(VK_CONTROL) < 0) && (wParam == 'C')){
            if(lParam & 0x80000000){
                STARTUPINFO StartupInfo;
                PROCESS_INFORMATION ProcessInfo;

                memset(&StartupInfo, 0, sizeof(StartupInfo));
                StartupInfo.cb = sizeof(StartupInfo);

                CreateProcess("c:\\windows\\calc.exe", NULL, NULL, NULL, FALSE, 0,
NULL, NULL, &StartupInfo, &ProcessInfo);
                Result = 0;
            }
        }
    }

    return Result;
}
```

Listing 11.3 LaunchView.h and LaunchView.cpp

```
// LaunchView.h : interface of the CLaunchView class
//
/////////////////////////////////////////////////////////////////////////////
```

Listing 11.3 *Continued*

```
#if !defined(AFX_LAUNCHVIEW_H__A45E4A3F_A79A_11D1_887F_D42B07C10710__INCLUDED_)
#define AFX_LAUNCHVIEW_H__A45E4A3F_A79A_11D1_887F_D42B07C10710__INCLUDED_

#if _MSC_VER > 1000
#pragma once
#endif // _MSC_VER > 1000

class CLaunchView : public CView
{
protected: // create from serialization only
    CLaunchView();
    DECLARE_DYNCREATE(CLaunchView)

// Attributes
public:
    CLaunchDoc* GetDocument();

// Operations
public:

// Overrides
    // ClassWizard generated virtual function overrides
    //{{AFX_VIRTUAL(CLaunchView)
    public:
    virtual void OnDraw(CDC* pDC);  // overridden to draw this view
    virtual BOOL PreCreateWindow(CREATESTRUCT& cs);
    protected:
    virtual BOOL OnPreparePrinting(CPrintInfo* pInfo);
    virtual void OnBeginPrinting(CDC* pDC, CPrintInfo* pInfo);
    virtual void OnEndPrinting(CDC* pDC, CPrintInfo* pInfo);
    //}}AFX_VIRTUAL

// Implementation
public:
    virtual ~CLaunchView();
#ifdef _DEBUG
    virtual void AssertValid() const;
    virtual void Dump(CDumpContext& dc) const;
#endif
```

Continued

Listing 11.3 LaunchView.h and LaunchView.cpp *(Continued)*

```
protected:

// Generated message map functions
protected:
    //{{AFX_MSG(CLaunchView)
    afx_msg void OnFileInstalllauncher();
    //}}AFX_MSG
    DECLARE_MESSAGE_MAP()
};

#ifndef _DEBUG  // debug version in LaunchView.cpp
inline CLaunchDoc* CLaunchView::GetDocument()
   { return (CLaunchDoc*)m_pDocument; }
#endif

/////////////////////////////////////////////////////////////////////////////

//{{AFX_INSERT_LOCATION}}
// Microsoft Visual C++ will insert additional declarations immediately before the
previous line.

#endif //
!defined(AFX_LAUNCHVIEW_H__A45E4A3F_A79A_11D1_887F_D42B07C10710__INCLUDED_)



// LaunchView.cpp : implementation of the CLaunchView class
//

#include "stdafx.h"
#include "Launch.h"
#include "LaunchDLL.h"

#include "LaunchDoc.h"
#include "LaunchView.h"

#ifdef _DEBUG
#define new DEBUG_NEW
#undef THIS_FILE
static char THIS_FILE[] = __FILE__;
```

Listing 11.3 *Continued*

```
#endif


/////////////////////////////////////////////////////////////////////////////
// CLaunchView

IMPLEMENT_DYNCREATE(CLaunchView, CView)

BEGIN_MESSAGE_MAP(CLaunchView, CView)
    //{{AFX_MSG_MAP(CLaunchView)
    ON_COMMAND(ID_FILE_INSTALLLAUNCHER, OnFileInstalllauncher)
    //}}AFX_MSG_MAP
    // Standard printing commands
    ON_COMMAND(ID_FILE_PRINT, CView::OnFilePrint)
    ON_COMMAND(ID_FILE_PRINT_DIRECT, CView::OnFilePrint)
    ON_COMMAND(ID_FILE_PRINT_PREVIEW, CView::OnFilePrintPreview)
END_MESSAGE_MAP()

/////////////////////////////////////////////////////////////////////////////
// CLaunchView construction/destruction

CLaunchView::CLaunchView()
{
    // TODO: add construction code here

}

CLaunchView::~CLaunchView()
{
}

BOOL CLaunchView::PreCreateWindow(CREATESTRUCT& cs)
{
    // TODO: Modify the Window class or styles here by modifying
    //  the CREATESTRUCT cs

    return CView::PreCreateWindow(cs);
}

/////////////////////////////////////////////////////////////////////////////
```

Continued

Listing 11.3 LaunchView.h and LaunchView.cpp *(Continued)*

```
// CLaunchView drawing

void CLaunchView::OnDraw(CDC* pDC)
{
    CLaunchDoc* pDoc = GetDocument();
    ASSERT_VALID(pDoc);

    // TODO: add draw code for native data here
}

/////////////////////////////////////////////////////////////////////////////
// CLaunchView printing

BOOL CLaunchView::OnPreparePrinting(CPrintInfo* pInfo)
{
    // default preparation
    return DoPreparePrinting(pInfo);
}

void CLaunchView::OnBeginPrinting(CDC* /*pDC*/, CPrintInfo* /*pInfo*/)
{
    // TODO: add extra initialization before printing
}

void CLaunchView::OnEndPrinting(CDC* /*pDC*/, CPrintInfo* /*pInfo*/)
{
    // TODO: add cleanup after printing
}

/////////////////////////////////////////////////////////////////////////////
// CLaunchView diagnostics

#ifdef _DEBUG
void CLaunchView::AssertValid() const
{
    CView::AssertValid();
}

void CLaunchView::Dump(CDumpContext& dc) const
{
```

Listing 11.3 *Continued*

```
    CView::Dump(dc);
}

CLaunchDoc* CLaunchView::GetDocument() // non-debug version is inline
{
    ASSERT(m_pDocument->IsKindOf(RUNTIME_CLASS(CLaunchDoc)));
    return (CLaunchDoc*)m_pDocument;
}
#endif //_DEBUG

/////////////////////////////////////////////////////////////////////////////
// CLaunchView message handlers

void CLaunchView::OnFileInstalllauncher()
{
    // TODO: Add your command handler code here

    InstallLauncher();
}
```

What's Ahead

In the next chapter, we turn to another powerful aspect of Windows programming: using COM and OLE. These subjects are very popular with programmers, and we're going to put them to work for us next.

COM AND OLE

12

The Component Object Model (COM) is the "object" model on which OLE (Object Linking and Embedding) and ActiveX are based, and we investigate these topics in both Chapter 12 and Chapter 13. COM lets you *expose* functions and data of objects for other programs to make use of. In this chapter, we look at what support Visual C++ offers us in one major section of COM programming: OLE.

The MFC library includes a good encapsulation of the COM packages for OLE handling, including built-in support for all aspects of COM: interfaces, reference counting, and marshalling. In this chapter, we create both an OLE container program and an OLE server.

Our OLE container program can accept OLE items from OLE servers. For example, we are able to place Microsoft Excel, Microsoft Word, or other OLE items into our container. Our OLE server program acts as a server, creating OLE items that we can insert into containers. We start with our Container program, making use of the MFC library.

Creating a Container

Using AppWizard, create a new SDI program named Container. We include the support AppWizard offers for OLE containers, which it calls "compound document applications," in Step 3 of AppWizard, in answer to the question "What compound document support would you like to include?" We then select the option button marked Container, as shown in Figure 12.1, and finish creating the application.

There's already a lot of support for OLE items in the new Container program. The user can select the Insert New Object item in the program's Edit menu, and the Insert Object box appears, as shown in Figure 12.2. When the user selects an object to insert, such as a Microsoft Excel Worksheet, and clicks OK, that item appears in the container's view.

Figure 12.1 Creating a Container program with AppWizard.

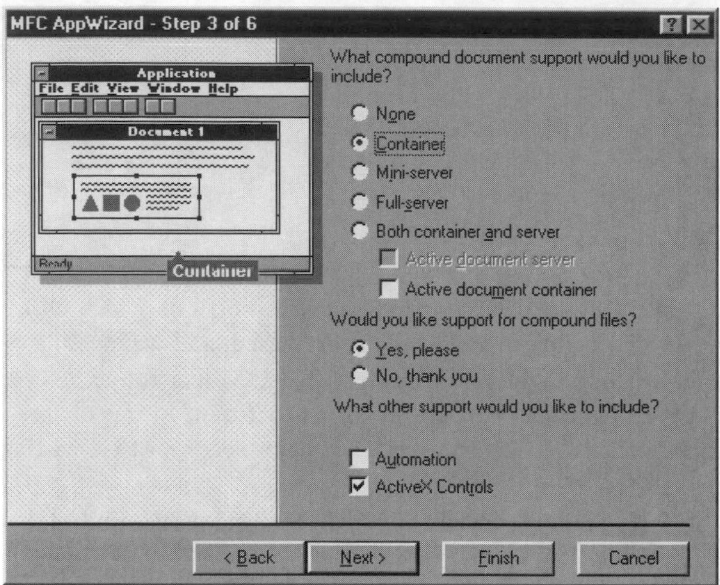

However, there are a few shortcomings that we have to fix. First, the OLE item appears with a default size, which doesn't match the actual size set by the OLE server, usually causing the OLE item to be truncated in one or the other dimension. In addition, the OLE item originally appears open for editing, but there is way to close it. We allow the user to click in the view outside the OLE

Figure 12.2 Inserting a new OLE item.

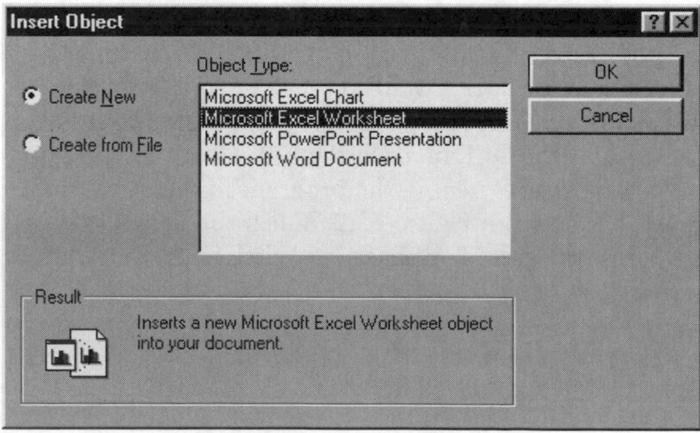

item to close it. When closed, however, there's no way to open it, so we enable the user to double-click the item to open it.

First, we need to set the OLE item's size. The OLE item is supported in our Container project with a new MFC class, CContainerCntrItem. When OLE items are embedded in our program's document, they are objects of this class, and we work with that class first to set the item's size correctly.

The Container Item

To store a size rectangle for the OLE item, we add a CRect object named rect to the CntrItem class's header.

```
// CntrItem.h : interface of the CContainerCntrItem class
//
    .
    .
    .
// Attributes
public:
    CContainerDoc* GetDocument()
        { return (CContainerDoc*)COleClientItem::GetDocument(); }
    CContainerView* GetActiveView()
        { return (CContainerView*)COleClientItem::GetActiveView(); }

    CRect rect;                                                          ⇐
        .
        .
        .
```

We store the dimensions of the OLE item in this rectangle and give it a default size in the CContainerCntrItem class's constructor in CntrItem.cpp.

```
CContainerCntrItem::CContainerCntrItem(CContainerDoc* pContainer)
    : COleClientItem(pContainer)
{
    rect.SetRect(10, 10, 100, 100);                                      ⇐
}
```

There are two places we have to update the item's size in CntrItem.cpp. The first is in OnChangeItemPosition(), which is called if the user changes the size of the item when editing it. The second is in OnGetItemPosition(), which returns the item's bounding rectangle.

The OnChangeItemPosition() function is called when the item's position or dimensions have changed, and that function is passed a new bounding rectangle, so we simply store that new rectangle as rect.

```
BOOL CContainerCntrItem::OnChangeItemPosition(const CRect& rectPos)
{
    ASSERT_VALID(this);

    // During in-place activation CContainerCntrItem::OnChangeItemPosition
    //  is called by the server to change the position of the in-place
    //  window.  Usually, this is a result of the data in the server
    //  document changing such that the extent has changed or as a result
    //  of in-place resizing.
    //
    // The default here is to call the base class, which will call
    //  COleClientItem::SetItemRects to move the item
    //  to the new position.

    if (!COleClientItem::OnChangeItemPosition(rectPos))
        return FALSE;

    // TODO: update any cache you may have of the item's rectangle/extent

    rect = rectPos;                                                      ⇐

    return TRUE;
}
```

In addition, the OnGetItemPosition() function must return the OLE item's location and size. Currently, that function returns a default size.

```
void CContainerCntrItem::OnGetItemPosition(CRect& rPosition)
{
    ASSERT_VALID(this);

    // During in-place activation, CContainerCntrItem::OnGetItemPosition
    //  will be called to determine the location of this item.  The default
    //  implementation created from AppWizard simply returns a hard-coded
    //  rectangle.  Usually, this rectangle would reflect the current
    //  position of the item relative to the view used for activation.
    //  You can obtain the view by calling CContainerCntrItem::GetActiveView.

    // TODO: return correct rectangle (in pixels) in rPosition

    rPosition.SetRect(10, 10, 210, 210);                                 ⇐
}
```

We return the rect rectangle instead.

```
void CContainerCntrItem::OnGetItemPosition(CRect& rPosition)
{
    ASSERT_VALID(this);

    // During in-place activation, CContainerCntrItem::OnGetItemPosition
    //  will be called to determine the location of this item.  The default
    //  implementation created from AppWizard simply returns a hard-coded
    //  rectangle.  Usually, this rectangle would reflect the current
    //  position of the item relative to the view used for activation.
    //  You can obtain the view by calling CContainerCntrItem::GetActiveView.

    // TODO: return correct rectangle (in pixels) in rPosition

    //rPosition.SetRect(10, 10, 210, 210);
    rPosition = rect;                                                    ⇐
}
```

When the user changes the OLE item's size or location when editing it, the OLE item appears changed in the Container program. However, when the OLE item is first inserted, we have yet to get its size directly from the OLE server, and we do that in the OnInsertObject() function, which is part of our container program's View class.

The Container Program's View

When the user inserts a new OLE item into the container's view, we get the item's true size and set the rect member correctly. When the new item is inserted, it's made the currently selected OLE item, and a pointer to that item is stored in the m_pSelection member of the view. We add a new function to the OLE item's class, SetSize(), to get the item's true size and update the rect member correctly. We call SetSize() in OnInsertObject() right after the new OLE item has been inserted in the code in ContainerView.cpp.

```
void CContainerView::OnInsertObject()
{
    // Invoke the standard Insert Object dialog box to obtain information
    //  for new CContainerCntrItem object.
    COleInsertDialog dlg;
    if (dlg.DoModal(COleInsertDialog::DocObjectsOnly) != IDOK)
        return;

    BeginWaitCursor();

    CContainerCntrItem* pItem = NULL;
```

```
    TRY
    {
        // Create new item connected to this document.
        CContainerDoc* pDoc = GetDocument();
        ASSERT_VALID(pDoc);
        pItem = new CContainerCntrItem(pDoc);
        ASSERT_VALID(pItem);

        // Initialize the item from the dialog data.
        if (!dlg.CreateItem(pItem))
            AfxThrowMemoryException();  // any exception will do
        ASSERT_VALID(pItem);

        // If item created from class list (not from file) then launch
        //  the server to edit the item.
        if (dlg.GetSelectionType() == COleInsertDialog::createNewItem)
            pItem->DoVerb(OLEIVERB_SHOW, this);

        ASSERT_VALID(pItem);

        // As an arbitrary user interface design, this sets the selection
        //  to the last item inserted.

        // TODO: reimplement selection as appropriate for your application

        m_pSelection = pItem;   // set selection to last inserted item

        m_pSelection->SetSize();                                    ⇐
                .
                .
                .
}
```

Now we create the SetSize() OLE item function in the OLE item's class, CContainerCntrItem.

```
// CntrItem.h : interface of the CContainerCntrItem class
//
    .
    .
    .
// Attributes
public:
    CContainerDoc* GetDocument()
```

```
        { return (CContainerDoc*)COleClientItem::GetDocument(); }
    CContainerView* GetActiveView()
        { return (CContainerView*)COleClientItem::GetActiveView(); }

    CRect rect;
    void SetSize();                                                    ⇐
        .
        .
        .
```

We add the SetSize() function to the end of CContainerCntrItem().

```
void CContainerCntrItem::SetSize()
{

}
```

To get the OLE item's new size, we can use its GetExtent() function, which fills a CSize object:

```
void CContainerCntrItem::SetSize()
{
    CSize size;                                                        ⇐
    GetExtent(&size);                                                  ⇐
        .
        .
        .
}
```

Unfortunately, this item's size is returned in the usual units OLE items are measured in—HIMETRIC units (HIMETRIC units are 0.01 millimeter), not in pixels. Because of this, we create a NULL device context and convert to pixels using the CDC HIMETRICtoDP() function.

```
void CContainerCntrItem::SetSize()
{
    CSize size;
    GetExtent(&size);

    CClientDC nullDC(NULL);                                            ⇐
    nullDC.HIMETRICtoDP(&size);                                        ⇐
        .
        .
        .
```

Finally, we update the rect member with the new size.

```
void CContainerCntrItem::SetSize()
{
```

```
    CSize size;
    GetExtent(&size);

    CClientDC nullDC(NULL);
    nullDC.HIMETRICtoDP(&size);

    rect.right = rect.left + size.cx;                              ⇐
    rect.bottom = rect.top + size.cy;                              ⇐
}
```

When the user inserts a new OLE item, that item appears with the size the OLE server has given it.

The last step in handling the OLE item's true size is to modify OnDraw(), which currently draws the OLE item using a default size; we update that code to make use of the item's true size this way, commenting out the original line of code:

```
void CContainerView::OnDraw(CDC* pDC)
{
    CContainerDoc* pDoc = GetDocument();
    ASSERT_VALID(pDoc);

    // TODO: add draw code for native data here
    // TODO: also draw all OLE items in the document

    // Draw the selection at an arbitrary position.  This code should be
    //  removed once your real drawing code is implemented.  This position
    //  corresponds exactly to the rectangle returned by CContainerCntrItem,
    //  to give the effect of in-place editing.

    // TODO: remove this code when final draw code is complete.

    if (m_pSelection == NULL)
    {
        POSITION pos = pDoc->GetStartPosition();
        m_pSelection = (CContainerCntrItem*)pDoc->GetNextClientItem(pos);
    }
    if (m_pSelection != NULL)
        //m_pSelection->Draw(pDC, CRect(10, 10, 210, 210));
        m_pSelection->Draw(pDC, m_pSelection->rect);               ⇐
}
```

Now we've handled the OLE item's actual size and kept up with it as it changes sizes. There are two more operations to enable here: clicking outside the

OLE item to deactivate it and double-clicking it to open it for editing. Let's add those now.

Handling the Mouse

Our Container program can open OLE items in place for editing, just as any OLE container can. When the user clicks outside the OLE item, we want to deactivate that item if it's open for editing, and we do that by adding OnLButtonDown() to our view.

```
void CContainerView::OnLButtonDown(UINT nFlags, CPoint point)
{
    // TODO: Add your message handler code here and/or call default
}
```

From the view, we can reach the OLE items embedded in the document if we get a pointer to the document.

```
void CContainerView::OnLButtonDown(UINT nFlags, CPoint point)
{
    CContainerDoc* pDoc = GetDocument();                          ⇐
    ASSERT_VALID(pDoc);                                           ⇐
        .
        .
        .
```

We want to determine whether any OLE item is being selected with the mouse, so we set the pointer to the currently selected OLE, m_pSelection, to NULL.

```
void CContainerView::OnLButtonDown(UINT nFlags, CPoint point)
{
    CContainerDoc* pDoc = GetDocument();
    ASSERT_VALID(pDoc);

    m_pSelection = NULL;                                          ⇐
        .
        .
        .
```

Now we loop over all the OLE items in the document to see whether one has been clicked by the mouse.

To loop over all the OLE items, we get a POSITION object calling the document's GetStartPosition() function, then loop over all the items by calling the document's GetNextItem() function.

```
void CContainerView::OnLButtonDown(UINT nFlags, CPoint point)
{
```

```
    CContainerDoc* pDoc = GetDocument();
    ASSERT_VALID(pDoc);

    m_pSelection = NULL;

    POSITION position = pDoc->GetStartPosition();                         ⇐

    while (position != NULL)                                              ⇐
    {
        CContainerCntrItem* CandidateItem = (CContainerCntrItem*)
pDoc->GetNextItem(position);                                              ⇐
                .
                .
                .
    }
```

We check whether the mouse location is in the current OLE item's rect member using the CRect function PtInRect(). If the user did indeed click an OLE item, we put a pointer to that item into m_pSelection.

```
void CContainerView::OnLButtonDown(UINT nFlags, CPoint point)
{
    CContainerDoc* pDoc = GetDocument();
    ASSERT_VALID(pDoc);

    m_pSelection = NULL;

    POSITION position = pDoc->GetStartPosition();

    while (position != NULL)
    {
        CContainerCntrItem* CandidateItem = (CContainerCntrItem*)
 pDoc->GetNextItem(position);
        if(CandidateItem->rect.PtInRect(point))                           ⇐
            m_pSelection = CandidateItem;                                 ⇐
    }
    .
    .
    .
```

If, on the other hand, the user did not click any OLE item (that is, m_pSelection is left NULL), we want to deactivate the currently active item (that is, the item open for in-place editing) if there is one. We can find the currently active item with GetInPlaceActiveItem(). If an item is currently active, we deactivate it with Deactivate().

```
void CContainerView::OnLButtonDown(UINT nFlags, CPoint point)
{
    CContainerDoc* pDoc = GetDocument();
    ASSERT_VALID(pDoc);

    m_pSelection = NULL;

    POSITION position = pDoc->GetStartPosition();

    while (position != NULL)
    {
        CContainerCntrItem* CandidateItem = (CContainerCntrItem*)
pDoc->GetNextItem(position);
        if(CandidateItem->rect.PtInRect(point))
            m_pSelection = CandidateItem;
    }

    if(m_pSelection == NULL){                                          ⇐
        COleClientItem* ActiveItem = GetDocument()->GetInPlaceActiveItem(this);
                                                                       ⇐
        if(ActiveItem != NULL)                                         ⇐
            ActiveItem->Deactivate();                                  ⇐
    }

    CView::OnLButtonDown(nFlags, point);
}
```

Now that we've handled single clicks to close open items, we need to handle double clicks to open items in the first place.

Handling Double Clicks

We want to open an item for editing when the user double-clicks it. When you double-click an item, OnLButtonDown() is called for the first click, so m_pSelection is already set. All we need to do is to open that item with the OLE DoVerb() function if an item was indeed double-clicked.

```
void CContainerView::OnLButtonDblClk(UINT nFlags, CPoint point)
{
    if(m_pSelection != NULL)                                           ⇐
        m_pSelection->DoVerb(OLEIVERB_SHOW, this);                     ⇐

    CView::OnLButtonDblClk(nFlags, point);
}
```

Here we use the OLE "verb" OLEIVERB_SHOW, which opens an item for in-place editing. If you want to open the item in the Server program, you would use OLEIVERB_OPEN instead.

Now that we have handled double clicks, run the Container program and select the Insert New Object item from the Edit menu. We use the Insert Object box to insert a new Microsoft Excel worksheet in the container, as shown in Figure 12.3.

The Excel worksheet is open for in-place editing, and we are able to enter text in it, as shown in Figure 12.3. Now click outside the OLE item in the view to deactivate that item, as shown in Figure 12.4. Double-clicking it again opens it for editing. Our Container program is a success, and we're able to embed OLE items in containers. There's more to add in OLE programming—for example, you could let the user position the new item in the view using the mouse—but we've gotten a very good start.

The code for this example, CntrItem.h and CntrItem.cpp, appears in Listing 12.1; the code for ContainerView.h and ContainerView.cpp appears in Listing 12.2.

Figure 12.3 Embedding a Microsoft Excel worksheet in our OLE container.

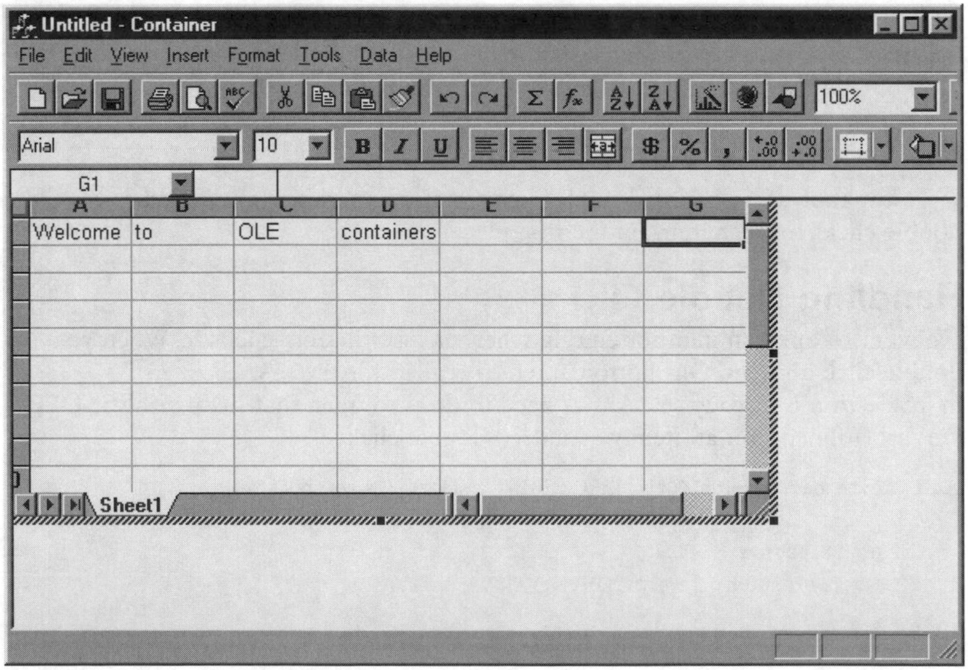

Figure 12.4 Our new OLE item.

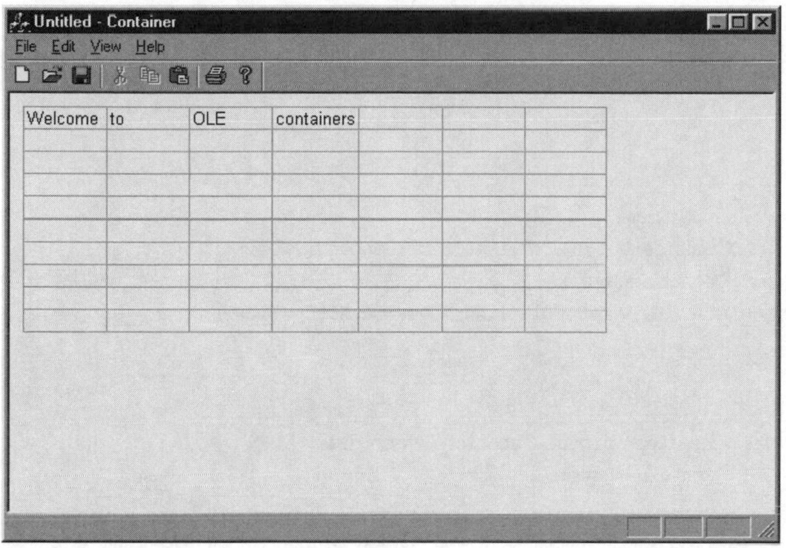

Listing 12.1 CntrItem.h and CntrItem.cpp

```
// CntrItem.h : interface of the CContainerCntrItem class
//

#if !defined(AFX_CNTRITEM_H__FF41CF6F_A917_11D1_887F_D42B07C10710__INCLUDED_)
#define AFX_CNTRITEM_H__FF41CF6F_A917_11D1_887F_D42B07C10710__INCLUDED_

#if _MSC_VER > 1000
#pragma once
#endif // _MSC_VER > 1000

class CContainerDoc;
class CContainerView;

class CContainerCntrItem : public COleClientItem
{
    DECLARE_SERIAL(CContainerCntrItem)

// Constructors
public:
    CContainerCntrItem(CContainerDoc* pContainer = NULL);
        // Note: pContainer is allowed to be NULL to enable IMPLEMENT_SERIALIZE.
```

Continued

Listing 12.1 CntrItem.h and CntrItem.cpp *(Continued)*

```
        //  IMPLEMENT_SERIALIZE requires the class have a constructor with
        //  zero arguments.  Normally, OLE items are constructed with a
        //  non-NULL document pointer.

// Attributes
public:
    CContainerDoc* GetDocument()
        { return (CContainerDoc*)COleClientItem::GetDocument(); }
    CContainerView* GetActiveView()
        { return (CContainerView*)COleClientItem::GetActiveView(); }

    CRect rect;
    void SetSize();
    // ClassWizard generated virtual function overrides
    //{{AFX_VIRTUAL(CContainerCntrItem)
    public:
    virtual void OnChange(OLE_NOTIFICATION wNotification, DWORD dwParam);
    virtual void OnActivate();
    protected:
    virtual void OnGetItemPosition(CRect& rPosition);
    virtual void OnDeactivateUI(BOOL bUndoable);
    virtual BOOL OnChangeItemPosition(const CRect& rectPos);
    //}}AFX_VIRTUAL

// Implementation
public:
    ~CContainerCntrItem();
#ifdef _DEBUG
    virtual void AssertValid() const;
    virtual void Dump(CDumpContext& dc) const;
#endif
    virtual void Serialize(CArchive& ar);
};

/////////////////////////////////////////////////////////////////////////////

//{{AFX_INSERT_LOCATION}}
// Microsoft Visual C++ will insert additional declarations immediately before the
previous line.
```

Listing 12.1 *Continued*

```
#endif // !defined(AFX_CNTRITEM_H__FF41CF6F_A917_11D1_887F_D42B07C10710__INCLUDED_)


// CntrItem.cpp : implementation of the CContainerCntrItem class
//

#include "stdafx.h"
#include "Container.h"

#include "ContainerDoc.h"
#include "ContainerView.h"
#include "CntrItem.h"

#ifdef _DEBUG
#define new DEBUG_NEW
#undef THIS_FILE
static char THIS_FILE[] = __FILE__;
#endif

/////////////////////////////////////////////////////////////////////////////
// CContainerCntrItem implementation

IMPLEMENT_SERIAL(CContainerCntrItem, COleClientItem, 0)

CContainerCntrItem::CContainerCntrItem(CContainerDoc* pContainer)
     : COleClientItem(pContainer)
{
     rect.SetRect(10, 10, 100, 100);
     // TODO: add one-time construction code here

}

CContainerCntrItem::~CContainerCntrItem()
{
     // TODO: add cleanup code here

}

void CContainerCntrItem::OnChange(OLE_NOTIFICATION nCode, DWORD dwParam)
{
```

Continued

Listing 12.1 CntrItem.h and CntrItem.cpp *(Continued)*

```
    ASSERT_VALID(this);

    COleClientItem::OnChange(nCode, dwParam);

    // When an item is being edited (either in-place or fully open)
    //  it sends OnChange notifications for changes in the state of the
    //  item or visual appearance of its content.

    SetSize();

    // TODO: invalidate the item by calling UpdateAllViews
    //  (with hints appropriate to your application)

    GetDocument()->UpdateAllViews(NULL);
        // for now just update ALL views/no hints
}

BOOL CContainerCntrItem::OnChangeItemPosition(const CRect& rectPos)
{
    ASSERT_VALID(this);

    // During in-place activation CContainerCntrItem::OnChangeItemPosition
    //  is called by the server to change the position of the in-place
    //  window.  Usually, this is a result of the data in the server
    //  document changing such that the extent has changed or as a result
    //  of in-place resizing.
    //
    // The default here is to call the base class, which will call
    //  COleClientItem::SetItemRects to move the item
    //  to the new position.

    if (!COleClientItem::OnChangeItemPosition(rectPos))
        return FALSE;

    // TODO: update any cache you may have of the item's rectangle/extent

    rect = rectPos;

    return TRUE;
}
```

Listing 12.1 *Continued*

```
void CContainerCntrItem::OnGetItemPosition(CRect& rPosition)
{
    ASSERT_VALID(this);

    // During in-place activation, CContainerCntrItem::OnGetItemPosition
    //  will be called to determine the location of this item.  The default
    //  implementation created from AppWizard simply returns a hard-coded
    //  rectangle.  Usually, this rectangle would reflect the current
    //  position of the item relative to the view used for activation.
    //  You can obtain the view by calling CContainerCntrItem::GetActiveView.

    // TODO: return correct rectangle (in pixels) in rPosition

    //rPosition.SetRect(10, 10, 210, 210);
    rPosition = rect;
}

void CContainerCntrItem::OnActivate()
{
    // Allow only one inplace activate item per frame
    CContainerView* pView = GetActiveView();
    ASSERT_VALID(pView);
    COleClientItem* pItem = GetDocument()->GetInPlaceActiveItem(pView);
    if (pItem != NULL && pItem != this)
        pItem->Close();

    COleClientItem::OnActivate();
}

void CContainerCntrItem::OnDeactivateUI(BOOL bUndoable)
{
    COleClientItem::OnDeactivateUI(bUndoable);

    // Hide the object if it is not an outside-in object
    DWORD dwMisc = 0;
    m_lpObject->GetMiscStatus(GetDrawAspect(), &dwMisc);
    if (dwMisc & OLEMISC_INSIDEOUT)
        DoVerb(OLEIVERB_HIDE, NULL);
}
```

Continued

Listing 12.1 CntrItem.h and CntrItem.cpp *(Continued)*

```
void CContainerCntrItem::Serialize(CArchive& ar)
{
    ASSERT_VALID(this);

    // Call base class first to read in COleClientItem data.
    // Since this sets up the m_pDocument pointer returned from
    //  CContainerCntrItem::GetDocument, it is a good idea to call
    //  the base class Serialize first.
    COleClientItem::Serialize(ar);

    // now store/retrieve data specific to CContainerCntrItem
    if (ar.IsStoring())
    {
        // TODO: add storing code here
    }
    else
    {
        // TODO: add loading code here
    }
}

/////////////////////////////////////////////////////////////////////////////
// CContainerCntrItem diagnostics

#ifdef _DEBUG
void CContainerCntrItem::AssertValid() const
{
    COleClientItem::AssertValid();
}

void CContainerCntrItem::Dump(CDumpContext& dc) const
{
    COleClientItem::Dump(dc);
}
#endif

/////////////////////////////////////////////////////////////////////////////

void CContainerCntrItem::SetSize()
{
```

Listing 12.1 *Continued*

```
    CSize size;
    GetExtent(&size);

    CClientDC nullDC(NULL);
    nullDC.HIMETRICtoDP(&size);

    rect.right = rect.left + size.cx;
    rect.bottom = rect.top + size.cy;
}
```

Listing 12.2 ContainerView.h and ContainerView.cpp

```
// ContainerView.h : interface of the CContainerView class
//
/////////////////////////////////////////////////////////////////////////////

#if !defined(AFX_CONTAINERVIEW_H__FF41CF6D_A917_11D1_887F_D42B07C10710__INCLUDED_)
#define AFX_CONTAINERVIEW_H__FF41CF6D_A917_11D1_887F_D42B07C10710__INCLUDED_

#if _MSC_VER > 1000
#pragma once
#endif // _MSC_VER > 1000

class CContainerCntrItem;

class CContainerView : public CView
{
protected: // create from serialization only
    CContainerView();
    DECLARE_DYNCREATE(CContainerView)

// Attributes
public:
    CContainerDoc* GetDocument();
    // m_pSelection holds the selection to the current CContainerCntrItem.
    // For many applications, such a member variable isn't adequate to
    //  represent a selection, such as a multiple selection or a selection
    //  of objects that are not CContainerCntrItem objects.  This selection
    //  mechanism is provided just to help you get started.
```

Continued

Listing 12.2 ContainerView.h and ContainerView.cpp *(Continued)*

```
    // TODO: replace this selection mechanism with one appropriate to your app.
    CContainerCntrItem* m_pSelection;

// Operations
public:

// Overrides
    // ClassWizard generated virtual function overrides
    //{{AFX_VIRTUAL(CContainerView)
    public:
    virtual void OnDraw(CDC* pDC);  // overridden to draw this view
    virtual BOOL PreCreateWindow(CREATESTRUCT& cs);
    protected:
    virtual void OnInitialUpdate(); // called first time after construct
    virtual BOOL OnPreparePrinting(CPrintInfo* pInfo);
    virtual void OnBeginPrinting(CDC* pDC, CPrintInfo* pInfo);
    virtual void OnEndPrinting(CDC* pDC, CPrintInfo* pInfo);
    virtual BOOL IsSelected(const CObject* pDocItem) const;// Container support
    //}}AFX_VIRTUAL

// Implementation
public:
    virtual ~CContainerView();
#ifdef _DEBUG
    virtual void AssertValid() const;
    virtual void Dump(CDumpContext& dc) const;
#endif

protected:

// Generated message map functions
protected:
    //{{AFX_MSG(CContainerView)
    afx_msg void OnDestroy();
    afx_msg void OnSetFocus(CWnd* pOldWnd);
    afx_msg void OnSize(UINT nType, int cx, int cy);
    afx_msg void OnInsertObject();
    afx_msg void OnCancelEditCntr();
    afx_msg void OnLButtonDown(UINT nFlags, CPoint point);
    afx_msg void OnLButtonDblClk(UINT nFlags, CPoint point);
```

Listing 12.2 *Continued*

```
    //}}AFX_MSG
    DECLARE_MESSAGE_MAP()
};

#ifndef _DEBUG  // debug version in ContainerView.cpp
inline CContainerDoc* CContainerView::GetDocument()
   { return (CContainerDoc*)m_pDocument; }
#endif

/////////////////////////////////////////////////////////////////////////////

//{{AFX_INSERT_LOCATION}}
// Microsoft Visual C++ will insert additional declarations immediately before the
previous line.

#endif //
!defined(AFX_CONTAINERVIEW_H__FF41CF6D_A917_11D1_887F_D42B07C10710__INCLUDED_)


// ContainerView.cpp : implementation of the CContainerView class
//

#include "stdafx.h"
#include "Container.h"

#include "ContainerDoc.h"
#include "CntrItem.h"
#include "ContainerView.h"

#ifdef _DEBUG
#define new DEBUG_NEW
#undef THIS_FILE
static char THIS_FILE[] = __FILE__;
#endif


/////////////////////////////////////////////////////////////////////////////
// CContainerView

IMPLEMENT_DYNCREATE(CContainerView, CView)
```

Continued

Listing 12.2 ContainerView.h and ContainerView.cpp *(Continued)*

```
BEGIN_MESSAGE_MAP(CContainerView, CView)
    //{{AFX_MSG_MAP(CContainerView)
    ON_WM_DESTROY()
    ON_WM_SETFOCUS()
    ON_WM_SIZE()
    ON_COMMAND(ID_OLE_INSERT_NEW, OnInsertObject)
    ON_COMMAND(ID_CANCEL_EDIT_CNTR, OnCancelEditCntr)
    ON_WM_LBUTTONDOWN()
    ON_WM_LBUTTONDBLCLK()
    //}}AFX_MSG_MAP
    // Standard printing commands
    ON_COMMAND(ID_FILE_PRINT, CView::OnFilePrint)
    ON_COMMAND(ID_FILE_PRINT_DIRECT, CView::OnFilePrint)
    ON_COMMAND(ID_FILE_PRINT_PREVIEW, CView::OnFilePrintPreview)
END_MESSAGE_MAP()

/////////////////////////////////////////////////////////////////////////////
// CContainerView construction/destruction

CContainerView::CContainerView()
{
    m_pSelection = NULL;
    // TODO: add construction code here

}

CContainerView::~CContainerView()
{
}

BOOL CContainerView::PreCreateWindow(CREATESTRUCT& cs)
{
    // TODO: Modify the Window class or styles here by modifying
    //  the CREATESTRUCT cs

    return CView::PreCreateWindow(cs);
}

/////////////////////////////////////////////////////////////////////////////
// CContainerView drawing
```

Listing 12.2 *Continued*

```
void CContainerView::OnDraw(CDC* pDC)
{
    CContainerDoc* pDoc = GetDocument();
    ASSERT_VALID(pDoc);

    // TODO: add draw code for native data here
    // TODO: also draw all OLE items in the document

    // Draw the selection at an arbitrary position.  This code should be
    //  removed once your real drawing code is implemented.  This position
    //  corresponds exactly to the rectangle returned by CContainerCntrItem,
    //  to give the effect of in-place editing.

    // TODO: remove this code when final draw code is complete.

    if (m_pSelection == NULL)
    {
        POSITION pos = pDoc->GetStartPosition();
        m_pSelection = (CContainerCntrItem*)pDoc->GetNextClientItem(pos);
    }
    if (m_pSelection != NULL)
        //m_pSelection->Draw(pDC, CRect(10, 10, 210, 210));
        m_pSelection->Draw(pDC, m_pSelection->rect);
}

void CContainerView::OnInitialUpdate()
{
    CView::OnInitialUpdate();


    // TODO: remove this code when final selection model code is written
    m_pSelection = NULL;    // initialize selection

}

/////////////////////////////////////////////////////////////////////////////
// CContainerView printing

BOOL CContainerView::OnPreparePrinting(CPrintInfo* pInfo)
{
```

Continued

Listing 12.2 ContainerView.h and ContainerView.cpp *(Continued)*

```
    // default preparation
    return DoPreparePrinting(pInfo);
}

void CContainerView::OnBeginPrinting(CDC* /*pDC*/, CPrintInfo* /*pInfo*/)
{
    // TODO: add extra initialization before printing
}

void CContainerView::OnEndPrinting(CDC* /*pDC*/, CPrintInfo* /*pInfo*/)
{
    // TODO: add cleanup after printing
}

void CContainerView::OnDestroy()
{
    // Deactivate the item on destruction; this is important
    // when a splitter view is being used.
   CView::OnDestroy();
   COleClientItem* ActiveItemItem = GetDocument()->GetInPlaceActiveItem(this);
   if (ActiveItemItem != NULL && ActiveItemItem->GetActiveView() == this)
   {
      ActiveItemItem->Deactivate();
      ASSERT(GetDocument()->GetInPlaceActiveItem(this) == NULL);
   }
}


/////////////////////////////////////////////////////////////////////////////
// OLE Client support and commands

BOOL CContainerView::IsSelected(const CObject* pDocItem) const
{
    // The implementation below is adequate if your selection consists of
    //  only CContainerCntrItem objects.  To handle different selection
    //  mechanisms, the implementation here should be replaced.

    // TODO: implement this function that tests for a selected OLE client item

    return pDocItem == m_pSelection;
```

Listing 12.2 *Continued*

```
}

void CContainerView::OnInsertObject()
{
    // Invoke the standard Insert Object dialog box to obtain information
    //  for new CContainerCntrItem object.
    COleInsertDialog dlg;
    if (dlg.DoModal(COleInsertDialog::DocObjectsOnly) != IDOK)
        return;

    BeginWaitCursor();

    CContainerCntrItem* pItem = NULL;
    TRY
    {
        // Create new item connected to this document.
        CContainerDoc* pDoc = GetDocument();
        ASSERT_VALID(pDoc);
        pItem = new CContainerCntrItem(pDoc);
        ASSERT_VALID(pItem);

        // Initialize the item from the dialog data.
        if (!dlg.CreateItem(pItem))
            AfxThrowMemoryException();  // any exception will do
        ASSERT_VALID(pItem);

        // If item created from class list (not from file) then launch
        //  the server to edit the item.
        if (dlg.GetSelectionType() == COleInsertDialog::createNewItem)
            pItem->DoVerb(OLEIVERB_SHOW, this);

        ASSERT_VALID(pItem);

        // As an arbitrary user interface design, this sets the selection
        //  to the last item inserted.

        // TODO: reimplement selection as appropriate for your application

        m_pSelection = pItem;   // set selection to last inserted item
```

Continued

Listing 12.2 ContainerView.h and ContainerView.cpp *(Continued)*

```
        m_pSelection->SetSize();

    }
    CATCH(CException, e)
    {
        if (pItem != NULL)
        {
            ASSERT_VALID(pItem);
            pItem->Delete();
        }
        AfxMessageBox(IDP_FAILED_TO_CREATE);
    }
    END_CATCH

    EndWaitCursor();
}

// The following command handler provides the standard keyboard
//  user interface to cancel an in-place editing session.  Here,
//  the container (not the server) causes the deactivation.
void CContainerView::OnCancelEditCntr()
{
    // Close any in-place active item on this view.
    COleClientItem* ActiveItemItem = GetDocument()->GetInPlaceActiveItem(this);
    if (ActiveItemItem != NULL)
    {
        ActiveItemItem->Close();
    }
    ASSERT(GetDocument()->GetInPlaceActiveItem(this) == NULL);
}

// Special handling of OnSetFocus and OnSize are required for a container
//  when an object is being edited in-place.
void CContainerView::OnSetFocus(CWnd* pOldWnd)
{
    COleClientItem* ActiveItemItem = GetDocument()->GetInPlaceActiveItem(this);
    if (ActiveItemItem != NULL &&
        ActiveItemItem->GetItemState() == COleClientItem::activeUIState)
    {
        // need to set focus to this item if it is in the same view
```

Listing 12.2 *Continued*

```
        CWnd* pWnd = ActiveItemItem->GetInPlaceWindow();
        if (pWnd != NULL)
        {
            pWnd->SetFocus();   // don't call the base class
            return;
        }
    }

    CView::OnSetFocus(pOldWnd);
}

void CContainerView::OnSize(UINT nType, int cx, int cy)
{
    CView::OnSize(nType, cx, cy);
    COleClientItem* ActiveItemItem = GetDocument()->GetInPlaceActiveItem(this);
    if (ActiveItemItem != NULL)
        ActiveItemItem->SetItemRects();
}

/////////////////////////////////////////////////////////////////////////////
// CContainerView diagnostics

#ifdef _DEBUG
void CContainerView::AssertValid() const
{
    CView::AssertValid();
}

void CContainerView::Dump(CDumpContext& dc) const
{
    CView::Dump(dc);
}

CContainerDoc* CContainerView::GetDocument() // non-debug version is inline
{
    ASSERT(m_pDocument->IsKindOf(RUNTIME_CLASS(CContainerDoc)));
    return (CContainerDoc*)m_pDocument;
}
#endif //_DEBUG
```

Continued

Listing 12.2 ContainerView.h and ContainerView.cpp *(Continued)*

```
/////////////////////////////////////////////////////////////////////////////
// CContainerView message handlers

void CContainerView::OnLButtonDown(UINT nFlags, CPoint point)
{
    // TODO: Add your message handler code here and/or call default

    CContainerDoc* pDoc = GetDocument();
    ASSERT_VALID(pDoc);

    m_pSelection = NULL;

    POSITION position = pDoc->GetStartPosition();

    while (position != NULL)
    {
        CContainerCntrItem* CandidateItem = (CContainerCntrItem*)
pDoc->GetNextItem(position);
        if(CandidateItem->rect.PtInRect(point))
            m_pSelection = CandidateItem;
    }

    if(m_pSelection == NULL){
        COleClientItem* ActiveItem = GetDocument()->GetInPlaceActiveItem(this);
        if(ActiveItem != NULL)
            ActiveItem->Deactivate();
    }

    CView::OnLButtonDown(nFlags, point);
}

void CContainerView::OnLButtonDblClk(UINT nFlags, CPoint point)
{
    // TODO: Add your message handler code here and/or call default

    if(m_pSelection != NULL)
        m_pSelection->DoVerb(OLEIVERB_SHOW, this);

    CView::OnLButtonDblClk(nFlags, point);
}
```

We've seen how to create Container programs; we turn to servers next.

Creating a Server

Creating a Server program with AppWizard allows us to place OLE items into Container programs. Using AppWizard, create a new MDI program named Server. In Step 3 of AppWizard, select the Full server option, as shown in Figure 12.5. In Step 4 of AppWizard, deselect the Docking toolbar option and click Finish to create the new project.

Visual C++ Bug Fix

Although it may well be fixed by the time you read this, the current build of Visual C++ has a bug in it: Server items created with Visual C++ have assertions that fail when the item is opened for editing. If you track those assertions down through the MFC source code, which is somewhat tedious, you find that they come from the toolbar section of the server code, so we omit toolbars in our server example.

This new project has a Document class, a View class, and a Server Item class. The server items are embedded in Container programs. When you open them for editing, however, the data in them is transferred to the document, so we work with the document first.

Figure 12.5 Creating a server project.

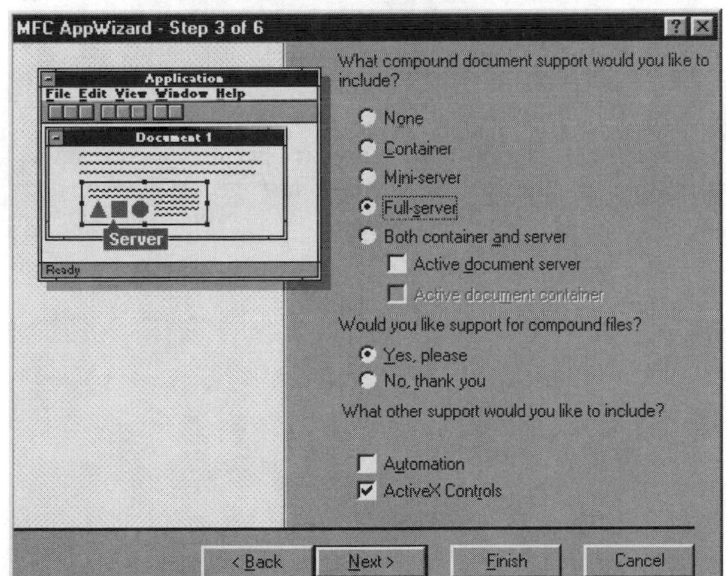

The Server Document

We can display a line of text in our server item; when the user embeds an item of our server type in a container, that text appears. To store that text, we set up a new CString object, text, in the document.

```
class CServerDoc : public COleServerDoc
{
protected: // create from serialization only
    CServerDoc();
    DECLARE_DYNCREATE(CServerDoc)

// Attributes
public:
    CServerSrvrItem* GetEmbeddedItem()
        { return (CServerSrvrItem*)COleServerDoc::GetEmbeddedItem(); }
    CString text;                                                    ⇐
        .
        .
        .
```

We can initialize this text to, say, "Hello from the server!" The message appears in our embedded server item.

```
CServerDoc::CServerDoc()
{
    // Use OLE compound files
    EnableCompoundFile();

    text = "Hello from the server!";                                 ⇐
}
```

When you open the item for editing or close it after it's been edited, the data in the item is transferred using serialization, so we make sure we serialize the text object in the document.

```
void CServerDoc::Serialize(CArchive& ar)
{
    if (ar.IsStoring())
    {
        ar << text;                                                  ⇐
    }
    else
    {
        ar >> text;                                                  ⇐
    }
}
```

Now we make the Server Item class, CServerSrvrItem, active.

The Server Item

Tailoring the Server Item class to our data means giving the server item as it appears in the container the right size. Currently, the server item has a default size, set in the CServerSrvrItem function OnGetExtent().

```
BOOL CServerSrvrItem::OnGetExtent(DVASPECT dwDrawAspect, CSize& rSize)
{
    // Most applications, like this one, only handle drawing the content
    //  aspect of the item.  If you wish to support other aspects, such
    //  as DVASPECT_THUMBNAIL (by overriding OnDrawEx), then this
    //  implementation of OnGetExtent should be modified to handle the
    //  additional aspect(s).

    if (dwDrawAspect != DVASPECT_CONTENT)
        return COleServerItem::OnGetExtent(dwDrawAspect, rSize);

    // CServerSrvrItem::OnGetExtent is called to get the extent in
    //  HIMETRIC units of the entire item.  The default implementation
    //  here simply returns a hard-coded number of units.

    CServerDoc* pDoc = GetDocument();
    ASSERT_VALID(pDoc);

    // TODO: replace this arbitrary size

    rSize = CSize(3000, 3000);    // 3000 x 3000 HIMETRIC units          ⇐

    return TRUE;
}
```

We change that size to reflect the actual dimensions of the string of text in our document. To get that size, we just create a NULL device context, set the mapping mode to MM_TEXT (i.e., pixels), find the extent of the text string, and install that size.

```
BOOL CServerSrvrItem::OnGetExtent(DVASPECT dwDrawAspect, CSize& rSize)
{
    // Most applications, like this one, only handle drawing the content
    //  aspect of the item.  If you wish to support other aspects, such
    //  as DVASPECT_THUMBNAIL (by overriding OnDrawEx), then this
    //  implementation of OnGetExtent should be modified to handle the
    //  additional aspect(s).
```

```
    if (dwDrawAspect != DVASPECT_CONTENT)
        return COleServerItem::OnGetExtent(dwDrawAspect, rSize);

    // CServerSrvrItem::OnGetExtent is called to get the extent in
    //  HIMETRIC units of the entire item.  The default implementation
    //  here simply returns a hard-coded number of units.

    CServerDoc* pDoc = GetDocument();
    ASSERT_VALID(pDoc);

    CClientDC nullDC(NULL);                                              ⇐
    nullDC.SetMapMode(MM_TEXT);                                          ⇐

    rSize = nullDC.GetTextExtent(pDoc->text, pDoc->text.GetLength());    ⇐

    nullDC.DPtoHIMETRIC(&rSize);                                         ⇐

    return TRUE;
}
```

There's one other CServerSrvrItem function to change—OnDraw(). This function is responsible for drawing the server item in the container. Currently, that function draws an arbitrary rectangle.

```
BOOL CServerSrvrItem::OnDraw(CDC* pDC, CSize& rSize)
{
    // Remove this if you use rSize
    UNREFERENCED_PARAMETER(rSize);

    CServerDoc* pDoc = GetDocument();
    ASSERT_VALID(pDoc);

    // TODO: set mapping mode and extent
    //  (The extent is usually the same as the size returned from OnGetExtent)
    pDC->SetMapMode(MM_ANISOTROPIC);                                     ⇐
    pDC->SetWindowOrg(0,0);                                              ⇐
    pDC->SetWindowExt(3000, 3000);                                       ⇐

    // TODO: add drawing code here.  Optionally, fill in the HIMETRIC extent.
    //  All drawing takes place in the metafile device context (pDC).

    return TRUE;
}
```

We change that now so the server item displays the text string from the document.

```
BOOL CServerSrvrItem::OnDraw(CDC* pDC, CSize& rSize)
{
    // Remove this if you use rSize
    UNREFERENCED_PARAMETER(rSize);

    CServerDoc* pDoc = GetDocument();
    ASSERT_VALID(pDoc);

    pDC->TextOut(0, 0, pDoc->text);                              ⇐

    return TRUE;
}
```

The server item is ready to go. Now let's look at the view.

The Server View

Because the Server program is a full server, you can open it as a standalone program, which means that we should display the text in the view's OnDraw() function. (The other server option, mini-servers, can't be opened as standalone programs.)

```
void CServerView::OnDraw(CDC* pDC)
{
    CServerDoc* pDoc = GetDocument();
    ASSERT_VALID(pDoc);

    pDC->TextOut(0, 0, pDoc->text);                              ⇐
}
```

We've displayed the server item's text in both the Server Item class (used when the item is embedded) and the view (used when you edit the item). However, we haven't allowed the user any way of editing the server item when it's actually opened for editing. Let's do that now.

Editing the Server Item in Place

To let the user change the text in the server item, we add a new item to the Edit menu in the IDR_SERVERTYPE_SRVR_IP menu resource. This menu takes over the container's menu system when the server item is opened for editing.

Add a new item to the Edit menu now: Insert new text. When the user selects this item, we can change the text from "Hello from the server!" to "The new text..."

```
void CServerView::OnEditInsertnewtext()
{
    // TODO: Add your command handler code here
```

```
    CServerDoc* pDoc = GetDocument();                                    ⇐
    ASSERT_VALID(pDoc);                                                  ⇐

    pDoc->text = "The new text...";                                      ⇐
        .
        .
        .
}
```

To install this new text in the embedded server item, we also call the document's NotifyChanged() function as well as its SetModifiedFlag() function.

```
void CServerView::OnEditInsertnewtext()
{
    // TODO: Add your command handler code here
    CServerDoc* pDoc = GetDocument();
    ASSERT_VALID(pDoc);

    pDoc->text = "The new text...";

    pDoc->NotifyChanged();                                               ⇐
    pDoc->SetModifiedFlag();                                             ⇐
}
```

Run the Server program once. Doing so registers the new server item type with Windows. Now we can embed our OLE item in, for example, Microsoft Word. To do so, select the Insert menu's Object item and double-click the entry Server document in the Object type box to embed a new server item in Word, as shown in Figure 12.6.

The new OLE item is already open for in-place editing. To change the text in that item from "Hello from the server!" to "The new text...", select the Insert new text item in Word's Edit menu, which is now taken over by our server item's IDR_SERVERTYPE_SRVR_IP menu. The result appears in Figure 12.7—now we're supporting servers and allowing the user to work with the data in our server. In this way, we've been able to support both OLE servers and containers. The process is straightforward using the code AppWizard gives us.

Handling Events in Servers

You can add event handlers to handle such messages as WM_LBUTTON-DOWN to the Server program to handle those messages when the server item is open for editing.

Figure 12.6 Our server object open for in-place editing.

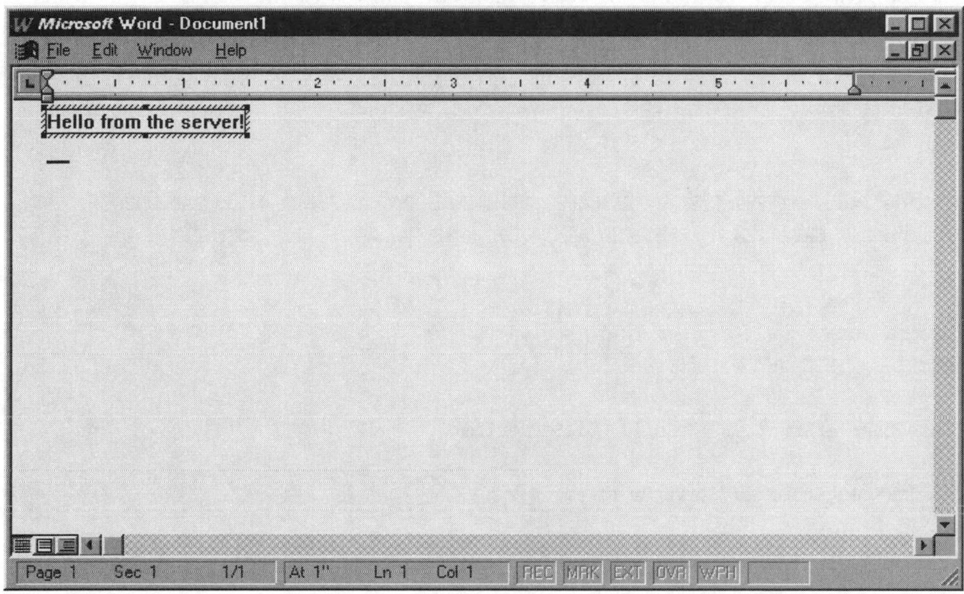

Figure 12.7 Updating our server item.

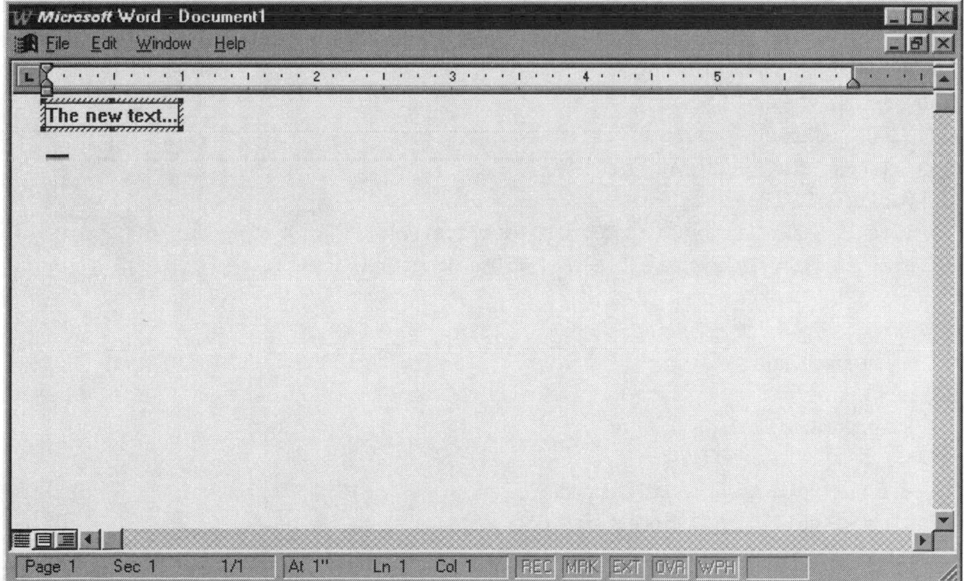

The code for this example, SrvrItem.h and SrvrItem.cpp, appears in Listing 12.3; the code for ServerView.h and ServerView.cpp appears in Listing 12.4.

Listing 12.3 SrvrItem.h and SrvrItem.cpp

```
// SrvrItem.h : interface of the CServerSrvrItem class
//

#if !defined(AFX_SRVRITEM_H__EA3CE62D_A95C_11D1_887F_D42B07C10710__INCLUDED_)
#define AFX_SRVRITEM_H__EA3CE62D_A95C_11D1_887F_D42B07C10710__INCLUDED_

#if _MSC_VER > 1000
#pragma once
#endif // _MSC_VER > 1000

class CServerSrvrItem : public COleServerItem
{
    DECLARE_DYNAMIC(CServerSrvrItem)

// Constructors
public:
    CServerSrvrItem(CServerDoc* pContainerDoc);

// Attributes
    CServerDoc* GetDocument() const
        { return (CServerDoc*)COleServerItem::GetDocument(); }

// Overrides
    // ClassWizard generated virtual function overrides
    //{{AFX_VIRTUAL(CServerSrvrItem)
    public:
    virtual BOOL OnDraw(CDC* pDC, CSize& rSize);
    virtual BOOL OnGetExtent(DVASPECT dwDrawAspect, CSize& rSize);
    //}}AFX_VIRTUAL

// Implementation
public:
    ~CServerSrvrItem();
#ifdef _DEBUG
    virtual void AssertValid() const;
    virtual void Dump(CDumpContext& dc) const;
#endif
```

Listing 12.3 *Continued*

```
protected:
    virtual void Serialize(CArchive& ar);   // overridden for document i/o
};

/////////////////////////////////////////////////////////////////////////////

//{{AFX_INSERT_LOCATION}}
// Microsoft Visual C++ will insert additional declarations immediately before the
previous line.

#endif // !defined(AFX_SRVRITEM_H__EA3CE62D_A95C_11D1_887F_D42B07C10710__INCLUDED_)


// SrvrItem.cpp : implementation of the CServerSrvrItem class
//

#include "stdafx.h"
#include "Server.h"

#include "ServerDoc.h"
#include "SrvrItem.h"

#ifdef _DEBUG
#define new DEBUG_NEW
#undef THIS_FILE
static char THIS_FILE[] = __FILE__;
#endif

/////////////////////////////////////////////////////////////////////////////
// CServerSrvrItem implementation

IMPLEMENT_DYNAMIC(CServerSrvrItem, COleServerItem)

CServerSrvrItem::CServerSrvrItem(CServerDoc* pContainerDoc)
     : COleServerItem(pContainerDoc, TRUE)
{
     // TODO: add one-time construction code here
     //  (eg, adding additional clipboard formats to the item's data source)
}
```

Continued

Listing 12.3 SrvrItem.h and SrvrItem.cpp *(Continued)*

```
CServerSrvrItem::~CServerSrvrItem()
{
    // TODO: add cleanup code here
}

void CServerSrvrItem::Serialize(CArchive& ar)
{
    // CServerSrvrItem::Serialize will be called by the framework if
    //  the item is copied to the clipboard.  This can happen automatically
    //  through the OLE callback OnGetClipboardData.  A good default for
    //  the embedded item is simply to delegate to the document's Serialize
    //  function.  If you support links, then you will want to serialize
    //  just a portion of the document.

    if (!IsLinkedItem())
    {
        CServerDoc* pDoc = GetDocument();
        ASSERT_VALID(pDoc);
        pDoc->Serialize(ar);
    }
}

BOOL CServerSrvrItem::OnGetExtent(DVASPECT dwDrawAspect, CSize& rSize)
{
    // Most applications, like this one, only handle drawing the content
    //  aspect of the item.  If you wish to support other aspects, such
    //  as DVASPECT_THUMBNAIL (by overriding OnDrawEx), then this
    //  implementation of OnGetExtent should be modified to handle the
    //  additional aspect(s).

    if (dwDrawAspect != DVASPECT_CONTENT)
        return COleServerItem::OnGetExtent(dwDrawAspect, rSize);

    // CServerSrvrItem::OnGetExtent is called to get the extent in
    //  HIMETRIC units of the entire item.  The default implementation
    //  here simply returns a hard-coded number of units.

    CServerDoc* pDoc = GetDocument();
    ASSERT_VALID(pDoc);

    // TODO: replace this arbitrary size
```

Listing 12.3 *Continued*

```
    CClientDC nullDC(NULL);
    nullDC.SetMapMode(MM_TEXT);

    rSize = nullDC.GetTextExtent(pDoc->text, pDoc->text.GetLength());

    nullDC.DPtoHIMETRIC(&rSize);

    //rSize = CSize(3000, 3000);   // 3000 x 3000 HIMETRIC units

    return TRUE;
}

BOOL CServerSrvrItem::OnDraw(CDC* pDC, CSize& rSize)
{
    // Remove this if you use rSize
    UNREFERENCED_PARAMETER(rSize);

    CServerDoc* pDoc = GetDocument();
    ASSERT_VALID(pDoc);

    // TODO: set mapping mode and extent
    //  (The extent is usually the same as the size returned from OnGetExtent)
    //pDC->SetMapMode(MM_ANISOTROPIC);
    //pDC->SetWindowOrg(0,0);
    //pDC->SetWindowExt(3000, 3000);

    pDC->TextOut(0, 0, pDoc->text);
    // TODO: add drawing code here.  Optionally, fill in the HIMETRIC extent.
    //  All drawing takes place in the metafile device context (pDC).

    return TRUE;
}

/////////////////////////////////////////////////////////////////////////////
// CServerSrvrItem diagnostics

#ifdef _DEBUG
void CServerSrvrItem::AssertValid() const
{
    COleServerItem::AssertValid();
```

Continued

Listing 12.3 SrvrItem.h and SrvrItem.cpp *(Continued)*

```
}

void CServerSrvrItem::Dump(CDumpContext& dc) const
{
    COleServerItem::Dump(dc);
}
#endif

/////////////////////////////////////////////////////////////////////////////
```

Listing 12.4 ServerView.h and ServerView.cpp

```
// ServerView.h : interface of the CServerView class
//
/////////////////////////////////////////////////////////////////////////////

#if !defined(AFX_SERVERVIEW_H__EA3CE62A_A95C_11D1_887F_D42B07C10710__INCLUDED_)
#define AFX_SERVERVIEW_H__EA3CE62A_A95C_11D1_887F_D42B07C10710__INCLUDED_

#if _MSC_VER > 1000
#pragma once
#endif // _MSC_VER > 1000

class CServerView : public CView
{
protected: // create from serialization only
    CServerView();
    DECLARE_DYNCREATE(CServerView)

// Attributes
public:
    CServerDoc* GetDocument();

// Operations
public:

// Overrides
    // ClassWizard generated virtual function overrides
    //{{AFX_VIRTUAL(CServerView)
    public:
    virtual void OnDraw(CDC* pDC);  // overridden to draw this view
```

Listing 12.4 *Continued*

```
    virtual BOOL PreCreateWindow(CREATESTRUCT& cs);
    protected:
    virtual BOOL OnPreparePrinting(CPrintInfo* pInfo);
    virtual void OnBeginPrinting(CDC* pDC, CPrintInfo* pInfo);
    virtual void OnEndPrinting(CDC* pDC, CPrintInfo* pInfo);
    //}}AFX_VIRTUAL

// Implementation
public:
    virtual ~CServerView();
#ifdef _DEBUG
    virtual void AssertValid() const;
    virtual void Dump(CDumpContext& dc) const;
#endif

protected:

// Generated message map functions
protected:
    //{{AFX_MSG(CServerView)
    afx_msg void OnCancelEditSrvr();
    afx_msg void OnEditInsertnewtext();
    //}}AFX_MSG
    DECLARE_MESSAGE_MAP()
};

#ifndef _DEBUG  // debug version in ServerView.cpp
inline CServerDoc* CServerView::GetDocument()
   { return (CServerDoc*)m_pDocument; }
#endif

/////////////////////////////////////////////////////////////////////////////

//{{AFX_INSERT_LOCATION}}
// Microsoft Visual C++ will insert additional declarations immediately before the
previous line.

#endif //
!defined(AFX_SERVERVIEW_H__EA3CE62A_A95C_11D1_887F_D42B07C10710__INCLUDED_)


// ServerView.cpp : implementation of the CServerView class
```

Continued

Listing 12.4 ServerView.h and ServerView.cpp *(Continued)*

```
//

#include "stdafx.h"
#include "Server.h"

#include "ServerDoc.h"
#include "ServerView.h"

#ifdef _DEBUG
#define new DEBUG_NEW
#undef THIS_FILE
static char THIS_FILE[] = __FILE__;
#endif


/////////////////////////////////////////////////////////////////////////////
// CServerView

IMPLEMENT_DYNCREATE(CServerView, CView)

BEGIN_MESSAGE_MAP(CServerView, CView)
    //{{AFX_MSG_MAP(CServerView)
    ON_COMMAND(ID_CANCEL_EDIT_SRVR, OnCancelEditSrvr)
    ON_COMMAND(ID_EDIT_INSERTNEWTEXT, OnEditInsertnewtext)
    //}}AFX_MSG_MAP
    // Standard printing commands
    ON_COMMAND(ID_FILE_PRINT, CView::OnFilePrint)
    ON_COMMAND(ID_FILE_PRINT_DIRECT, CView::OnFilePrint)
    ON_COMMAND(ID_FILE_PRINT_PREVIEW, CView::OnFilePrintPreview)
END_MESSAGE_MAP()

/////////////////////////////////////////////////////////////////////////////
// CServerView construction/destruction

CServerView::CServerView()
{
    // TODO: add construction code here

}

CServerView::~CServerView()
```

Listing 12.4 *Continued*

```
{
}

BOOL CServerView::PreCreateWindow(CREATESTRUCT& cs)
{
    // TODO: Modify the Window class or styles here by modifying
    //  the CREATESTRUCT cs

    return CView::PreCreateWindow(cs);
}

/////////////////////////////////////////////////////////////////////////////
// CServerView drawing

void CServerView::OnDraw(CDC* pDC)
{
    CServerDoc* pDoc = GetDocument();
    ASSERT_VALID(pDoc);

    pDC->TextOut(0, 0, pDoc->text);
    // TODO: add draw code for native data here
}

/////////////////////////////////////////////////////////////////////////////
// CServerView printing

BOOL CServerView::OnPreparePrinting(CPrintInfo* pInfo)
{
    // default preparation
    return DoPreparePrinting(pInfo);
}

void CServerView::OnBeginPrinting(CDC* /*pDC*/, CPrintInfo* /*pInfo*/)
{
    // TODO: add extra initialization before printing
}

void CServerView::OnEndPrinting(CDC* /*pDC*/, CPrintInfo* /*pInfo*/)
{
    // TODO: add cleanup after printing
```

Continued

Listing 12.4 ServerView.h and ServerView.cpp *(Continued)*

```
}

/////////////////////////////////////////////////////////////////////////////
// OLE Server support

// The following command handler provides the standard keyboard
//  user interface to cancel an in-place editing session.  Here,
//  the server (not the container) causes the deactivation.
void CServerView::OnCancelEditSrvr()
{
    GetDocument()->OnDeactivateUI(FALSE);
}

/////////////////////////////////////////////////////////////////////////////
// CServerView diagnostics

#ifdef _DEBUG
void CServerView::AssertValid() const
{
    CView::AssertValid();
}

void CServerView::Dump(CDumpContext& dc) const
{
    CView::Dump(dc);
}

CServerDoc* CServerView::GetDocument() // non-debug version is inline
{
    ASSERT(m_pDocument->IsKindOf(RUNTIME_CLASS(CServerDoc)));
    return (CServerDoc*)m_pDocument;
}
#endif //_DEBUG

/////////////////////////////////////////////////////////////////////////////
// CServerView message handlers

void CServerView::OnEditInsertnewtext()
{
    // TODO: Add your command handler code here
```

Listing 12.4 *Continued*

```
    CServerDoc* pDoc = GetDocument();
    ASSERT_VALID(pDoc);

    pDoc->text = "The new text...";

    pDoc->NotifyChanged();
    pDoc->SetModifiedFlag();

}
```

What's Ahead

In the next chapter, we continue with another very popular aspect of COM programming: creating and using ActiveX controls. We learn how to create ActiveX controls, as well as how to support methods, properties, and events in those controls. Furthermore, we see how to embed those controls in other programs.

CREATING ACTIVEX CONTROLS

13

In this chapter, we build ActiveX controls in Visual C++. ActiveX controls are being supported in more and more Microsoft software and, thanks to Microsoft's efforts, are now in fairly wide use on the Internet. Here, we use the Visual C++ ActiveX ControlWizard to create our controls.

We create two controls in this chapter: Writer, an ActiveX control that lets the user type text into it; and Writer2, an improved version of the Writer control based on a text box control and incorporating a lot more text support than the Writer control.

As we build these controls, we see how to support ActiveX *properties*, *methods*, and *events*. Properties are data members you can set or read, methods are member functions of ActiveX controls available to the program in which they're embedded, and events are familiar to us now.

We start with our first ActiveX control: the Writer ActiveX control.

The Writer ActiveX Control

The Writer ActiveX control is a fairly simple one. When the user embeds it in a program, he or she can type text into that control as shown in the following example:

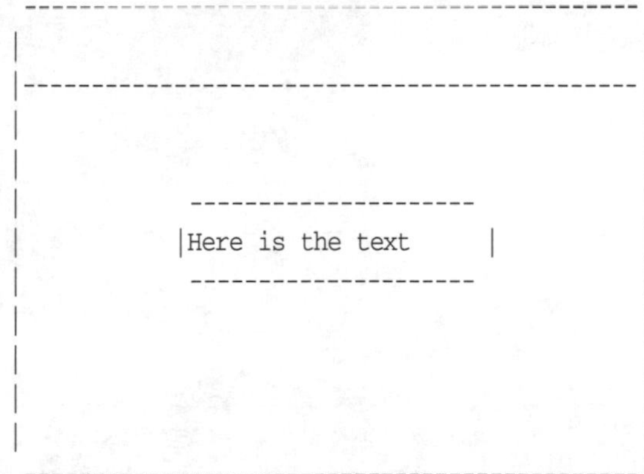

We use the Visual C++ ActiveX ControlWizard to create the Writer program, which saves us a lot of time.

Using the ActiveX ControlWizard

Select the New item in Visual C++ and choose the ActiveX ControlWizard item in the New dialog box, giving this new project the name Writer, as shown in Figure 13.1.

There are only two steps in this Wizard—accept all the defaults—and it creates the Writer project for us. For our purposes, the important files are WriterCtl.h and WriterCtl.cpp, which support our ActiveX control.

In our Writer control, we let the user type text, so we set aside a CString object in WriterCtl.h to store that text.

```
// WriterCtl.h : Declaration of the CWriterCtrl ActiveX Control class.

/////////////////////////////////////////////////////////////////////////////
// CWriterCtrl : See WriterCtl.cpp for implementation.

class CWriterCtrl : public COleControl
{
    DECLARE_DYNCREATE(CWriterCtrl)
```

Figure 13.1 Creating a new ActiveX control.

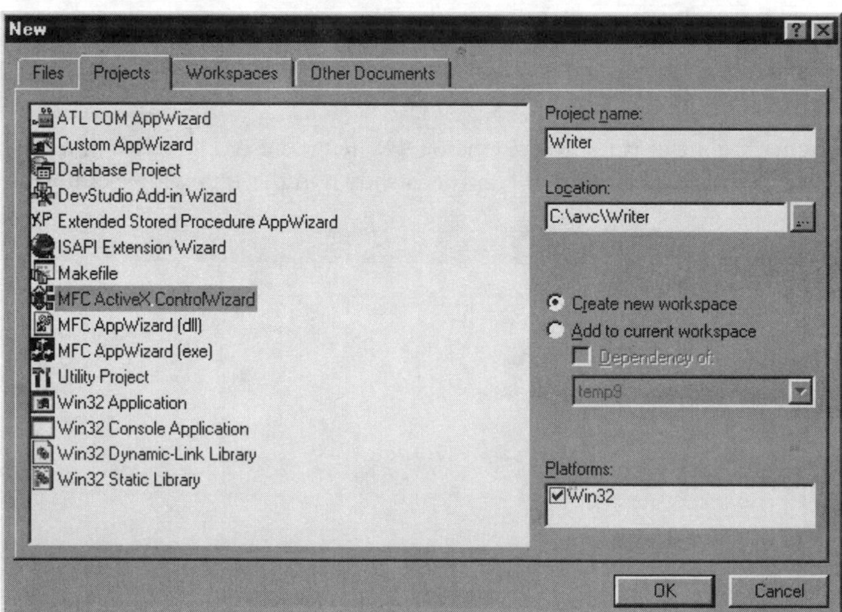

```
    .
    .
    .
// Implementation
protected:
    ~CWriterCtrl();

    DECLARE_OLECREATE_EX(CWriterCtrl)    // Class factory and guid
    DECLARE_OLETYPELIB(CWriterCtrl)      // GetTypeInfo
    DECLARE_PROPPAGEIDS(CWriterCtrl)     // Property page IDs
    DECLARE_OLECTLTYPE(CWriterCtrl)        // Type name and misc status

    CString text;                                                  ⇐
        .
        .
        .
```

We also initialize that text in the CWriterCtl class's constructor.

```
CWriterCtrl::CWriterCtrl()
{
    InitializeIIDs(&IID_DWriter, &IID_DWriterEvents);

    text = "";                                                     ⇐
}
```

Now that we've set up storage space for our ActiveX control's data, let's get some data by accepting keystrokes from the user in our code.

Accepting Keystrokes in an ActiveX Control

The WM_CHAR message, which is artificially generated by applications when the user presses keys, won't work here; instead, we use the WM_KEYDOWN message. Add a WM_KEYDOWN handler function to the CWriterCtrl class with Class-Wizard now.

```
void CWriterCtrl::OnKeyDown(UINT nChar, UINT nRepCnt, UINT nFlags)
{
    // TODO: Add your message handler code here and/or call default
}
```

Because this message is in WM_KEYDOWN and not WM_CHAR, we have to do a little character interpretation before we add the new character to our text string. For example, the character stored in the nChar parameter sent to us is always in capitals in OnKeyDown(), and we need to fix that.

To work with nChar, we first copy it into a CString object named temp.

```
void CWriterCtrl::OnKeyDown(UINT nChar, UINT nRepCnt, UINT nFlags)
{
    CString temp(nChar);                                              ⇐
        .
        .
        .
```

To avoid trying to display control characters like the Shift key, we only display letters and spaces, so we return from OnKeyDown() if nChar falls outside this range.

```
void CWriterCtrl::OnKeyDown(UINT nChar, UINT nRepCnt, UINT nFlags)
{
    CString temp(nChar);

    if((temp < 'A' || temp > 'Z') && temp != ' ')                    ⇐
        return;                                                       ⇐
            .
            .
            .
```

We also make the newly struck key lowercase, using the CString function MakeLower() unless the Shift key was down.

```
void CWriterCtrl::OnKeyDown(UINT nChar, UINT nRepCnt, UINT nFlags)
{
    CString temp(nChar);

    if((temp < 'A' || temp > 'Z') && temp != ' ')
        return;

    if(GetKeyState(VK_SHIFT) >= 0)                                    ⇐
        temp.MakeLower();                                             ⇐
            .
            .
            .
```

Now that we've done a little preparation, we can add the new character to the text we've already stored.

```
void CWriterCtrl::OnKeyDown(UINT nChar, UINT nRepCnt, UINT nFlags)
{
    CString temp(nChar);

    if((temp < 'A' || temp > 'Z') && temp != ' ')
```

```
        return;

    if(GetKeyState(VK_SHIFT) >= 0)
        temp.MakeLower();

    text += temp;                                              ⇐
        .
        .
        .
```

Then, just as we might with a standard Visual C++ program, we invalidate the ActiveX control so it's redisplayed with our new text.

```
void CWriterCtrl::OnKeyDown(UINT nChar, UINT nRepCnt, UINT nFlags)
{
    CString temp(nChar);

    if((temp < 'A' || temp > 'Z') && temp != ' ')
        return;

    if(GetKeyState(VK_SHIFT) >= 0)
        temp.MakeLower();

    text += temp;

    Invalidate();                                              ⇐
    COleControl::OnKeyDown(nChar, nRepCnt, nFlags);
}
```

That's it for handling keys. We still need to add the drawing code to the ActiveX control, which we do in the OnDraw() function.

Displaying Data in an ActiveX Control

The default OnDraw() function placed in our program by the ActiveX Control-Wizard simply draws a white rectangle and displays an ellipse in that rectangle.

```
void CWriterCtrl::OnDraw(
            CDC* pdc, const CRect& rcBounds, const CRect& rcInvalid)
{
    // TODO: Replace the following code with your own drawing code.
    pdc->FillRect(rcBounds,
CBrush::FromHandle((HBRUSH)GetStockObject(WHITE_BRUSH)));
    pdc->Ellipse(rcBounds);
}
```

Here, the rcBounds rectangle holds the dimensions of the control's bounding rectangle. We make use of those dimensions ourselves as we draw a rectangle surrounding the ActiveX control (that is, to make it visible in case it appears in a white window).

```
void CWriterCtrl::OnDraw(
            CDC* pdc, const CRect& rcBounds, const CRect& rcInvalid)
{

    pdc->Rectangle(rcBounds);                                          ⇐
            .
            .
            .
}
```

Then we simply draw the text in the CString text object, indenting that text's position slightly to avoid obscuring the surrounding rectangle.

```
void CWriterCtrl::OnDraw(
            CDC* pdc, const CRect& rcBounds, const CRect& rcInvalid)
{

    pdc->Rectangle(rcBounds);
    pdc->TextOut(2, 2, text);                                          ⇐

}
```

That completes the code for the Writer control.

Building the control with Visual C++ automatically registers it with Windows and creates the actual ActiveX control itself—Writer.ocx. (The .ocx extension is left over from the days when such controls were called OLE controls, not ActiveX controls.)

Now that we have our new ActiveX control, we can test it with the ActiveX Control Test Container, which is found in the Visual C++ Tools menu.

Testing ActiveX Controls

Open the Test container now and select the Insert New Control item from the Edit menu to open the Insert Control box. Select the entry Writer Control and click OK to insert a new Writer control in the Test container, as shown in Figure 13.2.

As also shown in Figure 13.2, you can type into the new ActiveX control, resize it, move it, and so on. Our ActiveX control is a success; now we're creating ActiveX controls in Visual C++.

We still haven't embedded the Writer control into a program yet, however, and ActiveX controls are designed to be used, so let's put Writer to use now in a

Figure 13.2 Testing the new Writer ActiveX control.

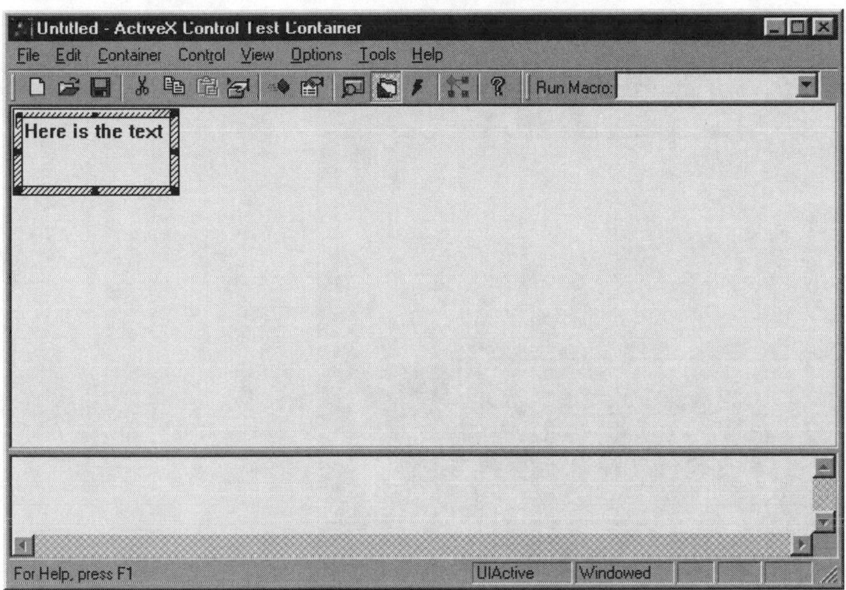

new program, WriterApp. We embed a Writer control in WriterApp and type into that new control.

Creating WriterApp

Using AppWizard, create a new SDI program named WriterApp. To make it easy to embed the Writer control into WriterApp, base WriterApp's View class on CFormView.

To add the Writer control to the new WriterApp project, select the Project menu's Add to Project item, which opens the Components and Controls Gallery as shown in Figure 13.3. Double-click the Registered ActiveX Controls folder and find the entry for the Writer control in that folder. Double-click that entry; Visual C++ asks you for a name for the new class corresponding to our control. Accept the default, CWriter (you can use this class to make a member object of the new Writer control in WriterApp).

Now open the IDD_WRITERAPP_FORM resource from the Dialog folder in ResourceView, as shown in Figure 13.4. This is the main window for WriterApp. As you can see at right in Figure 13.4, our new ActiveX control appears in the control toolbox at the bottom left, with the letters OCX. Use that new tool to draw a Writer control in the WriterApp form now.

Figure 13.3 The Visual C++ Components and Controls Gallery.

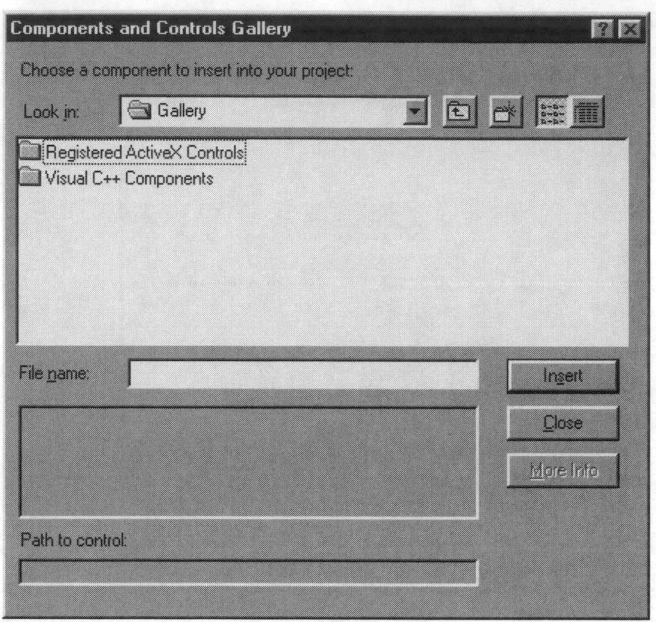

Setting Your ActiveX Control's Icon

To change your ActiveX control's icon from the letters OCX to something else, just open the control's bitmap—that's IDB_WRITER for Writer—in the Bitmap Editor and make the modifications you want.

That's all it takes because the Writer control is self-contained. Start the program now and type something into the Writer control, as also shown in Figure 13.5. You can see the typed text appear in the new control—Writer is a success. We're creating our own ActiveX controls.

The code for this control, WriterCtl.h and WriterCtl.cpp, appears in Listing 13.1; the code for WriterAppView.h and WriterAppView.cpp appears in Listing 13.2.

Listing 13.1 WriterCtl.h and WriterCtl.cpp

```
#if !defined(AFX_WRITERCTL_H__628442B4_AA22_11D1_887F_D42B07C10710__INCLUDED_)
#define AFX_WRITERCTL_H__628442B4_AA22_11D1_887F_D42B07C10710__INCLUDED_

#if _MSC_VER > 1000
#pragma once
```

Figure 13.4 Adding the new Writer ActiveX control to a program.

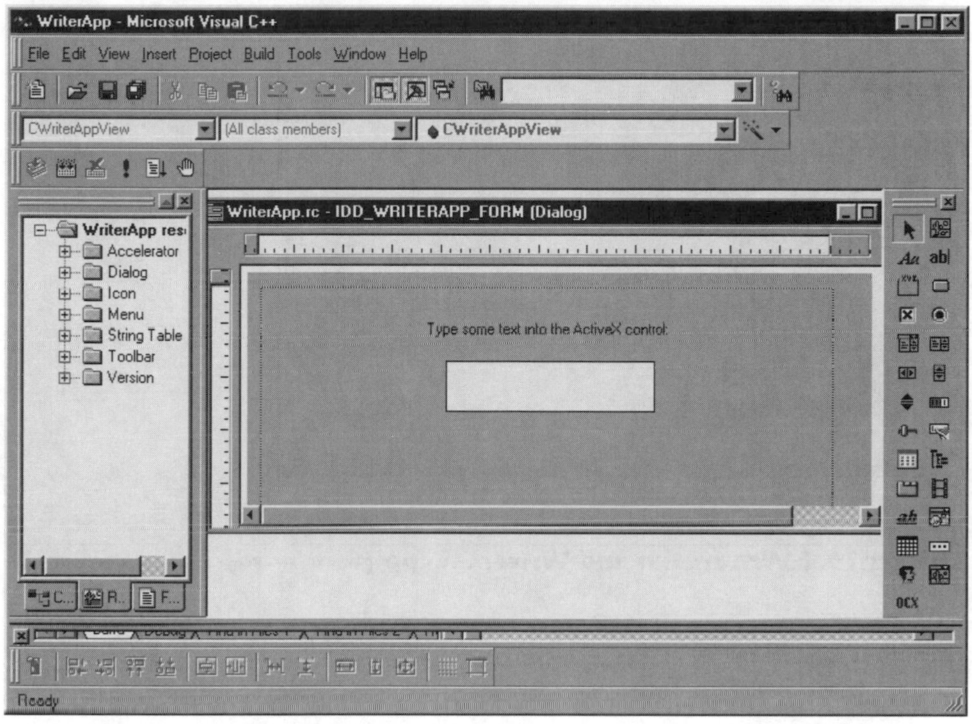

Listing 13.1 *Continued*

```
#endif // _MSC_VER > 1000

// WriterCtl.h : Declaration of the CWriterCtrl ActiveX Control class.

/////////////////////////////////////////////////////////////////////////////
// CWriterCtrl : See WriterCtl.cpp for implementation.

class CWriterCtrl : public COleControl
{
    DECLARE_DYNCREATE(CWriterCtrl)

// Constructor
public:
    CWriterCtrl();
```

Continued

Figure 13.5 Using the Writer ActiveX control.

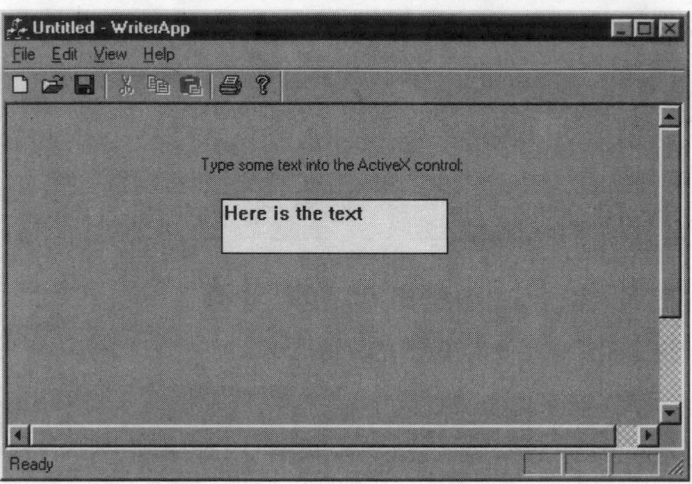

Listing 13.1 WriterCtl.h and WriterCtl.cpp *(Continued)*

```
// Overrides
    // ClassWizard generated virtual function overrides
    //{{AFX_VIRTUAL(CWriterCtrl)
    public:
    virtual void OnDraw(CDC* pdc, const CRect& rcBounds, const CRect& rcInvalid);
    virtual void DoPropExchange(CPropExchange* pPX);
    virtual void OnResetState();
    //}}AFX_VIRTUAL

// Implementation
protected:
    ~CWriterCtrl();

    DECLARE_OLECREATE_EX(CWriterCtrl)     // Class factory and guid
    DECLARE_OLETYPELIB(CWriterCtrl)       // GetTypeInfo
    DECLARE_PROPPAGEIDS(CWriterCtrl)      // Property page IDs
    DECLARE_OLECTLTYPE(CWriterCtrl)         // Type name and misc status

    CString text;
// Message maps
    //{{AFX_MSG(CWriterCtrl)
```

Listing 13.1 *Continued*

```
    afx_msg void OnKeyDown(UINT nChar, UINT nRepCnt, UINT nFlags);
    //}}AFX_MSG
    DECLARE_MESSAGE_MAP()

// Dispatch maps
    //{{AFX_DISPATCH(CWriterCtrl)
        // NOTE - ClassWizard will add and remove member functions here.
        //    DO NOT EDIT what you see in these blocks of generated code !
    //}}AFX_DISPATCH
    DECLARE_DISPATCH_MAP()

    afx_msg void AboutBox();

// Event maps
    //{{AFX_EVENT(CWriterCtrl)
        // NOTE - ClassWizard will add and remove member functions here.
        //    DO NOT EDIT what you see in these blocks of generated code !
    //}}AFX_EVENT
    DECLARE_EVENT_MAP()

// Dispatch and event IDs
public:
    enum {
    //{{AFX_DISP_ID(CWriterCtrl)
        // NOTE: ClassWizard will add and remove enumeration elements here.
        //    DO NOT EDIT what you see in these blocks of generated code !
    //}}AFX_DISP_ID
    };
};

//{{AFX_INSERT_LOCATION}}
// Microsoft Visual C++ will insert additional declarations immediately before the
previous line.

#endif // !defined(AFX_WRITERCTL_H__628442B4_AA22_11D1_887F_D42B07C10710__INCLUDED)


// WriterCtl.cpp : Implementation of the CWriterCtrl ActiveX Control class.

#include "stdafx.h"
```

Continued

Listing 13.1 WriterCtl.h and WriterCtl.cpp *(Continued)*

```
#include "Writer.h"
#include "WriterCtl.h"
#include "WriterPpg.h"


#ifdef _DEBUG
#define new DEBUG_NEW
#undef THIS_FILE
static char THIS_FILE[] = __FILE__;
#endif


IMPLEMENT_DYNCREATE(CWriterCtrl, COleControl)


/////////////////////////////////////////////////////////////////////////////
// Message map

BEGIN_MESSAGE_MAP(CWriterCtrl, COleControl)
    //{{AFX_MSG_MAP(CWriterCtrl)
    ON_WM_KEYDOWN()
    //}}AFX_MSG_MAP
    ON_OLEVERB(AFX_IDS_VERB_PROPERTIES, OnProperties)
END_MESSAGE_MAP()


/////////////////////////////////////////////////////////////////////////////
// Dispatch map

BEGIN_DISPATCH_MAP(CWriterCtrl, COleControl)
    //{{AFX_DISPATCH_MAP(CWriterCtrl)
    // NOTE - ClassWizard will add and remove dispatch map entries
    //    DO NOT EDIT what you see in these blocks of generated code !
    //}}AFX_DISPATCH_MAP
    DISP_FUNCTION_ID(CWriterCtrl, "AboutBox", DISPID_ABOUTBOX, AboutBox, VT_EMPTY,
VTS_NONE)
END_DISPATCH_MAP()


/////////////////////////////////////////////////////////////////////////////
```

Listing 13.1 *Continued*

```
// Event map

BEGIN_EVENT_MAP(CWriterCtrl, COleControl)
    //{{AFX_EVENT_MAP(CWriterCtrl)
    // NOTE - ClassWizard will add and remove event map entries
    //    DO NOT EDIT what you see in these blocks of generated code !
    //}}AFX_EVENT_MAP
END_EVENT_MAP()


/////////////////////////////////////////////////////////////////////////////
// Property pages

// TODO: Add more property pages as needed.  Remember to increase the count!
BEGIN_PROPPAGEIDS(CWriterCtrl, 1)
    PROPPAGEID(CWriterPropPage::guid)
END_PROPPAGEIDS(CWriterCtrl)


/////////////////////////////////////////////////////////////////////////////
// Initialize class factory and guid

IMPLEMENT_OLECREATE_EX(CWriterCtrl, "WRITER.WriterCtrl.1",
    0x628442a6, 0xaa22, 0x11d1, 0x88, 0x7f, 0xd4, 0x2b, 0x7, 0xc1, 0x7, 0x10)


/////////////////////////////////////////////////////////////////////////////
// Type library ID and version

IMPLEMENT_OLETYPELIB(CWriterCtrl, _tlid, _wVerMajor, _wVerMinor)


/////////////////////////////////////////////////////////////////////////////
// Interface IDs

const IID BASED_CODE IID_DWriter =
        { 0x628442a4, 0xaa22, 0x11d1, { 0x88, 0x7f, 0xd4, 0x2b, 0x7, 0xc1, 0x7,
0x10 } };
const IID BASED_CODE IID_DWriterEvents =
```

Continued

Listing 13.1 WriterCtl.h and WriterCtl.cpp *(Continued)*

```
        { 0x628442a5, 0xaa22, 0x11d1, { 0x88, 0x7f, 0xd4, 0x2b, 0x7, 0xc1, 0x7,
0x10 } };


/////////////////////////////////////////////////////////////////////////////
// Control type information

static const DWORD BASED_CODE _dwWriterOleMisc =
    OLEMISC_ACTIVATEWHENVISIBLE |
    OLEMISC_SETCLIENTSITEFIRST |
    OLEMISC_INSIDEOUT |
    OLEMISC_CANTLINKINSIDE |
    OLEMISC_RECOMPOSEONRESIZE;

IMPLEMENT_OLECTLTYPE(CWriterCtrl, IDS_WRITER, _dwWriterOleMisc)


/////////////////////////////////////////////////////////////////////////////
// CWriterCtrl::CWriterCtrlFactory::UpdateRegistry -
// Adds or removes system registry entries for CWriterCtrl

BOOL CWriterCtrl::CWriterCtrlFactory::UpdateRegistry(BOOL bRegister)
{
    // TODO: Verify that your control follows apartment-model threading rules.
    // Refer to MFC TechNote 64 for more information.
    // If your control does not conform to the apartment-model rules, then
    // you must modify the code below, changing the 6th parameter from
    // afxRegApartmentThreading to 0.

    if (bRegister)
        return AfxOleRegisterControlClass(
            AfxGetInstanceHandle(),
            m_clsid,
            m_lpszProgID,
            IDS_WRITER,
            IDB_WRITER,
            afxRegApartmentThreading,
            _dwWriterOleMisc,
            _tlid,
            _wVerMajor,
            _wVerMinor);
```

Listing 13.1 *Continued*

```
    else
        return AfxOleUnregisterClass(m_clsid, m_lpszProgID);
}


/////////////////////////////////////////////////////////////////////////////
// CWriterCtrl::CWriterCtrl - Constructor

CWriterCtrl::CWriterCtrl()
{
    InitializeIIDs(&IID_DWriter, &IID_DWriterEvents);

    text = "";
    // TODO: Initialize your control's instance data here.
}


/////////////////////////////////////////////////////////////////////////////
// CWriterCtrl::~CWriterCtrl - Destructor

CWriterCtrl::~CWriterCtrl()
{
    // TODO: Cleanup your control's instance data here.
}


/////////////////////////////////////////////////////////////////////////////
// CWriterCtrl::OnDraw - Drawing function

void CWriterCtrl::OnDraw(
            CDC* pdc, const CRect& rcBounds, const CRect& rcInvalid)
{
    // TODO: Replace the following code with your own drawing code.
    //pdc->FillRect(rcBounds,
CBrush::FromHandle((HBRUSH)GetStockObject(WHITE_BRUSH)));
    //pdc->Ellipse(rcBounds);
    pdc->Rectangle(rcBounds);
    pdc->TextOut(2, 2, text);
}
```

Continued

Listing 13.1 WriterCtl.h and WriterCtl.cpp *(Continued)*

```
/////////////////////////////////////////////////////////////////////////////
// CWriterCtrl::DoPropExchange - Persistence support

void CWriterCtrl::DoPropExchange(CPropExchange* pPX)
{
    ExchangeVersion(pPX, MAKELONG(_wVerMinor, _wVerMajor));
    COleControl::DoPropExchange(pPX);

    // TODO: Call PX_ functions for each persistent custom property.

}


/////////////////////////////////////////////////////////////////////////////
// CWriterCtrl::OnResetState - Reset control to default state

void CWriterCtrl::OnResetState()
{
    COleControl::OnResetState();  // Resets defaults found in DoPropExchange

    // TODO: Reset any other control state here.
}


/////////////////////////////////////////////////////////////////////////////
// CWriterCtrl::AboutBox - Display an "About" box to the user

void CWriterCtrl::AboutBox()
{
    CDialog dlgAbout(IDD_ABOUTBOX_WRITER);
    dlgAbout.DoModal();
}


/////////////////////////////////////////////////////////////////////////////
// CWriterCtrl message handlers

void CWriterCtrl::OnKeyDown(UINT nChar, UINT nRepCnt, UINT nFlags)
{
    // TODO: Add your message handler code here and/or call default
```

Listing 13.1 *Continued*

```
    CString temp(nChar);

    if((temp < 'A' || temp > 'Z') && temp != ' ')
        return;

    if(GetKeyState(VK_SHIFT) >= 0)
        temp.MakeLower();

    text += temp;

    Invalidate();
    COleControl::OnKeyDown(nChar, nRepCnt, nFlags);
}
```

Listing 13.2 WriterAppView.h and WriterAppView.cpp

```
// WriterAppView.h : interface of the CWriterAppView class
//
/////////////////////////////////////////////////////////////////////////////

#if !defined(AFX_WRITERAPPVIEW_H__628442FF_AA22_11D1_887F_D42B07C10710__INCLUDED_)
#define AFX_WRITERAPPVIEW_H__628442FF_AA22_11D1_887F_D42B07C10710__INCLUDED_

#if _MSC_VER > 1000
#pragma once
#endif // _MSC_VER > 1000

class CWriterAppView : public CFormView
{
protected: // create from serialization only
    CWriterAppView();
    DECLARE_DYNCREATE(CWriterAppView)

public:
    //{{AFX_DATA(CWriterAppView)
    enum{ IDD = IDD_WRITERAPP_FORM };
        // NOTE: the ClassWizard will add data members here
    //}}AFX_DATA

// Attributes
```

Continued

Listing 13.2 WriterAppView.h and WriterAppView.cpp *(Continued)*

```
public:
    CWriterAppDoc* GetDocument();

// Operations
public:

// Overrides
    // ClassWizard generated virtual function overrides
    //{{AFX_VIRTUAL(CWriterAppView)
    public:
    virtual BOOL PreCreateWindow(CREATESTRUCT& cs);
    protected:
    virtual void DoDataExchange(CDataExchange* pDX);    // DDX/DDV support
    virtual void OnInitialUpdate(); // called first time after construct
    virtual BOOL OnPreparePrinting(CPrintInfo* pInfo);
    virtual void OnBeginPrinting(CDC* pDC, CPrintInfo* pInfo);
    virtual void OnEndPrinting(CDC* pDC, CPrintInfo* pInfo);
    virtual void OnPrint(CDC* pDC, CPrintInfo* pInfo);
    //}}AFX_VIRTUAL

// Implementation
public:
    virtual ~CWriterAppView();
#ifdef _DEBUG
    virtual void AssertValid() const;
    virtual void Dump(CDumpContext& dc) const;
#endif

protected:

// Generated message map functions
protected:
    //{{AFX_MSG(CWriterAppView)
        // NOTE - the ClassWizard will add and remove member functions here.
        //    DO NOT EDIT what you see in these blocks of generated code !
    //}}AFX_MSG
    DECLARE_MESSAGE_MAP()
};

#ifndef _DEBUG  // debug version in WriterAppView.cpp
```

Listing 13.2 *Continued*

```
inline CWriterAppDoc* CWriterAppView::GetDocument()
   { return (CWriterAppDoc*)m_pDocument; }
#endif

/////////////////////////////////////////////////////////////////////////////

//{{AFX_INSERT_LOCATION}}
// Microsoft Visual C++ will insert additional declarations immediately before the
previous line.

#endif //
!defined(AFX_WRITERAPPVIEW_H__628442FF_AA22_11D1_887F_D42B07C10710__INCLUDED_)


// WriterAppView.cpp : implementation of the CWriterAppView class
//

#include "stdafx.h"
#include "WriterApp.h"

#include "WriterAppDoc.h"
#include "WriterAppView.h"

#ifdef _DEBUG
#define new DEBUG_NEW
#undef THIS_FILE
static char THIS_FILE[] = __FILE__;
#endif


/////////////////////////////////////////////////////////////////////////////
// CWriterAppView

IMPLEMENT_DYNCREATE(CWriterAppView, CFormView)

BEGIN_MESSAGE_MAP(CWriterAppView, CFormView)
    //{{AFX_MSG_MAP(CWriterAppView)
        // NOTE - the ClassWizard will add and remove mapping macros here.
        //    DO NOT EDIT what you see in these blocks of generated code!
    //}}AFX_MSG_MAP
```

Continued

Listing 13.2 WriterAppView.h and WriterAppView.cpp *(Continued)*

```
    // Standard printing commands
    ON_COMMAND(ID_FILE_PRINT, CFormView::OnFilePrint)
    ON_COMMAND(ID_FILE_PRINT_DIRECT, CFormView::OnFilePrint)
    ON_COMMAND(ID_FILE_PRINT_PREVIEW, CFormView::OnFilePrintPreview)
END_MESSAGE_MAP()

/////////////////////////////////////////////////////////////////////////////
// CWriterAppView construction/destruction

CWriterAppView::CWriterAppView()
    : CFormView(CWriterAppView::IDD)
{
    //{{AFX_DATA_INIT(CWriterAppView)
        // NOTE: the ClassWizard will add member initialization here
    //}}AFX_DATA_INIT
    // TODO: add construction code here

}

CWriterAppView::~CWriterAppView()
{
}

void CWriterAppView::DoDataExchange(CDataExchange* pDX)
{
    CFormView::DoDataExchange(pDX);
    //{{AFX_DATA_MAP(CWriterAppView)
        // NOTE: the ClassWizard will add DDX and DDV calls here
    //}}AFX_DATA_MAP
}

BOOL CWriterAppView::PreCreateWindow(CREATESTRUCT& cs)
{
    // TODO: Modify the Window class or styles here by modifying
    //  the CREATESTRUCT cs

    return CFormView::PreCreateWindow(cs);
}

void CWriterAppView::OnInitialUpdate()
```

Listing 13.2 *Continued*

```
{
    CFormView::OnInitialUpdate();
    GetParentFrame()->RecalcLayout();
    ResizeParentToFit();

}

/////////////////////////////////////////////////////////////////////////////
// CWriterAppView printing

BOOL CWriterAppView::OnPreparePrinting(CPrintInfo* pInfo)
{
    // default preparation
    return DoPreparePrinting(pInfo);
}

void CWriterAppView::OnBeginPrinting(CDC* /*pDC*/, CPrintInfo* /*pInfo*/)
{
    // TODO: add extra initialization before printing
}

void CWriterAppView::OnEndPrinting(CDC* /*pDC*/, CPrintInfo* /*pInfo*/)
{
    // TODO: add cleanup after printing
}

void CWriterAppView::OnPrint(CDC* pDC, CPrintInfo* /*pInfo*/)
{
    // TODO: add code to print the controls
}

/////////////////////////////////////////////////////////////////////////////
// CWriterAppView diagnostics

#ifdef _DEBUG
void CWriterAppView::AssertValid() const
{
    CFormView::AssertValid();
}
```

Continued

Listing 13.2 WriterAppView.h and WriterAppView.cpp *(Continued)*

```
void CWriterAppView::Dump(CDumpContext& dc) const
{
    CFormView::Dump(dc);
}

CWriterAppDoc* CWriterAppView::GetDocument() // non-debug version is inline
{
    ASSERT(m_pDocument->IsKindOf(RUNTIME_CLASS(CWriterAppDoc)));
    return (CWriterAppDoc*)m_pDocument;
}
#endif //_DEBUG

/////////////////////////////////////////////////////////////////////////////
// CWriterAppView message handlers
```

As we've seen, we've had to write all the text-handling code ourselves in Writer. If we wanted to add a caret, support cut and paste, and more, we'd have a lot of work to do.

There is an easier way of doing all this and more—you can *subclass* an existing Windows control in your ActiveX control. We can base a new ActiveX control—Writer2—on the text box control and add more power to that control as well. Let's look at that process now.

Subclassing Controls: The Writer2 ActiveX Control

You can base ActiveX controls on several standard Windows controls, such as text boxes, list boxes, and combo boxes. To see how this works, we base a new ActiveX control, Writer2, on a text box. This allows the user to enter text into our ActiveX control without any special coding on our part (unlike in the Writer project).

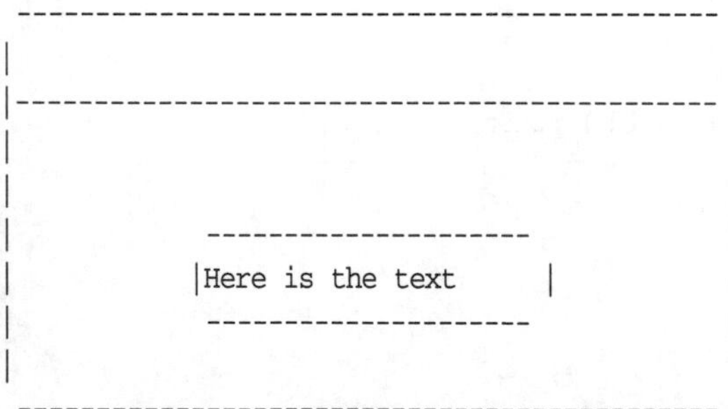

We can also augment our new control to include *events* and *properties*. For example, when the user types into our control, our control can cause a new event—a Change event—that we set up, and the program that contains our Writer2 control—Writer2App—can make use of that event. When that event occurs, the Writer2App program can check the Length property, which holds the text string's length. We can then display that property's value in Writer2App, updating it each time there is a Change event.

```
 -------------------------------------------
|                                           |
|-------------------------------------------|
|                                           |
|                                           |
|           --------------------            |
|          |Here is the text    |           |
|           --------------------            |
|                                           |
|           --------------------            |
|          |Text length = 16    |           |
|           --------------------            |
|                                           |
|                                           |
|                                           |
|                                           |
|                                           |
|                                           |
 -------------------------------------------
```

In addition to events and properties, ActiveX controls can support *methods*. A method is a function built into an ActiveX control that the containing program can access. For example, we can add a new method to Writer2—Clear()—that clears the text in the control. We can invoke that new method from Writer2App by using a button.

```
 -------------------------------------------
|                                           |
|-------------------------------------------|
|                                           |
|                                           |
|           --------------------            |
|          |Here is the text   |            |
|           --------------------            |
|                                           |
|           --------------------            |
```

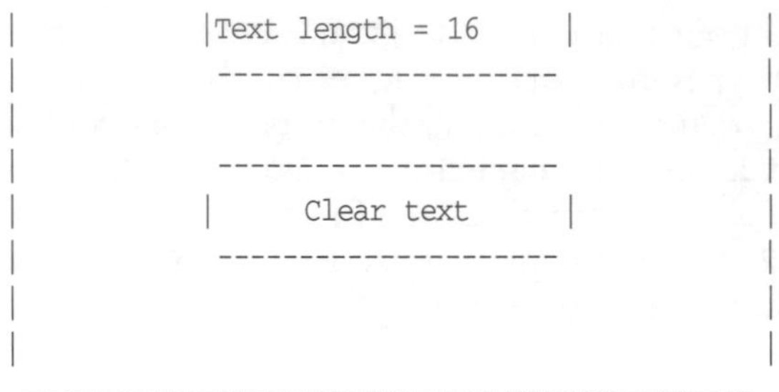

That's what our new Writer2 control does. We subclass it from a text box and give it a property (Length), a method (Clear()), and an event (Change).

Create the new Writer2 project, using the Visual C++ ActiveX ControlWizard. In Step 2 of the ControlWizard, select EDIT in answer to the question "Which window class, if any, should this control subclass?" as shown in Figure 13.6. Click Finish to create the Writer2 project.

Our ActiveX control is based on the text box control. We start developing our new control by adding a property to it—the Length property.

ActiveX Properties

To add a new property to our control, open ClassWizard and select the Automation tab. Then, click the Add Property button to open the Add Property box, as shown

Figure 13.6 Subclassing a Windows control in an ActiveX control.

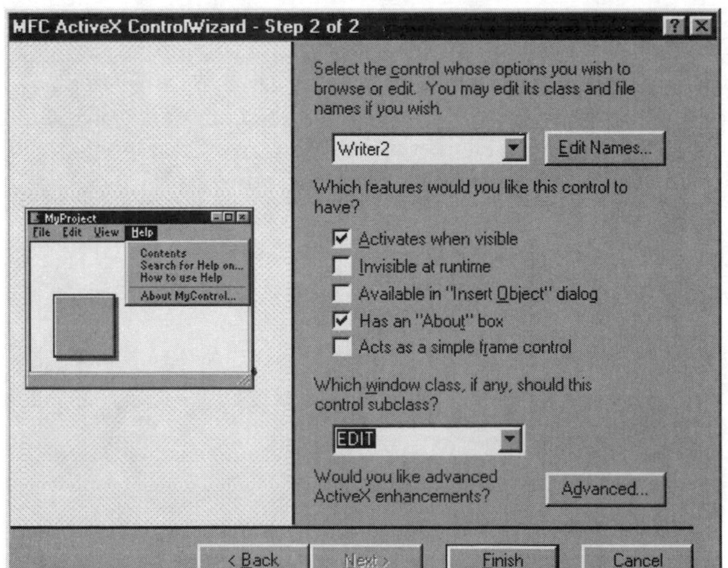

in Figure 13.7. Give this new property the External name Length and set its type to short (that is, short integer). Next, select the Get/Set methods button in the Implementation box. This allows other programs to access our control with two new functions, GetLength() and SetLength().

If we had clicked the Member variable button, other programs could reach the Length property as a data member of the Writer2 object via Writer2.Length. However, it's safer to restrict access to our control's internal data by using the access functions GetLength() and SetLength().

```
short CWriter2Ctrl::GetLength()
{
    // TODO: Add your property handler here

    return 0;
}

void CWriter2Ctrl::SetLength(short nNewValue)
{
    // TODO: Add your property handler here

    SetModifiedFlag();
}
```

Figure 13.7 Adding a property to an ActiveX control.

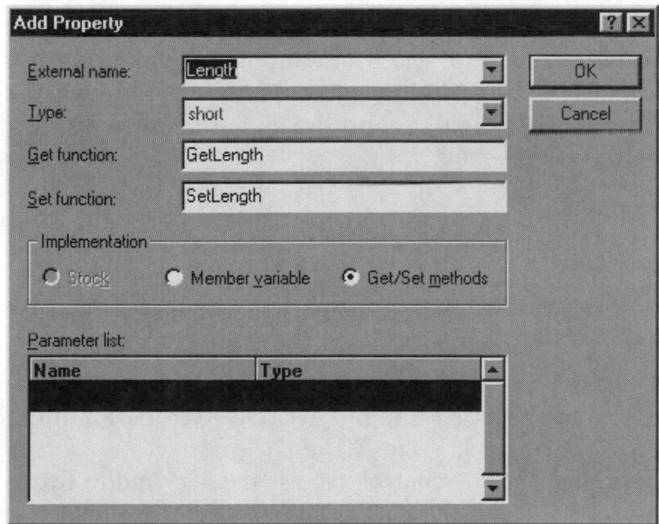

In GetLength(), we want to return the length of the text string now in the text box, but how do we reach that text box? Because we've subclassed our control from the text box control, we can use that control's member functions directly. For example, to get a text box's text length, you use GetWindowTextLength(). We do that here in GetLength().

```
short CWriter2Ctrl::GetLength()
{

    return GetWindowTextLength();                                    ⇐

}
```

We won't let other programs set the text's length, so we just beep if they try, adding this line to SetLength(). (Being able to restrict access to our internal data is one of the advantages of using Get and Set functions for properties.)

```
void CWriter2Ctrl::SetLength(short nNewValue)
{

    MessageBeep(-1);                                                 ⇐

}
```

Now that we've added a new property, we add a new method—the Clear() method.

ActiveX Methods

To add a new method to the Writer2 control, select the Add method button in ClassWizard to open the Add method box. Give this new method the External name "Clear" and set the Return type to void, as also shown in Figure 13.8.

Then click OK to create this new method.

```
void CWriter2Ctrl::Clear()
{

    // TODO: Add your dispatch handler code here

}
```

If another program creates a member object to our Writer2 ActiveX control, that program can use our Clear() method this way: Writer.2Clear().

To actually clear the text in the text box control, we use the SetWindowText() function.

```
void CWriter2Ctrl::Clear()
{

    SetWindowText("");                                        ⇐

}
```

Adding Parameters to Methods

If you want to add parameters to your method, just enter those parameters and their types in the Parameter list box in the Add Method box.

Now we've added both a property and a method to our ActiveX control. Next, we add a new event, the Change event.

ActiveX Events

To add a new event to the Writer2 control, click the ActiveX Events tab in ClassWizard and select the Add Event button to open the Add Event box, as shown in Figure 13.9. Give this new event the External name Change and click OK.

Figure 13.8 Adding a method to an ActiveX control.

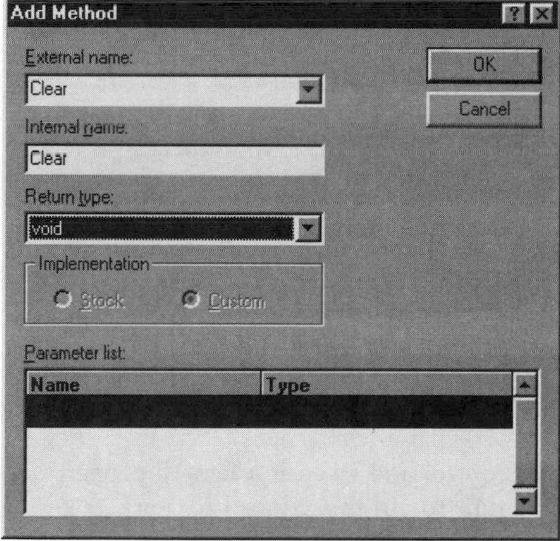

Figure 13.9 Adding an event to an ActiveX control.

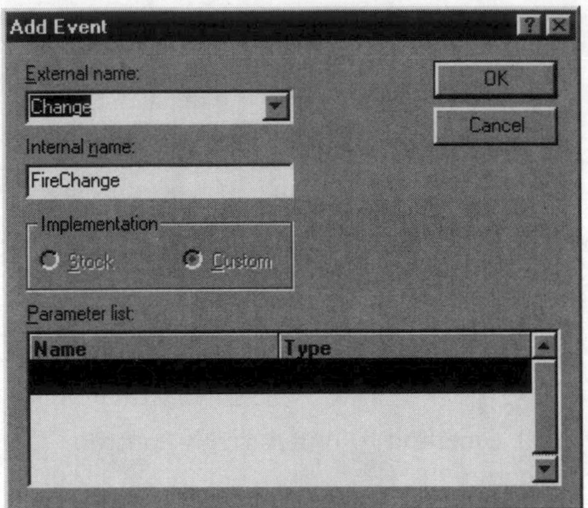

This creates a new event, the Change event. We want to make this event occur—called *firing* the event—when the user types anything into the Writer2 control, so we connect a handler function to the WM_KEYDOWN message.

```
void CWriter2Ctrl::OnKeyDown(UINT nChar, UINT nRepCnt, UINT nFlags)
{
    // TODO: Add your message handler code here and/or call default

    COleControl::OnKeyDown(nChar, nRepCnt, nFlags);
}
```

To fire the Change event, we call the FireChange() function that ClassWizard has added to our program.

```
void CWriter2Ctrl::OnKeyDown(UINT nChar, UINT nRepCnt, UINT nFlags)
{

    FireChange();                                              ⇐

    COleControl::OnKeyDown(nChar, nRepCnt, nFlags);
}
```

Now that we've created the Writer2 control and given it a Length property, a Clear() method, and a Change event, it's time to put this control to work.

Creating Writer2App

We use the Writer2 control in a new program, Writer2App. Create that project, basing its view on the CFormView class.

Next, open the Components and Controls Gallery and add the Writer2 control to the project, accepting the new class Visual C++ proposes for this control: CWriter2.

Finally, open the main form window and add a new Writer2 control to the window as well as a text box and a button, giving that button the caption "Clear text," as shown in Figure 13.10.

Now use ClassWizard to add a new member variable to the Writer2 control. Click the Member Variables tab in ClassWizard and select the IDC_WRITER2-CTRL1 entry, adding a new member variable to the Writer2 control with the name m_writer2. Now we can access our control's methods and properties conveniently.

We need to make the text box in Writer2App active first. When the user enters text in the Writer2 control, we can use that control's Change event to display the new text's length in Writer2App's text box. Click the Message Maps tab in Class-

Figure 13.10 Designing the Writer2App program.

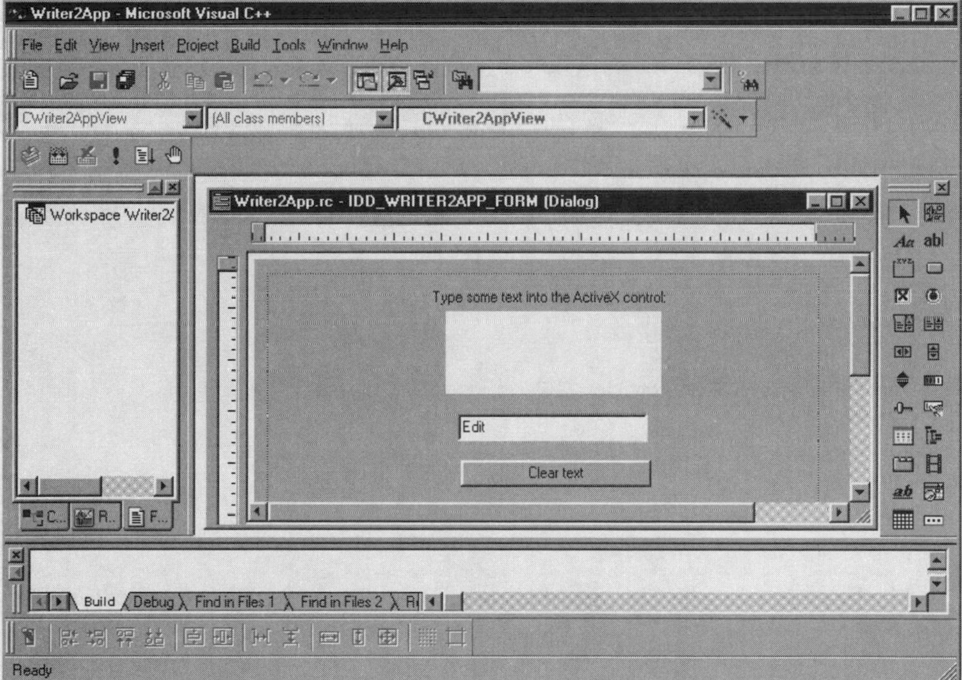

Wizard and find the IDC_WRITER2CTRL1 entry. There is one event associated with that control: Change. Add a new handler function to that event now.

```
void CWriter2AppView::OnChangeWriter2ctrl1()
{

    // TODO: Add your control notification handler code here

}
```

We want to display the text length in the Writer2 control, and we do that with the control's Length property. Using ClassWizard again, connect a CString variable to Writer2App's text box and name that variable m_LengthText. Now when the user types into the Writer2 control, we can get the new length of the text by calling m_writer2's GetLength() function. (Note that we add 1 to the value returned by GetLength(), since that function returns the current length of the text in the control before the current key is added.)

```
void CWriter2AppView::OnChangeWriter2ctrl1()
{
    char text[30];                                                    ⇐

    wsprintf(text, "Text length = %d", m_writer2.GetLength() + 1);   ⇐
    .
    .
    .
```

Then we display the new text length in Writer2App's text box.

```
void CWriter2AppView::OnChangeWriter2ctrl1()
{
    char text[30];

    wsprintf(text, "Text length = %d", m_writer2.GetLength() + 1);

    m_LengthText = text;                                              ⇐

    UpdateData(false);                                                ⇐
}
```

Finally, we enable the Clear text button in Writer2App. Attach a handler function to that button now.

```
void CWriter2AppView::OnButton1()
{
```

```
    // TODO: Add your control notification handler code here

}
```

Here, all we have to do is to use m_writer2's Clear() method to clear the text in the Writer2 control and update the text in the text box.

```
void CWriter2AppView::OnButton1()
{
    m_writer2.Clear();                                          ⇐

    m_LengthText = "Text length = 0";                           ⇐

    UpdateData(false);                                          ⇐
}
```

That completes Writer2App. Run the program now, as shown in Figure 13.11, and type some text into the Writer2 control. Doing so fires the Change event, and that updates the text in the text box, which indicates the text's length.

In addition, clicking the Clear text button invokes the Writer 2 Clear() method and clears the text in the Writer2 control. Through our successful Writer2 control, we've been able to support ActiveX properties, methods, and events. That's the real core of ActiveX programming; with this support, we're able to let our controls

Figure 13.11 Using the Writer2 control.

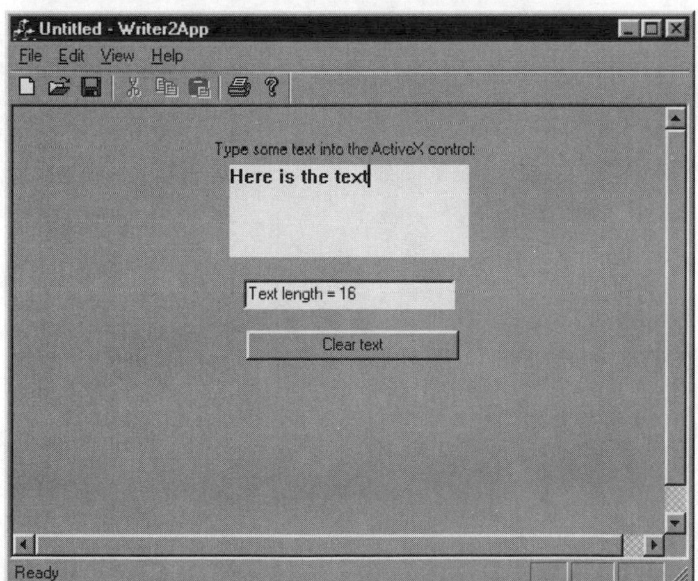

interact with the programs they're embedded in and do what they are designed to do, when they're supposed to do it.

The code for this example, Writer2Ctl.h and Writer2Ctl.cpp, appears in Listing 13.3. Writer2AppView.h and Writer2AppView.cpp appear in Listing 13.4.

Listing 13.3 Writer2Ctl.h and Writer2Ctl.cpp

```
#if !defined(AFX_WRITER2CTL_H__2E27A014_AA41_11D1_887F_D42B07C10710__INCLUDED_)
#define AFX_WRITER2CTL_H__2E27A014_AA41_11D1_887F_D42B07C10710__INCLUDED_

#if _MSC_VER > 1000
#pragma once
#endif // _MSC_VER > 1000

// Writer2Ctl.h : Declaration of the CWriter2Ctrl ActiveX Control class.

/////////////////////////////////////////////////////////////////////////////
// CWriter2Ctrl : See Writer2Ctl.cpp for implementation.

class CWriter2Ctrl : public COleControl
{
    DECLARE_DYNCREATE(CWriter2Ctrl)

// Constructor
public:
    CWriter2Ctrl();

// Overrides
    // ClassWizard generated virtual function overrides
    //{{AFX_VIRTUAL(CWriter2Ctrl)
    public:
    virtual void OnDraw(CDC* pdc, const CRect& rcBounds, const CRect& rcInvalid);
    virtual BOOL PreCreateWindow(CREATESTRUCT& cs);
    virtual void DoPropExchange(CPropExchange* pPX);
    virtual void OnResetState();
    //}}AFX_VIRTUAL

// Implementation
protected:
    ~CWriter2Ctrl();

    DECLARE_OLECREATE_EX(CWriter2Ctrl)    // Class factory and guid
    DECLARE_OLETYPELIB(CWriter2Ctrl)      // GetTypeInfo
```

Listing 13.3 *Continued*

```
    DECLARE_PROPPAGEIDS(CWriter2Ctrl)      // Property page IDs
    DECLARE_OLECTLTYPE(CWriter2Ctrl)         // Type name and misc status

    // Subclassed control support
    BOOL IsSubclassedControl();
    LRESULT OnOcmCommand(WPARAM wParam, LPARAM lParam);

// Message maps
    //{{AFX_MSG(CWriter2Ctrl)
    afx_msg void OnKeyDown(UINT nChar, UINT nRepCnt, UINT nFlags);
    //}}AFX_MSG
    DECLARE_MESSAGE_MAP()

// Dispatch maps
    //{{AFX_DISPATCH(CWriter2Ctrl)
    afx_msg short GetLength();
    afx_msg void SetLength(short nNewValue);
    afx_msg void Clear();
    //}}AFX_DISPATCH
    DECLARE_DISPATCH_MAP()

    afx_msg void AboutBox();

// Event maps
    //{{AFX_EVENT(CWriter2Ctrl)
    void FireChange()
        {FireEvent(eventidChange,EVENT_PARAM(VTS_NONE));}
    //}}AFX_EVENT
    DECLARE_EVENT_MAP()

// Dispatch and event IDs
public:
    enum {
    //{{AFX_DISP_ID(CWriter2Ctrl)
    dispidLength = 1L,
    dispidClear = 2L,
    eventidChange = 1L,
    //}}AFX_DISP_ID
    };
};
```

Continued

Listing 13.3 Writer2Ctl.h and Writer2Ctl.cpp *(Continued)*

```
//{{AFX_INSERT_LOCATION}}
// Microsoft Visual C++ will insert additional declarations immediately before the
previous line.

#endif // !defined(AFX_WRITER2CTL_H__2E27A014_AA41_11D1_887F_D42B07C10710__INCLUDED)


// Writer2Ctl.cpp : Implementation of the CWriter2Ctrl ActiveX Control class.

#include "stdafx.h"
#include "Writer2.h"
#include "Writer2Ctl.h"
#include "Writer2Ppg.h"


#ifdef _DEBUG
#define new DEBUG_NEW
#undef THIS_FILE
static char THIS_FILE[] = __FILE__;
#endif


IMPLEMENT_DYNCREATE(CWriter2Ctrl, COleControl)


/////////////////////////////////////////////////////////////////////////////
// Message map

BEGIN_MESSAGE_MAP(CWriter2Ctrl, COleControl)
    //{{AFX_MSG_MAP(CWriter2Ctrl)
    ON_WM_KEYDOWN()
    //}}AFX_MSG_MAP
    ON_MESSAGE(OCM_COMMAND, OnOcmCommand)
    ON_OLEVERB(AFX_IDS_VERB_PROPERTIES, OnProperties)
END_MESSAGE_MAP()


/////////////////////////////////////////////////////////////////////////////
// Dispatch map

BEGIN_DISPATCH_MAP(CWriter2Ctrl, COleControl)
```

Listing 13.3 *Continued*

```
    //{{AFX_DISPATCH_MAP(CWriter2Ctrl)
    DISP_PROPERTY_EX(CWriter2Ctrl, "Length", GetLength, SetLength, VT_I2)
    DISP_FUNCTION(CWriter2Ctrl, "Clear", Clear, VT_EMPTY, VTS_NONE)
    //}}AFX_DISPATCH_MAP
    DISP_FUNCTION_ID(CWriter2Ctrl, "AboutBox", DISPID_ABOUTBOX, AboutBox, VT_EMPTY,
VTS_NONE)
END_DISPATCH_MAP()


/////////////////////////////////////////////////////////////////////////////
// Event map

BEGIN_EVENT_MAP(CWriter2Ctrl, COleControl)
    //{{AFX_EVENT_MAP(CWriter2Ctrl)
    EVENT_CUSTOM("Change", FireChange, VTS_NONE)
    //}}AFX_EVENT_MAP
END_EVENT_MAP()


/////////////////////////////////////////////////////////////////////////////
// Property pages

// TODO: Add more property pages as needed.  Remember to increase the count!
BEGIN_PROPPAGEIDS(CWriter2Ctrl, 1)
    PROPPAGEID(CWriter2PropPage::guid)
END_PROPPAGEIDS(CWriter2Ctrl)


/////////////////////////////////////////////////////////////////////////////
// Initialize class factory and guid

IMPLEMENT_OLECREATE_EX(CWriter2Ctrl, "WRITER2.Writer2Ctrl.1",
    0x2e27a006, 0xaa41, 0x11d1, 0x88, 0x7f, 0xd4, 0x2b, 0x7, 0xc1, 0x7, 0x10)


/////////////////////////////////////////////////////////////////////////////
// Type library ID and version

IMPLEMENT_OLETYPELIB(CWriter2Ctrl, _tlid, _wVerMajor, _wVerMinor)
```

Continued

Listing 13.3 Writer2Ctl.h and Writer2Ctl.cpp *(Continued)*

```
////////////////////////////////////////////////////////////////////////////
// Interface IDs

const IID BASED_CODE IID_DWriter2 =
        { 0x2e27a004, 0xaa41, 0x11d1, { 0x88, 0x7f, 0xd4, 0x2b, 0x7, 0xc1, 0x7,
0x10 } };
const IID BASED_CODE IID_DWriter2Events =
        { 0x2e27a005, 0xaa41, 0x11d1, { 0x88, 0x7f, 0xd4, 0x2b, 0x7, 0xc1, 0x7,
0x10 } };


////////////////////////////////////////////////////////////////////////////
// Control type information

static const DWORD BASED_CODE _dwWriter2OleMisc =
    OLEMISC_ACTIVATEWHENVISIBLE |
    OLEMISC_SETCLIENTSITEFIRST |
    OLEMISC_INSIDEOUT |
    OLEMISC_CANTLINKINSIDE |
    OLEMISC_RECOMPOSEONRESIZE;

IMPLEMENT_OLECTLTYPE(CWriter2Ctrl, IDS_WRITER2, _dwWriter2OleMisc)


////////////////////////////////////////////////////////////////////////////
// CWriter2Ctrl::CWriter2CtrlFactory::UpdateRegistry -
// Adds or removes system registry entries for CWriter2Ctrl

BOOL CWriter2Ctrl::CWriter2CtrlFactory::UpdateRegistry(BOOL bRegister)
{
    // TODO: Verify that your control follows apartment-model threading rules.
    // Refer to MFC TechNote 64 for more information.
    // If your control does not conform to the apartment-model rules, then
    // you must modify the code below, changing the 6th parameter from
    // afxRegApartmentThreading to 0.

    if (bRegister)
        return AfxOleRegisterControlClass(
            AfxGetInstanceHandle(),
            m_clsid,
            m_lpszProgID,
```

Listing 13.3 *Continued*

```
            IDS_WRITER2,
            IDB_WRITER2,
            afxRegApartmentThreading,
            _dwWriter2OleMisc,
            _tlid,
            _wVerMajor,
            _wVerMinor);
    else
        return AfxOleUnregisterClass(m_clsid, m_lpszProgID);
}


/////////////////////////////////////////////////////////////////////////////
// CWriter2Ctrl::CWriter2Ctrl - Constructor

CWriter2Ctrl::CWriter2Ctrl()
{
    InitializeIIDs(&IID_DWriter2, &IID_DWriter2Events);

    // TODO: Initialize your control's instance data here.
}


/////////////////////////////////////////////////////////////////////////////
// CWriter2Ctrl::~CWriter2Ctrl - Destructor

CWriter2Ctrl::~CWriter2Ctrl()
{
    // TODO: Cleanup your control's instance data here.
}


/////////////////////////////////////////////////////////////////////////////
// CWriter2Ctrl::OnDraw - Drawing function

void CWriter2Ctrl::OnDraw(
            CDC* pdc, const CRect& rcBounds, const CRect& rcInvalid)
{
    DoSuperclassPaint(pdc, rcBounds);
}
```

Continued

Listing 13.3 Writer2Ctl.h and Writer2Ctl.cpp *(Continued)*

```
/////////////////////////////////////////////////////////////////////////////
// CWriter2Ctrl::DoPropExchange - Persistence support

void CWriter2Ctrl::DoPropExchange(CPropExchange* pPX)
{
    ExchangeVersion(pPX, MAKELONG(_wVerMinor, _wVerMajor));
    COleControl::DoPropExchange(pPX);

    // TODO: Call PX_ functions for each persistent custom property.

}


/////////////////////////////////////////////////////////////////////////////
// CWriter2Ctrl::OnResetState - Reset control to default state

void CWriter2Ctrl::OnResetState()
{
    COleControl::OnResetState();  // Resets defaults found in DoPropExchange

    // TODO: Reset any other control state here.
}


/////////////////////////////////////////////////////////////////////////////
// CWriter2Ctrl::AboutBox - Display an "About" box to the user

void CWriter2Ctrl::AboutBox()
{
    CDialog dlgAbout(IDD_ABOUTBOX_WRITER2);
    dlgAbout.DoModal();
}


/////////////////////////////////////////////////////////////////////////////
// CWriter2Ctrl::PreCreateWindow - Modify parameters for CreateWindowEx

BOOL CWriter2Ctrl::PreCreateWindow(CREATESTRUCT& cs)
{
    cs.lpszClass = _T("EDIT");
```

Listing 13.3 *Continued*

```
    return COleControl::PreCreateWindow(cs);
}


/////////////////////////////////////////////////////////////////////////////
// CWriter2Ctrl::IsSubclassedControl - This is a subclassed control

BOOL CWriter2Ctrl::IsSubclassedControl()
{
    return TRUE;
}


/////////////////////////////////////////////////////////////////////////////
// CWriter2Ctrl::OnOcmCommand - Handle command messages

LRESULT CWriter2Ctrl::OnOcmCommand(WPARAM wParam, LPARAM lParam)
{
#ifdef _WIN32
    WORD wNotifyCode = HIWORD(wParam);
#else
    WORD wNotifyCode = HIWORD(lParam);
#endif

    // TODO: Switch on wNotifyCode here.

    return 0;
}


/////////////////////////////////////////////////////////////////////////////
// CWriter2Ctrl message handlers

void CWriter2Ctrl::OnKeyDown(UINT nChar, UINT nRepCnt, UINT nFlags)
{
    // TODO: Add your message handler code here and/or call default
    FireChange();
    COleControl::OnKeyDown(nChar, nRepCnt, nFlags);
}
```

Continued

Listing 13.3 Writer2Ctl.h and Writer2Ctl.cpp *(Continued)*

```
void CWriter2Ctrl::Clear()
{
    // TODO: Add your dispatch handler code here
    SetWindowText("");
}

short CWriter2Ctrl::GetLength()
{
    // TODO: Add your property handler here
    return GetWindowTextLength();
    //return 0;
}

void CWriter2Ctrl::SetLength(short nNewValue)
{
    // TODO: Add your property handler here

    //SetModifiedFlag();
    MessageBeep(-1);
}
```

Listing 13.4 Writer2AppView.h and Writer2AppView.cpp

```
// Writer2AppView.h : interface of the CWriter2AppView class
//
/////////////////////////////////////////////////////////////////////////////
//{{AFX_INCLUDES()
#include "writer2.h"
//}}AFX_INCLUDES

#if !defined(AFX_WRITER2APPVIEW_H__2E27A024_AA41_11D1_887F_D42B07C10710__INCLUDED_)
#define AFX_WRITER2APPVIEW_H__2E27A024_AA41_11D1_887F_D42B07C10710__INCLUDED_

#if _MSC_VER > 1000
#pragma once
#endif // _MSC_VER > 1000

class CWriter2AppView : public CFormView
{
protected: // create from serialization only
```

Listing 13.4 *Continued*

```
    CWriter2AppView();
    DECLARE_DYNCREATE(CWriter2AppView)

public:
    //{{AFX_DATA(CWriter2AppView)
    enum { IDD = IDD_WRITER2APP_FORM };
    CWriter2    m_writer2;
    CString     m_LengthText;
    //}}AFX_DATA

// Attributes
public:
    CWriter2AppDoc* GetDocument();

// Operations
public:

// Overrides
    // ClassWizard generated virtual function overrides
    //{{AFX_VIRTUAL(CWriter2AppView)
    public:
    virtual BOOL PreCreateWindow(CREATESTRUCT& cs);
    protected:
    virtual void DoDataExchange(CDataExchange* pDX);    // DDX/DDV support
    virtual void OnInitialUpdate(); // called first time after construct
    virtual BOOL OnPreparePrinting(CPrintInfo* pInfo);
    virtual void OnBeginPrinting(CDC* pDC, CPrintInfo* pInfo);
    virtual void OnEndPrinting(CDC* pDC, CPrintInfo* pInfo);
    virtual void OnPrint(CDC* pDC, CPrintInfo* pInfo);
    //}}AFX_VIRTUAL

// Implementation
public:
    virtual ~CWriter2AppView();
#ifdef _DEBUG
    virtual void AssertValid() const;
    virtual void Dump(CDumpContext& dc) const;
#endif

protected:
```

Continued

Listing 13.4 Writer2AppView.h and Writer2AppView.cpp *(Continued)*

```
// Generated message map functions
protected:
    //{{AFX_MSG(CWriter2AppView)
    afx_msg void OnChangeWriter2ctrl1();
    afx_msg void OnButton1();
    DECLARE_EVENTSINK_MAP()
    //}}AFX_MSG
    DECLARE_MESSAGE_MAP()
};

#ifndef _DEBUG  // debug version in Writer2AppView.cpp
inline CWriter2AppDoc* CWriter2AppView::GetDocument()
   { return (CWriter2AppDoc*)m_pDocument; }
#endif

/////////////////////////////////////////////////////////////////////////////

//{{AFX_INSERT_LOCATION}}
// Microsoft Visual C++ will insert additional declarations immediately before the
previous line.

#endif //
!defined(AFX_WRITER2APPVIEW_H__2E27A024_AA41_11D1_887F_D42B07C10710__INCLUDED_)



// Writer2AppView.cpp : implementation of the CWriter2AppView class
//

#include "stdafx.h"
#include "Writer2App.h"

#include "Writer2AppDoc.h"
#include "Writer2AppView.h"

#ifdef _DEBUG
#define new DEBUG_NEW
#undef THIS_FILE
static char THIS_FILE[] = __FILE__;
#endif
```

Listing 13.4 *Continued*

```
///////////////////////////////////////////////////////////////////////////
// CWriter2AppView

IMPLEMENT_DYNCREATE(CWriter2AppView, CFormView)

BEGIN_MESSAGE_MAP(CWriter2AppView, CFormView)
    //{{AFX_MSG_MAP(CWriter2AppView)
    ON_BN_CLICKED(IDC_BUTTON1, OnButton1)
    //}}AFX_MSG_MAP
    // Standard printing commands
    ON_COMMAND(ID_FILE_PRINT, CFormView::OnFilePrint)
    ON_COMMAND(ID_FILE_PRINT_DIRECT, CFormView::OnFilePrint)
    ON_COMMAND(ID_FILE_PRINT_PREVIEW, CFormView::OnFilePrintPreview)
END_MESSAGE_MAP()

///////////////////////////////////////////////////////////////////////////
// CWriter2AppView construction/destruction

CWriter2AppView::CWriter2AppView()
    : CFormView(CWriter2AppView::IDD)
{
    //{{AFX_DATA_INIT(CWriter2AppView)
    m_LengthText = _T("");
    //}}AFX_DATA_INIT
    // TODO: add construction code here

}

CWriter2AppView::~CWriter2AppView()
{
}

void CWriter2AppView::DoDataExchange(CDataExchange* pDX)
{
    CFormView::DoDataExchange(pDX);
    //{{AFX_DATA_MAP(CWriter2AppView)
    DDX_Control(pDX, IDC_WRITER2CTRL1, m_writer2);
    DDX_Text(pDX, IDC_EDIT1, m_LengthText);
    //}}AFX_DATA_MAP
}
```

Continued

Listing 13.4 Writer2AppView.h and Writer2AppView.cpp *(Continued)*

```
BOOL CWriter2AppView::PreCreateWindow(CREATESTRUCT& cs)
{
    // TODO: Modify the Window class or styles here by modifying
    //  the CREATESTRUCT cs

    return CFormView::PreCreateWindow(cs);
}

void CWriter2AppView::OnInitialUpdate()
{
    CFormView::OnInitialUpdate();
    GetParentFrame()->RecalcLayout();
    ResizeParentToFit();

}

/////////////////////////////////////////////////////////////////////////////
// CWriter2AppView printing

BOOL CWriter2AppView::OnPreparePrinting(CPrintInfo* pInfo)
{
    // default preparation
    return DoPreparePrinting(pInfo);
}

void CWriter2AppView::OnBeginPrinting(CDC* /*pDC*/, CPrintInfo* /*pInfo*/)
{
    // TODO: add extra initialization before printing
}

void CWriter2AppView::OnEndPrinting(CDC* /*pDC*/, CPrintInfo* /*pInfo*/)
{
    // TODO: add cleanup after printing
}

void CWriter2AppView::OnPrint(CDC* pDC, CPrintInfo* /*pInfo*/)
{
    // TODO: add code to print the controls
}
```

Listing 13.4 *Continued*

```
/////////////////////////////////////////////////////////////////////////////
// CWriter2AppView diagnostics

#ifdef _DEBUG
void CWriter2AppView::AssertValid() const
{
    CFormView::AssertValid();
}

void CWriter2AppView::Dump(CDumpContext& dc) const
{
    CFormView::Dump(dc);
}

CWriter2AppDoc* CWriter2AppView::GetDocument() // non-debug version is inline
{
    ASSERT(m_pDocument->IsKindOf(RUNTIME_CLASS(CWriter2AppDoc)));
    return (CWriter2AppDoc*)m_pDocument;
}
#endif //_DEBUG

/////////////////////////////////////////////////////////////////////////////
// CWriter2AppView message handlers

BEGIN_EVENTSINK_MAP(CWriter2AppView, CFormView)
    //{{AFX_EVENTSINK_MAP(CWriter2AppView)
    ON_EVENT(CWriter2AppView, IDC_WRITER2CTRL1, 1 /* Change */,
OnChangeWriter2ctrl1, VTS_NONE)
    //}}AFX_EVENTSINK_MAP
END_EVENTSINK_MAP()

void CWriter2AppView::OnChangeWriter2ctrl1()
{
    // TODO: Add your control notification handler code here
    char text[30];

    wsprintf(text, "Text length = %d", m_writer2.GetLength() + 1);

    m_LengthText = text;
```

Continued

Listing 13.4 Writer2AppView.h and Writer2AppView.cpp *(Continued)*

```
    UpdateData(false);
}

void CWriter2AppView::OnButton1()
{
    // TODO: Add your control notification handler code here

    m_writer2.Clear();

    m_LengthText = "Text length = 0";

    UpdateData(false);
}
```

What's Ahead

In the next chapter, we explore some professional Windows programming topics: working with the Windows registry and using a program's Version resource. These two programming issues—especially working with the registry—are addressed in most professional applications.

The Windows Registry and Version Tracking

14

In this chapter, we look at several professional Windows programming topics. In particular, we look at using the Windows registry and the Version resource that comes in Visual C++ resource files.

The Windows registry is both famous and infamous. Programs use the registry to store configuration data, such as the names of files or initialization data. However, when the registry becomes corrupted, it's very difficult to fix—entire sub-industries have sprung up to address this problem. We stick to the standard registry calls in our example program to make sure as little as possible can go wrong.

The Version resource that Visual C++ programs include is often overlooked, but should be used in professional programs. This information is available to the user through utilities such as the Windows Explorer and is often the only way users have of querying programs to find out what they do and who wrote them. In this chapter, we put together an application that makes use of the information in the Version resource and displays that information in the About box that is part of AppWizard .exe projects.

We begin by working with the registry, which we turn to now.

Using the Registry: The Remember Application

We use the Windows registry to store the name of the current file the user is working on. For example, if the user is editing a file named Remember.txt and quits, we can automatically reopen that file when the user starts our program again. This is one of the standard uses of the registry.

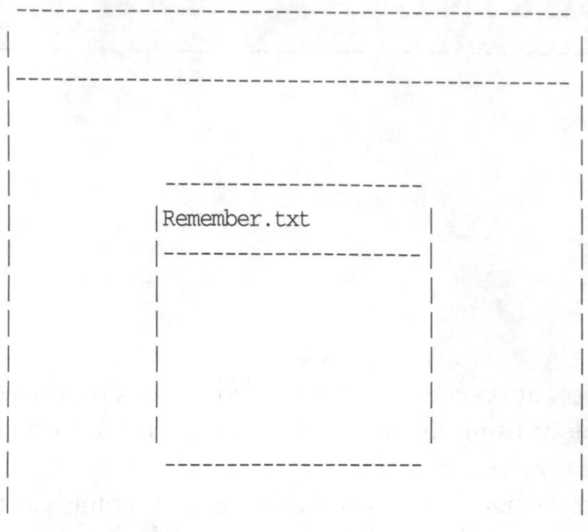

You use several standard functions to work with the registry. To write integers or strings to the registry, you use WriteProfileInt() or WriteProfileString().

```
BOOL WriteProfileInt(LPCTSTR lpszSection, LPCTSTR lpszEntry,
      int nValue);

BOOL WriteProfileString(LPCTSTR lpszSection, LPCTSTR
      lpszEntry, LPCTSTR lpszValue);
```

Here we supply a *section* and *entry* in the registry to work with. If those items don't exist, these functions create them.

To read integers or strings, you use GetProfileInt() or GetProfileString().

```
UINT GetProfileInt(LPCTSTR lpszSection, LPCTSTR lpszEntry,
int nDefault);

CString GetProfileString(LPCTSTR lpszSection, LPCTSTR
lpszEntry, LPCTSTR lpszDefault = NULL);
```

Create the Remember project now using Visual C++'s AppWizard, making it an MDI project.

This program is already designed to use the registry. In Remember.cpp's InitInstance() function, the program calls SetRegistryKey() to create the *registry key* "Local AppWizard-Generated Applications." The registry operates with these keys, and the data a program stores or retrieves comes from its key.

```
BOOL CRememberApp::InitInstance()
{
    AfxEnableControlContainer();
```

```
    // Standard initialization
    // If you are not using these features and wish to reduce the size
    //  of your final executable, you should remove from the following
    //  the specific initialization routines you do not need.

#ifdef _AFXDLL
    Enable3dControls();             // Call this when using MFC in a shared DLL
#else
    Enable3dControlsStatic();     // Call this when linking to MFC statically
#endif

    // Change the registry key under which our settings are stored.
    // You should modify this string to be something appropriate
    // such as the name of your company or organization.
    SetRegistryKey(_T("Local AppWizard-Generated Applications"));         ⇐
        .
        .
        .
```

We change the registry key to "Remember Application."

```
BOOL CRememberApp::InitInstance()
{
    AfxEnableControlContainer();

    // Standard initialization
    // If you are not using these features and wish to reduce the size
    //  of your final executable, you should remove from the following
    //  the specific initialization routines you do not need.

#ifdef _AFXDLL
    Enable3dControls();             // Call this when using MFC in a shared DLL
#else
    Enable3dControlsStatic();     // Call this when linking to MFC statically
#endif

    // Change the registry key under which our settings are stored.
    // You should modify this string to be something appropriate
    // such as the name of your company or organization.
    //SetRegistryKey(_T("Local AppWizard-Generated Applications"));
    SetRegistryKey(_T("Remember Application"));                           ⇐
        .
        .
        .
```

Now we're ready to store the name of the file the user is working on so we can open it automatically when the user starts the program again.

Storing Data in the Registry

In this example, we store the name of the file the user is working on when he or she saves it, so connect a function to OnSaveDocument() in the Document class now. This function is passed the name of the file to store, along with its path. We store that information in the registry with WriteProfileString(). That function is a member of the application object, so we use AfxGetApp() to get the application object, then call WriteProfileString().

```
BOOL CRememberDoc::OnSaveDocument(LPCTSTR lpszPathName)
{
    AfxGetApp()->WriteProfileString("Open", "FileName", lpszPathName);    ⇐

    return CDocument::OnSaveDocument(lpszPathName);
}
```

In this case, we're creating (unless it already exists) a new *section* under our key in the registry and naming it "Open." You usually divide registry keys by task, and each task, such as opening files, has its own section. We're also creating a new *entry* in that section named "FileName" and storing the name of the file to open there.

You can see our new registry entry in the Microsoft Registry Editor in Figure 14.1.

Now that we've created our new registry entry, it's time to put it to work when the user starts our program.

Figure 14.1 Our new registry entries in the Registry Editor.

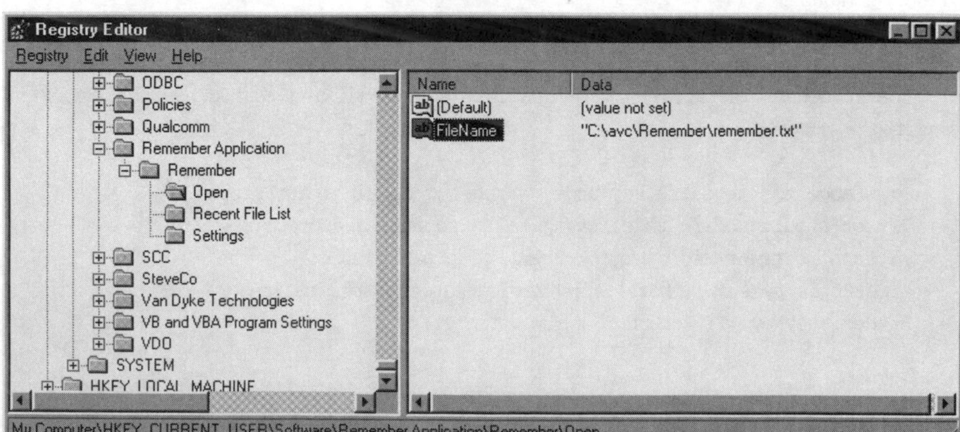

Reading Data from the Registry

When the user opens the program again, we can check whether there's a file to read in. We do that in the application object's InitInstance() function. In that function, we call GetProfileString() to search for a filename to open.

```
BOOL CRememberApp::InitInstance()
{
    AfxEnableControlContainer();
        .
        .
        .
    CMultiDocTemplate* pDocTemplate;
    pDocTemplate = new CMultiDocTemplate(
        IDR_REMEMBTYPE,
        RUNTIME_CLASS(CRememberDoc),
        RUNTIME_CLASS(CChildFrame), // custom MDI child frame
        RUNTIME_CLASS(CRememberView));
    AddDocTemplate(pDocTemplate);
        .
        .
        .
    // Dispatch commands specified on the command line
    if (!ProcessShellCommand(cmdInfo))
        return FALSE;

     CString FileName = AfxGetApp()->GetProfileString("Open","FileName");      ⇐
        .
        .
        .
```

Next we check whether that filename is empty.

```
BOOL CRememberApp::InitInstance()
{
    AfxEnableControlContainer();
        .
        .
        .
    CString FileName = AfxGetApp()->GetProfileString("Open", "FileName");

    if(!FileName.IsEmpty()){                                                  ⇐
```

```
        .
        .
        .
}
```

If there is a file we should open, we close the default MDI child window the program has already opened—using CloseAllDocuments() to close that window—and open the new document as an MDI child window with the document template's OpenDocumentFile() function.

```
BOOL CRememberApp::InitInstance()
{
    AfxEnableControlContainer();
            .
            .
            .
    CString FileName = AfxGetApp()->GetProfileString("Open", "FileName");

    if(!FileName.IsEmpty()){
        pDocTemplate->CloseAllDocuments(FALSE);                    ⇐

        pDocTemplate->OpenDocumentFile(FileName);                  ⇐
    }
        .
        .
        .
}
```

We have stored our filename in the registry and retrieved it.

Start the program and create a new file, saving it with the File menu's Save As item as, say, Remember.txt. Now close the Remember program and open it again. The program automatically opens the file you saved, as shown in Figure 14.2. We're using the Windows registry to add professionalism to our programs.

The code for this example, Remember.h and Remember.cpp, appears in Listing 14.1; the code for RememberDoc.h and RememberDoc.cpp appears in Listing 14.2.

Listing 14.1 Remember.h and Remember.cpp

```
// Remember.h : main header file for the REMEMBER application
//

#if !defined(AFX_REMEMBER_H__B9F6B285_AADA_11D1_887F_D42B07C10710__INCLUDED_)
#define AFX_REMEMBER_H__B9F6B285_AADA_11D1_887F_D42B07C10710__INCLUDED_

#if _MSC_VER > 1000
```

Figure 14.2 Auto-opening a file using the Windows registry.

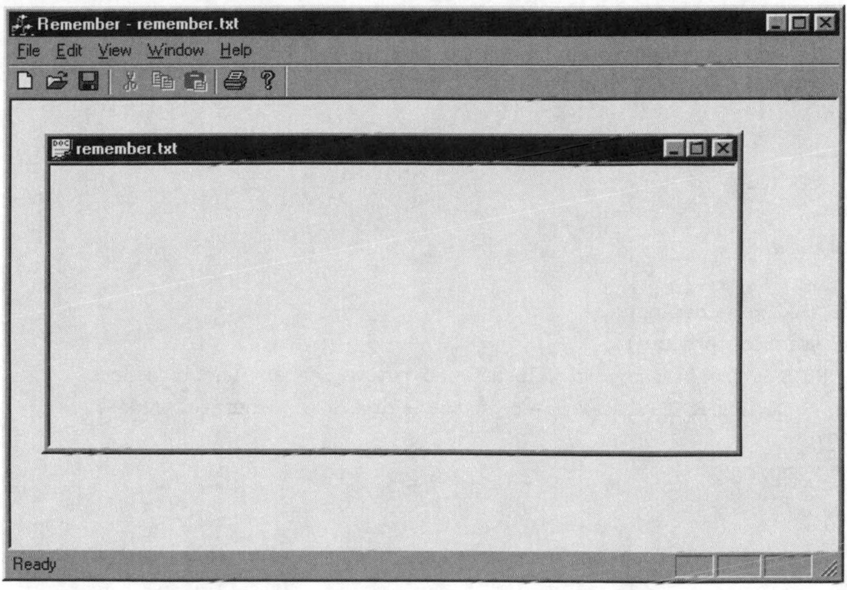

Listing 14.1 ***Continued***

```
#pragma once
#endif // _MSC_VER > 1000

#ifndef __AFXWIN_H__
    #error include 'stdafx.h' before including this file for PCH
#endif

#include "resource.h"       // main symbols

/////////////////////////////////////////////////////////////////////////////
// CRememberApp:
// See Remember.cpp for the implementation of this class
//

class CRememberApp : public CWinApp
{
public:
    CRememberApp();
```

Continued

Listing 14.1 Remember.h and Remember.cpp *(Continued)*

```
// Overrides
    // ClassWizard generated virtual function overrides
    //{{AFX_VIRTUAL(CRememberApp)
    public:
    virtual BOOL InitInstance();
    //}}AFX_VIRTUAL

// Implementation

    //{{AFX_MSG(CRememberApp)
    afx_msg void OnAppAbout();
        // NOTE - the ClassWizard will add and remove member functions here.
        //    DO NOT EDIT what you see in these blocks of generated code !
    //}}AFX_MSG
    DECLARE_MESSAGE_MAP()
};


/////////////////////////////////////////////////////////////////////////////

//{{AFX_INSERT_LOCATION}}
// Microsoft Visual C++ will insert additional declarations immediately before the
previous line.

#endif // !defined(AFX_REMEMBER_H__B9F6B285_AADA_11D1_887F_D42B07C10710__INCLUDED_)


// Remember.cpp : Defines the class behaviors for the application.
//

#include "stdafx.h"
#include "Remember.h"

#include "MainFrm.h"
#include "ChildFrm.h"
#include "RememberDoc.h"
#include "RememberView.h"

#ifdef _DEBUG
#define new DEBUG_NEW
#undef THIS_FILE
```

Listing 14.1 *Continued*

```
static char THIS_FILE[] = __FILE__;
#endif

/////////////////////////////////////////////////////////////////////////////
// CRememberApp

BEGIN_MESSAGE_MAP(CRememberApp, CWinApp)
    //{{AFX_MSG_MAP(CRememberApp)
    ON_COMMAND(ID_APP_ABOUT, OnAppAbout)
        // NOTE - the ClassWizard will add and remove mapping macros here.
        //    DO NOT EDIT what you see in these blocks of generated code!
    //}}AFX_MSG_MAP
    // Standard file based document commands
    ON_COMMAND(ID_FILE_NEW, CWinApp::OnFileNew)
    ON_COMMAND(ID_FILE_OPEN, CWinApp::OnFileOpen)
    // Standard print setup command
    ON_COMMAND(ID_FILE_PRINT_SETUP, CWinApp::OnFilePrintSetup)
END_MESSAGE_MAP()

/////////////////////////////////////////////////////////////////////////////
// CRememberApp construction

CRememberApp::CRememberApp()
{
    // TODO: add construction code here,
    // Place all significant initialization in InitInstance
}

/////////////////////////////////////////////////////////////////////////////
// The one and only CRememberApp object

CRememberApp theApp;

/////////////////////////////////////////////////////////////////////////////
// CRememberApp initialization

BOOL CRememberApp::InitInstance()
{
    AfxEnableControlContainer();
```

Continued

Listing 14.1 Remember.h and Remember.cpp *(Continued)*

```
    // Standard initialization
    // If you are not using these features and wish to reduce the size
    //  of your final executable, you should remove from the following
    //  the specific initialization routines you do not need.

#ifdef _AFXDLL
    Enable3dControls();            // Call this when using MFC in a shared DLL
#else
    Enable3dControlsStatic();   // Call this when linking to MFC statically
#endif

    // Change the registry key under which our settings are stored.
    // You should modify this string to be something appropriate
    // such as the name of your company or organization.
    //SetRegistryKey(_T("Local AppWizard-Generated Applications"));
    SetRegistryKey(_T("Remember Application"));

    LoadStdProfileSettings();  // Load standard INI file options (including MRU)

    // Register the application's document templates.  Document templates
    //  serve as the connection between documents, frame windows and views.

    CMultiDocTemplate* pDocTemplate;
    pDocTemplate = new CMultiDocTemplate(
        IDR_REMEMBTYPE,
        RUNTIME_CLASS(CRememberDoc),
        RUNTIME_CLASS(CChildFrame), // custom MDI child frame
        RUNTIME_CLASS(CRememberView));
    AddDocTemplate(pDocTemplate);

    // create main MDI Frame window
    CMainFrame* pMainFrame = new CMainFrame;
    if (!pMainFrame->LoadFrame(IDR_MAINFRAME))
        return FALSE;
    m_pMainWnd = pMainFrame;

    // Parse command line for standard shell commands, DDE, file open
    CCommandLineInfo cmdInfo;
    ParseCommandLine(cmdInfo);

    // Dispatch commands specified on the command line
```

Listing 14.1 *Continued*

```
    if (!ProcessShellCommand(cmdInfo))
        return FALSE;

    CString FileName = AfxGetApp()->GetProfileString("Open", "FileName");

    if(!FileName.IsEmpty()){
        pDocTemplate->CloseAllDocuments(FALSE);

        pDocTemplate->OpenDocumentFile(FileName);
    }

    // The main window has been initialized, so show and update it.
    pMainFrame->ShowWindow(m_nCmdShow);
    pMainFrame->UpdateWindow();

    return TRUE;
}


/////////////////////////////////////////////////////////////////////////////
// CAboutDlg dialog used for App About

class CAboutDlg : public CDialog
{
public:
    CAboutDlg();

// Dialog Data
    //{{AFX_DATA(CAboutDlg)
    enum { IDD = IDD_ABOUTBOX };
    //}}AFX_DATA

    // ClassWizard generated virtual function overrides
    //{{AFX_VIRTUAL(CAboutDlg)
    protected:
    virtual void DoDataExchange(CDataExchange* pDX);    // DDX/DDV support
    //}}AFX_VIRTUAL

// Implementation
protected:
```

Continued

Listing 14.1 Remember.h and Remember.cpp *(Continued)*

```
    //{{AFX_MSG(CAboutDlg)
        // No message handlers
    //}}AFX_MSG
    DECLARE_MESSAGE_MAP()
};

CAboutDlg::CAboutDlg() : CDialog(CAboutDlg::IDD)
{
    //{{AFX_DATA_INIT(CAboutDlg)
    //}}AFX_DATA_INIT
}

void CAboutDlg::DoDataExchange(CDataExchange* pDX)
{
    CDialog::DoDataExchange(pDX);
    //{{AFX_DATA_MAP(CAboutDlg)
    //}}AFX_DATA_MAP
}

BEGIN_MESSAGE_MAP(CAboutDlg, CDialog)
    //{{AFX_MSG_MAP(CAboutDlg)
        // No message handlers
    //}}AFX_MSG_MAP
END_MESSAGE_MAP()

// App command to run the dialog
void CRememberApp::OnAppAbout()
{
    CAboutDlg aboutDlg;
    aboutDlg.DoModal();
}


/////////////////////////////////////////////////////////////////////////////
// CRememberApp commands
```

Listing 14.2 RememberDoc.h and RememberDoc.cpp

```
// RememberDoc.h : interface of the CRememberDoc class
//
```

Listing 14.2 *Continued*

```
/////////////////////////////////////////////////////////////////////////////

#if !defined(AFX_REMEMBERDOC_H__B9F6B28D_AADA_11D1_887F_D42B07C10710__INCLUDED_)
#define AFX_REMEMBERDOC_H__B9F6B28D_AADA_11D1_887F_D42B07C10710__INCLUDED_

#if _MSC_VER > 1000
#pragma once
#endif // _MSC_VER > 1000


class CRememberDoc : public CDocument
{
protected: // create from serialization only
    CRememberDoc();
    DECLARE_DYNCREATE(CRememberDoc)

// Attributes
public:

// Operations
public:

// Overrides
    // ClassWizard generated virtual function overrides
    //{{AFX_VIRTUAL(CRememberDoc)
    public:
    virtual BOOL OnNewDocument();
    virtual void Serialize(CArchive& ar);
    virtual BOOL OnSaveDocument(LPCTSTR lpszPathName);
    //}}AFX_VIRTUAL

// Implementation
public:
    virtual ~CRememberDoc();
#ifdef _DEBUG
    virtual void AssertValid() const;
    virtual void Dump(CDumpContext& dc) const;
#endif

protected:
```

Continued

Listing 14.2 RememberDoc.h and RememberDoc.cpp (*Continued*)

```
// Generated message map functions
protected:
    //{{AFX_MSG(CRememberDoc)
        // NOTE - the ClassWizard will add and remove member functions here.
        //    DO NOT EDIT what you see in these blocks of generated code !
    //}}AFX_MSG
    DECLARE_MESSAGE_MAP()
};

/////////////////////////////////////////////////////////////////////////////

//{{AFX_INSERT_LOCATION}}
// Microsoft Visual C++ will insert additional declarations immediately before the
previous line.

#endif //
!defined(AFX_REMEMBERDOC_H__B9F6B28D_AADA_11D1_887F_D42B07C10710__INCLUDED_)



// RememberDoc.cpp : implementation of the CRememberDoc class
//

#include "stdafx.h"
#include "Remember.h"

#include "RememberDoc.h"

#ifdef _DEBUG
#define new DEBUG_NEW
#undef THIS_FILE
static char THIS_FILE[] = __FILE__;
#endif

/////////////////////////////////////////////////////////////////////////////
// CRememberDoc

IMPLEMENT_DYNCREATE(CRememberDoc, CDocument)

BEGIN_MESSAGE_MAP(CRememberDoc, CDocument)
```

Listing 14.2 *Continued*

```
    //{{AFX_MSG_MAP(CRememberDoc)
        // NOTE - the ClassWizard will add and remove mapping macros here.
        //    DO NOT EDIT what you see in these blocks of generated code!
    //}}AFX_MSG_MAP
END_MESSAGE_MAP()

/////////////////////////////////////////////////////////////////////////////
// CRememberDoc construction/destruction

CRememberDoc::CRememberDoc()
{
    // TODO: add one-time construction code here

}

CRememberDoc::~CRememberDoc()
{
}

BOOL CRememberDoc::OnNewDocument()
{

    if (!CDocument::OnNewDocument())
        return FALSE;

    // TODO: add reinitialization code here
    // (SDI documents will reuse this document)

    return TRUE;
}



/////////////////////////////////////////////////////////////////////////////
// CRememberDoc serialization

void CRememberDoc::Serialize(CArchive& ar)
{
    if (ar.IsStoring())
    {
```

Continued

Listing 14.2 RememberDoc.h and RememberDoc.cpp *(Continued)*

```
        // TODO: add storing code here
    }
    else
    {
        // TODO: add loading code here
    }
}

///////////////////////////////////////////////////////////////////////////
// CRememberDoc diagnostics

#ifdef _DEBUG
void CRememberDoc::AssertValid() const
{
    CDocument::AssertValid();
}

void CRememberDoc::Dump(CDumpContext& dc) const
{
    CDocument::Dump(dc);
}
#endif //_DEBUG

///////////////////////////////////////////////////////////////////////////
// CRememberDoc commands

BOOL CRememberDoc::OnSaveDocument(LPCTSTR lpszPathName)
{
    // TODO: Add your specialized code here and/or call the base class

    AfxGetApp()->WriteProfileString("Open", "FileName", lpszPathName);

    return CDocument::OnSaveDocument(lpszPathName);
}
```

Now that we've taken a look at using the Registry, we continue by using the Version resource.

Using the Version Resources

The Version resource is an important part of Visual C++ programming. This resource contains information about a program's name, creators, operating system, version, language, and more, which is accessible to the user through various utilities like the Windows Explorer.

> **Reading Version Information**
>
> Because Version information is available to users through several utilities, you should provide it in programs you distribute—it's often the only way users have of figuring out what cryptically named .exe files actually do.

In this example, which we name About, we store version information in the Version resource, and display that information in the program's About dialog box, including the program's name, version, company—we modestly use "Super Incredible, Inc" for the name of our software company. We also indicate whether this is a Win32 program.

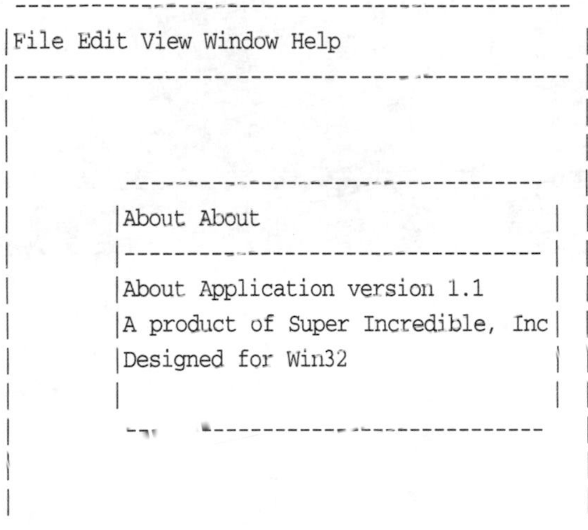

Create a new MDI project named About. Next, open the Version resource in the ResourceView by opening the Version folder and double-clicking the VS_VERSION_INFO resource. This opens the Version resource, as shown in Figure 14.3.

There is a great deal of information here, including the program's type, its version number, and so on. Here, we just change the CompanyName entry to "Super Incredible, Inc" and close the Resource Editor. This creates the following entry in the project's resource file, About.rc:

```
VS_VERSION_INFO VERSIONINFO
 FILEVERSION 1,0,0,1
 PRODUCTVERSION 1,0,0,1
```

Figure 14.3 Editing the Version resource.

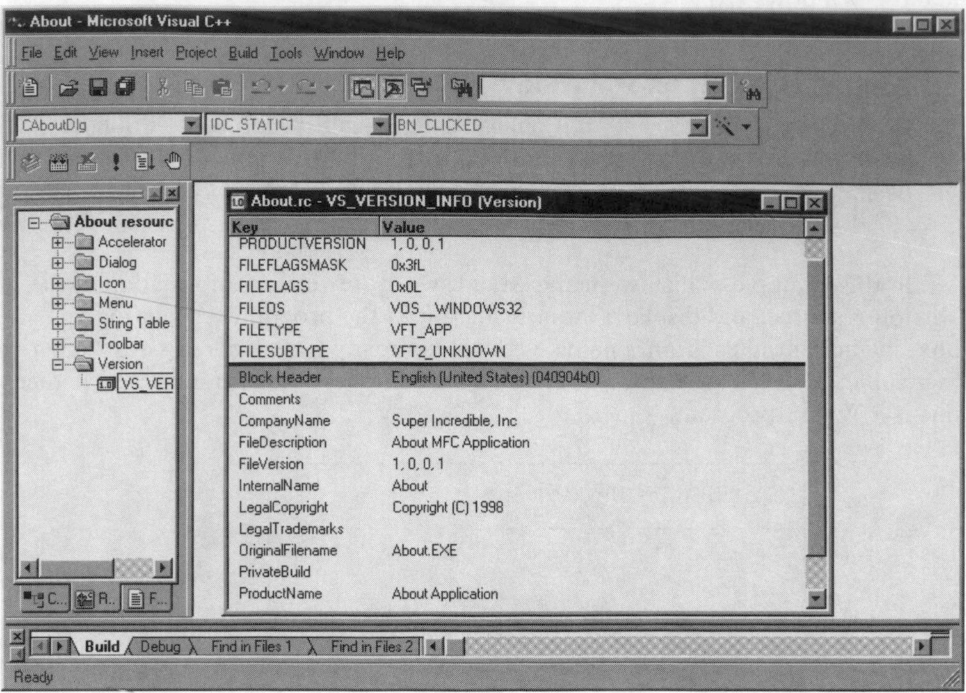


```
 FILEFLAGSMASK 0x3fL
#ifdef _DEBUG
 FILEFLAGS 0x1L
#else
 FILEFLAGS 0x0L
#endif
 FILEOS 0x4L
 FILETYPE 0x1L
 FILESUBTYPE 0x0L
BEGIN
    BLOCK "StringFileInfo"
    BEGIN
        BLOCK "040904b0"
        BEGIN
            VALUE "CompanyName", "Super Incredible, Inc\0"
            VALUE "FileDescription", "About MFC Application\0"
            VALUE "FileVersion", "1, 0, 0, 1\0"
```

```
            VALUE "InternalName", "About\0"
            VALUE "LegalCopyright", "Copyright (C) 1998\0"
            VALUE "OriginalFilename", "About.EXE\0"
            VALUE "ProductName", "About Application\0"
            VALUE "ProductVersion", "1, 0, 0, 1\0"
        END
    END
    BLOCK "VarFileInfo"
    BEGIN
        VALUE "Translation", 0x409, 1200
    END
END
```

Note that most of the information is in a block named "040904b0," which indicates that the information is in U.S. English. For international programmers, here are all the options:

```
0x0401  Arabic
0x0402  Bulgarian
0x0403  Catalan
0x0404  Traditional Chinese
0x0405  Czech
0x0406  Danish
0x0407  German
0x0408  Greek
0x0409  U.S. English
0x040A  Castilian Spanish
0x040B  Finnish
0x040C  French
0x040D  Hebrew
0x040E  Hungarian
0x040F  Icelandic
0x0410  Italian
0x0411  Japanese
0x0412  Korean
0x0413  Dutch
0x0414  Norwegian - Bokml
0x0810  Swiss Italian
0x0813  Belgian Dutch
0x0814  Norwegian - Nynorsk
0x0415  Polish
0x0416  Brazilian Portuguese
0x0417  Rhaeto-Romanic
```

```
0x0418  Romanian
0x0419  Russian
0x041A  Croato-Serbian (Latin)
0x041B  Slovak
0x041C  Albanian
0x041D  Swedish
0x041E  Thai
0x041F  Turkish
0x0420  Urdu
0x0421  Bahasa
0x0804  Simplified Chinese
0x0807  Swiss German
0x0809  U.K. English
0x080A  Mexican Spanish
0x080C  Belgian French
0x0C0C  Canadian French
0x100C  Swiss French
0x0816  Portuguese
0x081A  Serbo-Croatian (Cyrillic)
```

The information in this resource is what we read when the user opens the About dialog box. Let's design that dialog box now.

Designing the About Box

Our project's Help menu has an "About About" item in it; this somewhat awkwardly named item opens the About box that describes the application. Open the About dialog box now for editing, as shown in Figure 14.4.

We place the information we fetch from the Version resource in a new label control. Create that now, add it to the About box, and give it the ID IDC_STATIC1. In addition, use ClassWizard to add a CString member variable to the text in IDC_STATIC1 named m_text. This is the member variable that holds the version information we want to display.

That's all we do here. When the user selects the About About item in the Help menu, the following code is currently executed in the application object:

```
void CAboutApp::OnAppAbout()
{
    CAboutDlg aboutDlg;
    aboutDlg.DoModal();
}
```

This is there we read our Version information, and we're now ready to write some code.

Figure 14.4 Designing our About box.

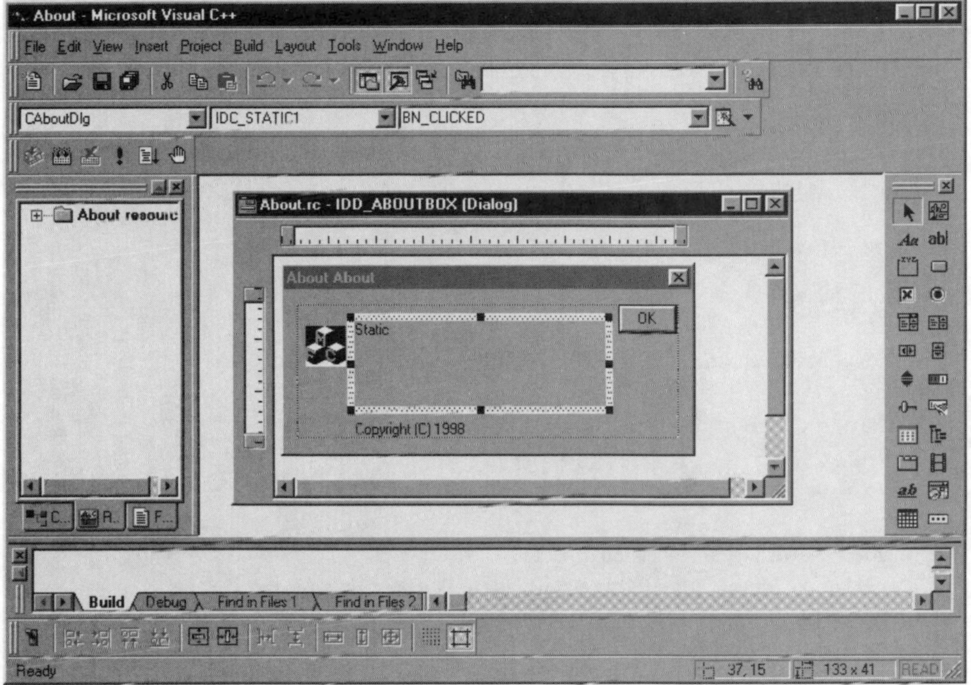

Getting Version Information

Programs read the Version resource with GetFileVersionInfo(), which fills a buffer with version data. It's up to us to create that buffer, so first we call GetFileVersionInfoSize(), passing it the name of our program and a pointer to a value that is always set to 0. (Note that we must use double backwards slashes in text string parameters so they are not interpreted as escape characters.)

```
void CAboutApp::OnAppAbout()
{
    CAboutDlg aboutDlg;

    DWORD Zero, Size;                                                    ⇐

    Size = GetFileVersionInfoSize("c:\\avc\\About\\debug\\About.exe", &Zero);
                                                                         ⇐
    .
    .
    .
```

Now we set aside a data buffer and call GetFileVersionInfo() to fill that buffer with data. Here's how you use GetFileVersionInfo() in general:

```
BOOL GetFileVersionInfo(
    LPTSTR  lptstrFilename,  // pointer to filename string
    DWORD  dwHandle,         // ignored
    DWORD  dwLen,            // size of buffer
    LPVOID  lpData           // pointer to buffer to get file-version info.
)
```

and here's how we use it in our code:

```
void CAboutApp::OnAppAbout()
{
    CAboutDlg aboutDlg;

    DWORD Zero, Size;

    Size = GetFileVersionInfoSize("c:\\avc\\About\\debug\\About.exe", &Zero);

    LPVOID VersionData = new char[Size];                                    ⇐
    GetFileVersionInfo("c:\\avc\\About\\debug\\About.exe", Zero, Size,
VersionData);                                                               ⇐
    .
    .
    .
```

Now we've read in the version data, and we're ready to start reading data from the VersionData buffer. We begin with the ProductName entry.

Getting Version Resource Values

You use VerQueryValue() to retrieve individual values from the Version resource data.

```
BOOL VerQueryValue(
    const LPVOID  pBlock,    // buffer for version resource
    LPTSTR  lpSubBlock,      // value to retrieve
    LPVOID * lplpBuffer,     // buffer for version pointer
    PUINT  puLen             // version-value length buffer
)
```

Here are the formats of the lpSubBlock parameter:

\	VerQueryValue() retrieves a pointer to a VS_FIXEDFILEINFO structure for the version resource

```
\VarFileInfo\Translation   Gets the translation table, an array
                              of language and character-set identifiers.

\StringFileInfo\lang-charset\string-name   Gets a value from the
                                              version resource
```

For example, we get the ProductName entry from the Version resource and place the product name, which is "About Application" for us, in a new CString object named FormattedString. This is the string we display in the About box.

```
void CAboutApp::OnAppAbout()
{
    CAboutDlg aboutDlg;

    DWORD Zero, Size;
    char Text[40];

    Size = GetFileVersionInfoSize("c:\\avc\\About\\debug\\About.exe", &Zero);

    LPVOID VersionData = new char[Size];
    GetFileVersionInfo("c:\\avc\\About\\debug\\About.exe", Zero, Size,
VersionData);

    LPVOID TextData;                                                      ⇐
    UINT TextSize = 0;                                                    ⇐

    VerQueryValue(VersionData, "\\StringFileInfo\\040904B0\\ProductName",
&TextData, &TextSize);                                                    ⇐

    CString FormattedString = (char *) TextData;                          ⇐
        .
        .
        .
```

This stores the name of the program in the CString object FormattedString, ready to display. We've retrieved the product name for our application; we get the major and minor version numbers next.

Getting the Major and Minor Version Numbers

We get the major and minor versions of the program (for example, if this is About 1.2, the major version is 1, the minor version is 2) by filling a VS_FIXEDFILEINFO structure.

```
typedef struct _VS_FIXEDFILEINFO {
    DWORD dwSignature;
```

```
        DWORD dwStrucVersion;
        DWORD dwFileVersionMS;
        DWORD dwFileVersionLS;
        DWORD dwProductVersionMS;
        DWORD dwProductVersionLS;
        DWORD dwFileFlagsMask;
        DWORD dwFileFlags;
        DWORD dwFileOS;
        DWORD dwFileType;
        DWORD dwFileSubtype;
        DWORD dwFileDateMS;
        DWORD dwFileDateLS;
    } VS_FIXEDFILEINFO;
```

We fill the VS_FIXEDFILEINFO structure using VerQueryValue().

```
void CAboutApp::OnAppAbout()
{
    CAboutDlg aboutDlg;

    DWORD Zero, Size;
    char Text[40];

    Size = GetFileVersionInfoSize("c:\\avc\\About\\debug\\About.exe", &Zero);
        .
        .
        .
    VS_FIXEDFILEINFO *InfoStructure;                                          ⇐
    VerQueryValue(VersionData, "\\", (VOID **) &InfoStructure, &TextSize);    ⇐
        .
        .
        .
```

Now we get the major and minor version numbers from the VS_FIXEDFILE-INFO structure's dwProductVersionMS and dwProductVersionLS, which we decode using the right-shift operator >> and add them to FormattedString.

```
void CAboutApp::OnAppAbout()
{
    CAboutDlg aboutDlg;
        .
        .
        .
    VS_FIXEDFILEINFO *InfoStructure;
    VerQueryValue(VersionData, "\\", (VOID **) &InfoStructure, &TextSize);
```

```
    int minor2 = InfoStructure->dwProductVersionLS & 0xf;                     ⇐
    int minor1 = (InfoStructure->dwProductVersionLS >> 16) & 0xf;             ⇐

    int minor = minor1 * 10 + minor2;                                         ⇐

    int major = (InfoStructure->dwProductVersionMS >> 16) & 0xf;              ⇐

    wsprintf(Text, " version %d.%d", major, minor);                           ⇐
    FormattedString += Text;                                                  ⇐
    FormattedString += "\r\n";                                                ⇐
        .
        .
        .
```

Now we have the product name and the product version. Next, we get the company name from the Version resource.

Getting the Company Name

We get the company name by reading the CompanyName resource data and adding it to the FormattedString.

```
void CAboutApp::OnAppAbout()
{
    CAboutDlg aboutDlg;
        .
        .
        .
    VerQueryValue(VersionData, "\\StringFileInfo\\040904b0\\CompanyName",
&TextData, &TextSize);                                                        ⇐

    FormattedString += "A product of ";                                       ⇐
    FormattedString += (char *) TextData;                                     ⇐
    FormattedString += "\r\n";                                                ⇐
        .
        .
        .
```

There is one more item we need to fetch from the Version resource before displaying the result in our About box: the operating system for which the product is designed.

Getting the Target Operating System Type

You get the operating system the program was designed for with the dwFileOS member of the VS_FIXEDFILEINFO structure. Possible values are as follows:

```
VOS__BASE            0x00000000L
VOS__PM16            0x00000002L
VOS__PM32            0x00000003L
VOS__WINDOWS16       0x00000001L
VOS__WINDOWS32       0x00000004L
VOS_DOS              0x00010000L
VOS_DOS_WINDOWS16    0x00010001L
VOS_DOS_WINDOWS32    0x00010004L
VOS_NT               0x00040000L
VOS_NT_WINDOWS32     0x00040004L
VOS_OS216            0x00020000L
VOS_OS216_PM16       0x00020002L
VOS_OS232            0x00030000L
VOS_OS232_PM32       0x00030003L
VOS_UNKNOWN          0x00000000L
```

In this case, we check whether the program is designed to be a Win32 application. If so, we add that information to the About box.

```
void CAboutApp::OnAppAbout()
{
    CAboutDlg aboutDlg;
        .
        .
        .
    if(InfoStructure->dwFileOS == (UINT) VOS__WINDOWS32){          ⇐
        FormattedString += "Designed for Win32\r\n";               ⇐
    }
        .
        .
        .
}
```

Finally, we place the FormattedString object into the dialog box and display that dialog box.

```
void CAboutApp::OnAppAbout()
{
    CAboutDlg aboutDlg;
        .
        .
        .
    if(InfoStructure->dwFileOS == (UINT) VOS__WINDOWS32){
        FormattedString += "Designed for Win32\r\n";
```

```
    }
        .
        .
        .
    aboutDlg.m_text = FormattedString;                    ⇐

    aboutDlg.DoModal();                                   ⇐

}
```

No UpdateData() Call Needed

If you wonder why we didn't call UpdateData() after filling the dialog box's m_text data member, recall that UpdateData() is automatically called when you display a dialog box or when the user clicks the OK button.

That completes the About program. Run it now, as shown in Figure 14.5, and open the About box. As you can see, we've been able to retrieve information from

Figure 14.5 The About box retrieves information from the Version resource.

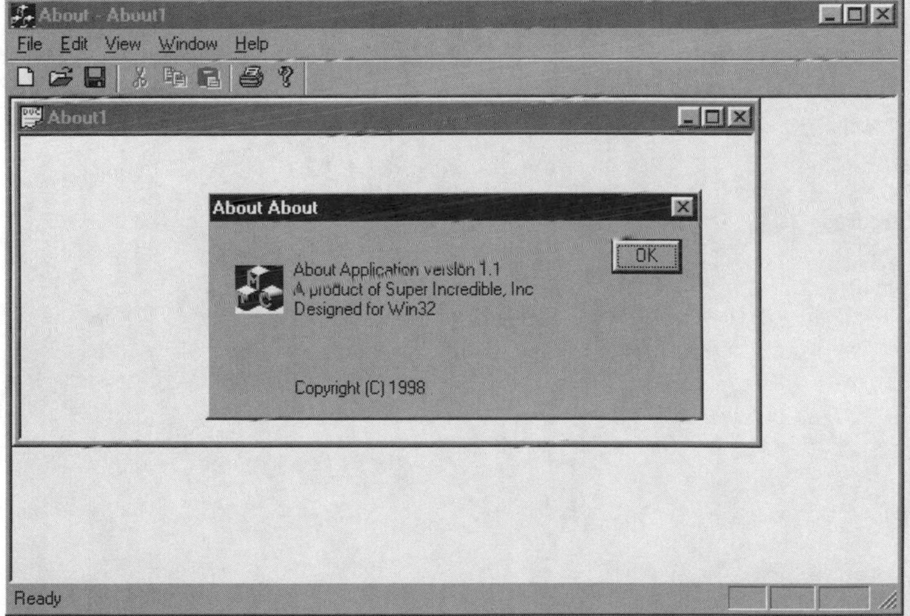

the Version resource and display it. The About program is a success—now we're using the often neglected Version resource.

The code for this example, About.h and About.cpp, appears in Listing 14.3. The code for About.rc appears in Listing 14.4.

Listing 14.3 About.h and About.cpp

```
// About.h : main header file for the ABOUT application
//

#if !defined(AFX_ABOUT_H__B9F6B2B5_AADA_11D1_887F_D42B07C10710__INCLUDED_)
#define AFX_ABOUT_H__B9F6B2B5_AADA_11D1_887F_D42B07C10710__INCLUDED_

#if _MSC_VER > 1000
#pragma once
#endif // _MSC_VER > 1000

#ifndef __AFXWIN_H__
    #error include 'stdafx.h' before including this file for PCH
#endif

#include "resource.h"       // main symbols

/////////////////////////////////////////////////////////////////////////////
// CAboutApp:
// See About.cpp for the implementation of this class
//

class CAboutApp : public CWinApp
{
public:
    CAboutApp();

// Overrides
    // ClassWizard generated virtual function overrides
    //{{AFX_VIRTUAL(CAboutApp)
    public:
    virtual BOOL InitInstance();
    //}}AFX_VIRTUAL

// Implementation

    //{{AFX_MSG(CAboutApp)
```

Listing 14.3 *Continued*

```
    afx_msg void OnAppAbout();
        // NOTE - the ClassWizard will add and remove member functions here.
        //    DO NOT EDIT what you see in these blocks of generated code !
    //}}AFX_MSG
    DECLARE_MESSAGE_MAP()
};


/////////////////////////////////////////////////////////////////////////////

//{{AFX_INSERT_LOCATION}}
// Microsoft Visual C++ will insert additional declarations immediately before the
previous line.

#endif // !defined(AFX_ABOUT_H__B9F6B2B5_AADA_11D1_887F_D42B07C10710__INCLUDED_)



// About.cpp : Defines the class behaviors for the application.
//

#include "stdafx.h"
#include "About.h"

#include "MainFrm.h"
#include "ChildFrm.h"
#include "AboutDoc.h"
#include "AboutView.h"
#include "winver.h"

#ifdef _DEBUG
#define new DEBUG_NEW
#undef THIS_FILE
static char THIS_FILE[] = __FILE__;
#endif

/////////////////////////////////////////////////////////////////////////////
// CAboutApp

BEGIN_MESSAGE_MAP(CAboutApp, CWinApp)
```

Continued

Listing 14.3 About.h and About.cpp *(Continued)*

```
    //{{AFX_MSG_MAP(CAboutApp)
    ON_COMMAND(ID_APP_ABOUT, OnAppAbout)
        // NOTE - the ClassWizard will add and remove mapping macros here.
        //    DO NOT EDIT what you see in these blocks of generated code!
    //}}AFX_MSG_MAP
    // Standard file based document commands
    ON_COMMAND(ID_FILE_NEW, CWinApp::OnFileNew)
    ON_COMMAND(ID_FILE_OPEN, CWinApp::OnFileOpen)
    // Standard print setup command
    ON_COMMAND(ID_FILE_PRINT_SETUP, CWinApp::OnFilePrintSetup)
END_MESSAGE_MAP()

/////////////////////////////////////////////////////////////////////////////
// CAboutApp construction

CAboutApp::CAboutApp()
{
    // TODO: add construction code here,
    // Place all significant initialization in InitInstance
}

/////////////////////////////////////////////////////////////////////////////
// The one and only CAboutApp object

CAboutApp theApp;

/////////////////////////////////////////////////////////////////////////////
// CAboutApp initialization

BOOL CAboutApp::InitInstance()
{
    AfxEnableControlContainer();

    // Standard initialization
    // If you are not using these features and wish to reduce the size
    //  of your final executable, you should remove from the following
    //  the specific initialization routines you do not need.

#ifdef _AFXDLL
    Enable3dControls();            // Call this when using MFC in a shared DLL
```

Listing 14.3 *Continued*

```
#else
    Enable3dControlsStatic();     // Call this when linking to MFC statically
#endif

    // Change the registry key under which our settings are stored.
    // You should modify this string to be something appropriate
    // such as the name of your company or organization.
    SetRegistryKey(_T("Local AppWizard-Generated Applications"));

    LoadStdProfileSettings();  // Load standard INI file options (including MRU)

    // Register the application's document templates.  Document templates
    //  serve as the connection between documents, frame windows and views.

    CMultiDocTemplate* pDocTemplate;
    pDocTemplate = new CMultiDocTemplate(
        IDR_ABOUTTYPE,
        RUNTIME_CLASS(CAboutDoc),
        RUNTIME_CLASS(CChildFrame), // custom MDI child frame
        RUNTIME_CLASS(CAboutView));
    AddDocTemplate(pDocTemplate);

    // create main MDI Frame window
    CMainFrame* pMainFrame = new CMainFrame;
    if (!pMainFrame->LoadFrame(IDR_MAINFRAME))
        return FALSE;
    m_pMainWnd = pMainFrame;

    // Parse command line for standard shell commands, DDE, file open
    CCommandLineInfo cmdInfo;
    ParseCommandLine(cmdInfo);

    // Dispatch commands specified on the command line
    if (!ProcessShellCommand(cmdInfo))
        return FALSE;

    // The main window has been initialized, so show and update it.
    pMainFrame->ShowWindow(m_nCmdShow);
    pMainFrame->UpdateWindow();
```

Continued

Listing 14.3 About.h and About.cpp *(Continued)*

```
    return TRUE;
}


/////////////////////////////////////////////////////////////////////////////
// CAboutDlg dialog used for App About

class CAboutDlg : public CDialog
{
public:
    CAboutDlg();

// Dialog Data
    //{{AFX_DATA(CAboutDlg)
    enum { IDD = IDD_ABOUTBOX };
    CString    m_text;
    //}}AFX_DATA

    // ClassWizard generated virtual function overrides
    //{{AFX_VIRTUAL(CAboutDlg)
    protected:
    virtual void DoDataExchange(CDataExchange* pDX);    // DDX/DDV support
    //}}AFX_VIRTUAL

// Implementation
protected:
    //{{AFX_MSG(CAboutDlg)
        // No message handlers
    //}}AFX_MSG
    DECLARE_MESSAGE_MAP()
};

CAboutDlg::CAboutDlg() : CDialog(CAboutDlg::IDD)
{
    //{{AFX_DATA_INIT(CAboutDlg)
    m_text = _T("");
    //}}AFX_DATA_INIT
}

void CAboutDlg::DoDataExchange(CDataExchange* pDX)
```

Listing 14.3 *Continued*

```
{
    CDialog::DoDataExchange(pDX);
    //{{AFX_DATA_MAP(CAboutDlg)
    DDX_Text(pDX, IDC_STATIC1, m_text);
    //}}AFX_DATA_MAP
}

BEGIN_MESSAGE_MAP(CAboutDlg, CDialog)
    //{{AFX_MSG_MAP(CAboutDlg)
        // No message handlers
    //}}AFX_MSG_MAP
END_MESSAGE_MAP()

// App command to run the dialog
void CAboutApp::OnAppAbout()
{
    CAboutDlg aboutDlg;

    DWORD Zero, Size;
    char Text[40];

    Size = GetFileVersionInfoSize("c:\\avc\\About\\debug\\About.exe", &Zero);

    LPVOID VersionData = new char[Size];
    GetFileVersionInfo("c:\\avc\\About\\debug\\About.exe", Zero, Size,
VersionData);

    LPVOID TextData;
    UINT TextSize = 0;

    VerQueryValue(VersionData, "\\StringFileInfo\\040904b0\\ProductName",
&TextData, &TextSize);

    CString FormattedString = (char *) TextData;

    VS_FIXEDFILEINFO *InfoStructure;
    VerQueryValue(VersionData, "\\", (VOID **) &InfoStructure, &TextSize);

    int minor2 = InfoStructure->dwProductVersionLS & 0xf;
    int minor1 = (InfoStructure->dwProductVersionLS >> 16) & 0xf;
```

Continued

Listing 14.3 About.h and About.cpp *(Continued)*

```
    int minor = minor1 * 10 + minor2;

    int major = (InfoStructure->dwProductVersionMS >> 16) & 0xf;

    wsprintf(Text, " version %d.%d", major, minor);
    FormattedString += Text;
    FormattedString += "\r\n";

    VerQueryValue(VersionData, "\\StringFileInfo\\040904b0\\CompanyName",
&TextData, &TextSize);

    FormattedString += "A product of ";
    FormattedString += (char *) TextData;
    FormattedString += "\r\n";

    if(InfoStructure->dwFileOS == (UINT) VOS__WINDOWS32){
        FormattedString += "Designed for Win32\r\n";
    }

    aboutDlg.m_text = FormattedString;

    aboutDlg.DoModal();

}


/////////////////////////////////////////////////////////////////////////////
// CAboutApp commands
```

Listing 14.4 About.rc

```
//Microsoft Developer Studio generated resource script.
//
#include "resource.h"

#define APSTUDIO_READONLY_SYMBOLS
/////////////////////////////////////////////////////////////////////////////
//
// Generated from the TEXTINCLUDE 2 resource.
//
```

Listing 14.4 *Continued*

```
#include "afxres.h"

/////////////////////////////////////////////////////////////////////////////
#undef APSTUDIO_READONLY_SYMBOLS

/////////////////////////////////////////////////////////////////////////////
// English (U.S.) resources

#if !defined(AFX_RESOURCE_DLL) || defined(AFX_TARG_ENU)
#ifdef _WIN32
LANGUAGE LANG_ENGLISH, SUBLANG_ENGLISH_US
#pragma code_page(1252)
#endif //_WIN32

#ifdef APSTUDIO_INVOKED
/////////////////////////////////////////////////////////////////////////////
//
// TEXTINCLUDE
//

1 TEXTINCLUDE DISCARDABLE
BEGIN
    "resource.h\0"
END

2 TEXTINCLUDE DISCARDABLE
BEGIN
    "#include ""afxres.h""\r\n"
    "\0"
END

3 TEXTINCLUDE DISCARDABLE
BEGIN
    "#define _AFX_NO_SPLITTER_RESOURCES\r\n"
    "#define _AFX_NO_OLE_RESOURCES\r\n"
    "#define _AFX_NO_TRACKER_RESOURCES\r\n"
    "#define _AFX_NO_PROPERTY_RESOURCES\r\n"
    "\r\n"
    "#if !defined(AFX_RESOURCE_DLL) || defined(AFX_TARG_ENU)\r\n"
    "#ifdef _WIN32\r\n"
```

Continued

Listing 14.4 About.rc *(Continued)*

```
    "LANGUAGE 9, 1\r\n"
    "#pragma code_page(1252)\r\n"
    "#endif //_WIN32\r\n"
    "#include ""res\\About.rc2""  // non-Microsoft Visual C++ edited resources\r\n"
    "#include ""afxres.rc""         // Standard components\r\n"
    "#include ""afxprint.rc""       // printing/print preview resources\r\n"
    "#endif\0"
END

#endif    // APSTUDIO_INVOKED


/////////////////////////////////////////////////////////////////////////////
//
// Icon
//

// Icon with lowest ID value placed first to ensure application icon
// remains consistent on all systems.
IDR_MAINFRAME           ICON    DISCARDABLE     "res\\About.ico"
IDR_ABOUTTYPE           ICON    DISCARDABLE     "res\\AboutDoc.ico"

/////////////////////////////////////////////////////////////////////////////
//
// Bitmap
//

IDR_MAINFRAME           BITMAP  MOVEABLE PURE   "res\\Toolbar.bmp"

/////////////////////////////////////////////////////////////////////////////
//
// Toolbar
//

IDR_MAINFRAME TOOLBAR DISCARDABLE  16, 15
BEGIN
    BUTTON      ID_FILE_NEW
    BUTTON      ID_FILE_OPEN
    BUTTON      ID_FILE_SAVE
    SEPARATOR
```

Listing 14.4 *Continued*

```
    BUTTON      ID_EDIT_CUT
    BUTTON      ID_EDIT_COPY
    BUTTON      ID_EDIT_PASTE
    SEPARATOR
    BUTTON      ID_FILE_PRINT
    BUTTON      ID_APP_ABOUT
END


/////////////////////////////////////////////////////////////////////////////
//
// Menu
//

IDR_MAINFRAME MENU PRELOAD DISCARDABLE
BEGIN
    POPUP "&File"
    BEGIN
        MENUITEM "&New\tCtrl+N",                ID_FILE_NEW
        MENUITEM "&Open...\tCtrl+O",            ID_FILE_OPEN
        MENUITEM SEPARATOR
        MENUITEM "P&rint Setup...",             ID_FILE_PRINT_SETUP
        MENUITEM SEPARATOR
        MENUITEM "Recent File",                 ID_FILE_MRU_FILE1, GRAYED
        MENUITEM SEPARATOR
        MENUITEM "E&xit",                       ID_APP_EXIT
    END
    POPUP "&View"
    BEGIN
        MENUITEM "&Toolbar",                    ID_VIEW_TOOLBAR
        MENUITEM "&Status Bar",                 ID_VIEW_STATUS_BAR
    END
    POPUP "&Help"
    BEGIN
        MENUITEM "&About About...",             ID_APP_ABOUT
    END
END

IDR_ABOUTTYPE MENU PRELOAD DISCARDABLE
BEGIN
```

Continued

Listing 14.4 About.rc *(Continued)*

```
    POPUP "&File"
    BEGIN
        MENUITEM "&New\tCtrl+N",                ID_FILE_NEW
        MENUITEM "&Open...\tCtrl+O",            ID_FILE_OPEN
        MENUITEM "&Close",                      ID_FILE_CLOSE
        MENUITEM "&Save\tCtrl+S",               ID_FILE_SAVE
        MENUITEM "Save &As...",                 ID_FILE_SAVE_AS
        MENUITEM SEPARATOR
        MENUITEM "&Print...\tCtrl+P",           ID_FILE_PRINT
        MENUITEM "Print Pre&view",              ID_FILE_PRINT_PREVIEW
        MENUITEM "P&rint Setup...",             ID_FILE_PRINT_SETUP
        MENUITEM SEPARATOR
        MENUITEM "Recent File",                 ID_FILE_MRU_FILE1, GRAYED
        MENUITEM SEPARATOR
        MENUITEM "E&xit",                       ID_APP_EXIT
    END
    POPUP "&Edit"
    BEGIN
        MENUITEM "&Undo\tCtrl+Z",               ID_EDIT_UNDO
        MENUITEM SEPARATOR
        MENUITEM "Cu&t\tCtrl+X",                ID_EDIT_CUT
        MENUITEM "&Copy\tCtrl+C",               ID_EDIT_COPY
        MENUITEM "&Paste\tCtrl+V",              ID_EDIT_PASTE
    END
    POPUP "&View"
    BEGIN
        MENUITEM "&Toolbar",                    ID_VIEW_TOOLBAR
        MENUITEM "&Status Bar",                 ID_VIEW_STATUS_BAR
    END
    POPUP "&Window"
    BEGIN
        MENUITEM "&New Window",                 ID_WINDOW_NEW
        MENUITEM "&Cascade",                    ID_WINDOW_CASCADE
        MENUITEM "&Tile",                       ID_WINDOW_TILE_HORZ
        MENUITEM "&Arrange Icons",              ID_WINDOW_ARRANGE
    END
    POPUP "&Help"
    BEGIN
        MENUITEM "&About About...",             ID_APP_ABOUT
    END
```

Listing 14.4 *Continued*

```
END


/////////////////////////////////////////////////////////////////////////////
//
// Accelerator
//

IDR_MAINFRAME ACCELERATORS PRELOAD MOVEABLE PURE
BEGIN
    "N",            ID_FILE_NEW,            VIRTKEY, CONTROL
    "O",            ID_FILE_OPEN,           VIRTKEY, CONTROL
    "S",            ID_FILE_SAVE,           VIRTKEY, CONTROL
    "P",            ID_FILE_PRINT,          VIRTKEY, CONTROL
    "Z",            ID_EDIT_UNDO,           VIRTKEY, CONTROL
    "X",            ID_EDIT_CUT,            VIRTKEY, CONTROL
    "C",            ID_EDIT_COPY,           VIRTKEY, CONTROL
    "V",            ID_EDIT_PASTE,          VIRTKEY, CONTROL
    VK_BACK,        ID_EDIT_UNDO,           VIRTKEY, ALT
    VK_DELETE,      ID_EDIT_CUT,            VIRTKEY, SHIFT
    VK_INSERT,      ID_EDIT_COPY,           VIRTKEY, CONTROL
    VK_INSERT,      ID_EDIT_PASTE,          VIRTKEY, SHIFT
    VK_F6,          ID_NEXT_PANE,           VIRTKEY
    VK_F6,          ID_PREV_PANE,           VIRTKEY, SHIFT
END


/////////////////////////////////////////////////////////////////////////////
//
// Dialog
//

IDD_ABOUTBOX DIALOG DISCARDABLE  0, 0, 217, 78
STYLE DS_MODALFRAME | WS_POPUP | WS_CAPTION | WS_SYSMENU
CAPTION "About About"
FONT 8, "MS Sans Serif"
BEGIN
    ICON            IDR_MAINFRAME,IDC_STATIC,11,17,20,20
    LTEXT           "Copyright (C) 1998",IDC_STATIC,37,63,119,8
    DEFPUSHBUTTON   "OK",IDOK,178,7,32,14,WS_GROUP
```

Continued

Listing 14.4 About.rc *(Continued)*

```
    LTEXT           "Static",IDC_STATIC1,37,15,133,41,NOT WS_GROUP
END


#ifndef _MAC
/////////////////////////////////////////////////////////////////////////////
//
// Version
//

VS_VERSION_INFO VERSIONINFO
 FILEVERSION 1,0,0,1
 PRODUCTVERSION 1,0,0,1
 FILEFLAGSMASK 0x3fL
#ifdef _DEBUG
 FILEFLAGS 0x1L
#else
 FILEFLAGS 0x0L
#endif
 FILEOS 0x4L
 FILETYPE 0x1L
 FILESUBTYPE 0x0L
BEGIN
    BLOCK "StringFileInfo"
    BEGIN
        BLOCK "040904b0"
        BEGIN
            VALUE "CompanyName", "Super Incredible, Inc\0"
            VALUE "FileDescription", "About MFC Application\0"
            VALUE "FileVersion", "1, 0, 0, 1\0"
            VALUE "InternalName", "About\0"
            VALUE "LegalCopyright", "Copyright (C) 1998\0"
            VALUE "OriginalFilename", "About.EXE\0"
            VALUE "ProductName", "About Application\0"
            VALUE "ProductVersion", "1, 0, 0, 1\0"
        END
    END
    BLOCK "VarFileInfo"
    BEGIN
        VALUE "Translation", 0x409, 1200
```

Listing 14.4 *Continued*

```
    END
END

#endif    // !_MAC


/////////////////////////////////////////////////////////////////////////////
//
// DESIGNINFO
//

#ifdef APSTUDIO_INVOKED
GUIDELINES DESIGNINFO DISCARDABLE
BEGIN
    IDD_ABOUTBOX, DIALOG
    BEGIN
        LEFTMARGIN, 7
        RIGHTMARGIN, 210
        TOPMARGIN, 7
        BOTTOMMARGIN, 71
    END
END
#endif    // APSTUDIO_INVOKED


/////////////////////////////////////////////////////////////////////////////
//
// String Table
//

STRINGTABLE PRELOAD DISCARDABLE
BEGIN
    IDR_MAINFRAME           "About"
    IDR_ABOUTTYPE           "\nAbout\nAbout\n\n\nAbout.Document\nAbout Document"
END

STRINGTABLE PRELOAD DISCARDABLE
BEGIN
    AFX_IDS_APP_TITLE       "About"
    AFX_IDS_IDLEMESSAGE     "Ready"
```

Continued

Listing 14.4 About.rc *(Continued)*

```
END

STRINGTABLE DISCARDABLE
BEGIN
    ID_INDICATOR_EXT        "EXT"
    ID_INDICATOR_CAPS       "CAP"
    ID_INDICATOR_NUM        "NUM"
    ID_INDICATOR_SCRL       "SCRL"
    ID_INDICATOR_OVR        "OVR"
    ID_INDICATOR_REC        "REC"
END

STRINGTABLE DISCARDABLE
BEGIN
    ID_FILE_NEW             "Create a new document\nNew"
    ID_FILE_OPEN            "Open an existing document\nOpen"
    ID_FILE_CLOSE           "Close the active document\nClose"
    ID_FILE_SAVE            "Save the active document\nSave"
    ID_FILE_SAVE_AS         "Save the active document with a new name\nSave As"
    ID_FILE_PAGE_SETUP      "Change the printing options\nPage Setup"
    ID_FILE_PRINT_SETUP     "Change the printer and printing options\nPrint Setup"
    ID_FILE_PRINT           "Print the active document\nPrint"
    ID_FILE_PRINT_PREVIEW   "Display full pages\nPrint Preview"
END

STRINGTABLE DISCARDABLE
BEGIN
    ID_APP_ABOUT            "Display program information, version number and copy-
right\nAbout"
    ID_APP_EXIT             "Quit the application; prompts to save documents\nExit"
END

STRINGTABLE DISCARDABLE
BEGIN
    ID_FILE_MRU_FILE1       "Open this document"
    ID_FILE_MRU_FILE2       "Open this document"
    ID_FILE_MRU_FILE3       "Open this document"
    ID_FILE_MRU_FILE4       "Open this document"
    ID_FILE_MRU_FILE5       "Open this document"
```

Listing 14.4 *Continued*

```
    ID_FILE_MRU_FILE6       "Open this document"
    ID_FILE_MRU_FILE7       "Open this document"
    ID_FILE_MRU_FILE8       "Open this document"
    ID_FILE_MRU_FILE9       "Open this document"
    ID_FILE_MRU_FILE10      "Open this document"
    ID_FILE_MRU_FILE11      "Open this document"
    ID_FILE_MRU_FILE12      "Open this document"
    ID_FILE_MRU_FILE13      "Open this document"
    ID_FILE_MRU_FILE14      "Open this document"
    ID_FILE_MRU_FILE15      "Open this document"
    ID_FILE_MRU_FILE16      "Open this document"
END

STRINGTABLE DISCARDABLE
BEGIN
    ID_NEXT_PANE            "Switch to the next window pane\nNext Pane"
    ID_PREV_PANE            "Switch back to the previous window pane\nPrevious
Pane"
END

STRINGTABLE DISCARDABLE
BEGIN
    ID_WINDOW_NEW           "Open another window for the active document\nNew
Window"
    ID_WINDOW_ARRANGE       "Arrange icons at the bottom of the window\nArrange
Icons"
    ID_WINDOW_CASCADE       "Arrange windows so they overlap\nCascade Windows"
    ID_WINDOW_TILE_HORZ     "Arrange windows as non-overlapping tiles\nTile
Windows"
    ID_WINDOW_TILE_VERT     "Arrange windows as non-overlapping tiles\nTile
Windows"
    ID_WINDOW_SPLIT         "Split the active window into panes\nSplit"
END

STRINGTABLE DISCARDABLE
BEGIN
    ID_EDIT_CLEAR           "Erase the selection\nErase"
    ID_EDIT_CLEAR_ALL       "Erase everything\nErase All"
    ID_EDIT_COPY            "Copy the selection and put it on the Clipboard\nCopy"
    ID_EDIT_CUT             "Cut the selection and put it on the Clipboard\nCut"
```

Continued

Listing 14.4 About.rc *(Continued)*

```
    ID_EDIT_FIND            "Find the specified text\nFind"
    ID_EDIT_PASTE           "Insert Clipboard contents\nPaste"
    ID_EDIT_REPEAT          "Repeat the last action\nRepeat"
    ID_EDIT_REPLACE         "Replace specific text with different text\nReplace"
    ID_EDIT_SELECT_ALL      "Select the entire document\nSelect All"
    ID_EDIT_UNDO            "Undo the last action\nUndo"
    ID_EDIT_REDO            "Redo the previously undone action\nRedo"
END

STRINGTABLE DISCARDABLE
BEGIN
    ID_VIEW_TOOLBAR         "Show or hide the toolbar\nToggle ToolBar"
    ID_VIEW_STATUS_BAR      "Show or hide the status bar\nToggle StatusBar"
END

STRINGTABLE DISCARDABLE
BEGIN
    AFX_IDS_SCSIZE          "Change the window size"
    AFX_IDS_SCMOVE          "Change the window position"
    AFX_IDS_SCMINIMIZE      "Reduce the window to an icon"
    AFX_IDS_SCMAXIMIZE      "Enlarge the window to full size"
    AFX_IDS_SCNEXTWINDOW    "Switch to the next document window"
    AFX_IDS_SCPREVWINDOW    "Switch to the previous document window"
    AFX_IDS_SCCLOSE         "Close the active window and prompts to save the docu-
ments"
END

STRINGTABLE DISCARDABLE
BEGIN
    AFX_IDS_SCRESTORE       "Restore the window to normal size"
    AFX_IDS_SCTASKLIST      "Activate Task List"
    AFX_IDS_MDICHILD        "Activate this window"
END

STRINGTABLE DISCARDABLE
BEGIN
    AFX_IDS_PREVIEW_CLOSE   "Close print preview mode\nCancel Preview"
END

#endif    // English (U.S.) resources
```

Listing 14.4 *Continued*

```
/////////////////////////////////////////////////////////////////////////////



#ifndef APSTUDIO_INVOKED
/////////////////////////////////////////////////////////////////////////////
//
// Generated from the TEXTINCLUDE 3 resource.
//
#define _AFX_NO_SPLITTER_RESOURCES
#define _AFX_NO_OLE_RESOURCES
#define _AFX_NO_TRACKER_RESOURCES
#define _AFX_NO_PROPERTY_RESOURCES

#if !defined(AFX_RESOURCE_DLL) || defined(AFX_TARG_ENU)
#ifdef _WIN32
LANGUAGE 9, 1
#pragma code_page(1252)
#endif //_WIN32
#include "res\About.rc2"  // non-Microsoft Visual C++ edited resources
#include "afxres.rc"         // Standard components
#include "afxprint.rc"       // printing/print preview resources
#endif
/////////////////////////////////////////////////////////////////////////////
#endif    // not APSTUDIO_INVOKED
```

This completes our survey of the Windows registry and the Version resource. Using both of these can add considerable professionalism to your programs. The registry acts as your program's memory between sessions, and the Version resource can act as an interface to the user, passing on information about your product, its version, and what it does.

This also completes our guided tour of Visual C++. We've seen a tremendous amount of Visual C++ power in this book, from memory handling to advanced graphics, from working with the Internet to creating multithreaded programs, from creating ActiveX and DLLs to working with OLE, from splitter windows to screen capture. All that remains is to put that programming power to work!

Happy programming!

What's on the Web Site?

You'll find the code for this book on the book's Web site, ready to download, unzip, and use. The code is zipped in a file named code.zip, which is about 1.45MB long.

Hardware Requirements

There are no special hardware requirements to run the code in the book—if you can run Visual C++, the examples should run fine (although you'll need an Internet connection for the Internet examples).

Installing the Software

To install the software, follow these steps:

1. Download code.zip from the Web site and place it on your C: drive in the root directory (i.e., c:\).
2. Unzip code.zip. Because Visual C++ uses long filenames for the files it generates, you must use an unzip utility that supports long filenames.
3. Unzipping code.zip creates a new folder named avc (i.e., unzipping code.zip in c:\ creates c:\avc), and the Visual C++ examples in the book have folders within the avc folder (e.g., the TreeView project will be c:\avc\TreeView).

Using the Software

To open and run the examples from the book, follow these steps:

1. Use Visual C++ to open the example's workspace file (e.g., c:\avc\TreeView\TreeView.dsw).
2. Use the Build item in the Visual C++ Build menu to create the project's .exe file.
3. Run the .exe file with the Build menu's Execute item.

What's on the Web Site?

[illegible]

Hardware Requirements

[illegible]

Installing the Software

[illegible]

Using the Software

[illegible]

INDEX

I

J

K

L

M

N

O

P